本书为：

内江师范学院2022年教育教学研究项目：

"地情文化资源开发利用产教融合示范实践基地（JD2022

四川省2024—2026年高等教育人才培养质量和教学改革项

"地方师范院校历史学专业'五位一体'地情文化育人模

（JG2024 -1056）"成果

隆昌石牌坊全解

黄文记／主编

成应帅　黄文记／著

西南交通大学出版社
·成都·

图书在版编目（CIP）数据

隆昌石牌坊全解 / 黄文记主编；成应帅，黄文记著.
成都：西南交通大学出版社，2025. 1. --（巴蜀特色
地情文化丛书）. --ISBN 978-7-5774-0298-7

Ⅰ．K928.71

中国国家版本馆 CIP 数据核字第 2025QH6663 号

巴蜀特色地情文化丛书

Longchang Shipaifang Quanjie

隆昌石牌坊全解

黄文记 / 主编　　　成应帅　黄文记 / 著

策划编辑 / 黄庆斌
责任编辑 / 李　欣
封面设计 / 成　诺　曹天擎

西南交通大学出版社出版发行

（四川省成都市金牛区二环路北一段 111 号西南交通大学创新大厦 21 楼　610031）
营销部电话：028-87600564　　028-87600533
网址：https://www.xnjdcbs.com
印刷：成都勤德印务有限公司

成品尺寸　170 mm×230 mm
印张　24.25　　字数　409 千
版次　2025 年 1 月第 1 版　　印次　2025 年 1 月第 1 次

书号　ISBN 978-7-5774-0298-7
定价　398.00 元

序

◎王永刚

2015年，我曾带领川台摄制组到隆昌拍摄石牌坊廉洁文化。走在古驿道上，穿行在这些高大巍峨的石牌坊中间，我深深地为石牌坊上承载的厚重历史文化所折服。几百年来，隆昌人以当地盛产的青石为载体，把流传民间的清风良俗故事镌刻其上，以卓越的技艺赋予青石鲜活的生命，形成了德政牌坊、功德牌坊、节孝牌坊、百寿牌坊等独特的系列石牌坊文化。漫漫历史长河中，这些有着深厚内涵而又形象直观的石牌坊就像一部部教科书，浸润和教育着我们的先辈、同辈以及我们的子孙后代，成为隆昌人文繁盛的精神源泉。

隆昌是川南重镇，是成渝古道的门户和川黔通途的起点，自古商贾云集，文旅兴旺。隆昌石牌坊以数量最多、规模最大、品种最广而著称，被誉为"中国石牌坊之乡"。这些各种类型的石牌坊，可以说是一个时代社会价值观与道德观的形象体现，传递着丰厚的中华传统文化中的优秀元素。所以无论是从历史、艺术、建筑、文物等诸方面来研究，都具有很高的史料价值和艺术价值。而就我所关注的德政牌坊，更感觉是对地方当政者的最高表彰，给我们以深深的震撼。一座牌坊不仅是一座荣誉的象征，更是一部历史教科书。通过这部"立体史书"，我们不仅能看到当政者"民之所望，施政所向"的为政思想，更能看到其中蕴含着的、令人深思的故事。

比如牛树梅德政坊。道光二十四年（1844）牛树梅任隆昌知县，他秉承"勤听断、少臆断、不枉断、公而断、断必公"的断案原则，在任隆昌知县期间，做到了案无留牍，讼无冤狱，催科不事，为政数月，颂声载道。同时，下乡察访民情时，"他清慎廉明，每至乡村，独乘一骑，从者几人，而饮食舆马之费皆由自付"。勤政清廉的名声换来的是"民之父母"的高度赞誉。

再如觉罗国·欢的牌坊。觉罗国·欢虽然身为皇族，但他用廉洁来约束自己，对百姓温暖如春。他德政显赫，政绩卓著。百姓为他树立的牌坊东南面正上匾题为"宣慈惠和"，西北面正上匾题为"民悦无疆"，就是颂扬他惜民爱物、节用爱人的品格操行。

在觉罗国·欢牌坊西北面紧挨着的是李吉寿的牌坊。李吉寿在任期间，公平持正地处理一切民间纠纷，任内无冤案发生，百姓四处传扬他的德政和仁义。"政声人去后"，在咸丰五年（1855），李吉寿离任后，当地百姓为他建了这座牌坊。

此外，还有天津籍知县刘光第，在任期间，他在县城南北两关修建栖流所收容乞丐，使无家可归者能有安身之地。他带头捐献了半年的俸禄，同时向全县乡绅发出捐款倡议。不仅如此，他还亲自规划设计，并请专人负责此事。流民不仅解决了居所和吃饭问题，还可以在这里学到石匠、泥瓦匠等手艺。此外，刘光第还倡导重修古隆昌八景之一的回龙观，重振隆昌文运之政，得到上至官吏士绅，下至走卒百姓的爱戴。当地百姓为他修建了一座牌坊，以感恩他的德政。

给我留下深刻印象的还有肃庆德政坊。肃庆德政坊的横批是"政在养民"。即使褒奖，也是警示，更是立坊人的殷殷期盼。肃庆的故事也非常了不起，他的作为充分显示了为政者的担当。咸丰五年（1855）隆昌大旱之际，作为知县的肃庆带头捐出3个月的薪俸救济灾民，而且不顾同僚的劝阻，冒着杀头的风险，开库放粮，救济灾民，使灾民渡过了难关。但是他死后，检点他的财产，却只有一两三钱银子！隆昌的群众凑钱把他的遗体送回老家安葬，隆昌老百姓也把这样的赞词送给他："纤尘不染，清如玉井之水；片牍靡留，朗媲秦台之镜。"

公道自在民心，牌坊就是证明。站在这些深刻厚重的牌坊之下，读着这些言简意赅的铭刻之词，在追慕先贤之际，我们是否想到了什么？

隆昌相关部门和专家学者自20世纪80年代就开始了隆昌石牌坊优秀文化的保护、挖掘整理和传承弘扬工作，作出了不懈努力。2001年6月，隆昌石牌坊群成功地被国务院公布为第五批全国重点文物。2018年11月，隆昌石牌坊群因其德政坊凝聚的"勤政、廉政、仁政、德政"丰厚内涵，成功创建为省级"廉洁文化基地"，成为全省24个省级廉洁文化基地之一，为全省进行廉政教育提供了一个个生动的案例。为了更好地传承和弘扬石牌坊优秀文化，让这样的优秀题材能够借助通俗易懂的文字传播开来，我隆昌籍好友成应帅倾其多年心血和努力，与内江师范学院巴蜀方志文化研究中心主任黄文记教授合作，共同撰写完成《隆昌石牌坊全解》一书。这是一本全面系统、专业精准、深入浅出的隆昌石牌坊文化读物，里面包括了隆昌石牌坊的历史渊源、沧桑变迁、文图寓意、建造艺术、相关史实故事等，有历史沉淀，有研究深度，是一本隆昌石牌坊文化研究领域的有力之作，也是川南历史文化研究中的一个有益补充。书中用大部分篇幅详细解读了5座德政坊、4块德政碑和2座功德坊所蕴含的丰富的"德仁勤廉孝"和"乐善好施"文化内涵，而这正是隆昌石牌坊文化的重心和亮点，做到了将传承历史优秀文化与时代要求的有机结合，以一个独特视角丰富和弘扬了中华传统优秀文化中"仁义礼智信、温良恭俭让、忠孝廉耻勇，诚悌勤雅恒"的优良基因。

　　通览全书，从编排格式、内容解读及考证勘误的严谨性上看，本书已经具备了一定的专业水准，是一本难得的研究隆昌石牌坊文化史料参考书籍。书中的文字表达通俗易懂，配图与文字解读紧密对照，图文并茂，读起来轻松愉悦，是一本非常值得收藏的、全面深入了解隆昌石牌坊文化渊源历史和丰厚内涵的伴手读物。所以，在这里，我非常愿意向大家推荐这本书。

王永刚
中国电视艺术家协会会员
中国高教学会影视教育专业委员会会员
四川省电视艺术家协会纪录片专业委员会副秘书长
成都文理学院传媒学院教授
四川广播电视台原高级编辑
《聚焦廉政》栏目制片人

前言

　　隆昌位于川南地区东北部巴蜀古驿道与川黔古驿道交会处，系湖广滇黔进入川内腹地之重要门户。沿巴蜀驿道往西北到蜀都（今成都）近五百里，往东南至巴国（今重庆）近三百里。因处巴蜀古道要津，隆昌曾在巴蜀人员物资及经济文化交流中扮演重要的中转、驻留、承载、交融作用，造就了隆昌文化自古以来的兼容性和多样性，并奠定了隆昌历史文化在巴蜀文化交汇节点上的重要地位。

　　作为隆昌历史文化的重要表现形式和实物载体，隆昌石牌坊被称作"立体史书"，因历史久远、坊多成林、内涵丰富、特色突出而闻名于世。南宋祥兴二年（1279），隆昌人便用青石在邑东南李市多宝山建造"岱宗坊"，成为隆昌历史记载中的第一座石牌坊。其后，石牌坊如雨后春笋遍布邑内各地。史载隆昌曾有青石牌坊240座，历经沧桑，现今留存并纳入国务院第五批全国重点文物保护单位（书中以下均简称"国保"）的共有17座。其中，德政坊5座、节孝坊6座（含贞节坊、孝子坊各1座）、功德坊2座，另有百岁坊、山门坊、镇山坊、观赏坊各1座。隆昌石牌坊群规模之大、种类之多，属国内仅有。2001年6月，隆昌石牌坊群被国务院公布为"第五批全国重点文物保护单位"之一。2005年3月，中国乡土艺术学会授予隆昌"中国石牌坊之乡"称号，可谓实至名归。需要说明的是，近几年来，经专业人士长期考察、研究和论证并反复磋商，认为界市镇古堰村（原天华乡内）的卿元柱墓牌坊1座，归属权存在一定争议的天华观音桥牌坊1座也应纳入隆昌石牌坊群的保护范围。

隆昌石牌坊文化由坊上文字、图雕、书法与建筑艺术，以及相关史料组成。石牌坊上的匾文、楹联镌刻着众多华夏历史典故，也饱含着立坊人的良好祝愿和殷殷期望，以"立体史书"形式昭示华夏"礼仪之邦"文化元素，大力褒赞、弘扬了传统文化中"德仁勤廉孝善"优良品质，并从独特视角勾勒出了隆昌文脉，解密了隆昌人所具有的友善包容、耿直果敢、勤俭奋发、重商图新等性格特征形成的渊源，值得深入挖掘和世代传承。

2015年，笔者因组织编撰《隆昌清官廉吏故事集》一书，开始深入了解隆昌石牌坊文化，由此产生浓厚兴趣，并开始了认真研究和关门式潜心挖掘。笔者梳理发现，现有的相关书籍存在着部分文字与牌坊所刻不符、时间对不上号、典故解读不准，以及一些隐藏在牌坊文字背后的史实未被解读出来等问题，深感需要仔细研究。于是就广泛收集与隆昌石牌坊有关的所有资料，进行查证对比和补充完善，并用高清镜头将牌坊上的文字拍摄下来逐一核对更正，再将其放在当时的时代背景和华夏文化演变长河中予以综合考量，尽可能得出更加符合原文本意的解释。数年来，编撰者多次将研究心得运用在现场讲解中，得到了受众们的一致好评。

但是，光靠口头解读传播局限性大，还可能只是"昙花一现"。为了填补地方文化研究空白，丰富川域文化色谱，更加接近古人立坊的宗旨意图和实际想法，编撰者查阅了《（乾隆）隆昌志二卷》《中国地方志集成——四川府县志辑》之《咸丰隆昌县志、民国南溪县志》等近二十种有关隆昌石牌坊文化的各种资料，进行对比分析，且对照牌坊题刻予以考证勘正、反复推敲和借鉴充实，最终编撰成了这本《隆昌石牌坊全解》。为了尽量保留牌坊文字原始信息，书中牌坊文字抄录均用坊文繁体，楹联用繁体加楷字简体呈现。

该书力求以图文并茂方式，让海内外对隆昌石牌坊文化感兴趣的朋友能够借此了解到隆昌石牌坊的历史渊源、变迁沧桑、文图寓意、建造艺术和相关史实故事，大众亦可将其作为阅读了解隆昌石牌坊文化的伴手读物。希望借此更好地传承隆昌石牌坊文化，特别是其中的德廉文化和慈善文化，使之代代相传、千年流芳。

成应帅
2023年3月

目录

第一章

隆昌石牌坊简介

　　隆昌市位于川东渝西，北纬29°，东经105°，南北距38千米，东西距39千米，面积792平方千米。隆昌地处神秘的"北纬30°"地球环形带内，承载着丰富的人类历史文化，诸如驿道文化、青石文化、牌坊文化、土陶文化、沱灌文化和"三白三麻一豆腐（白猪、白鹅、白兔；夏布、麻汤、麻鸭；渔箭豆腐）"的土特产文化等，历史悠久，人文浓郁，内涵丰富，具有极大的挖掘和传承价值。其中，隆昌石牌坊文化当属最为典型的代表。

　　隆昌古城地处巴蜀古驿道肚脐部位要点，亦是川黔古驿道起点。县志记载"以弹丸之地而当六路之冲"："东连荆襄，北接秦陇，南通滇海，西驰叙马，东北徂安岳、荣城，西南往黎雅僰羌。""六路"为：一路，沿巴蜀古驿道往东经长江水道可达荆州、襄樊；二路，往北而上可翻秦岭入关中，达陇西；三路，沿川黔驿道经毕节、贵阳可到滇池之地，并由北海而出南洋；四路，往西沿叙马古驿道经叙州府（宜宾）、马湖府可达攀西之地；五路，向东北去安岳荣城可至阆中、巴中；六路，朝西南向经宜宾可达九黎族（苗族）、僰族聚居的云南昭通，也可沿岷江而上往达雅安和岷江上游的羌族聚居地。由是可知，隆昌实乃四通八达之川南重镇。故而，唐武德四年（621），隆昌邑内曾置来凤县，武德九年（626）并入富世县。唐贞观二年（628），隆邑境内复置隆越县，贞观八年（634）撤县。明洪武元年（1368），在巴蜀古驿道经隆昌河处（今胡家巷临隆昌河出口处）置隆桥驿。明嘉靖四十五年（1566），四川巡抚谭纶向朝廷奏请割泸州、荣昌、富顺三州县交错地以隆桥驿置县获准。隆庆元年（1567），朝廷降旨，析泸州二里、荣昌四里、富顺十四里之地置县，取"夫道有渊源，政治上所以日隆也。治有根柢，吏民所以昌盛也"意，赋予"兴隆昌盛"之美愿，故名"隆昌"。

　　隆昌县衙置于隆桥驿西北约一华里之地的莲峰山上，坐北朝南，甚是雄伟壮观。到县衙须拾级而上，寓意步步高升。县衙东侧便是巴蜀古驿道，官民以道为街，沿街修房造屋，公馆、学堂、商铺、庙宇、菜坝棚子鳞次栉比地建了起来，一座小巧精致的县城现于川南大地，实为"以道置县，以道兴城"之范例。20世纪40年代，隆昌县城面积已达2平方千米，今之隆昌城区面积已超过20平方千米。

　　隆昌人杰地灵，物华天宝，天然美景不少，又因多条古驿道交会，自古往来官兵、商贾、士民、过客络绎不绝，在此汇聚和得到的信息可沿驿道迅播千里，上达省府，闻于朝廷，所以，借隆邑凿石摩崖、造景增辉的官宦名士甚众，在此建坊勒名、流芳百世者更是不少，为隆昌留下了全国最大、世界罕见的"立体史书"石牌坊群，今已成为隆昌独具特色的文化遗产和人文胜景，其文化价值和深远影响力已远超古时隆昌闻名遐迩的鹅洞飞雪、回龙砥柱、正觉晴云、乡校留徽、隆桥夜月、楼峰耸翠、响石余音、道观凭眺等八大胜景。

第一节　隆昌石牌坊总体情况

　　据史料记载，隆昌境内曾建石牌坊240座。1954年四川省第四文物组莅隆对石牌坊进行专项调查，确认数量为69座。另有部分记入史料却已损毁的牌坊，以及大量庙宇前的山门坊，多达171座均未被计入。此外，隆昌境内还有界市镇古堰村的卿元柱墓牌坊、天华观音桥牌坊未列入以上统计范围。

历经数百年历史沧桑，在日晒暴裂、风雨侵蚀、战火损毁，特别是20世纪60年代"破四旧"运动后，绝大多数隆昌石牌坊遭到灭顶之灾，今已形迹全无，现存并纳入"国保"的17座。其中，有13座均在古县城南北关巴蜀古驿道上，呈念珠状排列，坊间距最近者仅三丈有余，沿道建坊、密集成群特点显著。另有4座散布于乡间：响石街2座，石燕桥和渔箭各1座。

20世纪80年代初，隆昌县政府在改革开放中认识到了保护石牌坊、挖掘石牌坊文化的重大价值，开启了隆昌石牌坊从县保到国保的文化研究与保护工作。1982年3月，县政府将隆昌石牌坊公布为"县级文物保护单位"；1991年6月，省政府将隆昌石牌坊公布为"四川省重点文物保护单位"；2001年6月，国务院将隆昌石牌坊公布为"全国重点文物保护单位"。

第二节　隆昌石牌坊结构示意图

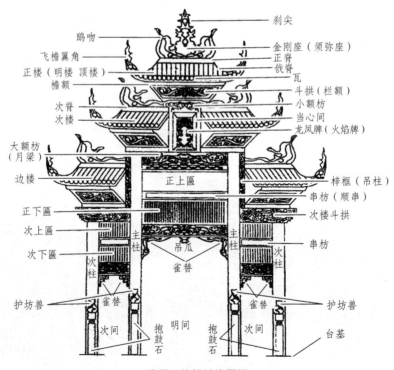

隆昌石牌坊结构图解

隆昌石牌坊结构比较一致，绝大多数均为四柱三门三重檐五滴水石质仿木牌楼式建筑，平均面阔9米、通高11米。主要由顶盖刹尖、金刚座（须弥座）、鸱吻、飞檐、正脊、戗脊、正楼（顶楼、明楼、第一重檐）、瓦、檐额、斗拱（栏额）、小额坊、次脊、次楼（第二重檐）、当心间、龙凤牌（火焰牌）、大额坊（月梁）、边楼（第三重檐）、梓框（吊柱）、正上匾、串坊（顺串）、正下匾、次额坊、右侧上匾、右侧下匾、左侧上匾、左侧下匾、宝莲灯、雀替、主柱、次柱、座兽、抱鼓石和台基等组成。具体结构如图所示。

第三节　隆昌石牌坊主要特点

一、现存规模大且相对集中

现存纳入"国保"者17座，城区南北二关13座，其中南关7座、北关6座。

二、存坊时间跨度长且种类多

现存牌坊中建坊时间最早的是石燕桥青龙山观音寺前的镇山坊，建于明弘治九年（1496），最晚的是渔箭瓷牌坊村原彭家庄园内的观赏性瓷牌坊，建于清光绪年间，二者相距近400年。隆昌石牌坊几乎包括了全国各地所有牌坊种类，有的还是隆昌独有。如，17座牌坊中就有德政坊、节孝坊、功德坊、贞节坊、孝子坊、百寿坊、山门坊、镇山坊、观赏坊等9个种类。其中的观赏坊即渔箭瓷牌坊，独具特色，极其罕见。

三、建坊方式与存坊形制多样

建坊方式有"官建""官民共建""官准民建""士民共建""民建公助""民建"等多种形式。形制多样化。除绝大部分属四柱三门三重檐五滴水仿木结构外，也有四柱三门二重檐三滴水仿木石质结构的，如南关舒承湜百岁坊；也有斗拱式建筑，如石燕桥青龙山原观音寺前的斗拱式镇山坊；

还有六柱五门三重檐五滴水青砖彩塑碎瓷镶嵌式结构，如渔箭观赏性瓷牌坊。

四、沿驿道建坊，文化远播功能强大

绝大多数隆昌石牌坊均建于古驿道上，呈念珠状排列，一路造景，文趣盎然。青石驿道穿坊而过，驿道两侧有晚清民居邻坊而建，夹峙延伸，或连片成街、或三五成店、或独屋成景，与牌坊融为一体，相得益彰，一同讲述着数百年前的历史沧桑，至今仍可想见当初车水马龙南来北往官宦商贾的场景。

五、竖石挺拔擎天，浑厚稳重而雄奇

隆昌石牌坊造型高大雄健，线条清晰飘逸，棱角突兀高朗，给人一种既清秀俊美，又威严肃穆之感。隆昌石牌坊顶冠三重檐帽，呈品字排列，庄重规整。帽头十二鸱吻冲天，檐下正中雕刻精美的"五龙奉旨"或"九龙奉旨"匾，昭示王朝威严。四根大石柱两面均由青狮白象雄踞底座，日夜守护。牌坊主体各大块青石构件，采用榫头精准衔接，柱板槽扣严丝合缝，浑然一体。

六、多人成坊，男女共坊

各地现存牌坊普遍一人一坊，而隆昌石牌坊中有三座牌坊是多人成坊。如北关孝子总坊旌表了5位孝子；南关两座节孝总坊分别旌表了188人和164人。节孝总坊（二）是男女共坊，其西北面左上匾专门旌表了1名男性孝子彭志仁，这在"男尊女卑"的封建王朝社会中，尤其罕见。

七、一族多坊，一门双节，独具地域特色

晚清时期，云顶寨郭氏家族为隆昌大族，聚居云顶及周边达数百年之久，人丁兴旺，为官者众。郭氏家族建坊至少10座，实在稀有。如"郭陈氏节孝坊""郭玉峦功德坊""郭王氏功德坊""郭氏一门三节坊""郭杨氏

贞烈坊"“郭敖氏烈女坊"等。其中，前三座至今犹存，且坊高奇俊，雕刻精美，奢华气派，昭示了郭氏家族崇高的社会地位和经济实力“富甲一方"的盛景。在隆邑西南的响石镇牌坊街，至今仍矗立着杨氏家族祖婆杨邱氏贞节坊与孙媳妇杨林氏节孝坊，呈现出现存仅有的“一门两坊，双坊并立"景象。

八、图文极尽传统技艺手法，表达抽象，寓意深远

隆昌石牌坊除用大量文字传递浓厚的历史文化内涵，还通过装饰图纹、浮雕图案、图腾点缀、形制体例等艺术手法寄托抽象寓意，表现出华夏文化的博大精深，达到了“大音希声、大象无形"境界的同时，也充分展现出其外在形体独特谐美的建造风格。

（1）隆昌石牌坊上蕴含着大量“数字立体语言"。譬如，石牌坊上大量出现“三"字。坊制多为三开间、三重檐，缘何？古人以“三"代指“天、地、人"“君、父、师"，并有“三皇"“三王"“三颗星"之称，中国古代思想家还用“三"称天地气合而生万物的和气。再如，“五"，广泛蕴含于中国古代建筑风水地理中的阴阳“五行"相生相克，讲究“九五之尊"，故而牌坊多用“五龙匾"“五蝠捧寿"图纹，重檐多为五滴水，顶部刹尖多为五层透雕玲珑宝塔形制。又如，“偶数"寓意成双成对、不偏不倚、四平八稳，隆昌石牌坊主柱皆为四大立柱，浮雕图案也多用偶数题材，如“和合二仙"“福禄双喜"“八仙过海"等。还有，“六"喻“顺"数，寓意圆满喜庆顺利，且“六"“禄"谐音，亦可象征官运，因而隆昌石牌坊鸱吻皆为六个。

（2）隆昌石牌坊大量采用形体语言。如，以龙形装饰图案来体现华夏民族的“龙"崇拜，石牌坊上的龙形构件颇多，牌坊门楣雀替多雕刻为龙体龙形。再如，滴水瓦当多为古钱币装饰，取“外圆内方"之意，体现了古人对财富、对民富国强、对以规矩方圆治世治国的企求。

（3）用物体组合成象征语言，深度体现和丰富了石牌坊的“立体史书"内涵。如毛笔银锭与如意物形结合，象征“必定如意"；松鼠拉葡萄象征“多子多福"；蝙蝠配古钱象征“福在眼前"……尤其值得一提的是，以诙谐图案雕刻表现特定的恭词颂语，显得幽默风趣而轻松自然，如，觉罗国·欢德政坊，顶盖刹尖部位雕刻一只双手捧托官印置于头顶，赤

裸站立撒尿的公猴，其象征寓意为"立便封侯""封候挂印"，当属晚清时期建筑装饰中"纤细繁密"风格的典范。

（4）图案、楹联取材丰富，寓意深远。各坊图案或依牌坊主题所需选择相关故事，如戏剧故事"大舜耕田""仙姬送子"，或取材民间传说如"八仙过海""魁星点斗"。牌坊楹联对仗工整，笔力遒劲，诗意盎然，其内容或引经据典类比，或遣词直接褒赞，或借古鉴今直抒胸臆并寄予期望，极大地丰富了牌坊文化的深远内涵。

九、雕刻技艺精湛，存留众多大家手迹

隆昌石牌坊雕刻精细无比，几乎囊括了线雕、薄意雕、圆雕、浮雕、内雕、凹雕、俏色雕、镂空雕等各种技法，雕刻图案深浅明暗结合，错落有致，生动有趣。牌坊匾额、匾文和楹联，有不少是建坊时名流大家的墨迹，如禹王宫山门坊上的"灵承楚蜀"就是晚清道光至光绪年间在国内都颇有知名度的"川南三范"中范泰衡的手迹。孝子总坊西面的正匾文就是被咸丰皇帝称之为"文章平常，字冠全场"的进士书法家范运鹏题撰并亲书留迹的小楷。南关郭玉峦功德坊上的"乐善好施"匾，也是范运鹏的手迹。舒承湜百岁坊东南面的匾额"世上难逢"还是四川总督丁宝桢（丁为）的手迹。

十、积淀着华夏文明优秀因子，极具历史、艺术、科学价值

牌坊尽管有许多宣扬封建王朝政治纲领和伦理道德的糟粕，但也不乏诸如"反腐倡廉、节孝尊老、乐善好施"等古老华夏文明的优良美德。隆昌石牌坊群还是集哲学、历史、数学、文学、力学、美学于一体的明清建筑精品代表作：牌坊建造卯榫衔接、环扣相连；飞檐层层收举，向上动感强烈；构架精巧合理，诸力平衡；护坊底座端庄沉稳，牌坊历百年而屹立如初。坊上具有大量浅体、深体甚至镂空的雕刻技艺；楹联对仗工整、颂语文采飘逸、字体遒劲有力，人物动物造型栩栩如生，戏曲、传说故事图案富有哲理；等等。其体现了诸多艺术门类的深度融汇和精巧运用，富含深刻的政治、经济、哲理、文化、思想内涵，有着独特而较高的历史价值、科学价值、文化价值和艺术价值。

第四节 历史上的隆昌石牌坊名录

由于石牌坊建立方式包括官建、官民共建、官批民建、士民共建、民建公助、民间自建等，故而有的石牌坊并不一定为官府所知，加之不少石牌坊的损毁、拆除也并不为官府知晓或有所记载，导致官府所记牌坊并不一定全面准确。还有，县志修订也多凭知县是否重视，时间也不固定，志史官吏未必实地考证，收集的信息也难以全面，所以，隆昌石牌坊的数量一直存在多个版本。据本世纪代初原隆昌县档案局吴晓英局长的资料考证与隆昌文物研究所陈举强所长的实地查证，记录下的隆昌石牌坊共有87座。其中，包含了1954年省第四文物组莅隆考察认定的69座牌坊，以及部分山门坊、镇山坊。至今，隆昌现存石牌坊被纳入"国保"的17座，已损毁70座。此外，隆昌市内牌坊专家们近几年考证认定，今存界市镇古堰村卿元柱墓牌坊（已属内江市级文物保护对象）和天华观音桥外观完好的桥牌坊，也应纳入隆昌石牌坊群之列。

一、现存并纳入"国保"的17座牌坊（以编号为序）

隆昌石牌坊在申报全国重点文物保护单位过程中，当时域内专家依照"先城区后乡下，城区沿驿道排序，乡下顺向排序"的原则，将城区巴蜀古驿道上13座牌坊由西北往东南排序，乡下4座牌坊则由西南往东北方向排序，对17座牌坊进行了统一编号，即01~17号。现以编号为序，将其逐一罗列于下：

（1）郭陈氏节孝坊（编号：01号牌坊）。清道光十八年（1838）建，位于城区北关外约2千米处，今万隆路北延线与向阳路交会处西南侧。刚建好时飞檐翘角均挂铜铃，迎风悠鸣，数里皆闻，又俗称铃铃牌坊。

（2）禹王宫山门坊（编号：02号牌坊）。清乾隆年间（1736—1795）建，同治六年（1867）重建。位于城区北关西侧道观山禹王宫前（今隆昌二中校区东南侧）。

（3）牛树梅德政坊（编号：03号牌坊）。清道光二十五年（1845）建，位于城区北关道观坪。

（4）孝子总坊（编号：04号牌坊）。清咸丰六年（1856）建，位于县城北关道观坪。

（5）刘光第德政坊（编号：05号牌坊）。清道光二十六年（1846）建，位于城区北关道观坪。

（6）肃庆德政坊（编号：06号牌坊）。清咸丰六年（1856）建，位于北关道观坪。

（7）郭玉峦功德坊（编号：07号牌坊）。清光绪十三年（1887）建，位于城区南关春牛坪。

（8）舒承湜百岁坊（编号：08号牌坊）。清光绪六年（1880）建，位于城区南关春牛坪。

（9）节孝总坊（一）（编号：09号牌坊）。清咸丰五年（1855）建，位于县城南关春牛坪。

（10）节孝总坊（二）（编号：10号牌坊）。清光绪四年（1878）建，位于城区南关春牛坪。

（11）李吉寿德政坊（编号：11号牌坊）。清咸丰五年（1855）建，位于城区南关春牛坪。

（12）觉罗国·欢德政坊（编号：12号牌坊）。清同治十年（1871）建，位于城区南关春牛坪。

（13）郭王氏功德坊（编号：13号牌坊）。清光绪十三年（1887）建，位于云峰关外约百米处的巴蜀古驿道上。

（14）杨邱氏贞节坊（编号：14号牌坊）。清嘉庆二十三年（1818）重建，位于响石镇牌坊街西端。

（15）杨林氏节孝坊（编号：15号牌坊）。清咸丰三年（1853）建，位于响石镇牌坊街中段。

（16）斗拱式镇山坊（编号：16号牌坊）。明弘治九年（1496）建，位于石燕桥镇青龙山观音寺前，今大竹村南面的青龙山上。

（17）嵌瓷观赏坊（编号：17号牌坊）。清光绪年间（大约1891）建，位于隆邑东北渔箭瓷牌坊村（原王家店村）。

二、被损毁的70座牌坊（以建坊时间为序）

（1）岱宗坊。南宋祥兴二年（1279）建，位于隆邑东南李市多宝山，毁于20世纪60年代。

（2）无名古坊。南宋时期（具体年代不详）建，位于隆邑东北渔箭野鸭池，宋兵部右侍郎李戡在其宅前所建。已毁。

（3）棂星门坊。明隆庆三年（1569）建，位于城区文庙坝北侧原县粮食局内。因风化严重，于1980年拆除。

（4）高峰古刹坊。明万历九年（1581）建，位于古湖街道明星村，原高峰寺大门，20世纪50年代末拆除。高峰寺建于明景泰年间（1450—1457），庙内还留有明景泰石香炉一个。

（5）高洞寺坊。明代万历二十年至三十一年（1592—1603）间建。位于响石镇高洞寺前，南面匾额为：石江胜水。北面匾额为朝廷辅助皇帝处理政务，并监察六部，纠弹官吏的名臣给事中钱梦皋书写的：中流砥柱。有该坊于1998年因洪水冲击，岩垮而坍塌。

（6）普照坊。明万历三十二年（1604）建。又名护国寺坊，在普照寺（今福庆第二小学）敕建普照坊，大学士申时行有记。石柱楹联为"法海无边，玉杵普垂诸佛相；天机有色，金炉照定万家烟"。普照寺建于明代景泰三年（1452），坊毁于1966年。　注：明万历三十二年普照寺更名为护国寺，其坊为护国寺坊。

（7）褒封坊。明万历年间（1573—1620）建，知县孙应祖在隆昌建褒封坊。坊已毁。　注：孙应祖，隆昌知县，任职时间在明万历元年（1573）至十五年（1587）期间。

（8）古佛场坊。明万历年间（具体年份不详）建，位于古县城南偏东一华里许的古佛场朝天寺（今金鹅街道康复路市场原县物资局大门处），牌坊匾额为"金鹅名刹"四个大字。后场废坊存，20世纪50年代末被拆除。

（9）锁江桥坊。明万历年间（具体年份不详）建，又名鹅湖砥柱坊。在古县城南门外西南约一华里许的锁江桥两端建坊，明提学邑人胡克开题并书。坊已毁。　注：胡克开，字又康，隆昌人，万历壬子科（1612）举人，丙辰科（1616）进士，官至云南学道。入祀县乡贤祠。

（10）正觉坊。明万历年间（具体年份不详）建，王洪谟在玉屏山正觉寺建正觉坊，礼部郎中郭镇北题坊额"正觉晴云"，坊毁于1966年。　注：郭镇北，隆昌人，以子元柱贵，封奉政大夫。其子郭元柱万历丁丑（1577）进士，官南京礼部员外郎转兵部郎中，授陕西关南道，云南洱海道布政司参议，居家孝友，立朝清直，革除旧弊，兴修水利，民颂德不衰。

（11）大庙山门坊。明代万历年间（具体年份不详）建，位于响石后街响石中学，原觉华寺前，高约8米，1980年左右拆除，尚存镇门石狮子一对。

（12）白云寺坊。明万历三十六年（1608）建，位于李市镇大佛坎白云寺前。坊上匾额书刻"白云深处，古佛加封"，已毁。

（13）郭杨氏贞烈坊。明泰昌元年（1620）建，位于古隆桥北端约三十丈许，古湖街道顺河街原衡器社内。知县王化贤题联：芳名擅一时，总为能舍生取义；节烈传千古，由来在立嗣全盟。上额为"世膺褒封"四字，旁注郭景秀、郭廉、郭应诚、郭维新、郭镇北、郭元柱等。下额为"世中经元"四字，旁注正统辛酉科（1441）第四名礼魁郭维新、隆庆庚午科（1570）第三名诗魁郭元柱。有两联："富顺隆昌两县开科孙应祖，蒞诗礼记二经魁蜀后光前"及"礼乐衣冠第，诗书忠孝家"。该坊于1996年被拆除。

（14）节孝坊。明代（具体年份不详）建，位于古隆桥南端，与其北端郭杨氏贞烈坊相对应。坊已毁。

（15）五皇庙坊。明崇祯五年（1632）建，位于原县衙后县仓左（今市委院内西侧），邑人云南提学胡克开有五皇庙碑记。坊碑于民国时期拆除。

（16）报恩坊。明崇祯六年（1633）建，知县朱治隆在隆邑任职时所建。坊已不存。 注：朱治隆，广西晋兴人，于崇祯三年至六年（1630—1633）任隆昌知县。因其和易（平和易近）有恩，人不忍欺，修路建桥，更新文庙，政绩丕著，大得民心，后人以盛德君子称之，并祀邑名宦祠。

（17）无名古坊。明崇祯七年（1634）建，位于县城北关外。上镌诗五首：横弄升平笛，闲敲石履鞭；行行牛角上，犹挂古人编。月映溪头润，溪涵月色光；一方心共白，万里庆流长。蟋蟀鸣床头，夜眠不成寐；起阅案前书，西风拂庭桂。瑞雪飞琼瑶，梅花静相倚；独占三春魁，深涵太极理。李真宅子故依然，道院西边古洞前；一日身游八百里，三番花落九千年。摘句二联：苍苔浊酒林中静，碧水春风野外昏。岩花点寒溜，石磴扫春云。坊已毁。

（18）无名古坊。明崇祯年间（具体年份不详）建，位于县城北关外。柱上镌二联：父子黄甲，兄弟青云；一云：受御史披肝沥胆，任郎官甘雨和风。侧有小书"之芳书"三字。之芳其人无考。坊已毁。

（19）科甲联芳坊。明崇祯年间（具体年份不详）建，位于今云顶镇郭书宅前。坊镌"祖孙父子兄弟叔侄科甲联芳"。明侍读学士黄辉为郭氏先人题。坊已毁。

（20）熊应占布政坊。明崇祯年间（具体年份不详）建，位于县城东门外三里。已毁。

（21）南华宫山门坊。清康熙年间（1662—1722）建，位于双凤小学处。20世纪50年代拆除。

（22）衙内祠坊。清康熙二十一年（1682）建，位于当时古县衙（今市委院内），知县徐煜建。坊已毁。

（23）圣谕坊。清雍正元年（1723）建，位于古县衙大堂前。已毁。

（24）李旭去思坊。清雍正十一年（1733）建，已毁。

（25）王李氏节孝坊。清乾隆三年（1738）建，位于石燕桥巴蜀古驿道上。已毁。

（26）雷刘氏节孝坊。清乾隆三年（1738）建，位于北乡贾石井。已毁。

（27）郭吴氏节孝坊。清乾隆三年（1738）建，位于南城外，毁于1966年。

（28）黔峰寺山门坊。清乾隆六年（1741）建，系古刹山门坊。位于黄家场镇以西约二华里处。已毁。但存留残柱两根，上面刻有楹联"座拥莲花形称名胜，经留贝叶道荷传奇"。

（29）巴蜀通衢坊。清乾隆二十年（1755）。知县于中行所建，毁于1966年。注：于中行，山东掖县进士，乾隆十七年至二十三年（1753—1759）任隆昌知县。其人明而恕，洞晓情，为人不敢干以私，又不强人以所难，故令下如流水，邑无废事。乾隆二十三年保荐卓异，迁江南六塘河务同知。

（30）叙南重地坊。清乾隆二十七年（1762）知县黄文理建，坊毁于1966年。注：黄文理，湖南巴陵举人，乾隆二十六年至三十年（1762—1766）任隆昌知县，以文学为治术，增修县志。

（31）一门三元坊。清乾隆三十九年（1774）建，位于城区北关。于乾隆四十九年（1784）拆除。此坊旨在旌表朱云骏知县改建金鹅书院，聘名师执教，并亲自为学生们讲课，振兴了隆昌人文，让"金鹅书院"一门在乡试中连中三个解元，功宏。遗憾的是，朱云骏离隆数年后，隆昌曾连续十余年未中举人，有人说是因一门三元坊犯了风水所致，县里便将其拆除了。

（32）腾蛟起凤坊。清乾隆三十九年（1774）建，位于古县城文庙坝。坊于20世纪50年代拆除。

（33）金鹅书院坊。清乾隆三十九年（1774）建，位于古县城文庙坝前，与腾蛟起凤坊相对。20世纪50年代拆除。

（34）吐纳双江坊。清乾隆四十三年（1778）建，位于圣灯镇德顺桥头。前任知县朱云骏书题撰"吐纳双江"颜额。拆毁年代不详。

（35）武侯祠山门坊。建造年代不详，位于原迎祥镇，今已毁。朱云骏知县曾题诗云：迎祥街谒武侯祠，慨想高风佐命时；出处不侔三代后，驰驱矢报一人知。紫阳史法桃馀闰，张俨微文漫诋訾；汉祚若非终四百，壶浆中忧劳王师。坊已毁。

（36）晏喻氏节孝坊。清乾隆四十八年（1783）建，位于县城北关外。坊毁于1966年。

（37）郭喻氏节孝坊。清乾隆四十八年（1783）建，位于县城北关外。已毁。

（38）城隍庙山门坊。清乾隆五十八年（1793）建，位于古县城内城隍庙（市内城区大东街原川剧团剧场）。1956年县政府修剧场时拆除。

（39）万寿宫山门坊。清乾隆年间（具体年份不详）建，位于金鹅街道大南街小学。原为江西会馆之门坊。1984年学校改建时拆除。

（40）南华宫山门坊。清乾隆至嘉庆年间建，位于城区中心街原轻纺局内，原为广东会馆。20世纪60年代拆除。

（41）渝泸通衢坊。清乾隆六十年（1795）建。位于城东土地坎云峰关外巴蜀、川滇古驿道交会处（现金鹅街道上丰村境内）。毁于1966年秋"破四旧"运动。

（42）孝廉坊。清乾隆年间（具体年份不详）建，位于县城东。为邑人王梦桂、王卜世父子建。坊旁岩壁上刻有"中流砥柱"四字。该坊于20世纪50年代建隆昌火车站的抽水站时拆除。

（43）南华宫山门坊。清嘉庆八年（1803）建，位于响石中心小学内。该坊系砖雕垒砌，青砖烧制全套川剧《白蛇传》故事，十分精美。十分可惜的是于1966年"破四旧"运动中拆毁，深埋响石小学操场下。

（44）隆桥坊。清嘉庆二十四年（1819）建，位于古县城南门桥处（今胡家巷北端河对面）。由退职官员余大揆（前任广西永宁州巡检）及其子余继恩捐资重修，题额"隆桥"。于民国初期拆除。

（45）三楚福地坊。清道光十二年（1832）建，位于县城北关外禹王庙前。坊上"三楚福地"为范泰衡书。毁于1966年。

（46）郭潘氏节孝坊。清道光十二年（1832）建，位于县城北关外。已毁。

（47）祝国寺山门坊。清道光二十四年（1844）建，位于城区中心街（今中心街广场北侧）。1998年拆除。

（48）余李氏五世同堂坊。清道光二十六年（1846）建，位于县城南关春牛坪。该坊于民国时期修建隆泸公路时拆除。

（49）龙门胜迹坊。清道光三十年（1850）建，位于回龙观东侧桥头。1951年拆除。

（50）石印遗徽坊。清道光三十年（1850）建，位于回龙观西侧桥头。1951年拆除。

（51）登山凤峙坊。清道光年间（具体时间不详）建，位于城区文庙坝。其匾文大字为范泰衡书。拆除时间不详。

（52）观海龙蹲坊。清道光年间（具体时间不详）建，位于城区文庙坝。坊字为范泰衡所书。拆除时间不详。

（53）南华宫山门坊。清道光年间（具体时间不详）建，位于胡家小学。20世纪70年代拆除。

（54）曾罗氏节孝坊。清咸丰元年（1851）建，位于城区北关外。坊已毁。

（55）张敏行德政坊。清咸丰二年（1852）建，位于城区北关外。同时，隆昌士民还在北关道观坪建孚惠亭（又名清官亭）一座，以铭记张敏行知县德政之恩。均已毁。

（56）华罗氏百岁节孝坊。清咸丰二年（1852）建，位于古县城北关外。因牌坊楼盖内长年流油，又临近油坊，故俗称偷油牌坊。1966年人工损毁时，发现内有蝙蝠若干，始知牌坊流油系蝙蝠所致。

（57）黄汪氏节孝坊。清咸丰四年（1854）建，位于北关外。毁于1966年。

（58）余叶氏节孝坊。清同治三年（1864）建，位于金鹅街道宝丰村。坊毁于1966年。

（59）刘郭氏节孝坊。清同治七年（1868）建，位于迎祥街。该坊于20世纪50年代拆除。

（60）德政坊。清同治十二年（1873）建，位于县城北关外。坊主无考。1966年被拆毁。

（61）颜台英教思坊。清同治年间建。已毁。

（62）郭祖棠孝子坊。清光绪十九年（1893）建，已毁。

（63）一门三节坊。清光绪二十一年（1895）建，位于县城北关外道观坪。已毁。

（64）余姓节孝坊。清光绪年间建，位于金鹅街道大南街尾。该坊又名雷打牌坊。传闻坊主有节，但有孝无顺。遭雷劈之因系上天震怒，故以雷霆示警，将"孝"字击毁。该坊于1951年拆除。

（65）东岳庙山门坊。清代建造，具体年代不详。位于石碾镇粮站内。拆除时间不详。

（66）叶家沟风水坊。晚清时期所建，位于石燕桥镇叶家沟村。1975年前后拆毁。

（67）龙门坊。建造年代不详，位于普润乡谭家拱桥附近。高约3米，上镌"龙门"二字。已毁。

（68）龙王洞坊。建造年代不详，位于双凤镇。高约2米，上镌"龙门"二字。1966年修穿岩石水库后淹没。

（69）芦田铺庄园双牌坊。建造年代不详，位于云顶镇芦田铺。其形制为四柱三门三重檐五滴水。有对联各二副。其东面向云顶寨，坊额上有"紫气东来"四字，其西面向"明星寺"，坊额上有"翠挹西山"四字。坊虽石料，字却不是雕刻，而是用小块翠绿瓷砖嵌成。此双坊均毁于20世纪50年代初。

（70）陈刘氏节孝坊。位于云峰关西北50米，是县人陈汝霖为其母所建。该坊建于民国十四年（1925），将王朝帝制的"五龙圣旨匾"改作"大总统令"，实属罕见。隆昌回族进士杨光瓒撰联曰：大节独完，并世几人无愧色；宗风不坠，故乡千古播徽音。隆昌高等小学堂（隆昌一中前身）第一任校长举人魏永声撰联云：此人何清，古井誓波澜不起；其行可表，贞珉镇巴蜀而遥。此坊或许是中国历史上最后一座节孝坊，惜于1966年拆毁。

第二章

德政牌坊

隆昌历史上共有德政牌坊17座，现今保存5座。北关道观坪3座：牛树梅德政坊、刘光第德政坊和肃庆德政坊；南关春牛坪2座：李吉寿德政坊和觉罗国·欢德政坊。由于这5座德政坊在20世纪60年代受到很大破坏，德政坊刹尖、金刚座（须弥座）、鸱吻、飞檐、小额坊、纹饰、宝莲灯、雀替、坐兽及部分文字都毁损严重，但部分文字可以从过去的照片及相关资料记载中查证得知。

5座德政牌坊的设计规格一致，均为顶高7.7米，面阔6.7米，形制为四柱三门三重檐五滴水仿木青石雕花牌坊。德政坊东西两侧的图案和文字布局呈背对称布局。

牌坊文字镌刻于牌坊两面匾额、正匾、侧匾、串枋和门柱之上。

1. 匾额

匾额位于正楼（第一重檐）之下，次楼（第二重檐）中间。五座德政牌坊东西两面均各有匾额一块，呈背对称布局，其上均镌刻大字行书"德政"二字。

2. 正匾

正匾位于匾额下面，明间（又叫正门或中门）上面，嵌在德政坊中门石柱与横梁间。德政坊的东西两面均有长约九尺、高约二尺七的两块大小一致的正匾，呈背对称布局。（1）正上匾。两块正匾中，上面的一块叫正上匾，均以四个大字概括或者颂扬坊主的德政、人品和对执政者的期望，如"民之父母""政在养民"等。（2）正下匾。下面的一块叫正下匾，以小字记叙建坊目的意义，简述坊主任隆昌知县期间主要功绩，或颂扬赞美其人品德政，以启迪后人。

3. 次匾

次匾位于边楼（第三重檐）下、两边次间（又叫侧门）上面。次匾也有上下两块，每块高约两尺、长约五尺，亦呈背对称布局。上面的叫次上匾，下面的叫次下匾。有的刻着两个大字，如"歌廉""直哉"，以典故类比称赞坊主的执政功绩，或用词语歌颂坊主德政表现，有的刻画图案，有的干脆留白，一块白石板。

4. 坊名

牌坊名刻于上、下正匾之间的横梁（又叫串枋、顺串）之上。该青石横梁为方形，长九尺、径一尺，除了稳固和承载功用外，主要用于题刻牌坊归属和名称，如"邑侯某（姓）大老爷官印某（名）德政坊"，就是标明此坊是某某知县德政坊。

5. 楹联

德政坊明间（即中门）两根长立柱和次间（侧门）外侧两根立柱上均刻有楹联，一面两副楹联，每坊四副楹联。立坊人在楹联中大量引用历史典故来褒赞和评价坊主的施政功绩，张扬圣贤功德，启迪和教化后人，为后任知县设立标杆典范，鼓励其见贤思齐，像德政牌坊上的知县那样遵循"德孝勤廉"的执政理念，为隆昌绅耆士民营造祥和安乐的生产生活环境。

第一节　牛树梅德政坊

牛树梅德政牌坊在隆昌现存编号的17座牌坊中编为03号牌坊。该坊坐落于隆昌城区北关道观坪，横跨此段为东西走向的巴蜀古驿道，呈东西两面布局。清道光二十五年（1845）正月，候选同知曾存典和隆昌绅耆士民为称颂即将离任的牛树梅知县的德政而公建。

东面　　　　　　　　　　　　　　西面

一、牌坊东面文字

（一）匾额

德政[1]。

【解读】

以仁德施政兴政。

【注释】

（1）德政：有仁德的政治措施或政绩。《左传·隐公十一年》："既无德政，又无威刑。"

（二）牌坊名（第二承重横梁—串枋）

邑侯[1]牛大老爷[2]官印[3]树梅德政坊。

【解读】

隆昌知县牛树梅德政坊。

【注释】

（1）邑侯：县令或知县。县令一词是起于战国的秦及三晋，沿用到唐末的县级长官的称谓。知县始用于唐末（不少县未任命县令，由县佐等"知县事"代理，简称知县），定制于宋，指朝廷派遣朝官为县的长官（相当于驻县长官），管理一县行政，称"知县事"，简称知县。

（2）大老爷：明清时期民间对州县以上长官的尊称。《红楼梦》第四回："望大老爷拘拿凶犯，剪恶除凶，以救孤寡，死者感戴天恩不尽。"

（3）官印：指人的正名。《三侠五义》第三回："（宁老先生）遂乃给包公起了官印一个拯字，取意将来可拯民于水火之中。"

（三）正匾

1. 正上匾

乐只君子[1]。

【解读】

自在快乐的君子。

【注释】

（1）乐只君子：《诗经·小雅·南山有台》："南山有台，北山有莱（lái，藜草，可食，又叫灰条菜或灰灰菜。）。乐只君子，邦家之基。乐只君子，万寿无期……"立坊人借以形容牛树梅知县平易近人、诙谐幽默甚至与老百姓开玩笑的亲民官风，并称赞他有治国安邦的本领，祝愿他健康长寿。

2. 正下匾

古称循良吏者，史册所载不乏人，而求其才德兼全、恩威并济者，往往难之。盖惟德足成才，恩可济威。若徒恃其明断，则民知畏威而不怀德。如牛公之权吾邑也，则兼斯四者矣。公为平襄望族，以数世清德，乃笃生公，成名进士，出宰百里。公不以小就为嫌，毅然以民社自任。初公之来，闻风者惮畏。以是邑先患萑苻[1]警，大姓俱迁聚城中。树公下车未匝月，匪踪敛迹，人归乡里，安堵[2]无虞，盖公之威先摄之也。至其损徭役、戒科饮[3]、抑胥吏[4]、禁强暴，每至乡村，则独乘一骑，从者数人，而饭食舆马之费皆自给。致其待人严而处己约也如此。而公乃不矜才使气，日听断数十案，反复精详，深恤民瘼。虽疾恶如仇，爱民如子，而缓带轻裘[5]，从容就理。余以隐窥，公之德过于才，而恩以济威，其功用自学问中来也久[6]矣。夫古人以廉能称，以子谅[7]著，或失一偏要，不若公之清慎勤俭，予人以莫可名言之感焉。而昔者《甘棠》有颂，孰嗣兴[8]歌？野老[9]口碑，诚古遗爱[10]。今公代庖隆邑，将近归期，去后之思，攀辕之感，其曷能已！爰[11]约士民，于公未去之，先为竖此坊，以铭恩介寿，并冀后之君子宰斯邑者，其奉我公为筮龟[12]，则实惟隆人之庆，而公之余泽惠人远矣。

候选[13]同知[14]曾存典[15]暨绅耆仝[16]建

候补[17]教谕[18]治年晚生耿昂[19]拜撰并书

道光乙巳年正月廿日榖旦[20]

【解读】

古时被称赞为奉公守法且善良的官员，每个时代都不缺少记入史册的人，但要求他们德才兼备和恩威相互弥补的，往往就难以找到了。所以唯有品德高尚、才能突出，恩情可以补益于威严的才是最为可贵的。如果只是单靠能够公正明白地断案，民众就只知道畏惧其威严而不感怀其恩德。像牛树梅知县来治理我们隆昌，就能让老百姓知道他是德才恩威四样都有的人。

牛知县生于平襄（甘肃通渭）有名望的家族，几代人清德，使他生得（或生性）敦厚忠实，他考取进士而成名，到百里之外的隆昌来当知县。他没有因为大材小用而有所嫌弃，而是毅然把发展民众的生产生活作为自己的责任。

牛知县刚来的时候，听到他名声的坏人都感到惧怕了，因为隆昌先前时常有盗贼为患，那些有钱的大户人家都迁入县城里住了。他刚到还没有一个月，盗贼就隐踪敛迹了，于是人们又回了乡里安居，不再担忧受怕了，因为他的威名先将盗贼们震慑住了。

后来，他减轻民众为公家承担的无偿劳动服务，警戒人们聚饮酗酒，压制办事人员的贪污勒索，禁止恃强凌弱的横暴行为。每次下乡进村，都自己乘一匹马，只带几个随从，人与马的饭食费用都由自己解决，不让民众负担。

牛知县对待下人都很严格，自己的生活起居很节俭，也是这样严谨严格。他不骄矜自己的才能而表现出傲气，一天听案断案数十起，都是反复琢磨，精推细究案件详情，深深地体恤民间疾苦与老百姓有冤无处申告的无奈，虽然疾恶如仇，爱民如子，总是缓带轻裘从从容容地处理百姓纠纷。我从这些事情中隐隐发现，牛知县的高尚品德超过了才干，而且用恩德舒缓了威严，这种运用的功效，也是从他学问中得来很久的了。

　　唉！古人以清廉能干而受称道，以仁爱诚信而著称。有的缺少其一就偏离了要义，不像牛知县那样清廉、谨慎、勤勉、节俭，给人一种难以名状的感觉。想当年，召公在棠梨树下办公而备受称颂，可谁又能继承他的德政振兴天下而受到老百姓的歌颂呢？村野老人的交口称颂，诚然是对他像古时召公那样留给人们仁德恩惠的肯定。

　　现在牛知县主宰隆昌县，任期即将结束，想到他离去之后隆昌又会怎么样呢？拉着他的车辕不让他走的愿望和心情如何能断绝！于是我相约士民，在他还没有离开的时候，先为他立这座德政坊，用于铭记他的恩情，祝福他长寿，并且希望今后来隆昌执政的知县，能以他为标杆和榜样，这实在就是隆昌人的庆幸了，牛知县留下的恩泽就能更加久远地让隆昌人受益了啊。

　　　　　　等候选拔任用的副知府级的曾存典暨县乡绅尊老同建

　　等候补任县教官（谕）牛知县治隆昌时在县的晚辈耿昂 敬拜撰稿书写

　　　　　　道光二十五年正月二十日吉辰

【注释】

　　（1）萑苻：古泽名，位于春秋郑国东北，今郑州市东北郊，为芦苇丛生之水泽，古时曾为远近闻名的盗贼聚集抢劫之地，很久以前就被黄河沙泥填平而不复存在。古时指盗贼。《左传·昭公二十年》："郑国多盗，取人於萑苻之泽。"杜预注：萑苻，泽名，又作萑蒲（huán pú），一说为"芦苇"。于泽中劫人。一说，凡丛生芦苇之水泽皆可谓之萑苻之泽，见杨伯峻《春秋左传注》。后称盗贼出没之处。

　　（2）安堵：安居。《史记·田单列传》："即墨即降，愿无虏掠吾族家妻妾，令安堵。"汉代陈琳《檄吴将校部曲文》："百姓安堵，四民反业。"

　　（3）科饮：聚众饮酒。

　　（4）胥吏：旧时官府中办理文书的小官吏。胥，什长也，吏，治人者也。明孔贞运《明兵部尚书节寰袁公墓志铭》："苏当轮蹄之冲，财富刑狱甲于他郡，公徐而理之。胥吏抱牍如山，公片言立决，如风扫箨，爰书无只字出入。"

　　（5）缓带轻裘：形容从容儒雅的风度。缓带：宽束衣带。形容悠闲自在，从容不迫。轻裘：轻暖的皮衣。《资治通鉴·后梁均王贞明元年》："明日王缓带轻裘而进，令张彦之卒摽甲执兵，翼马而从。"

　　（6）久（jiǔ）："久"的古体字。

（7）子谅：慈爱诚信。《礼记·乐记》："致乐以治心，则易直子谅之心油然生矣。"孔颖达疏："子谓子爱，谅谓诚信，言能深远详审此乐以治其心，则和易正直子爱诚信之心，油油然从内而生矣。"

（8）嗣兴：继承并振兴。《书·洪范》：鲧则殛死，禹乃嗣兴。

（9）野老：村野老人。南朝·梁·丘迟《旦发渔浦潭》诗："村童忽相聚，野老时一望。"

（10）遗爱：遗留仁爱于后世。指留于后世而被人追怀的德行、恩惠、贡献等。指有古人高尚德行、被人敬爱的人。

（11）爰：于是；就。《尚书·无逸》："作其即位，爰知小人之依，能保惠于庶民。"

（12）筮龟：潜伏在蓍丛下的龟。引申为标注，榜样。《尔雅·释鱼》郭璞注："常在蓍丛下潜伏。"

（13）候选：清制，内自郎中，外自道员以下官员，凡初由考试或捐纳出身，及原官因故开缺依例起复，皆须赴吏部报到，开具覆历，呈送保结。吏部查验属实，允许登记后，听候依法选用，称候选。

（14）同知：明清时期的官名。同知为知府的副职，正五品，因事而设，每府设一二人，无定员。同知负责分掌地方盐、粮、捕盗、江防、海疆、河工、水利以及清理军籍、抚绥民夷等事务。另有知州的副职称为州同知，从六品，无定员，分掌本州内诸事务。

（15）曾存典：隆昌人，隆昌人为牛树梅建德政坊时，为候选同知，官居六品，比牛树梅高一级。

（16）仝（tóng）："同"的古体字。唐代卢仝《与马异结交诗》："昨日仝不仝，异自异，是谓大仝而小异。"

（17）候补：清制，没有补授实缺的官员在吏部候选后，吏部再汇例呈请分发的官员名单，根据职位、资格、班次、每月抽签一次，分发到某一部或某一省，听候委用，称为候补。但也可以出钱免予采取抽签方式自由指定到某处候补称为指省或指分。

（18）教谕：学官名，正式教师之意，宋代开始设置，负责教育生员；教导，相当于今之校长。宋代在京师设立的小学和武学中始置教谕。元、明、清三朝，县学亦置教谕，掌文庙祭祀，教育所属生员。

（19）耿昂：隆昌县人，清嘉庆辛酉科（1801）拔贡，朝考钦取二等乐山县训导，雅安县教谕。历署富顺县训导，忠州、剑州府学。文章辞赋宏博富丽，以书法名一世。敕授修职郎。

（20）穀旦：良辰；晴朗美好的日子。旧时常用为吉日的代称。《诗·陈风·东门之枌》："穀旦于差，南方之原。"孔颖达疏："见朝日善明，无阴云风雨，则曰可以相择而行乐矣。"

（四）侧匾

左侧下匾

右侧下匾

1. 右侧匾

（1）上匾：人物雕刻。

（2）下匾：黍[1]雨。

【解读】

谷物像雨一样多而密。

【注释】

（1）黍（shǔ）：从禾从雨，古时专指一种子实叫黍子的一年生草本植物。其子实煮熟后有黏性，可以酿酒、做糕等。《说文》："黍，禾属而黏者也。"《礼记·月令》："天子乃以雏尝黍。此处借指牛知县治下隆昌粮食丰收、百姓欢乐。"

2. 左侧匾

（1）上匾：人物雕刻。

（2）下匾：棠荫[1]。

【解读】

像召公在棠梨树下办公，公正断案一样，荫庇德泽老百姓。

【注释】

（1）棠荫：《史记·燕召公世家》："召公之治西方，甚得民兆和。召公巡行乡邑，有甘棠，决狱政事其下，自侯伯、庶人，各得其所。无失职者。召公卒，而民人思召公之政，怀棠树，不敢伐，歌咏之，作甘棠之诗。"此处借用该典故来赞颂牛树梅知县执政隆昌的恩德。

（五）楹联

1. 正联

正联　　　　　　侧联

读十年[1]书，从政能兼果达艺[2]；
作万家佛[3]，居官不愧清慎勤[4]。

【解读】

十年寒窗苦读圣贤书，从事政务果断、练达而又才艺突出；
像万家百姓的活菩萨，身为知县不愧对清廉、谨慎、勤勉的官箴。

【注释】

（1）十年：虚数，指岁月久长。元代高明《琵琶记》："十年寒窗无人问，一举成名天下知。"

（2）果达艺：果，果断；达，通达；艺，才艺。

（3）作万家佛：作为万家百姓的菩萨。代指受百姓爱戴的好官。宋·赵翼《贺陈待制启》："福星一路之歌谣，生佛万家之香火。"

（4）清慎勤：清廉、谨慎、勤勉。《三国志·李通传》裴松之注引王隐《晋书》说："（李秉）昔侍坐于先帝，时有三长吏俱见。临辞出，上曰：'为官长当清、当慎、当勤，修此三者，何患不治乎？'"（此处的"上"，指晋武帝父亲司马昭）后用以为官箴。衙署公堂多书"清慎勤"三字作匾额。梁启超《新民说·论公德》："近世官箴，最脍炙人口者三字，曰：'清、慎、勤。'"

2. 侧联

暂屈凤鸾[(1)]栖枳里[(2)]；

定携琴鹤[(3)]到兰台[(4)]。

【解读】

暂时委屈像凤凰鸾鸟一样圣贤的牛知县栖息在隆昌这个偏远贫瘠的地方；

牛知县一定会携着琴与鹤到朝廷做大官。

【注释】

（1）凤鸾：凤凰和鸾鸟都是传说中的高贵神鸟和鸟中之王。赤、黄者为凤，青、紫者为鸾。多比喻高尚贤德之人。

（2）枳里：枳为落叶灌木，茎有粗刺，果小味酸，壳果皆可入药，俗称药柑儿。此处意为穷乡僻壤，代指隆昌县。

（3）琴鹤：琴与鹤。古代高士常以琴、鹤相随。《宋史·赵抃传》记载，北宋熙宁年间，在朝廷为官的龙图阁直学士赵抃到四川做官，随身携带行李仅一张古琴，一只白鹤，分两边驮于马上。宋神宗听知，赞道："闻卿匹马入蜀，以一琴一鹤自随；为政简易，亦称是乎！"后人以一琴一鹤喻行简高洁，即轻车简从且清廉。

（4）兰台：汉代官内档案典籍库外台上多种兰草，称兰台，由御史中丞掌管，置兰台令史，史官在此修史。后借指典籍收藏府库和御史台、史官等，此引申为京官。

二、牌坊西面文字

（一）匾额

德政。

【解读】

以仁德施政兴政。

（二）牌坊名

邑侯牛大老爷官印树梅德政坊。

【解读】

隆昌知县牛树梅的德政坊。

（三）正匾

1. 正上匾

民之父母[1]。

【解读】

牛知县治县之功堪称民众的父母官了。

【注释】

（1）民之父母：史载两个出处。①孔子的解释。《礼记·孔子闲居》记载孔子在答复子夏"敢问《诗》云'恺悌君子，民之父母'，何如斯可谓民之父母矣？"时说："夫民之父母乎，必达于礼乐之原，以至五至，而行三无，以横于天下，四方有败，必先知之。此之谓民之父母矣。"孔子的解释是："作为百姓的父母，必须通晓礼乐的来源，以达到'五至'而实行'三无'，并用以施行到全天下。任何地方发生了灾祸，必须首先知道，这样才能称得上是百姓的父母。"在与子夏的对话中，孔子还进一步解释"五至"与"三无"为："志之所至，诗亦至焉；诗之所至，礼亦至焉；礼之所至，乐亦至焉；乐之所至，哀亦至焉，哀乐相生。是故，正明目而视之，不可得而见也；倾耳而听之，不可得而闻也；志气塞乎天地，此之谓五至"。无声之乐，无体之礼，无服之丧，此之谓"三无"。翻译为现代汉语是：有忧民之心，诗也会有所反映；诗要表达的，礼也会有所体现；礼要表达的，乐也会有所表现；乐所表现的，哀也会随之体现。诗与礼相辅相成，哀与乐交相产生，因此，"五至"睁大眼睛看也看不见，竖起耳朵听也听不见。这种志气充塞于天地之间，实行起来又遍及天下，这就叫作"五至"。没有声音的音乐（早晚恭敬，宽以待民，民得安宁），没有仪式的礼节（仪表庄严，雍容娴雅），没有丧服的丧事（百姓有丧亡，虽不着丧服却急忙去帮助），这就叫作"三无"。②《四书五经》之《大学》的解释："乐只君子，民之父母。民之所好好之，民之所恶恶之，此之谓民之父母。"

2. 正下匾

崧升岳降[1]，乃诞文星[2]；荣联燕翼，秀竞龙雯[3]。
南宫[4]夺锦，北阙[5]承恩；凫飞[6]益部，骥展莲城[7]。

清慎勤俭，慈惠廉明；尊贤乐善，雅化^{（8）}作人^{（9）}。

民安盗靖^{（10）}，政理^{（11）}讼平；恺悌君子^{（12）}，福禄允^{（13）}申^{（14）}。

士民公建

【解读】

牛知县禀天地之灵气而生，从文曲星座来到人间；他的神态如燕子飞翔的羽翼，他的仪表像有龙形纹的彩云。他曾在南宫考试中夺得了锦标，又在北阙受到了皇帝的恩宠而授官；像王乔一样乘着神鸟来到四川，像骐骥那样在莲峰之城大展才干。清正谨慎勤勉节俭，慈善仁惠廉洁英明；尊崇圣贤乐于行善，用高雅的人文教化造就人才。民众安居乐业，盗贼平息，政绩卓著，诉讼舒缓平和而少了；他是品德优良的君子啊，幸福爵禄一定会公允地为牛知县久远延绵！

隆昌士人和百姓合建

【注释】

（1）崧生岳降：得崧岳之灵气而降生。《诗经·大雅·崧高》："崧高维岳，骏极于天，维岳降神，生甫及申。"用于称赞甫侯申伯，谓其"禀天地之灵气而生"。后以此四字称赞别人。崧，高大；岳，高大的山峰。

（2）文星：文昌星，又名文曲星。相传文曲星主文才，后亦指有文才的人。

（3）龙雯：有龙形花纹的云彩。

（4）南宫：古时朝廷考试之地。

（5）北阙：阙，门。皇帝住的宫殿庭堂，都面向南，而称北阙。皇帝坐北向南，群臣面北叩头。

（6）凫飞：指县宰上任或离去。《后汉书》卷八十二上《方术列传上·王乔》记载，汉叶县县令王乔，有神仙之术，每月初一、十五乘双凫飞向都城朝见皇帝。此处指牛知县由外地来益州（四川）执政。

（7）莲城：隆昌县衙所在小山叫莲花山，山下西南有莲峰书院。此处用莲城代指隆昌。

（8）雅化：文雅、高雅的教化。

（9）作人：指立身行事，指通人道。

（10）靖：平定，安静。《诗·周颂·我将》："日靖四方。"

（11）政理：坚守为政之道，有卓越的政绩。《鬼谷子·本经阴符》："原人事之政理，不出户而知天下。"

（12）恺悌君子：指品德优良，平易近人的人。《左传·僖公十二年》："恺悌君子，神所劳矣。"

（13）允：通骏。指长，长久。

（14）申：延缓，延长。

（四）侧匾

左侧下匾　　　　　　　　　　　　　右侧下匾

1. 右侧匾

（1）上匾：人物雕刻。

（2）下匾：歌廉①。

【解读】

①牛知县治理隆昌就像东汉蜀中太守廉叔度治理成都一样顺应民意、富民有方而深得民心，老百姓像歌颂廉叔度那样讴歌赞颂他。

【注释】

歌廉：据《后汉书》中记载，东汉廉范（字叔度，战国末期赵国名将廉颇的后裔）任蜀郡太守，为官清廉，更改禁民夜作旧令，让百姓储水以防火，百姓可掌灯夜作，日渐丰裕。百姓歌曰："廉叔度，来何暮；不禁火，民安作；昔无襦，今五裤。"可见，隆昌士民是用廉范任蜀中太守造就了繁荣的成都"锦官城"来类比称颂牛树梅竭力发展隆昌农业生产和工商业经济的治县之功。

2. 左侧匾

（1）上匾：人物雕刻。

（2）下匾：颂鲁(1)。

匠士：曹庆云

【解读】

就像春秋时期鲁国公子鱼作长篇歌颂国君的《鲁颂》来歌颂鲁僖公和鲁国一样，牛树梅的美德与治县之功值得撰文歌颂。

工匠师傅：曹庆云

【注释】

（1）颂鲁：《诗·鲁颂·閟宫》郑笺孔疏："春秋鲁僖公臣公子鱼，字奚斯，作《鲁颂·閟宫》颂美僖公能复周公之宇。"后人以"颂鲁"指人臣颂扬君主之功德美行，也有人用"颂鲁"歌颂清官廉吏。

（五）楹联

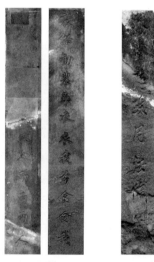

正联　　　　　侧联

1．正联

敦俗[1]劝农桑，衣衣我[2]兮食食我[3]；

育才隆学校，风风人[4]而雨雨人[5]。

【解读】

遵照风俗劝导民众栽桑养蚕，给我衣穿，给我饭吃（让老百姓有衣穿有饭吃）；

培育人才资助学校兴隆发展，以良好的道德风尚感化人，让恩惠像雨露一样润泽人。

【注释】

（1）敦俗：遵照风俗。敦：厚道。转作尊崇，尊重。俗：风俗，在一定地域范围内，长期形成的礼节、礼仪、崇尚、忌禁习惯等。

（2）衣衣我：以衣衣我，即把衣服给我穿。《诗》："岂曰无衣，与子同袍。"意为仁爱天下。

（3）食食我：以食食我，即把食物给我吃。

（4）风风人：用好的风俗风气感染教化人。《说苑》："吾不能以风风人。"

（5）雨雨人：指降雨施恩而润泽于人。《诗》："雨我公田。"

特注：下联"育才隆学校"五字因坊体风化损毁严重，国家文物总局批准于2007年修缮时已用白板石材覆盖，若日后有新发现的图（照）片，当以之为准。

2. 侧联

鹤署⁽¹⁾承欢⁽²⁾，教民以孝；

琴堂⁽³⁾听政⁽⁴⁾，用法惟章。

【解读】

将父亲接至县署里侍奉尽孝，用亲身孝行来教化民众遵循孝道。

用在县衙听取汇报的方法施政，尽量遵循律法规章来治县。

【注释】

（1）鹤署：古人以鹤为高洁清雅飞禽，官员多挂鹤图或塑鹤像于官衙，故用鹤署代指官衙。宋代沈括《梦溪笔谈》卷九："赵阅道为成都转运史，出行部内，唯携一琴一鹤，坐则看鹤鼓琴。"

（2）承欢：指迎合人意，求得欢心；旧时指侍奉父母。此处指牛树梅将身患足疾的父亲牛作麟从甘肃通渭县牛家坡的老家接到隆昌县衙侍奉，亲身敬老行孝一事。

（3）琴堂：代指县衙。《吕氏春秋》载，孔子的学生密子贱为单父（今山东单县南）宰，弹琴于堂而县大治，得到孔子大加赞赏。后来，琴堂作为县衙美称。

（4）听政：处理政务。《史记·吕太后本记》："代王遂入而听政。"《周礼天官冢宰·小宰》："以听官府之六计，弊群吏之治。"郑玄注："听，平治也，平治官府之计有六事。"古人治理一地多用"听政"之法，即，听取汇报，相当于今人之"述职述责述廉"，意为粗管粗放，宽松执政，简而管用，深得"简政"之要。

三、牌坊图案简介

牛树梅德政坊共有三层五个楼盖，盖檐下栏额均为镂空雕刻，由精致图案镶嵌而成，甚是精美。顶楼的当心间东西两面皆雕刻有图案。

顶楼西面栏额深刻"双凤朝阳"图案，寓意坊主牛树梅是一位才高志远之人，定当遇时而起。

内为高浮雕的"五龙德政匾"，龙雕已毁于"破四旧"。塑"五龙匾"寓意为，"五"居"九五之尊"，用"五龙"表示牛树梅知县施行惠政是遵奉了天子圣谕，其功甚伟。"五龙"还象征"五湖四海"，暗示牛树梅受到了隆昌人及往来过县的五湖四海民众之拥戴。

顶楼东面栏额正中雕刻一"寿"字，四周刻五只蝙蝠，皆面向中心"寿"字，称"五蝠捧寿"，象征"五福"。古之"五福"是指长命、富有、健康、乐善好德、和平善终等。人的一生若能享此"五福"，当是极为幸福的了，故而以此祝牛树梅知县"五福俱全"。

第二重楼和边楼楼盖下的栏额均为镂空云纹，云纹正中雕刻腰束绶带的"八宝"：东面刻有简板、如意、葫芦、古琴。

西面刻有宝剑、编磬、画轴、如意。

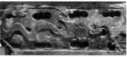

意为牛树梅知县的高尚德政，正配得上用这八件高雅的吉祥之物来祝愿和称颂。次间上匾刻有深浮雕"福、禄、寿、禧"四星官。

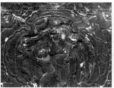

东面右上匾深浮雕禄星，又称赐禄天官。天官身后随一名童子，童子怀抱一瓶，瓶内插三支戟，寓意为祝愿牛树梅"平升三级"。

东西两面额枋均为素面，两端浅雕工字连线，倒楞刻作莲瓣，图案简洁，寓意牛树梅任隆昌知县时犹如莲花一样清白而廉洁。

四、史实简介

（一）牛树梅生平简介

牛树梅于嘉庆四年（1799）出生于甘肃通渭县鸡川镇牛家坡。7岁开始读书，每天严格遵守太阳升落的作息时间，养成了不差分毫的读书习惯。9岁即参加了县试，并读《左传》自励。12岁时在《左传》书背题词："太公钓于渭水之滨，伊尹耕于莘之野，彼兼然矣，吾何为独不然？"可见，其从小便立下人生大志。14岁时，牛树梅写下了"今日鱼龙混杂，他年鸡凤各殊"的春联以明志，并跟随父亲牛作麟到秦安李家河读书。16岁时（1814）参加府试，获得第十一名的好成绩，次年便入巩昌府就读。21岁、23岁两赴西安参加乡试未中，24岁主讲通渭县许家堡（今鸡川镇）。道光四年（1824），应

鞏昌府试，被选为贡生，次年第三次赴西安参加乡试落第，直到道光十一年（1831），牛树梅33岁时终于乡试中举，领乡荐（被州县举荐参加京城会试）第六名，受到主考林召棠（道光三年状元）的特别赏识。道光十五年（1835），37岁的牛树梅与曾国藩、左宗棠等一起在京城参加会试，均落第。

道光二十一年（1841），43岁的牛树梅会试以二甲第九十名的好成绩考中进士，从此步入仕途。次年吏部将牛树梅分发河南为官，但牛树梅以要照顾身患足疾的父亲为由，提出到离家乡近点的地方任职，朝廷便恩准其于道光二十三年（1843），赴四川雅安任知县。次年（1844）春夏之交，牛树梅由雅安转赴隆昌任知县，并派专人到通渭老家将父亲牛作麟迎到隆昌县衙侍奉养老，身体力行地为隆昌民众作出了尽孝的榜样。为了用儒家风雅教化隆昌民众，牛树梅作《劝敦夫妇伦理示》《趁正风俗示》《劝喻穷民示》，命人张贴于大街小巷，并作《到任条规》和《请祀名宦册稿》，作为自身言行和县衙大小职员的行为规范，坚持德才兼备、恩威并重的治县理念，带头做到不滥权，严于律己，简约修身，依律办事。惩戒强暴恶吏，不严苛地执行繁杂的管治条款，且乐善与民，让百姓安乐生产，粮食丰收，深受老百姓喜爱和尊重，世人盛赞他是一个清官。牛树梅多体恤穷苦黎民的孤苦难处，支持建立了川南第一家恤嫠会，为隆昌贫苦嫠妇家庭给予了财力、劳力和信心、道义上的大力扶助，发扬了隆昌崇尚儒家礼教的传统文化风俗。严厉打击盗贼，震慑盗贼销声匿迹，公正地审案判案，给隆昌邑民带来了实实在在的好处，促进了社会的稳定和谐。隆昌人用"乐只君子""民之父母"褒奖牛树梅的治绩，为日后名震巴蜀、刚直不阿、清正廉洁的"牛青天"写下了隆重的开篇之笔。

道光二十四年（1844）底，牛树梅即将卸任，但接任的刘光第未能从兴文县赶回隆昌，至道光二十五年（1845）春夏之际，牛树梅方才离开隆昌转任彰明（今江油）知县。牛树梅德政坊立于道光二十五年春节刚过，且在牛树梅本人反对无效的情况下竖立起来的。更可贵的是，立坊提议人和组织者曾存典是当时的候选同知，官阶为六品，比牛树梅知县（七品）还高一品。可见，牛树梅在隆昌知县任上的治绩是深受隆昌人真心推崇和拥戴的。

道光二十五年（1845）初夏，牛树梅离开隆昌，赴四川龙安府彰明县（今江油）任知县，在彰明县近两年，做出了一系列安保、恤民、兴农和树新风的治县举措，受到了士民的普遍爱戴，彰明百姓在青莲镇也为其树立了德政牌坊。1846年底，升任资州知府。道光二十九年（1849）二月，牛树梅被安排到军队调往甘孜州新龙县一带讨伐对抗官府的藏族土司。次年（1850）调任宁远府（今西昌）知府，八月七日，遇大地震，牛树梅儿子牛恭（躬）玉被压死，牛树梅本人获救，让人抬着指挥抗震救灾，给宁远民众留下了深刻的好官印象。这年春天，牛树梅在整理其父牛作麟的家规家训基础上，加上自己的做人与持家体验，刊印了父子二人合作的《牛氏家言》一书，其中部分章节被清王朝《皇朝续经世文编》采用。咸丰元年（1851），牛树梅被调任茂州直隶州（今茂县）知州，不久，其父牛作麟亡故，牛树梅便以"丁忧"（中国古代礼俗：官员遭父母丧应弃官家居为父母守孝二十七个月，服满再行补职）之由，辞官回老家甘肃通渭县鸡川镇为父亲牛作麟守墓尽孝。咸丰三年（1853）六月下旬，牛树梅被朝廷召入军队，驻守天津，开始研究外国情势。因为不满军中腐败，次年称病辞官回家，后多次被湖北、河南、湖广等地总督举荐为官，均被牛树梅称病拒任。

同治元年（1862），因云南昭通聚众举兵的李永和、蓝朝鼎部队攻占了川南和川西众多州府县，加之太平天国翼王石达开率兵由川西南进入宁远府甘孜州一带，四川形势告急，还在湖南总督任上刚接到四川总督任命的骆秉章、给事中高延怙等，强力举荐在四川官宦士民和地方各派武装中都颇具威名的"牛青天"牛树梅入川平剿"叛逆"，朝廷发六百里诏书，谕令牛树梅入川任按察使（地位仅次于总督的地方高官，相当于今日的政法委书记兼公检法司一把手），实在推辞不过，牛树梅再次入川为官，在"牛青天"威名震慑下，川内各派地方武装都"臣服"而听其号令，笼络了人心，从而擒获了李永和，诱捕了石达开。尽管功劳被四川总督骆秉章一手遮天地窃为己有，但是牛树梅的历史地位却是无法撼动的，"牛青天"在川人心目中的崇高声誉丝毫未减。

同治三年（1864），朝廷降旨将牛树梅内调，加布政使头衔，牛树梅以病力辞，仍留居四川成都。次年，朝廷又降旨着其"交吏部带领引见"，亦被牛树梅以病推辞。同治六年（1867），牛树梅主讲成都锦江书院，进入其著述高峰期。同治十三年（1874），76岁高龄的牛树梅辞别四川，回归故土。光绪八年（1882），牛树梅以84岁高龄去世。成都锦江书院敬赠挽联"巴蜀颂名臣，斯人不负苍生望；关西传道统，夫子堪称汉儒贤。"

（二）隆昌恤嫠会简介

隆昌县恤嫠会，创自道光二十五年（1845）牛树梅任知县期间，目的是资助给养邑内节妇。十余岁、二十余岁守节者，每月帮钱六百文；三十余岁守节者每月帮钱五百文。逢三节（春节、端午、中秋）及清明中元每名加钱二百文。续因进项稍裕，每节妇翁姑病殁，会内给殓费四千文。节妇病故，会内给钱六千文。并在考棚立恤嫠碑，知县牛树梅作恤嫠序。恤嫠会的经费主要靠募化，然后用募化得来的钱置田收租和发展其他的营利性事业。刚成立时，知县牛树梅捐钱二百钏，次年刘光第知县捐钱一百钏，其余募化首事都或多或少捐钱捐物。据清同治十三年编修的《隆昌县志》记载，其募化首事由刘定选、晏菜、范泰衡、郭毓龙、王柄楠、晏楷、范泰亨等107人组成。

五、史料解读

（一）县志上的牛树梅

同治十三年（1874）编修的《隆昌县志》：牛树梅，甘肃通渭进士，道光二十四年署[1]。性恽厚[2]。学渊遂。案无留牍[3]，讼无冤狱[4]，催科不事[5]。为政数月，颂声载道。其自拈[6]韵云："书生面目本寒酸，匹马东来为点[7]团[8]，自愧一身皆孽府[9]，有人沿途说清官。"邑绅民爱戴不忘，为竖德政碑及德政坊。

【解读】

牛树梅，甘肃通渭县进士，道光二十四年（1844）任隆昌知县。性情浑厚淳朴，因为学识渊博登上仕途而授官隆昌。桌案上没有过夜未办的卷宗，没有诉讼入狱的冤案，没有严苛地执行徭役赋税条款。任知县几个月，老百姓对他的称颂四处流传。他自己都写了一首打油诗说："我本一介从穷苦人家走出来的读书人，孤身一人来到隆昌主宰一县，自觉一身罪过，做得不够而且勉强，却有老百姓一路上说我是一个清官。"隆昌绅士民众很是爱戴，念念不忘，给牛树梅竖立了德政碑和德政牌坊。

【注释】

（1）署：指办理公务的机关，如：专署、公署、官署。

（2）恽厚：即浑厚，指淳朴，敦厚。宋代曾巩《馆中祭丁元珍文》：

"子之为人，浑厚平夷，不阻为崖，不巧为机。"

（3）案无留牍：桌案上没有积压的公文。形容办理公务干练、及时。

（4）讼无冤狱：在所有判过的案子中，没有一件是冤枉的。讼，在法庭上争辩是非曲直，打官司，如：讼事、讼案、讼词。《周礼·地官》："争罪曰狱，争财曰讼。"《说文》曰："以手曰争，以言曰讼。"

（5）催科不事：催收租税之类的事，他不愿意做。催科：指催收租税。租税有科条法规，故称。明·江盈科云："为令之难，难于催科。催科与抚字，往往相妨，不能相济。阳城以拙蒙赏，盖由古昔为然，今非其时矣！"不事：指不任以官职。

（6）自拈：随手拈来之意。拈，原指用手搓转，意指取物。

（7）点：指定，选派。旧时亦用对官吏的选派、委放。《乐府诗集·木兰诗》："可汗大点兵。"

（8）团：旧时某些地区相当于乡一级的政权机关：团练；团丁。此处是牛树梅故意把知县说成是团练的自谦用法。

（9）孽府：内心充满着罪恶和不安。是牛树梅自谦的说法。孽：罪，罪恶；府：通腑，脏腑。

（二）牛树梅《恤嫠序》

天地之缺而人补之，风俗之敝[1]而人维[2]之。其权上属于君相，而下系于好德仁之士。国家设养济院[3]、育婴堂诸政以收养茕独[4]，所谓发政施仁[5]必先斯四也。乃若孤灯永夜，苦雨凄风、镜破釜寒[6]、仰俯无计，此尤生人[7]之至痛，而旌[8]典[9]而外，别无长策，法之所穷，无如何也。夫五伦[10]以大婚[11]为本，而生人以节义为先。成全无术则风励[12]何由矣，志操[13]不劝则恩义日衰矣，坐使薄俗[14]相渐，至有生相背弃者，而夫妇之道苦矣。学博[15]姚秀庵先生，一日携会薄一册过署曰："邑中人士以贫而寡者之无以为守也，欲为恤嫠会倡首，中已得数人许，有成数矣，愿借一言以劝募。"余览之不觉起舞，以为可以补天地之缺，维风俗之敝，而为国家广修养之仁者，实于是乎？在世之好善者多矣，而所见或偏则所成亦小。吾喜人谈果报事，而恶其托于飞鸾降乩[16]以滋矫诬[17]也，吾喜人结善社倡义举，而不欲其侈修庙宇广敛[18]钱租，以耗百姓养生之财也。若兹会之兴，不亦慊于心而合于大道乎！成一人之节而数世祖孙罔弗[19]受惠矣，全不幸之操而百年伉俪[20]咸知笃思[21]矣。隆邑多好义之士，善事所在，往往一倡而百和焉。二三君子互劝交勉而共行之，数世之德也，所及其远矣。

邑侯省斋牛树梅撰

【解读】

天地有所缺漏，就会有人去将它补好；社会风俗败坏了，也会有人站出来予以纠正。这种权利和责任，在上属于帝王将相；在下就得靠那些有良好品德和善心的人。国家设立了养济院、育婴堂等各种政府场所来收养那些孤独无依的人，人们常说的发布政令实施怀仁政策，就是必须优先考虑鳏寡孤独四类人的安身问题；假若仍有人永远在黑夜中面对一盏孤灯叹息，有人永远生活在凄风苦雨中，有人夫妻分离冷锅无食无家可归，仍然有人望天俯地叹息却又无计可施地生存，这就是人活着时最痛苦的事了，而施政者除了发些旌表好的典型的匾额之外，也就没有更好的计策了，办法穷尽了也就无可奈何了。五伦以大婚为根本，要养育人就需要把节义放在前面。处理这些事情没有好的办法，光靠劝勉鼓励又有什么作用呢？不鼓励民众树立好的志向和坚守节操，那么社会上的道义恩情也就会一天比一天衰落了，时间久了，坏风气就会渐渐地起来，也就会产生背信弃义的人，恪守夫妇之道的风气就会受到危害。一天，学官姚秀庵先生拿着一本恤嫠会的册子来县衙，他对我说："县内的有识之士认为有许多贫穷守寡的女人无依无靠，想带头倡立恤嫠会，其中已有好多人答应了，并且已经收到了一定数量的捐款银钱，我想借您的一句话来劝大家都来捐赠。"我接过册子一看，不觉兴奋起来，认为这样做可以修补天地的缺漏，纠正败坏的风气，那些为国家提倡优良风气的仁人志士就是应该这样做呀。世上喜欢行善的人很多，但看得见的却不多，做成功了的就更少。我喜欢与人谈论因果报应话题，但厌恶那些假借五彩神鸟飞到人间给百姓带来吉祥和安宁而滋生的迷信观念。我喜欢人们结成友善团体共同倡导仗义之举，但反感借修庙宇来积敛钱财租谷，以致消耗了百姓维持生计的钱财。如果这个恤嫠会能兴旺起来，也就不觉得心里遗憾，而是做了一件符合道统的好事。成就一个人守节尽孝，而使得祖孙几代都无不受惠，成全那些不幸的人坚守节操，就会让后世许多和谐美满的夫妻坚定地思考这事的价值。隆昌出现了许多义举善事，而且这些善事出现后，往往是一倡导就会有许多人来支持和响应。少数几个人相互鼓励着带头做善事行义举，就会让好几辈人都能养成行善仗义的美好品德，其影响一定深远啊！

【注释】

（1）散：破旧，引申为败坏。《说文》："散，一曰败衣。"

（2）维：系，连结；保持。

（3）养济院：古代收养鳏寡孤独及穷人和乞丐的场所。养济院与育婴堂、安济坊、居养院、福田院、漏泽园等都为古代的福利慈善机构，遍及全国各地。养济院一般是由官府出资修建，但也有养济院以私人名义捐修的。《宋史·赵汝愚传附子崇宪传》："初，汝愚捐私钱百余万创养济院，俾四方宾旅之疾病者得药与食。"

（4）茕独：茕，无兄弟；独，孤身一人。这里泛指没有劳动力而又没有亲属供养的人，同鳏寡孤独。

（5）发政施仁：发布政令，实施仁政。比喻统治者施行开明政治。

（6）镜破釜寒：夫妻分离了，锅冷了，无家可归了。比喻夫妻分离。釜寒，釜，古时煮饭的锅，釜寒指冷锅。

（7）生人：养育人。生，使动用法：使……活。汉·董仲舒之《春秋繁露·身之养重于义》："天之生人也，使之生义与利。"

（8）旌：表彰贞烈的匾额。旌，古代用羽毛装饰的旗子。又指普通的旗子："旌旗、旌铭（旧时丧礼，柩前书死者姓名的旗幡）。"

（9）典：典籍。《尔雅·释言》："典，经也。"《易·系辞》："不可为典要。"

（10）五伦：五伦，古人所谓君臣、父子、兄弟、夫妇、朋友五种人伦关系。用忠、孝、悌、忍、善为"五伦"关系准则。孟子认为：君臣之间有礼义之道，故应忠；父子之间有尊卑之序，故应孝，兄弟手足之间乃骨肉至亲，故应悌；夫妻之间挚爱而又内外有别，故应忍；朋友之间有诚信之德，故应善；这是处理人与人之间伦理关系的道理和行为准则。《孟子·滕文公上》："使契为司徒，教以人伦：父子有亲，君臣有义，夫妇有别，长幼有序，朋友有信。"

（11）大婚：大婚，又称大昏。指天子或诸侯的婚娶。此处泛指成婚。

（12）风励：用委婉的言辞鼓励、劝勉。明·唐顺之在《答江五坡提学书》："闽固多文少实之域也。非兄孰能振之，而欲振之，岂在声色文字之间哉，固有道矣，若其次则莫切于风励学官。"

（13）志操：志向节操。

（14）薄俗：轻薄的习俗；坏风气。《汉书·元帝纪》："民渐薄俗，去礼义，触刑法，岂不哀哉！"

（15）学博：唐制，府郡置经学博士各一人，掌以五经教授学生。后泛称学官为学博。

（16）飞鸾降乩（ｊī）：希望五彩神鸟飞到人间，给人间带来吉祥和安宁。飞鸾即扶鸾，鸾原意是一种古代传说的五彩神鸟，赤身之精，凤凰之佐，鸡身赤毛，色备五彩，鸣中五音，出在女状（床）山。人若能见到它，就会天下安宁。所以鸾就是安宁的意思，扶鸾也是扶得天下的安宁，具体到每个家庭和每个人的生活，扶鸾当然也是为自己求平安了。古人因对自然和人生恐惧，无法掌握自己的命运，于是求助于上天的神灵，利用占卜来解答各种疑惑和决定自己的命运，这种占卜就叫降乩。

（17）矫诬：谓假借名义以行诬罔；虚妄。

（18）敛：收起，收集。

（19）罔弗：罔：无，没有，如置若罔闻；弗：不，如自愧弗如。罔弗，就是无不、没有不的意思，为双重否定，即肯定。

（20）伉俪：指的是夫妻。

（21）笃思：认真思考。

六、牛树梅知县故事两则

（一）皇帝一梦钦点良臣

清道光二十一年（1841）深秋。一夜，道光皇帝梦见自己去到一处梅林，忽而眼前浓雾弥漫，吞没了双眼，辨不清方向，只得摸索着向前。突然脚下一空，掉入一口枯井，大呼求救，欲攀岩而上，手却够不得壁草，井壁亦无插足之坑，急出不得。正惊恐间，忽闻一声牛嚎，抬头见得井口有牛拱树，将井边梅树一棵拱入井中，帝攀枝而上，终得救矣。帝起身寻牛，牛已消失无影，只闻远处又有牛嚎之声，帝慌忙循声追去，只见雾气重重，树影约现。怪哉，这救朕之恩牛，何处去也？

梦醒，道光皇帝惊出一身冷汗，梦境何兆？祸兮福兮？帝百思不得其解，倒弄得彻夜难眠。待至天亮，即传解梦官来，以梦告之。

解梦官倾身听完，捋胡思忖，忽拜地作揖，曰："恭贺圣上，大喜至矣！"

帝不解，忙问喜从何来？

解梦官曰："恭贺陛下，不日之后，必得良臣，此人不姓牛则姓梅，且与树关联甚密。"

道光皇帝欲问细细缘由，不想解梦官淡然一笑，言道：此乃天机，如若今即泄之，便不灵矣。烦请皇上静待两日，只等科考，自有结果。帝罢，静待来日。

时值科考。考生毕卷仅半个时辰，道光皇帝已在殿上端坐不住，催得考官抱来优异试卷，急急地翻将起来，一炷香工夫，翻遍了呈案的三百六十八份试卷，却终未见得解梦官所言之与牛、与梅、与树等有关之人，不禁暗自嗟叹道：难道解梦有误？或是良臣难寻？心中更是万分焦急。即传考官进殿问话，帝曰：今次科考，分明有或为牛姓、或为梅姓者，缘何朕竟不得见？考官当即吓得面如土色，一面狐疑皇上是如何得知有这等姓氏的考生，一面忙不迭想法子掩盖自己收人钱财，有意将数名优秀答卷埋汰掉包的杀头大罪。连忙跪拜道："皇上有所不知，因考生众多，臣等十数人各阅百十余卷，凡遇气势恢宏、纵论经纬、博古通今，知微即能见著者，取卷在案，尽数呈与圣上钦定裁夺。眼下皇上催得甚急，或有疏漏，埋汰奇才者，亦未可知，且请皇上稍作休息，待微臣再去寻些过来。"道光皇帝一心只想立马寻出那"梦里恩人"来，也就不曾察出考官面色之变。考官微微抬头，眼角便瞥见圣上摆手示意，让自己"速速去办"，就地叩头谢恩，转身直奔阅卷房，找出自己埋汰的三张试卷，顺手又从各堆试卷里面抽取三份，合计四十又八份试卷装入箩筐，抬呈道光皇帝。

道光皇帝没翻几卷，突地眼前一亮，不禁念出声来："牛树梅！"皇帝心中窃喜：奇了，奇了，果有这牛姓的考生，且以树梅为名，分明应了朕之梦境也，便仔细看起卷来。不想这牛姓考生还真是个胸怀大才的举人，当即钦点进士，并吩咐左右："明日着人传唤牛树梅来，朕要见见此人。"

次日未时，牛树梅寄住的小店突然闯入一队军士，从中走出一名考官，宣：皇上诏牛树梅觐见。坐馆等榜的牛树梅大吃一惊，这张榜日期分明还有一天，咋的会引来皇上诏见？莫不是犯了圣怒，抑或是中了状元？那也得张榜取科才算数呀？心中真是十五个水桶上拉下拽，突突突地狂跳起来。

终到殿前，牛树梅埋头紧跟考官后面，屏气立定。骤闻太监高声唱曰：宣牛树梅觐见！考官领进，拜过皇帝就闪到一旁。牛树梅连忙跪扑在地，头不敢抬，只在口中呼着"吾皇万岁万岁万万岁！"

忽听皇上曰："台下可是牛树梅？"

"回禀皇上，小人正是牛树梅。"

"那好那好，朕已见过汝之答卷，既有儒雅士风，兼得经国之学，实属难得之才，今朕已钦点汝为本科二甲进士。汝可站起说话。"

"谢皇上！"牛树梅直起身来。这下可是吃了定心丸了，并非祸从天降，实乃福贵驾临。故而从容起来，脸色终于松弛下来，镇定抬头，此番方见得圣面，亦是首次被道光皇帝看到个了正脸。

皇上细细打量：这牛树梅果然容貌俊朗，一表人才，加之才气横溢，于朕还有救命之恩，不禁龙颜大悦，赐坐面考起来。牛树梅答问旁征博引，举例多引民间风土乡情，独有见地，奇事满箩，甚得圣上欢心。

牛树梅少时便胸怀大志，想着有朝一日能为国效力，哪想今日果真博得皇上宠爱，心中喜不自胜，但深知君前宜稳，绝不可露出半点喜色，便强行压下心头欣喜，禀曰："今蒙皇上垂爱，微臣当尽己所能，上报皇恩，下福黎民。"

"汝若为官，将有何构想？"皇上问道。

"治贪惩盗、兴教劝农、爱民睦邻、公断民讼、淳化民风……"

皇上面带喜色，不住点头。暗自揣度：看这牛树梅仪表不凡、敦厚老实，对答如流、条理清晰，定不失为言出即行之良臣也。

牛树梅接着奏道："一地如若贪腐当道，坏国纲纪；娼盗横行，污染民风，则民之难安，国泰亦成泡影。为官一方，须严法令，治贪腐，号令衙役行权皆需公开有序；须惩娼盗，植良风，力修礼义廉耻之纲常；须昌教育，隆学风，常以儒术雅化民风民情；须重民本，爱黎庶，身肩衣食父母之责。待吾到得任上，定当体恤民情，携富济弱；以地为根本，谆劝农桑。衙门用度，一切从俭，绝不负圣望也。"

道光皇帝点头应道："爱卿所言极是，日后赴任，须克勤克勉。"

"承蒙皇上厚爱，微臣必当肝脑涂地，竭力虔心，以效犬马之劳。"

"适才汝言治贪，此乃好事一桩。贪腐日少，国库方可充盈，唯有国库殷实，方可强军御敌，亦能济困兴邦，此乃国之大计也。"

牛树梅剑眉轻皱，目光如炬："倘若库银亏空，必为国忧，朝官不稳，民困难济，若遇天灾人祸，外夷侵扰，朝廷无钱用兵，此乃国之大患也。贪官污吏有如毒虫，滋蛆染蝇，胆大妄为，作恶为伥，密谋一方，以钱权交易损伤民根、国脉，此必大害也。由此观之，贪腐之弊，必当天下共讨。"

"爱卿所言极是，大贪如虎，小如蝇，尽皆家国之大害也。"皇上温言道，"贪腐之虞如蚁穴毁堤。俗语曰：千里之堤溃于蚁穴。小不治，则成大乱。若今朝不治，倘有一日，此等悭吝小人成风，必将祸害黎民苍生，危及

"朝廷根基。"

"吾皇圣明。水能载舟，亦能覆舟。底层贪腐，侵吞百姓血肉，久之，百姓怨声载道……后果堪忧矣。"

"爱卿所言甚是。望尔日后理事，须当廉洁自律，务得百姓之心，做我大清栋梁。"

"谢皇上。微臣已铭记于心。"

皇上面色突然凝重道，话锋一转："古往今来，官吏大多都会在一些事情的界限上有所逾越，日后汝履新行权，自可顺意审度下属，如若有上官百般刁难，汝当如何处之？"

"这……臣必会明来明拒，暗来则佯装不知。敬请皇上放心：臣定然为吾皇分忧，为黎民做事，不为不义之财折腰。"

"然，汝之顶戴花翎，总为他人所掣肘，恐那时……"皇上故顿片刻，静观牛树梅。

"宁肯丢了头上的官帽，也不与贪腐同流。"牛树梅斩钉截铁，俯身示诚。

"好！汝可先去驿馆候着，明日张榜，汝自会有历练身手之机，日后只莫负了朕的一片苦心。"

"谢皇上。树梅誓当铭记吾皇教导，立下志愿：严惩贪腐，力劝农商，让老百姓安居乐业，为我朝万世基业尽心尽力。"

君臣聊得情投意合，愈聊愈欢。道光皇帝又问起村野民风，家境近况。牛树梅毕恭答曰："臣祖上于明成化年间自豫中偃师迁至甘肃通渭任教官，其后各祖皆以习文为生。微臣曾祖牛鲁、祖父牛增懋先后皆为乾隆年间拔贡。因世代苦读勤耕、艰苦创业、节俭持家，至曾祖父前半世时，家里衣食少缺，犹可度日。但因曾祖'专读不能兼理生业'，后半世家境大窘。臣父牛作麟少时，举家饥寒交迫，"心乎读而耕废，迫于耕而读荒"。但吾父嗜读如命，尽管躬作劳役，犹不忘偷暇苦读，至三十余岁，方勉强入邑庠。自臣记事，便眼观父之勤读躬耕，勤勉持家。时时不忘教人以俭，家居一应用度，皆以节俭为要。微臣时时不忘带着家父所著《牛氏家言》，献呈请皇上御览。"言罢，袖中取出一书，举托过顶。太监立马转接，呈于皇上。

帝见乡野臣民中亦有此等"圣贤"家书，连忙翻将起来，竟埋头通读一个半时辰，方才看完，不免感慨万分：上天托梦遇良臣，实不虚啊！眼下这牛树梅，确系上天赐予我大清朝的贤良之臣也。见牛树梅依然笔挺危坐，丝毫不懈。言道，汝家之俭，甚合朕节俭立身、清廉为官之意，实乃治家良规，朕今将此书留下，部分章节可入《皇朝续经世文编》，召天下黎民效之。

道光皇帝接着嘱道："今朕已录汝为进士，汝意何如？"

牛树梅立马起身，跪地谢恩："微臣承蒙吾皇隆恩，唯有殚精竭虑，粉身碎骨，方能报皇恩万一。"

道光皇帝曰："时下年关将近，气候渐冷，汝可先回家省亲，待明年初春官文到时即可领旨赴任，不得有误。"

牛树梅应诺退出。回到住所，心想，现已距年关仅两月有余，吾若回家，虽能赶上过年，然年后即将赴任，任地却不得而知，只怕届时路途遥远，耽误了赴任时日，如何对得住皇恩浩荡与家父训导？不如就在京城待过年关，将就所学手艺，写些个春联，卖些个字画，等春节过了便可自京赴任，到任后再接父母不迟。便就住了下来。

道光二十二年（1842），春节刚过，吏部一一分派新科进士到任。牛树梅知悉自己分发河南，思忖道：虽说河南偃师是吾祖籍之地，但吾远祖早于三百七十年前即迁居今之甘肃通渭牛家坡矣，河南倘有族亲，皆不识得。况那河南距甘肃两千余里，家父身患腿疾行走不便，回乡省亲侍孝亦难。且当如何是好？

牛树梅苦思求解之法，终究想到道光皇帝与自己有一面之交，且甚是赞赏父亲牛作麟所撰《牛氏家言》，一下就壮起胆来，提笔挥毫，给皇上写了奏折：

微臣牛树梅启：吾皇万岁！微臣树梅深感皇恩浩荡，新科题榜。今初春伊始，即派河南中原圣地履新，微臣倍感荣光。只是微臣家中老父腿患痼疾已二十余年，病魔缠身而行不便，身在陇西而尽孝不得，臣不免心中惶惶。恳请吾皇分发至西部，即便边陲，亦距家略得近些，以便微臣既能忠报圣恩、亦可孝报父母。倘若能遂此违逆之愿，臣定感恩不尽，戴恩思报，以毕生之力而效犬马之劳！

叩请圣裁新科进士牛树梅

恰遇吏部侍郎何敏贵系甘肃天水人氏，亦即牛树梅之乡宦。感于其情真言切，便替牛树梅将奏折呈与道光帝看了。果然，道光皇帝对牛树梅厚爱有加，在奏折上批曰：准予回家省亲，见习于通渭县署一年，而后赴任四川雅安知县。

牛树梅跪拜谢恩而去。待到张榜之日，自己名列进士二甲九十三。被召入吏部，领得四川雅安知县状。不日便打点行装，直奔甘肃通渭牛家坡而去。

自此，牛树梅步入仕途。

道光二十四年（1844）春，牛树梅自雅安调任隆昌知县。牛知县牢记帝命，清廉为官，励精图治。下马隆昌，入得县衙，稍作安顿，牛知县第一件事就是搬来县志，连读三天三夜，尽数了解山水风貌、民俗人情。第二件事，便是花半个月，遍访乡绅百姓，着手兴利除弊。第三件事，棠树下审案，倡导"勤听断，少臆断，不妄断，公而断，断必公"的审案要诀，纠处各种陈杂冤案数百案，严惩了贪污腐吏二十有余，每日处理政务到三更方才入睡。赢取民心。第四件事，组建恤嫠会，率捐两百文，组建扶助嫠妇基金，将隆昌近千战死沙场官兵之妇登记造册，资助其居家守节、敬老扶幼、勤耕度日……县域稳定，百姓安居乐业。

是年底，牛树梅调任龙安府彰明县知县。因其在任隆昌知县时广施仁政，慎断民案，劝桑兴农，善待黎民，乐和乡邻，善举无数。道光二十五年（1845）正月初八，候选同知曾存典和隆昌乡耆士民为称颂在任知县牛树梅的德政，出资于县城北关道观坪公建牛树梅德政坊，并于县城南关春牛坪建牛树梅"憩棠留荫"德政碑。

（二）牛树梅趣断官银案

《敕勒歌·乐只君子》云：古道边，青石坚。灰雾锁国，大地似铁。风凄凄，雨茫茫，稀疏雪儿沾鬓霜。泥漫道，北风号，城野寂寥，酒幡横飘。影伤伤，泪汪汪，穷困饥寒牵君肠！

道光二十四年（1844）甲辰冬月廿日初晨，牛树梅知县喝完姜汤，叫了贴身侍从李鑫正与张从善，肩挑大米，背背衣物，正待往城东十里黄土坡花子岩雪中送炭，救济穷困流乞。忽闻捕快罗小宝来报："大人，不好了，刚入牢两日的张氏妇人只是喊冤，水米不进，今已昏厥过去矣。"

"岂有此理！人命关天，尔等为何今日才报？还不快去文庙接罗郎中来。"牛知县转身嘱道，"鑫正，从善，先把这些衣粮物什放下，咱等先去高墙看看。"

来到衙外西街，便见牢头吕峰田率七八个狱卒匆匆来迎。牛树梅甩出一话："人尚在乎？"未待答复，便一脸急容，大步直奔牢房。

牛树梅见张氏裹着件四角露花的破旧棉袄，脸色灰白，双手捂腹侧倒墙角，性命垂危。几近吼曰："这等雪天，汝等还不快快生个火盆过来！"

吕牢头连连应声，吩咐下人将自己屋内炭炉提了过来。

众皆围贴牢门，焦头烂额地看着罗郎中把脉灌汤。

大约半个时辰，张氏得醒，双目刚一微张，却又合将起来。

罗郎中道："大人，张氏刚刚得醒，若要恢复神智恐还得半炷香工夫。"

牛树梅抽这空当在牢里查视一番，再回到张氏牢里，问道："现今如何？"罗郎中将牛大人引出牢外，轻声告曰："大人，小的适才用汤药为她补水，今已见得些许效果。只是这女人心中郁着愤懑之气，一时出来不得。虽然汤中用了些许调理气血之药，若要疏通淤气，只怕还需三两个时辰。"

牛树梅听罢，言道："噢，辛苦先生了。"便略微抬头，思忖片刻，轻言道，"放心，吾自有主张"。

牛树梅重回张氏面前，捡个凳子侧向炭炉坐了。众人见状，全都肃静起来，只见牛树梅知县忽地伸手指着张氏，佯怒高喝："大胆妇人，你可知罪？"张氏一惊，忽地睁眼，立马转过身来。她哪里见过御赐官服的大人。这牛树梅大人可是道光皇帝托梦钦点的进士，乡妇能见，实乃三生幸事。

张氏倒身伏地，哭道："大人替我做主，我冤枉啊！"

"汝竟连日里水米不进，自寻死路，还敢喊冤？实乃胆大包天！"牛树梅道。

张氏急道："大人，贱妇再不敢了！"端起所剩半碗姜汤，一口喝了。吕牢头便叫伙房热了早晨狱粥，让张氏填肚果腹。

牛树梅道："张氏听着，汝今绝食抗罪，即是一罪。今罪属实，不可抵赖。前罪若何，待吾查明之后，明日一并处之。"

"贱妇一切听命，愿大人替我做主。"张氏应道。

出了牢房，牛知县问吕峰田："张氏所犯何罪？"

吕牢头提出狱案，将张氏卷宗呈与知县。卷首赫然印着："张氏私藏官银，犯盗藏官银罪。"

未时雨歇，牛知县与李、张二人才从花子岩回到县衙。刚热了午饭吃着，便着工房大厨叫来捕快罗小宝问话："前日尔等于何处抓人？张寡妇果真盗取官银？"

罗小宝答道："大人，前日一早，小的们在南街巡查，见'汪氏典当'行门前围着数十号人。近前查看，原是张氏欲将一锭印有'官'字的十两大银兑换细软，汪掌柜疑其盗藏官银，引来众人围观。小的们便将其捉拿问审。现今正待审讯哩。"

牛知县道："稍待饭后，你且与我去张氏家中看来。"罗小宝应喏退下。

话说张氏家住汤元店，出县城南关沿蜀黔驿道南行五里便是。牛树梅带着仆从张从善、捕快罗小宝、驿丞李吉辉等四人一路寻来，但凡知晓张氏家境者，均得细问究竟，及至其家，已尽知案情。

原来，张氏之夫乃南国鸦片之战殉国兵勇，剩下寡妇张氏既要侍奉体弱多病的公婆，又要照顾三岁小儿，一家四口艰难度日。张氏夫兄于道光二十二年（1842）春至二十三年（1843）隆冬，承修巴蜀古驿道双凤驿至昌州驿段百二十里，集三二十人理沟筑基，取石补道，费时二十余月，除却工建资费，赚银七十余两，因前任知县刘光第去年（道光二十三年）冬月调任川南偏隅兴文，隆邑暂缺知县时近两月，县署施政松散，土驿丞直将印有"官"字且仅用于官府转账的十两锭"趸银"付账，张氏夫兄由此得藏七锭官府"趸银"。今年初夏，张氏夫兄举家迁往重庆府开店营生，行前将一锭官银留与弟媳张氏，代为孝敬公婆之用。今张家屋漏难修，衣不蔽体，粮尽柴缺，更兼公公不抵严冬风寒，重病在床，这锭趸银便如救命稻草，被张氏拿将出来换米抓药。哪知典当铺汪掌柜见了趸锭官银便两眼发绿，再见那张氏一身破烂，狐疑其手中这锭十两"趸银"系行窃盗来，便将张氏扣下，意欲差人禀官邀赏……

到张氏家，见房门虚掩，张从善便上前敲喊几声，只听得一老汉在屋里"哼哼"应了一句，再无声响。

牛树梅等轻推进门，张老汉卧床不起，额头滚热，绻在块状黑棉絮下圈作一堆，不时猛咳几声，好似肺破胆裂，听得人头闷心炸。问起家人，张老汉努力翻身，侧过身来，好久才说上山去了。

张从善出得门来，便见张老婆婆左手挂杖，右手挽着一篮半黄半绿的菜叶，正一瘸一拐从山坡上下来，身前跟着个三岁小儿。牛知县将路上打听之事问那张婆婆，印证得纹丝吻合。

次日辰时，牛树梅命罗捕快将张氏提至县衙，躬自审问。

且说那张氏见有知县问案，既喜又恐。喜的是冤或可申，恐的是自己绝食之举已冒犯知县大人，或是罪责难逃，抑或罪加一等。今已身陷囹圄，举目无亲，怕是凶多吉少。如此思前想后，心中正是七桶上提，八桶下拉，良久难安。今晨牢卒告知早饭后即审，张氏心头更是惶恐，上下打起鼓来。思忖半天，耗精费力，仍不得方略，累极之余只得任由"天要下雨，娘要嫁人"，罢了，大人判案岂是我一乡下弱女子能扭转乾坤的？不禁横下心来：事至如此，

我只得听了牛大人昨日之言，赶紧填满肚子，千万不可再惹怒他了。

终进县衙，张氏被带到衙厨左侧海棠树下。那里早有两个火盆红红燃着。张氏站于台下火盆一侧，凛冽寒气顿少大半。

罗捕快这才随张从善进厅禀报。

少顷，牛知县率师爷郭玉新、土驿丞魏德芹、百长何先坤、捕快罗小宝及仆从李鑫正、张从善等来到大海棠树下，靠台上火盆边木凳坐了，众皆没有半句言语。

张氏哪里见过这等场景，吓得气不敢出，手足无措，低头局促喃语。

死寂片刻之后，牛知县忽地站起身来，手指张氏："台下妇人，你可知罪？！"突问如雷，张氏一惊，缩成一团，如枯树桩子呆立那里。

"你一乡下妇人，何来巨锭官银？快快从实招来。"牛知县缓下语调，续问一声。

张氏听得真切，如梦方醒，扑通跪地。衣领口一团指头大小粗黑棉花掉进火盆，倏地燃起，火焰直蹿两尺多高，吓得张氏左挪两步，连忙磕头道："大人冤枉，大人冤枉啊！"硬是把铁般冷硬的石板砸出声来。

牛知县大怒，吼道："你这妇人好生无理！本县何来冤枉？竟敢青天白日地咒吾不成？"

张氏闻言，知又闯祸，惊惧不已，半抬头斜望一眼，一时语塞，身子似打鼓一般抖个不停，一时更没了主意。

牛知县见状，稍停些许，突然"哈哈"一声，乐癫癫地走下台来，扶起张氏，笑曰："张氏听着，汝之冤屈，吾已尽知。适才汝之所言，实不妥也，念汝初犯，当不计较。今且快快起来。"嘿……，牛大人这是唱的哪一出呀？弄得张氏满腹狐疑，丈二和尚摸不着头脑。

张从善赶紧端来两张竹凳，牛知县与张氏紧靠火盆坐了。二人细细问答起来。果不其然，张氏所言，均与昨日打探之情严密吻合。

已时，见张氏惊恐尽除，虽是案愁渐消，却又眉头紧锁，侧身危坐，急欲归家之情已然显现。

牛大人知其家中公公病重，孩儿待哺，故而归心似箭。便唤过张从善道："速去账房将张氏趸锭兑换细银，再自吾薪中领过五钱纹银合在一处把与张氏，并拿件济困青布外衣与张氏穿了。"转身对罗捕快道："小宝听好，时候不早矣，着汝带着张氏去文庙坝菜市购些粮米，以马送归，不得有误。"二人允诺。

张氏连连磕头，跪谢而去。

话说张氏一进家门，便闻得一股浓烈药香，待进得灶房，便见婆婆捂肚挂棍，带着孙子在灶边生火熬药。惊问："婆婆，你哪来的药？"婆婆答道："你这一去，两日不归，我等好生担心也！昨日下午，几个官人模样的老爷来家，问询个多时辰，酉时天黑才走。说你今日午时便归，哪知他算得如此神准！对了，一个时辰前，有个公差送来三付中药，说是有个好心人送与你公公治病的，叫我熬与他喝，这正在熬哩。"

张氏听罢，不禁双泪涌流，将自己换银被冤，牛知县审案救济之事向婆婆几句说了，惹得床上的公公放声大哭："青天大老爷啊！您真是我们的父母官啊！"

罗小宝将马上粮油送进张氏屋里，旋即回城复命。

不数日，学官姚秀庵拿着一本册子来县衙禀报："牛大老爷，县内守贫寡妇甚众，其等无依无靠，不少志士已答应捐款物以助之，今欲借大人之名倡建恤嫠会，不知当否？"牛知县闻言大喜，当即将姚延至后亭详问起来，并留之用餐细聊。午饭过后，牛知县便与师爷郭玉新、土驿丞魏德芹、百长何先坤、主簿李恒祥、学博姚秀庵、县内名流郭柄楠等商议道："眼下天寒地冻，吾见张氏寡妇人家，壁破屋漏，孩童幼弱，公婆病老，多处缺钱，虽有十两，恐也只够支撑半年罢了。县域之内，如张氏之寡嫠者，不胜其数。为长久计，吾欲筹办'恤嫠会'，聚贤达之力共济寡嫠之难，以安民兴桑，不知众等以为然否？"众皆盛赞牛知县爱民恤嫠之议，以为大善，共倡域内乡绅名士竞捐款物，促成其事。

不几日，川南首个"恤嫠会"在隆昌诞生，专事扶助寡嫠者居家守节、敬老扶幼、种桑兴农。牛树梅知县德仁博爱、恤嫠济困、优雅风趣的故事亦随巴蜀驿道远播千里，闻达京城。

道光乙巳年（1845）正月初八，牛树梅知县升迁离隆不足一月，隆昌乡绅士民便捐钱于县城北关道光坪为其建起德政牌坊，以"民之父母"敬重其为官之仁，以"乐只君子"盛赞其谐民之乐。

后人有《七律·隆昌牛知县》诗赞曰：

> 民之父母牛邑侯，乐只君子誉神州；
>
> 扶犁躬耕春牛坪，换得金秋万粒收。
>
> 恤嫠助寡彰孝悌，婴幼耄耋泪双流；
>
> 勤听细勘公断案，功勒金石颂千秋！

第二节　刘光第德政坊

　　刘光第德政牌坊在隆昌现存编号的17座牌坊中编为05号牌坊。该坊坐落于隆昌城区北关道观坪，横跨于此段为东西走向的巴蜀古驿道上，呈东西两面布局。清道光二十六年（1846）四月，隆昌绅耆士民为称颂刘光第知县的德政而公建。

东面　　　　　　　　　　　　　　西面

一、牌坊东面文字

（一）匾额

德政。

【解读】

以仁德施政兴政。

（二）牌坊名

邑侯刘大老爷官印光第德政坊。

【解读】

隆昌知县刘光第的德政坊。

（三）正匾

1. 正上匾

仁心善政[1]。

【解读】

以仁爱之心实施良善之政。

【注释】

（1）善政：①清明的政治，良好的政令。《书·大禹谟》："德惟善政，政在养民。"②良好的政绩。《新五代史·杂传·史圭》："（史圭）为宁晋、乐寿县令，有善政，县人立碑以颂之。"欧阳予倩《桃花扇》第三幕第一场："他们说，自从马老爷入阁拜相，善政流传，真是民之父母。"

2. 正下匾

读两汉循吏[1]传，所载龚黄卓鲁[2]脍炙人口久矣，而迁史独冠以子产[3]，意养民以惠，诚古之遗爱[4]与我。砚溪[5]邑侯，直隶天津人也，以名进士，出宰楼峰[6]。下车后，询民利病，择而行之，士民引手加额[7]，如得慈父母然。侯性宽平，不矜才[8]，不任[9]法，凡劝课农桑，断理狱讼，恳恳如与家人语。其户口赋役钱谷给纳[10]诸事，一遵旧章，御繁以约。民间孝友节义闻于乡间者，白[11]诸宪司[12]激劝[13]以培风教。岁科汇试及考校诸生，尤尽心评骘[14]，未尝以鞅掌[15]辞。前岁甲辰，邻境盗贼充斥，潜入邑之南部，侯轻骑往捕，盗以枪炮拒之不得，遂大溃，四境为之肃然。嗣[16]是招集民壮于农隙讲武，为防卫计，盗不敢犯。乙未冬，复捐清俸[17]，倡率士民创修栖流，所以抚穷民，不数月而百堵兼作[18]矣。且薄于自俸，出则裁卤簿⁽¹⁹⁾，居则省厨传⁽²⁰⁾。古人在官如寒士⁽²¹⁾，我侯有焉。则侯之敦本⁽²²⁾正源⁽²³⁾，镇静⁽²⁴⁾流末⁽²⁵⁾，何异惠人之子产乎？侯莅隆十余载，中间奉⁽²⁶⁾台檄⁽²⁷⁾司⁽²⁸⁾拉里军粮，旋⁽²⁹⁾膺⁽³⁰⁾卓⁽³¹⁾，荐入都引见。先后离隆凡五稔⁽³²⁾，士民延颈以望，洵⁽³³⁾如涢阳⁽³⁴⁾之谣所谓⁽³⁵⁾，思我刘君何时复来者。今我侯抚绥⁽³⁶⁾日久，士民恐心歌腹咏无以昭德音⁽³⁷⁾也，众议建坊，通衢⁽³⁸⁾坊即成，敢⁽³⁹⁾胪⁽⁴⁰⁾惠政之入民隐⁽⁴¹⁾者，铭诸珷玞⁽⁴²⁾，以志⁽⁴³⁾永怀，庶几舆情稍慰，而后之传循吏者，即以斯言为符券⁽⁴⁴⁾也夫。

合邑绅耆⁽⁴⁵⁾士民公建
道光丙午年孟夏月望五日榖旦

【解读】

读两汉奉公守法官吏的传记，记载龚遂、黄霸、卓茂、鲁恭的美文都受到人们赞颂很久了。可是司马迁的《史记》唯独推崇子产的政绩，让民众休养生息，得到实惠，这就是古人遗留给我们的仁德恩惠。刘知县是直隶天津人，考取进士，到隆昌任知县。刚来就询问百姓利弊，选择好的执行，老百姓把手放在额上，表示欢欣庆幸和感激，好像得到了仁慈的父母官。刘知县性情宽厚平和，不倚才自负，不放纵随意地运用法律，但凡规劝兴农，耕种桑麻，明断狱讼案子等，言辞恳切像跟家人说话一样。他在处理户口查核登记、征收徭赋兵役、发放和收取税钱谷物等事情上，一律依照规定，不严苛而简约行事。民间有遵孝道、重友谊、守贞节（或重节俭）、行善举而名闻乡里的，便将这些上报上司（州府）予以激发鼓励，培树、教化好风气。年度科考，县内学子比试和考取乡校的生员，他都要尽心评定，不曾因为知县事务繁忙而推辞。去年甲辰（即道光二十四年）初，邻县边境有许多盗贼，悄悄进入县内南部，刘知县轻装骑马前去抓捕，盗贼用枪炮抗拒，没能阻挡住，于是被打得大败而逃，隆昌四面边境都受到震慑而恭敬安静下来了。接着又召集民众年壮力强者在农闲时讲习武功，从长考虑防卫之策，盗贼不敢来犯。道光二十五年（注：此处的"乙未"应为"乙巳"，即1845年。请参见本节后的《勘误考证》）冬天，又捐出薄而不多的薪俸倡导士民修栖流所，用来安抚流民。没有几个月，上百间房屋都建起来了。而且，刘知县还经常破费自己的俸禄，出行要裁减仪仗等随行人员，途中安顿歇息也尽量节省车马饮食住宿的费用。古人为官清廉像穷困书生，我们的刘知县就是这样的了。然则，刘知县注重农业根本，从细节上加以培育，与郑国施惠于人的子产有什么差别呢？刘知县到隆昌十多年了，其间奉抚台的檄令去专管押运隆邑家乡的军粮，不久因此项重任政绩卓著被举荐，并引荐给了军队的都司（绿旗兵军营长，正四品武官）。刘知县先后离开隆昌五年，士民伸长颈脖盼望他早日回来，实在像涢阳之谣描述的情景那样感人，这就是思念着刘知县什么时候再回来啊？如今我们的刘知县安抚隆昌已经很长时间了，士民们害怕只是挂念在心上，歌颂在肚子里面不能彰显他的功德，大家提议建立德政坊。四通八达的要道上的牌坊已经建好了，冒昧地陈述刘知县关爱民众疾苦的恩惠德政，镌刻在如玉一般的青石上，用来记下对他的长久思念之情，希望使士民的心情得到稍稍的宽慰。今后再有人要撰写德政好官传记的，就把以上这些叙述作为采信的依据吧！

全县乡绅和有声望的老人及士民共建

道光二十六年四月五日吉辰

【注释】

（1）循吏：奉公守法的官吏。《史记》有《循吏列传》，后为《汉书》《后汉书》直至《清史稿》所承袭，成为正史中记述那些重农宣教、清正廉洁、所居民富、所去见思的州县级地方官的固定体例。除正史中有循吏、良吏的概念外，到元杂剧中又有了清官乃至民间的青天大老爷的称谓。

（2）龚黄卓鲁：西汉龚遂、黄霸，东汉卓茂、鲁恭，四人并为史上最为著名的汉代循良。

（3）子产：春秋末年郑国政治家，博学、尚辞、通礼。主政时为田恤，作丘赋，铸刑于鼎，择能而使，团结穆族等，深受好评，孔子赞："其行己也恭，其事上也敬，其养民也惠，其使民也义。"

（4）遗爱：留于后世而被人追怀的德行、恩惠、贡献等，也指"仁爱"遗留于后世。《汉书·叙传下》："淑入君子，时同功异，没世遗爱，民有余思。"

（5）砚溪：刘光第，字砚溪。

（6）楼峰：隆昌城西古地名，此处代指隆昌。

（7）引手加额：又作以手加额，把手放在额上，表示欢欣庆幸、感激。

（8）矜才：以才能自负。

（9）任：放纵，无拘束。

（10）给纳：给予发放和收取接收。

（11）白：禀告；报告。

（12）宪司：上司。

（13）激劝：激发鼓励。

（14）评骘：评定。《说文》云："骘，定也，升也。骘，音质。"

（15）鞅掌：事务繁忙的样子。

（16）嗣：接着，随后。

（17）清俸：清薄的薪水。清：清淡；不浓，引申为薄而不多。俸：俸禄，薪俸。旧官吏所得的薪金。

（18）百堵皆作：堵：墙；作：兴建。许多房屋同时建造。《诗经·小雅·鸿雁》："之子于垣，百堵皆作。虽则劬劳，其究安宅。"

（19）卤簿（bù）：古代帝王驾出时扈从的仪仗队。自汉以后亦用于后妃、太子、王公大臣。

（20）厨传：古代供应过客食宿、车马的处所。《汉书·王莽传中》："吏民出入，持布钱以副符传，不持者，厨传勿舍，关津苛留。"颜师古注："厨，行道饮食处；传，置驿之舍也。"

（21）寒士：出身低微的读书人，泛指天下贫穷的百姓。《文选·潘岳》："沾恩抚循，寒士挟纩。"

（22）敦本：古时多指农业注重根本。《宋书·武帝纪中》："公抑末敦本，务农重积，采蘩实殷，稼穑惟阜。"

（23）正源：正本清源，从根本上整顿，从源头上清理。比喻从根本上彻底解决问题。《晋书·武帝纪》："思与天下式明王度，正本清源。"

（24）镇静：持重，沉静。《国语·晋语七》："魇也果敢，无忌镇静。"韦昭注："镇，重也；静，安也。"

（25）流末：指事物的支流、尾梢。晋代葛洪《抱朴子·尚博》："虽离于举趾，而合于兴化，故通人总原本以括流末，操纲领而得一致焉。"

（26）奉：施行；遵守；遵照。

（27）台檄：朝廷用于征召、晓谕、诘责等方面的文书；代朝廷用于征召、晓谕、诘责等方面的文书。

（28）司：掌握、处理。《说文》："司，臣司事于外者。"

（29）旋：很快地；不久。

（30）膺：担当，接受重任。《警世通言》："臣有何德何能，敢膺圣眷如此！"

（31）卓：超然独立；高明；高超。《说文》："卓，高也。"

（32）稔（rěn）：年，年度。古代谷一熟为年。《广雅·释诂》：

"稔，年也。"

（33）洵：诚然，确实。《诗·陈风·宛丘》："洵有情兮。"

（34）涢阳：古地名，在今湖北随州。

（35）所谓：所说的，用于复说、引证等。《诗·秦风·蒹葭》："所谓伊人，在水一方。"

（36）抚绥：安抚，安定。《书·太甲上》："天监厥德，用集大命，抚绥万方。"

（37）德音：好名声。

（38）通衢：四通八达、宽敞平坦的道路。

（39）敢：谦辞。表示自己的行为冒昧。《仪礼·士虞礼》："敢用洁牲刚鬣。"

（40）胪：陈述。《尔雅》："胪，叙也。"

（41）民隐：民众的痛苦。《国语·周语上》："先王非务武也，勤恤民隐而除其害也。"韦昭注："隐，痛也。"

（42）瑊玏（jiān lè）：瑊石，似玉的坚石；像玉的美石。郭璞注引张揖曰："瑊玏，石之次玉者。"

（43）志：记述；记载。《国语·鲁语下》："仲尼闻之曰：弟子志之，季氏之妇不淫矣。"

（44）符券：符信。宋·岳珂《愧郯录·金银牌》："皇朝符券，皆枢密院主之。"

（45）绅耆：旧称地方上的绅士和年老有声望的人。

（四）侧匾

左侧下匾

右侧下匾

1. 右侧匾

（1）上匾：留白。

（2）下匾：民说[1]。

落款：诰封[2] 修职郎[3] 监生[4] 余大经、诰封修职郎贡生[5] 邬玉灵、诰封宣德郎⁽⁶⁾职员⁽⁷⁾余维元、监生华兆容。

【解读】

民众欢乐喜悦。落款：朝廷授予八品"修职郎"的国子监学生余大经、朝廷授予八品"修职郎"并送到国子监上学的贡生邬玉灵、朝廷授予宣德郎的衙门员司余维元、国子监生员华兆容。此处借"民说"代指刘光第知县治下隆昌民众过得快乐、愉悦。

【注释】

（1）说：同悦。《易·困》："乃徐有说。"

（2）诰封：封建王朝对官员及其先代、妻室授予爵位或称号。

（3）修职郎：中国古代文阶官名。修职郎、修职佐郎是正八品和从八品文官的散阶，散阶是授予官职时同时授予的虚衔，像今天军衔。

（4）监生：明清两代称在国子监（封建时代国家最高学校）读书或取得进国子监读书资格的人；在国子监肄业的生徒。清代可以用捐纳的办法取得这种称号。监：古代官府名。

（5）贡生：科举时代，挑选府、州、县生员（秀才）中成绩或资格优异者，升入京师的国子监读书，称为贡生。意谓以人才贡献给皇帝。明代有岁贡、选贡、恩贡和纳贡；清代有恩贡、拔贡、副贡、岁贡、优贡和例贡。清代贡生，别称"明经"。

（6）宣德郎：官名。隋置，为散官。明、清仍为散官。

（7）职员：旧指有一定职衔的员司。

2. 左侧匾

（1）上匾：留白。

（2）下匾：无疆⁽¹⁾。

落款：监修⁽²⁾文生⁽³⁾晏式丹、杜仕斗、魏承江、叶长泰。

【解读】

永远而没有边际，意指快乐无边。落款：监督修造修编的职员 文库生员晏式丹、杜仕斗、魏承江、叶长泰。

【注释】

（1）无疆：无穷；永远。《隶续·汉武都太守李翕天井道碑》："坚无甾溃，安无倾覆，四方赖之，民悦无疆。"

（2）监修：对现场或某一特定环节、过程如修造、书籍修纂等进行监视、督促和管理修改的官职或职员。

（3）文生：文库生员。文库就是清朝设立的公立学校，各州府县都有。而文库答生员就是通过了这些府，县公立学校的考试，能进入学校读书的人叫生员。生员最通俗的解释就是秀才。

（五）楹联

正联　　　　　　侧联

1. 正联

政去烦苛[(1)]，间阎[(2)]自[(3)]有生全[(4)]乐；

民安茕独[(5)]，风雨[(6)]同铭覆载[(7)]恩。

【解读】

执政减去繁杂苛刻的条款和要求，平民百姓自然能保全生命，生活快乐；

民众安居乐业，孤独无靠的人得到了安置和供养，人们都铭记着这种遮风避雨如天地般的恩德。

【注释】

（1）烦苛：烦杂苛细。多指法令。《汉书·文帝纪》："汉兴，除秦烦苛，约法令，施德惠，人人自安。"

（2）间阎（lǘ yán）：泛指门户、人家。中国古代以二十五家为间。间：里巷口的大门。阎：指里巷里面一户一户的小门。

（3）自：表示事情的发生符合情理，相当于"自然"。

（4）生全：保全生命，全身。

（5）茕独：茕，无兄弟；独，无子。谓孤独，没有依靠；亦指孤独无靠的人。

（6）风雨：比喻危难和恶劣的处境。

（7）覆载：指天地，比喻帝王的恩德；披盖着。《庄子·天地》："夫道覆载万物者也，洋洋乎大哉。"

2. 侧联

飞来榆次⁽¹⁾双栖凤⁽²⁾；

种得河阳万树花⁽³⁾。

【解读】

像炎帝治下的榆次那样引来了成双成对的凤凰栖息。（此处借指在刘知县德政下，隆昌招引聚集了许多贤能的人，呈现出一片繁荣、和谐的升平景象）

像当年潘岳治理河阳一样，全县鲜花盛开。

【注释】

（1）榆次：地名，战国时秦置榆次县。西晋皇甫谧《帝王世纪》记载，传说上古时代神农氏最后一位炎帝在氏族部落居所遍种皮可磨成粉供食用的榆树，被称为"榆罔"，部落边沿地带称榆次，曾有凤凰成双成对飞来栖息。后引申为有灵气之地便会引来如凤凰一样有贤德之人。

（2）凤：凤凰，古代传说中的鸟中之王。比喻贤而有德之人。

（3）河阳万树花：出自"河阳一县花"典故。《白氏六帖》卷二十一："（西晋文学家）潘岳为河阳令（时），（劝民遍）种桃李花，人号曰：'河阳一县花。'"后人借此比喻地方之美或地方官善于治理。此处以河阳代指隆昌。

二、牌坊西面文字

（一）匾额

德政。

【解读】

以仁德施政兴政。

（二）牌坊名

邑侯刘大老爷官印光第德政坊。

【解读】

隆昌知县刘光第的德政坊。

（三）正匾

1. 正上匾

政成化洽[(1)]。

【解读】

政绩成功于民众普遍得到了好的教化，社会和谐融洽。

【注释】

（1）化洽：教化普沾。《三国志·魏志·苏则传》："若陛下化洽中国，德流沙漠，即不求自至，求而得之，不足贵也。"

2. 正下匾

恭颂[(1)]贤侯刘大老爷德政

贤哉邑侯，为民司牧。练达[(2)]者才，恢宏[(3)]者度[(4)]。德性[(5)]久坚，芳[(6)]型[(7)]夙[(8)]树[(9)]。冰雪聪明[(10)]，神仙[(11)]风骨[(12)]。抚我黎元，惠我兆庶。不徇[(13)]不阿[(14)]，以忠以恕[(15)]。德洽[(16)]舆情[(17)]，衢歌[(18)]巷祝。贤哉邑侯，熙朝[(19)]石柱！

合邑士民仝建

道光丙午岁四月十五之吉

【解读】

衷心恭敬地赞颂贤明的刘知县的仁德之政

贤明的刘光第知县啊！你为黎民百姓治理隆昌，干练明达而才能突出，心胸宽厚且气度非凡。你的仁德气质永久坚定，你的良好形象从小就树立了。你冰雪精灵聪明非凡，具有神仙的气度。你抚育隆昌黎民百姓，施恩惠于万千民众。你不徇私情也不阿谀奉承，始终以忠恕之道待人（把自己的感受推己及人）。仁德浸润了老百姓的心田，街头巷尾的歌谣都崇敬颂扬和祝福您。贤明的知县啊，你是盛世的栋梁！

隆昌士人和百姓合建

道光丙午年（1846）四月十五日吉辰

【注释】

（1）恭颂：怀着恭敬的态度去歌颂。司牧：管理，统治。《左传·襄公十四年》："天生民而立之君，使司牧之，勿使失性。"

（2）练达：阅历丰富，通晓世故人情。

（3）恢宏：宽阔；广大。《书序》："所以恢弘至道，示人主以轨范也。"

（4）度：胸襟；器量。《史记·高祖本纪》："常有大度，不事家人生产作业。"

（5）德性：指人的自然至诚之性。出自《礼记·中庸》。

（6）芳：指懿德美誉。亦以指贤德的人。《楚辞·离骚》："昔三后之纯粹兮，固众芳之所在。"王逸注："众芳，喻群贤。"

（7）型：楷模。

（8）夙：长期存在的，存在已久的，经久的。例：夙慧；夙愿前契。

（9）树：培植；培养。《管子·权修》："终身之计，莫如树人。"

（10）冰雪聪明：比喻人聪明非凡。唐代杜甫《送樊二十三侍御赴汉中判官》诗："冰雪净聪明，雷霆走精锐。"

（11）神仙：神话中指人所能达到的至高神界的人物。比喻能预料或看透事情的人。

（12）风骨：顽强的风度、气质。

（13）不徇：不顺从，不曲从。

（14）不阿：不屈从，不奉迎。

（15）以忠以恕：以，用也。忠，谓尽心为人；恕，谓推己及人。《论语·里仁》："子曰：'参乎！吾道一以贯之。'曾子曰：'唯。'子出，门人问曰：'何谓也？'曾子曰：'夫子之道，忠恕而已矣。'"

（16）洽：若水之融合，引申指沾湿，浸润。《说文》："洽，沾也。"

（17）舆情：群情；民情。

（18）衢歌：街头巷尾的歌谣。指民歌。

（19）熙朝：兴盛的朝代。

（四）侧匾

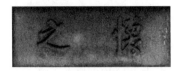 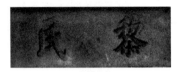

左侧下匾　　　　　　　　　　　　右侧下匾

1. 右侧匾

（1）上匾：留白。

（2）下匾：黎民

【解读】

平民老百姓。

2. 左侧匾

（1）上匾：留白。

（2）下匾：怀之。

落款：匠士邬学槐。

【解读】

感怀他。

落款：石雕工匠邬学槐。

（五）楹联

正联　　　　　　　　侧联

1. 正联

鸿雁[(1)]抚流民[(2)]，德布万家樾荫[(3)]；

鸱枭[(4)]驱暴客[(5)]，风清百里[(6)]花疆[(7)]。

【解读】

像诗经《小雅·鸿雁》中的周宣王那样安抚无家可归的流浪人，像周武王将中暑的人扶到路旁树荫下庇护那样保护民众，仁德遍布千家万户。

像勇猛的鹰枭将侵入的暴徒捉拿驱除，百里县境像鲜花盛开一样美好祥和、清平安定。

【注释】

（1）鸿雁：《诗·小雅》中的篇名，先秦诗歌。介绍诗经的序言《毛诗序》："《鸿雁》，美宣王也。"万民离散，不安其居，而能劳来、还定、安集之，至于矜寡，无不得其所焉。周厉王时，政治黑暗，万民离散。周宣王中兴，派使者到四方安抚难民。此用以称颂刘光第创办栖流所，安置流民。

（2）流民：因受灾害而流亡外地，生计无着落之人。

（3）樾（yuè）荫：樾，两木树枝交叉而成的树荫，指道旁浓密的树荫。《淮南子·人间训》："武王荫暍（yē）人（中暑或中暑的人）于樾下。"后以"樾荫"称受人荫庇。

（4）鸱枭（chī xiāo）：一种形似猫头鹰而十分强壮凶悍的猛禽。

（5）暴客：强盗、强暴之徒。

（6）百里：县境一周约一百里地。代指县域。

（7）花疆：潘岳做河阳县令时，满县栽花。后遂用河阳一县花、花县等用作咏花之词，或喻地方之美或地方官善治，民众生活美好祥和，社会清平安定。《白氏六帖》卷二十一："潘岳为河阳令，种桃李花，人号曰：'河阳一县花。'"

2. 侧联

简以驭繁，周官[(1)]廉善[(2)]；

宽能济[(3)]猛[(4)]，汉代循良[(5)]。

【解读】

用简单的方法制控繁杂条款，省去烦锁条文和手续，像《周官经》那样以问"官府六计"的方式"听政"，政令简而环境宽，利民生计。

用宽松方法，以舒解和弥补那些严苛法令和税役条款，犹如汉代的龚遂、黄霸、卓茂、鲁恭等四大廉善的模范官吏，深受百姓赞许。

【注释】

（1）周官：《周官经》或周公姬旦。姬旦乃周文王姬昌第四子，周武王同母弟，因封地在周（今陕西宝鸡辖内）故称周公或周公旦，是周时杰出政治家、军事家、思想家，被尊为儒学莫基人。曾先后辅助周武王灭商、周成王治国。武王死后，成王年幼，代成王摄政。平定三监之乱后，大行封建，营建成国（洛邑），制礼乐，后还政成王。在巩固与发展周朝统治上起了关键作用，对中国历史发展产生了深远影响。《周官经》被多数人认为是周公始作，记周朝的官制和政体构建方面的制度。史书上始出于西汉景、武之际，王莽时，刘歆奏请《周官》六篇，列之于经，叫作《周礼》。《周礼》是一部通过官制体系来表达治国思想的著作，包含着丰富的治官、教化、法治等内容，涉及上古社会的政治、思想、经济、文化、风俗等各个方面，体大思精，周密合理，受到历代学者的重视。

（2）廉善：语出《周礼天官冢宰·小宰》："以听官府之六计，弊群吏之治。一曰廉善、二曰廉能、三曰廉敬、四曰廉正、五曰廉法、六曰廉辨。"郑玄注："听，平治也，平治官府之计有六事。弊，断也。既断以'六事'（田野劈、户口增、赋役平、盗贼息、军民和、词讼简），又以廉为本。善，善其事，有辞誉也。"廉：堂屋的侧边。《仪礼·乡饮礼》："设席于堂廉东上。"郑玄注："侧边曰廉。"《九章算术》："边谓之廉，角谓之隅。"意即靠堂两边站立，依次禀报情况，由上官听而断之，类似于今人之述职述责述廉。

（3）济：弥补。

（4）猛：严厉。如：猛法（严酷的法令）；猛峻（严峻）；猛厉（严厉刚烈；严酷，严厉）。

（5）汉代循良：汉代著名的四大模范廉吏：龚遂、黄霸、卓茂、鲁恭。

三、牌坊图案简介

牌坊东面，顶楼盖下栏额正中用圆形光环饰景，既给人别有洞天之感，又能以中心光环聚焦眼球。寓意方圆美好、宇宙天地辽阔广大，气宇轩昂。中间雕刻三只活跃相拱的羊，来得生机勃发。圆形光环可理解为太阳，且

"羊""阳"谐音，故而该图案意为"三阳开泰"，这是隆昌牌坊雕饰用得比较多的吉祥图饰。

素面大额枋上面的当心间是高浮雕的"五龙德政匾"（五龙图雕已在"破四旧"时凿毁），饰以火焰边框。寓意炽烈旺盛、兴旺发达。

明间上匾楷书阴刻"仁心善政"，字体端正工稳，下嵌石作顺楸串。两端竖柱镂空雕刻作窗楼，中空处雕蝙蝠一只，四周衬玫瑰六朵，寓意"福贵大顺"。

门楣为素面，雀替刻成回纹，中嵌十字花，门楣下高浮雕宝莲，其状如灯。

次楼盖下，栏额深浮雕舞凤，四周衬以流云，其下额枋为素面。下部倒楞内收，图以菊花盛开的花瓣纹饰。菊花优美多姿且耐风霜，寓意素雅坚贞，神韵清高。菊开九月的"九"与"久"同音，古人多以菊花纹喻示"长寿久远"。

边楼盖下栏额深浮雕云龙，与上面舞凤组合成"龙凤呈祥""龙飞凤舞"。次间额枋门楣均为素面。显得层次起伏，淡雅相衬，简洁而美观。

牌坊西面，顶楼盖下栏额的中心是深浮雕五只蝙蝠环绕一个"寿"字，寓意"五福捧寿"。其余次楼、边楼的图饰雕刻，均与东面相同。

四、史实简介

刘光第，直隶天津人，道光十二年（1832）进士，次年（1833）官授邻水县知县，分别于道光十四年、十六年、二十一年和二十五年四任隆昌知县。刘光第初任隆昌知县时，非常重视"政成化洽"，心想以文兴邑而提议重修回龙观，中霄文昌圣像，阁祀奎星，大兴隆昌文运。在道光十七年至二十年间（1837—1840），刘光第被征召到叙州府押运军粮和兵员到广东支援沿海战事，因功绩卓著而受到将军接见的嘉奖。道光甲辰（即道光二十四年，1844）初，刘光第亲自骑马抓捕入侵县南的邻县盗贼，大败盗贼，四境顿安，还召集民众年壮力强者在农闲时讲习武功，长远防卫，使盗贼不敢来犯。但是，刘光第却因支持林则徐禁烟而受到朝廷反对禁烟派的打压，于道光二十四年（1844）春夏之交被"发配"到偏远山区兴文县任知县。牛树梅则从雅安到隆昌接任知县。道光二十五年（1845）初夏，刘光第知县重回隆昌接替牛树梅而第四次出任隆昌知县。道光乙巳（即道光二十五年，1845）冬，刘光第捐薪俸与郭玉峦等邑内乐善好施的大富一起倡修栖流所，次年（1846）初，于南关春牛坪和北关道观坪建成栖流所和捡殓亭，用于安抚流民，安葬暴尸。道光二十六年（1846）冬，隆昌绅士民众为刘光第知县建德政坊于北关道观坪。道光二十九年（1849）末，刘光第知县回天津老家养老。刘光第生活俭朴，务实为民，出行裁减仪仗随行人员，住宿饮食也尽量简单节省。注重农业根本，从细节上加以培育民众生产积极性，有效促进了隆昌农业经济的发展和社会的和谐稳定。尤其是他捐薪倡修栖流所，赈济饥寒交迫的流民，受到了世人的高度赞扬。

五、勘误考证

刘光第德政坊东面正下匾中，记叙刘光第倡修栖流所时间为"乙未冬"，经考证，此处系笔误，实际时间应为"乙巳冬"。理由有三：

（1）匾文"乙未冬，复捐清俸……"一个"复"字，表达了此句是承接前文"前岁甲辰，邻境盗贼充斥……"而叙之。此德政坊建于道光丙午年（1846），前岁即前年，正好是道光甲辰年（1844），甲辰年与丙午年间，正是乙巳年，匾文中用"复"承接甲辰年与乙巳年，时间逻辑和叙事顺序及行文方法皆顺理成章。

（2）据同治十三年（1874）《隆昌县志》记载，道光乙未年（1835），是刘光第第一次出任隆昌知县的第二年，刘光第在这一年的施政重点是捐俸禄倡修回龙观，旨在中兴隆昌文运；道光二十六年（1846），刘光第创置栖流所、捡殓亭于春牛坪和道观坪。此处的"创置……于"应是指修好了。如果匾文中笔误的"乙未（1835）冬"，改为"乙巳（1845）冬"，接下来的匾文"不数月而百堵皆作矣。"就刚好吻合了同治十三年《隆昌县志》记载的栖流所修建时间，即，道光二十五年冬开始修建，不数月也就是刚好在道光二十六年初，栖流所就建好了，时间完全一致。

（3）牌坊文字出现笔误的现象并非个别。如肃庆德政坊东面正下匾的记叙中，将肃庆的字"筱田"，笔误为"小田"，将肃庆知县的"那拉氏·肃庆"笔误成"肃·庆"。所以，牌坊上出现笔误的现象应是正常现象，刘光第德政坊东面正下匾文中将"乙巳冬"笔误成"乙未冬"也就不奇怪了。

六、刘光第知县故事一则：刘光第收义子恤流乞

道光二十五年（1845）乙巳二月初八，刘光第奉诏自川南偏隅兴文县重回隆昌，四任隆昌知县。

时不我待，日月如梭。半年光景，弹指即过。话说不日即至中秋佳节，这晚尽管天黑云厚，圆月难现，城内大户依然生香拜月，桌上摆满锅盔烧饼、香瓜坚果，一些大户桂园摆酒，把盏话月。然而乡下贫农、佃户能以芭蕉叶裹煮新收酒米做成粽子，沾点红薯黄糖，求个肚饱力足，亦是讨喜过节，算得幸福中秋了。

戌时刚过，刘光第知县便叫上仆从李鑫正："往昔中秋之夜，吾与汝和从善，三人均要出城走上一遭，赏月景，察节情。上年底张从善已随牛大人迁升他地，昔日长随左右者，今惟汝耳。是夜就吾与子二人，亦去城外走上一遭，若何？"鑫正答道："大人说得极是，只是今夜云重，微风亦无，怕

是乌云难开，月光难觅，小的还是提个亮壶为好。"

二人自东门出城，沿石板道往北。只一二里路程便行至一个名叫矮子坡的去处，路西土坡上有一土地庙，今已破败不堪，刘知县不禁感慨起来："道光十四年（1834）春，吾自邻水县初到隆昌，此庙香火还盛，前年至兴文时，也未有异闻，不想今日此庙已破败至此！"

鑫正答道："大人有所不知，前年初冬，此庙曾因走水，梁木尽数过火，只剩得石基与那土地菩萨像罢了。去年罗汉桥大户代兴水家拆修旧屋，有信徒搬来些旧砖木搭了个顶，为土地菩萨遮风避雨，才有今日模样哩，只是香火大不如前了。"刘光第知县道："吾等且进庙一看？"

鑫正点头引路，上前轻推，忽见门缝冒出些许青烟，但闻一股刺鼻艾香扑面而来。

木门刚现二指小缝，便被柔柔的物什从里挡着。提近亮壶，缝里一堆淡黄稻草，门被草堆卡着。二人蹲下细看，见一十二三岁小儿躺在门里，裹着一件烂布衣衫，盖着大把稻草，在门里蜷成一团。

鑫正伸手轻推，小儿一惊，忽地爬将起来，见是两个大人，便起身抖抖身上的杂物，赶紧把门开了。

刘知县伸手在小儿背上一摸，道："你这小儿夜不归家，住这干甚？天转凉了，怎只穿一件破旧单衣？"

小儿并不答话，只蜷在旁边，脑袋轻垂。

鑫正道："小儿呀，大人问你话哩。"

小儿还是闭不开口，呆立不动，双手怯生生地扣在胸前，长尺余的光杆小腿沾满了蚊血印子。

刘知县叫李鑫正挂了亮壶，自己抓把稻草垫在拜台坐了。那艾草烟堆不时地冒出几粒红色星子，烟更浓了，呛得刘知县咳了起来。

小儿见状，忽地跑出门外，摘得一张粗大芭蕉叶子，靠近刘光第身边呼呼扇将起来，一大把火星"啪啪"高蹿，便有明火燃起，白烟对着庙门倒将过去，刘知县便止得咳了，身子亦感到丝丝暖意，蚊虫被驱得一个不剩。

见小儿如此机灵，刘知县甚是喜欢，便唤小儿坐于身旁，轻抚其头，两人走近，慢慢摆起龙门阵来。

原来，小儿姓邱名世炎，本系永川县人氏，自幼家贫，六岁便为大户人家放牛。三岁时因父母下江打鱼翻船，双双溺亡，家无田地，他便与爷爷流浪乞讨为生。去年腊月，爷爷病饿交加，客死来凤驿边，自己则沿巴蜀驿道向西流浪，来到隆昌已有月余。因无亲可投，无故可靠，今能借土地菩萨脚下过夜，已属万幸。世炎还说，有个白日里的玩伴与奶奶住在城东八里花子岩，有时回得晚了，只能饿着肚子睡在岩洞外面，遇着风雨，方可挤进岩洞锥立躲避，因洞内拥挤，多是站到天亮，曾数次晕倒。自己亦曾住过那里，如今再不去了。

问答半个时辰，刘知县愈发觉着胸中沉甸甸的，转身说道："鑫正呀，前日曾存典与吾谈及近年县内流民日众，居无藏身之所，食无果腹之粮，此不假也。"

鑫正答道："大人，近年灾荒不断，战事不停，捐税猛增，地主大户亦称家底日薄，庶民百姓皆如锅蚁煎熬，离家乞讨者愈发多了，会聚隆昌者超三二百人。今岁以来，已数闻饿殍曝道之事矣。"

"饿殍曝道，仁政何在？幼儿无教，国本何立？吾等须仔细推究也。"刘知县哀婉轻叹。

忽又转身问那小儿："世炎小儿，汝愿随吾进城否？"

"大人"二字，世炎听得明白，哪曾想往日里只可在乡野戏台上听到的台词，如今却在咫尺身边亲耳闻之。能遇两位官人模样的大人问话，已是前世修来之福，哪还听得随这"大人进城"的话！邱世炎如醍醐灌顶，游魂归来，倒头便拜："干爹，世炎这就跟您走！"没等刘知县答应，便弹将起来，左跨几步，去那墙上取过亮壶，照着知县："干爹，我们走吧！"

邱世炎便跟随知县入了县衙。果然，世炎能干机灵，心善嘴甜，不几天就与刘知县家人和衙役们混得脸熟身近，大家唤他"小世炎"。小世炎聪慧了得，彼虽少年，但力过夫人，做起扫院下厨等繁杂事务毫不含糊，尤其左个"爹"，右个"娘"，喊得刘知县夫妇心头热乎，嘴难合拢，便就认了。

半月之后，刘知县家新添勤丁之事传到富绅郭人镛耳里。这郭人镛非同寻常，年仅三十又八便请辞遂宁县教谕，回故里隆昌置地经商，民间传闻其命中带财，种地经商两相火旺。此人仁爱天下，热心好善，时常救贫济困、助孤扶寡，与云顶寨郭玉峦皆是乐善好施之士，深受远近百姓敬仰。

这日，郭人镛提着礼盒前来："欣闻知县大人近得一乖巧义子，人镛特来道贺了！"

刘知县迎客入厅，礼过。正色说道："汝这糕点即可开来大家品尝，贺银则断不能收。对了，人镛兄，吾正欲向汝引见世炎哩。"

刘知县差鑫正唤来世炎，对其嘱道："世炎，快来见过郭叔叔吧！"

"郭叔叔在上，请受世炎一拜。"世炎已学得些场面礼数。

"免礼免礼。"郭人镛一面应着，一面从刘知县婉拒的贺银中取出两锭，送予世炎手中，笑道："公子果真俊俏乖巧，委实的可喜可贺！"

世炎坚决不收："我早听闻郭叔叔富甲一方，宅心仁厚，今小侄有一事相求，还望郭叔叔应承便好！"邱世炎猛然双膝跪地，"小侄自小父母双亡，爷爷客死异乡，如今幸遇干爹收养才得以保命，但街边路旁饱受穷苦之人又何止世炎一人？世炎恳请郭叔叔慈悲天下，图计救那花子岩洞中流乞于水火……"

听到这里，刘知县觉察着这世炎小儿亦是仁心恻隐，心中甚为宽慰，但那小儿所愿虽善，但远非举手之劳之事，不自觉紧锁眉头："世炎所言甚是。吾今重回隆昌，便听闻数百流乞汇聚县境，白天挨家乞讨，夜间或有偷鸡盗狗之事，多有扰民。彼等虽有龌龊之处，终是穷苦难耐所致。其衣不蔽体，食不果腹，实乃政之不幸，吾等之过也。"

"此乃时难所至，非大人之过。大人切勿自责也！"人镛道。

"唉，流乞住无定所、缺衣缺食，吾心难安！眼见重阳至矣，旬来秋雨绵绵，寒风日紧，只怕受冻致病者日益增多。吾昨日与郭毓龙、王柄楠等沿街巡视一遭，果见流乞三五成堆，七八成群，露宿街边路侧，树下岩洞，或瘸或瞎、或聋或哑，或病或吟，其景其情凄惨甚矣！"刘知县不禁心沉声重起来。

人镛听罢，低叹一声，接话道："大人，去年隆冬，牛树梅知县升迁离隆之时，亦曾忧虑流乞之疾，还专嘱小人长施援手，厚造浮屠哩。不料今夏天旱欠收，月前又遇水涝绝粮，域内穷困陡增，兼有异地流乞涌至，乞讨者何其众也。吾前日方去花子岩赈济衣物面食两担，尽得些许杯水车薪之义也。若得从长计议，还须大人明示。"

二人商议半晌。刘光第道："吾欲捐半年俸禄，倡议衙署役众及汝等富绅士耆共捐银两物什，于县城北关、南关各建一栖流所，置些衣食，专为域内流乞提供庇护之处，汝意若何？"

郭人镛当即站起，面向刘知县躬身作揖："此乃天大之仁德也！大人自道光十四年训隆以来，已十二载矣，虽三次间离，今已四镇隆邑，大人均以仁德为本，严苛律己，在官如寒士；勤廉恤民，治邑皆循章；兴文重教，重修回龙观；剿匪灭贼，披挂亲上阵；进村下地，劝桑助农耕。件件般般，皆恩被黎民，德泽千家，实乃当朝之循良典范也。今复虑流乞之所依，真吾佛临世，普济众生之大善也！"

刘知县起身前来，左手轻抚人镛落座讲话，右手竖掌轻摇："人镛不可如此谬夸，吾等尽沾皇恩，衣食黎民，理当效忠尽责罢了。"

刘知县又对李鑫正道："鑫正，你明日带着世炎和几位信使，分头通告各位乡绅士耆、旺门族老，并恭请曾存典、姚秀庵、郭玉峦、刘定选、晏桑、范泰衡、郭毓龙、王柄楠、晏楷、范泰亨等邑内名士，于后日辰时到衙署议事。"

鑫正应声刚落，便有门子来报："禀告大人，外面有两位客人求见。"鑫正快步出厅，到门前看了，转身回禀知县："是郭玉峦和范泰衡两位名士造访来了。"

"快快有请。"刘知县道。

郭玉峦、范泰衡二人疾步进厅："知县大人，今日某等在回龙观商议明年学子乡试之事，听闻大人喜添义子，特来面贺！"

"哈哈，真是说曹操，曹操就到！"刘知县、郭人镛与二人施礼入座。刘知县将捡子怜流乞之事再说一遍。

郭玉峦道："大人薪酬本薄竟捐半年俸禄，我虽不才，岂敢苟且偷安？何况收容数百流乞乃天大之善，必当耗资颇巨，我愿捐银千两。"

"世兄果然大方，我也捐二百两白银罢。"郭人镛附和道。

范泰衡轻捋髯须，哈哈一笑："两位大善菩萨出手阔绰，必将引来众善效仿，吾捐白银二十两。兴善聚力乃我华夏千年大德。有众士慷慨解囊，刘邑候德仁天下恩泽流乞之大功可成矣！"接着说道："今年正月初八，吾为牛树梅大人德政牌坊题匾'民之父母''乐只君子'。栖流所之功，已不在牛大人之下，待其建成，某等亦须为刘大人立德政牌坊。题款落墨，吾将尽吾所能也！"

"是了是了。汝乃书法大家，一墨千金，理当配刘大人之厚德洪恩也。"郭玉峦打趣道。

刘知县摇了摇头，道："吾乃守土尽责，以上谢皇恩，下不负庶民罢了。若有微功，皆众义士鼎力帮衬之果，岂能与牛树梅大人比肩？牌坊之事，免了免了，况吾正在任上，万不可立。"

刘知县便与众人续议后日之会，规划栖流所筹建……

不足两月，隆昌北关道观坪、南关春牛坪古驿道旁，各矗立起一个栖流所，街上路旁两百多散落流乞者，均得以聚此安身立命。栖流所让流乞者居有定所，衣食温饱。为练得生计，刘光第知县着人请来各色艺人，召集青壮者以各业技艺授之，助其谋得求生之技，得以自食其力，功德莫大焉。

有《西江月·栖流所》一词为证：

夜黑风凄石冷，衣破肚饿心慌；天灾战祸逐流浪，乞食驿道街旁。

邑侯建栖流所，流乞者避风港；衣食无忧学工匠，仁义功德无量。

第三节　肃庆德政坊

肃庆德政牌坊在隆昌现存编号的17座牌坊中编为06号牌坊。该坊坐落于隆昌城区北关道观坪，横跨于此段为东西走向的巴蜀古驿道上，呈东西两面布局。清咸丰六年（1856）十一月，隆昌绅士民众为称颂肃庆知县德政而公建。

东面　　　　　　　　　　　　　　　　西面

一、牌坊东面文字

（一）匾额

德政。

【解读】

以仁德施政兴政。

（二）牌坊名

邑侯肃大老爷官印庆德政坊。

【解读】

隆昌知县肃庆的德政坊。

（三）正匾

1．正上匾

政在养民[1]。

【解读】

施政的目的和良善的官员都会让老百姓休养生息。

【注释】

（1）政在养民：政：政事、政务；通"正"，任官长。施政或为官，均应以让民众休养生息为要。《尚书·大禹谟》："禹曰：於！帝念哉！德惟善政，政在养民。水、火、金、木、土、谷，惟修；正德、利用、厚生、惟和。九功惟叙，九叙惟歌。戒之用休，董之用威，劝之以九歌俾勿坏。"宋代范仲淹《陈十事》："此言圣人之德，惟在善政，善政之要，惟在养民。养民之政，民先务农，农政既修，则衣食足，衣食足，则爱体肤，爱体肤，则畏刑罚，畏刑罚，则盗寇自息，祸乱不兴，是圣人之德发于善政，天下之化起于农亩。"

2．正下匾

懿⁽¹⁾夫琴堂制锦⁽²⁾，事事阳春；花县⁽³⁾分符⁽⁴⁾，人人甘雨⁽⁵⁾。允⁽⁶⁾推治行⁽⁷⁾之无双，真乃循良⁽⁸⁾之第一。顾此得征⁽⁹⁾于古，何如获见于今？维我邑侯小田⁽¹⁰⁾肃公，世笃忠贞，天生隽杰⁽¹¹⁾。泽被⁽¹²⁾巴山⁽¹³⁾，在昔之棠阴⁽¹⁴⁾如故；膏⁽¹⁵⁾流圣水⁽¹⁶⁾，于兹之黍⁽¹⁷⁾雨频新。入境而布鸿慈⁽¹⁸⁾，咸⁽¹⁹⁾歌⁽²⁰⁾化育⁽²¹⁾；下车⁽²²⁾而宣骏德⁽²³⁾，普被生成⁽²⁴⁾。纤尘不染⁽²⁵⁾，清如玉井⁽²⁶⁾之水；片牍⁽²⁷⁾靡⁽²⁸⁾留，朗媲秦台之镜⁽²⁹⁾。性⁽³⁰⁾无偏亦情⁽³¹⁾无偏⁽³²⁾，化民⁽³³⁾术善；饥犹己而溺⁽³⁴⁾犹己，平粜⁽³⁵⁾功宏。由是贾⁽³⁶⁾男贾女并入帡幪⁽³⁷⁾，薛孙薛儿⁽³⁸⁾同归褓褓。斯非两汉之龚黄钦？洵⁽³⁹⁾一时之卓鲁也！看此日勒⁽⁴⁰⁾之锦屏，增百载金鹅之重。卜⁽⁴¹⁾他年传之简策⁽⁴²⁾，生千秋银管⁽⁴³⁾之光！

合邑绅粮士庶公建

咸丰六年仲冬中浣⁽⁴⁴⁾穀旦

【解读】

啊！县衙里迎来贤明知县执政了，件件事情都迎来了阳春三月的季节。就像潘岳受命将河阳县治理得桃花满县一样，肃庆知县受命来到隆昌，老百姓人人都像沐浴着了及时雨般的恩泽。他推行信义德政的举措世间少有，的确是最为奉公守法、清正廉洁的好官啊！这样的事例在古人那里去寻找，哪里比得上今天亲眼见证呢？只有我们隆昌肃筱田知县，出生在世代忠贞的家庭，是天生的英雄俊杰。他的恩泽覆盖了巴山民众，仿佛当年周召公棠树下办公的情景再现；他的恩惠像乳膏和圣水一样流淌，让隆昌稻谷像大雨一般频频降下。他来到县内就广施宏恩大德，老百姓都颂扬他的教化培育之功；一上任就传播高尚的德操，众生普遍受到熏陶而成长。他一尘不染，清澈透明犹如玉井之水；他的案桌上没有留下一件未处理的公文，高洁明朗有如秦始皇能照人肺腑、辨别善恶美丑的明镜。他的秉性德行一点也不偏颇，情感气质也是一点都不偏颇，教化老百姓的方法得当；他把百姓的饥寒当作自己的饥寒，把老百姓的穷困逆境当作自己的穷困逆境，在大旱灾荒中高价买粮来平价卖米给百姓，功德宏大无量啊。正因为如此，他的这种大恩大惠的举措得到了男女商人的响应，都像他那样在旱灾中用平价卖粮给老百姓，他治下的老百姓就像巴州薛刺史治下的儿孙小辈一样得到了很好的保护。这不就是汉代的循良好官龚遂和黄霸吗？更像是他们同一朝代的循良好官卓茂和鲁恭啊！看看今天镌刻在犹如玉石锦屏的石牌坊上的功绩，又给隆昌增添了一笔百年光彩啊。料想今后被写进史册流传，书写的笔管都会千年发光！

全县乡绅和有口粮户籍的士民共建

咸丰六年冬月中旬吉辰

【注释】

（1）懿：同噫。孔颖达疏："懿与噫，字虽异，音义同。"

（2）制锦：喻贤者出任县宰。《春秋左传正义》卷四十《襄公·传三十一年》："子皮欲使尹何为邑。子产曰：'少，未知可否。'"子皮曰："愿，吾爱之，不吾叛也。使夫往而学焉，夫亦愈知治矣。"子产曰："不可。人之爱人。求利之也。今吾子爱人则以政，犹未能操刀而使割也，其伤实多。子之爱人，伤之而已，其谁敢求爱于子。子于郑国，栋也。栋折榱崩，侨将厌焉，敢不尽言，子有美锦，不使人学制焉。大官、大邑，身之所庇也，而使学者制焉。其为美锦，不亦多乎？"

（3）花县：潘岳做河阳县令时，满县栽花。后遂用河阳一县花、花县喻地方之美或地方官善于治理。《白氏六帖》卷二十一："潘岳为河阳令，种桃李花，人号曰：'河阳一县花。'"

（4）分符：剖符，帝王封官授爵，分与符节的一半作为信物。

（5）甘雨：适时好雨。

（6）允：《说文解字》："允，信也。"

（7）治行：政绩。《管子·八观》："治行为上，爵列为下，则豪杰材臣不务竭能，便辟左右不论功能。"

（8）循良：官吏奉公守法、善良。

（9）征：证明；证验。

维：表范围，相当于只、仅。

（10）小田：筱田，肃庆字筱田。此处"小"字应系笔误或简写。

（11）隽杰：出众的人才。

（12）泽被（pī）：恩泽施及某事物。

（13）巴山：在汉江支流河谷以东，四川、陕西、湖北三省边境的山系，广义上代指川渝陕鄂交界的广大地区。

（14）棠阴：棠树树荫、喻惠政或良吏的惠行。《史记》载："召公姓姬名奭，周武王的弟弟，因他的采邑在召（今陕西岐山县西南），故称召公。周召分陕后，召公之治西方，甚得兆民和。召公巡行乡邑，有棠树，决狱事其下，自侯伯至庶人各得其所，无失职者。召公卒，而民人思召公之政，怀棠树不敢伐哥咏之，作《甘棠》之诗。"

（15）膏：肥脂。《说文》："肥也。凝者曰脂，释者曰膏。"

（16）圣水：指宗教信徒及民间迷信用以降福、驱邪、治病的水。

（17）黍：一种粮食作物，与稻类相似，俗称黄米。

（18）鸿慈：大恩。南朝·梁元帝《谢东官赐白牙镂管笔启》："岂若远降鸿慈，曲覃庸陋，方觉瑠璃无当，隋珠过侈。"

（19）咸：全，都。

（20）歌：颂扬；赞美。

（21）化育：教化培育。

（22）下车：初即位或到任。《礼记·乐记》："武王克殷，反商，未及下车，而封黄帝之后于蓟。"

（23）骏德：高尚的德操。

（24）生成：长成。

（25）纤尘不染：原指佛教徒修行时，排除物欲，保持心地洁净，现泛指丝毫不受坏习惯，坏风气的影响；也用来形容非常清洁、干净。

（26）玉井：华山西峰下镇岳宫院内之井。深丈余，清澈甘冽，《雍胜略》记述其深可十丈，圆径半之，并记述金大定已亥年（1179）井旁曾建有玉井楼。楼周巨松乔桧林立。传说夜间登楼，可以见到五粒松下的琥珀闪闪发光。

（27）牍：古时书写用的木片，借指公文。刘禹锡《陋室铭》："无丝竹之乱耳，无案牍之劳形。"

（28）靡：无，没有。

（29）秦台之镜：传说秦始皇有一方镜，能照见人的五脏六腑，鉴别人心善恶邪正，秦始皇以此来分辨是非，鉴别善恶。唤作秦镜、秦台镜、咸阳镜等。晋葛洪《西京杂记》卷三："高祖初入咸阳宫，周行库府……有方镜，广四尺，高五尺九寸。表里有明，人直来照之，影则倒见；以手扪心而来，则见肠胃五脏，历然无硋；人有疾病在内，掩心而照之，则知病之所在。又女子有邪心，则胆张心动。秦始皇常以照宫人，胆张心动者则杀之。"

（30）性：人的本性、秉性。

（31）情：外界事物所引起的喜、怒、爱、憎、哀、惧等心理状态。

（32）无偏：不偏颇。

（33）化民：教化百姓。

（34）溺：陷于困境。

（35）平粜：战国时魏国李悝提出的扶植、调剂农业生产的主张。方法是丰年由官府平价收购农民的余粟（平籴）；荒年用平价出售积粟（平粜）。

（36）贾：买、卖。扬雄《法言·问道》："炫玉而贾石者，其狙诈乎?"

（37）帡幪（píng méng）：帷帐；庇荫，庇护，引申为覆盖。汉扬雄《法言·吾子》："震风陵雨，然后知夏屋之为帡幪也。"注：在旁曰帡，在上曰幪，即今帐篷也。

（38）薛孙薛儿：唐佚名《巴州薛刺史歌》："日出而耕，日入而归。吏不到门，夜不掩扉。有孩有童，愿以名垂。何以字之，薛孙薛儿。"此处代指肃庆治下的隆昌就像薛刺史治下的巴州一样，民风纯正，社会安定和谐，孩子们可以自由出生快乐成长。

（39）洵：诚实、实在；诚然，确实。

（40）勒：雕刻。

（41）卜：预料，估计，猜测。

（42）简策：简册，古代连接成册的竹简。泛指书籍。

（43）银管：饰银的毛笔管或白色的笔管。

（44）中浣：古时官吏中旬的休沐日。泛指每月中旬。

（四）侧匾

左侧上匾

右侧上匾

1. 右侧匾

（1）上匾：清矣。

【解读】

清正廉洁啊!

（2）下匾：薛士昭职员、余燮职员、晏登云武生、万德薰监生、李成德监生、彭国宾监生、欧阳光监生、余焯职员、曾存钫职员、黄集兴奖励、蔡中和奖励[1]、监修首事[2]公立。

【注释】

（1）奖励：古时官府授予民间对维护王朝统治作出了较大贡献的士人和民众的一种荣誉称号。此处代指曾获得过奖励称号的人。

（2）首事：指出头主管其事的人或头面人物。

2. 左侧匾

（1）上匾：直哉。

【解读】

正直刚正啊！

（2）下匾落款：匠士陈金有。

【解读】

工匠师傅：陈金有。

（五）楹联

正联   侧联

1. 正联

输[1]款[2]免零星，鹅洞[3]苍生[4]沾子惠；

籴平[5]逾数月，龙桥[6]黎庶[7]鲜[8]庚呼[9]。

【解读】

缴纳税赋款项免去零星数量，隆昌广大民众都沾享到了您的恩惠；

用高价到外地买粮回来低价卖给老百姓超出好几个月，隆昌的黎民百姓很少有到处借粮举债的现象。

【注释】

（1）输：交出；缴纳（贡品活赋税）。柳宗元《田家》诗："蚕丝尽输税。"

（2）款：款项，钱。

（3）鹅洞：隆昌城南两里回龙观下洞坎瀑布崖壁上的藏鹅洞，传说是金鹅栖身之处。20世纪70年代拆回龙观建党校及修沱灌二期工程中建隆昌河水到古宇湖的引水渠时，施工队自洞坎瀑崖上大量开采青石，鹅洞被毁。此处以鹅洞代指隆昌。

（4）苍生：苍天下的生灵。此指百姓。

（5）粜平：粜，卖出。粜平，平价卖出。古代，遇荒年缺粮时，官府将官仓所存之粮，平价出售给百姓。此指肃庆为平抑粮价，到外地采购粮食，贵买贱买事。

（6）龙桥：即巴蜀古驿道跨隆昌河的桥，在隆昌古城南门外，胡家巷口，今康复桥与南门桥之间。此处代指隆昌。

（7）黎庶：黎民百姓。

（8）鲜：少；尽。

（9）庚呼：庚癸之呼。庚，天干第七位，西方，主谷；癸，天干第十位，北方，主水。因古时军中为防泄露机密而不得直呼无粮，故以庚癸为军粮隐语。《左传·哀公十三年》："吴申叔仪乞粮于公孙有山氏，有山氏答曰：粮则无矣，粗则有之，若登首山以呼曰'庚癸乎！则喏。'"后人将向人告贷称为呼庚呼癸，或庚癸之呼。

2. 侧联

清廉不必鱼生釜^{（1）}；
仁爱尤欣凤集庭^{（2）}。

【解读】

为官清正廉洁，也没有必要像范冉那样让家里断炊久得来让釜中生鱼了；

广施仁爱，尤其喜欢能有更多的贤德之才出现并聚集起来。

【注释】

（1）鱼生釜：即鱼生空釜。典出《后汉书》卷八十一《独行列传·范冉》。范冉，字史云，陈留黄县人。东汉桓帝时，以冉为莱芜长，遭母忧，不到官，结草室而居。所止单陋，有时粮粒尽，穷居自若，言貌无改。闾里歌之曰："甑中生尘范史云，釜中生鱼范莱芜。"釜，锅。茅屋破洞漏雨釜中，因灶久未生火烧锅，从鸟儿身上滴落入锅的鱼蛋都已生出小鱼来了。后人用"鱼生空釜"比喻生活穷困，断炊已久。

（2）凤集庭：群凤聚集于庭前梧桐树上。喻贤才聚会。

二、牌坊西面文字

（一）匾额

德政。

【解读】

以仁德施政兴政。

（二）牌坊名

邑侯肃大老爷官印庆德政坊。

【解读】

隆昌知县肃庆的德政坊。

（三）正匾

1. 正上匾

子惠困穷。

【解读】

肃庆知县广施恩惠于困苦穷人。

2. 正下匾

恭颂邑侯肃大老爷德政

簪缨世胄[1]，经济[2]非常。清廉高洁，勤慎慈祥。口碑载道[3]，心镜[4]悬堂。贤哉神父[5]，允[6]矣循良。膏流郁[7]黍，化[8]及召棠[9]。鸠

民^{（10）}有则^{（11）}，鸰羽^{（12）}无伤。恩如春雨，德比冬阳。昭垂^{（13）}姓字^{（14）}，日月同光^{（15）}。

合邑绅耆客商公竖

咸丰六年仲冬中浣榖旦

【解读】

衷心恭敬地赞颂知县肃庆大老爷的仁德之政

你出生于世代高官之家，经纶济世的本领十分少见。你清廉而高尚纯洁，勤勉谨慎又慈爱和悦。民众称颂你的口碑铺满了道路，你高洁的心像明镜一样悬在公堂之上。贤明啊，你治县的功绩如东汉的宋登"神父"一样，实在是一位受人敬重的好官啊！你施与隆昌士民恩泽，好似郇伯治下的郇国一样五谷丰登，你教化百姓就像召公棠阴办公一样贤达。你教育百姓聚集要遵规有序，黎民没有受到繁重徭役的伤害。你的恩泽像春雨一样美好，仁德好似冬阳一般温暖。牌坊上昭示着你的姓氏和名字，与日月一样永久地闪耀着光芒！

隆昌士人和百姓合建

道光丙午年（1846）四月十五日吉辰

【注释】

（1）簪缨（zān yīng）世胄（zhòu）：簪缨：古时达官贵人的冠饰，指世代做官的人家。世胄：贵族后裔。晋代左思《咏史》诗之二："世胄蹑高位，英俊沉下僚。"

（2）经济：东晋已有"经济"一词。指经邦经国、济世济民，经纶济世，治国平天下之意。

（3）口碑载道：形容群众到处都在称赞。口碑：比喻群众口头称颂像文字刻在碑上一样；载：充满；道：道路。

（4）心镜：佛教语，指清净之心。谓心净如明镜，能照万象，故称。《圆觉经》卷上："慧目肃清，照曜心镜。"

（5）神父：东汉宣平侯宋弘侄孙宋登，为政贤明而有才能，号称"神父"。登少传《欧阳尚书》，教授数千人。为汝阴令，迁赵相，入为尚书仆射。顺帝以登明识礼乐，使持节临太学，奏定曲律，转拜侍中。数上封事，抑退权臣，由是出为颍川太守。市无二价，道不拾遗。

（6）允：信，实。

（7）郇（xún）：周代诸侯国名，今山西临猗和山东省临沂地区。

（8）化：用言行影响、引导，使有所转变。感化，教化。

（9）召棠：指用周召公棠荫下办公来颂扬官吏政绩。

（10）鸠民：聚集百姓。《左传·昭公十七年》："五鸠，鸠民者也。"杜预注：鸠，聚也。治事上聚，故以鸠为名。

（11）则：规范，规章，条文。

（12）鸨（bǎo）羽：《诗经》中控诉繁重徭役给人民带来痛苦的古诗《唐风·鸨羽》："肃肃鸨羽，集于苞栩。王事靡盬，不能艺稷黍。父母何怙？悠悠苍天！曷其有所？"此处借指繁重的徭役之苦。

（13）昭垂：昭示，垂示。

（14）姓字：姓氏和名字，指姓名。

（15）日月同光：与日月同放光辉。形容人的精神品格或所作贡献极其伟大。

（四）侧匾

左侧上匾

右侧上匾

1. 右侧匾

（1）上匾：恩雨。

【解读】

恩德像春雨一样和美。

（2）下匾：（留白）

2. 左侧匾

（1）上匾：欢雷

【解读】

欢呼声像打雷一样响亮。

（2）下匾：（留白）

（五）楹联

正联　　　　　　侧联

1. 正联

室⁽¹⁾尽鸣弦⁽²⁾，口碑⁽³⁾共表三岑⁽⁴⁾异⁽⁵⁾；

案无留牍⁽⁶⁾，心镜⁽⁷⁾偏⁽⁸⁾逾⁽⁹⁾一叶清⁽¹⁰⁾。

【解读】

县衙里充满了宓子贱宰单父时弹奏出来的和悦琴声，民众交口称颂有唐代"三岑"那样突出的治县功绩。

案几上没有留下积压未批的公文，心如明镜就像阳光下的一片树叶，明亮得连纹脉都能看得十分清楚。

【注释】

（1）室：堂后的供人居住寝卧的房间。《论语·先进》："由也升堂矣，未入于室也。"古时官府样式一般都是前堂后屋，室居中。此处代指县衙。

（2）鸣弦：拨动琴弦，使之作响。古时多指官吏治政有道，百姓生活安乐。《吕氏春秋·察贤》："宓子贱治单父，弹鸣琴，身不下堂，而单父治。"此处比喻肃庆治隆昌县有如宓子贱鸣琴而治单父。

（3）口碑：人们交口赞颂。

（4）三岑（cén）：唐代岑羲与弟仲翔、仲休的合称，三人同时为官，皆有很好的治绩。《新唐书·岑羲传》："（羲）迁金坛令时，弟仲翔为长洲令，仲休为溧水令，皆有治绩。宰相宗楚客语本道巡察御史：毋遗江东三岑。"

（5）异：不一般，特殊。

（6）留牍：牍，古公文称牍。留牍，未批阅，搁置下的公文。

（7）心镜：佛教语，指清净之心，犹如明镜，能照万物。

（8）偏：偏偏，出乎寻常或意料。

（9）逾：越过。引作超过、胜过。

（10）一叶清：一片树叶在阳光照射下的清澈之状。

2. 侧联

槐幄^{（1）}风清^{（2）}，牛刀^{（3）}小试；

莲峰^{（4）}泽溥^{（5）}，骥足^{（6）}终腾。

【解读】

像周代三公执政那样，社会呈现一派清平景象，可这只不过是小试牛刀啊；整个隆昌都润泽着肃庆知县的恩德，他的远大才能必将腾达高远。

【注释】

（1）槐幄：形容枝叶茂密如篷帐的大槐。幄，如房屋般的帐幕。此指代县衙。相传，周代宫廷外种有三棵槐树，三公朝天子时，面向三槐而立。后因以三槐喻三公。《周礼·秋官·朝士》："面三槐，三公位焉。"

（2）风清：风轻柔而凉爽，喻社会清平。语出《魏书·邢峦传》："淮外谧以风清，荆沔于焉肃晏。"

（3）牛刀：杀牛用的刀。俗语，杀鸡焉用牛刀。此言肃庆之治一县乃大材小用。

（4）莲峰：相传，隆昌县衙所在地为莲花山，清代隆昌有书院名莲峰书院。此以莲峰代指隆昌。

（5）泽溥（pǔ）：仁慈如雨露遍布。泽，水聚集地，引作润湿、恩泽、仁慈。溥，广大，普遍。

（6）骥足：大才。

三、牌坊图案简介

肃庆德政坊属一座典型的雕花牌坊，通体刻满花卉人物，且雕刻精美。当心间雕刻"五龙德政匾"，火焰边框，可见肃庆德政达到了"九五"数级，在隆邑深受百姓爱戴。各级楼盖檐下栏额浮雕均为倒"品"字形圆形连环图案，圆中刻有饱满的"寿"字纹或玫瑰图案，外饰双环，各圆以蝠翼连成如意斗拱状，寓意为"福寿绵远"或"富贵久长"。

匾额下面的平梁为深浮雕立轴画，画中人物腰束绶带，流畅飘逸，飞向两端。寓意为前程高远。绘画为"四艺"之一，其寓意为颂扬坊主具有渊博学识和飞扬的文采。平梁两端精雕博古架，架边雕刻云彩，寓意为肃庆知县博通古今。

柱顶处浅雕佛教"卍"（读作"万"）字连环图案，表示吉祥无比，用以象征佛的智慧与慈悲无限。梁下枭雕菊瓣图案。

明间门楣为深雕图案，取材于戏曲故事《凤仪亭》之《大宴》，刻写《三国演义》中王司徒巧使连环计。两侧刻饰福禄两天官，天官间刻有蝙蝠、蟠桃，寓意"福寿双全"。

雀替为圆雕博古架，架上刻玫瑰、牡丹，一大二小，紧贴门枋，繁枝茂叶，喻示长幼有序，富贵繁华至极，彰显出匠师的奇巧构思与精湛技艺。

次间柱顶浅浮雕"卍"字连环图案，以佛教吉祥标示喻示着万德相聚于此。额枋上浮雕吉祥动物，左为"灵犀望月"，右为"麒麟献瑞"。两端出头作"霸王拳"形，喻示精武精神。

顺袱串上的深浮雕以牡丹为主，以变形枝叶作陪衬，显得雍容华贵。

次间门楣上的深浮雕为取材于神怪小说《封神演义》的神仙斗法：主要内容为元始天尊的阐教和通天教主的截教之间的争斗，只见法宝凌空，邪魔纳命，战斗场面十分激烈，极为精彩。因截教门徒多为禽兽修炼而成，故常被阐教门徒使用法宝打回原形。

门下雀替刻成博古架状，上置宝相花卉，宝相多指为佛的庄严形象或帝王的形象，宝相花则是圣洁、端庄、美观的理想花形。

四对素面抱鼓石撑定门柱，明间主柱一对石狮，眼圆嘴张，煞是雄壮。次间侧柱圆雕白象一对，剔透玲珑，神态和善。

牌坊东面，平梁上的深浮雕为"旭日东升"，一轮红日跃出汹涌波涛，二蝙蝠在云霞中翻飞舞蹈，寓意"福如东海"（可惜的是部分雕刻已风化脱落）。红日两侧各刻一雄鸡在鲜花盛开的旷野引颈高唱。

　　公鸡鸣叫寓意"功名"，公鸡高耸的火红鸡冠，亦寓有加官晋爵的美好祝愿。又说雄鸡具有五德，它头顶红冠，是文；脚踩半距，是武；好勇斗狠，是勇；遇食而呼伴，是仁；按时啼鸣，是信。雕刻的丰富内涵，显示出一派升平祥和的景象，突出正匾"政在养民"的寓意。

　　明间门楣的深浮雕，取材于戏曲故事《满宫欢庆》，又名《双飘带》。昔时隆昌县川剧团常演此剧，展现南朝齐高帝萧道成的族弟萧衍为雍州刺史时北征得胜还朝，两宫亲贵前往祝贺之热闹喜庆场面。

　　左侧雕"和合二仙"，右侧雕"寿星麻姑"。

　　次间额枋深浮雕吉祥动物图案，左为"禄寿双全"，右为"三羊（阳）开泰"。两侧刻吉祥"卍"字图案，取"吉祥万德之所集也"之意。

　　次间门楣的深浮雕亦取材于《封神演义》中神仙斗法的二则故事，画面动感强烈，颇具观瞻。

　　右侧刻二神腾云驾雾，凌空相斗。一作持枪假败状，忽返身抛出法宝沉鱼拐，将追击者打得掩面而逃。左面刻一神仙手持宝剑，态度从容，举起法宝番天印，将一乌龟精打回原形。

四、史实简介

肃庆是长白山人，那拉氏，字筱田。正白旗（八旗"上三旗"之一，另两旗为正黄旗和镶黄旗）监生，作为朝廷办理文件的文书人员，以"笔贴式"授知县，咸丰五年（1855）莅任隆昌。肃庆秉性威严刚毅，遇事有担当，疾恶如仇，公正憎私。一到隆昌就拿诉讼恶徒开刀，秉公断案。肃庆一举智擒曾经长期侵入隆昌作案的大盗八面刀一伙，彻底扫除了一大盗患，深得民心。肃庆通过察言观色、三问两诘，就能寻出案情大概的曲直是非，循理而推，即可挖出真实案情，别人多年未结之案他片言只语就能让人信服，故而断了不少奇案，纠正一些冤案，声名远播，总督也将一些疑难大案交由肃庆办理。

咸丰六年（1856），隆昌大旱，肃庆知县冒着杀头之险开仓放粮赈灾，平价卖出官粮长达数月，拯救数万生灵。为此，全县乡绅民众为其在县城北关道观坪建德政坊。咸丰九年（1859），云南昭通农民李永和、挑夫蓝朝鼎因不满官府严苛捐税和官吏腐败，率众起事反击官府，不数月便攻占川南十数州县，肃庆组织团练队伍奔赴叙州（今宜宾）救援，获胜而归。咸丰九年（1859）秋冬，李、蓝军攻占富顺县，并在牛佛渡建立行宫，隔沱江与隆昌形成严峻军事对峙。肃庆号召隆昌绅商民众捐款筹劳，并拿出个人薪俸购买战备物资，准备持久防御，组织义勇民工加固隆昌县城，并促成县南云顶场巨富郭玉峦开始修筑云顶寨墙，意欲与县城遥相呼应，共防李、蓝军。咸丰十年（1860）六月十九日，肃庆知县亲率团练军勇赶赴县西南响石，抗击从富顺往东侵入隆昌县境的李、蓝军，在二十日的激战中，不幸身中三十七刀，阵亡殉职。隆昌人在整理其遗物时，发现肃庆任隆昌知县五年有余，存余薪俸仅有白银一两三钱，无不催泪哀叹其清廉正直。民众义捐白银三千两，将肃庆遗体扶运回长白山老家安葬。

五、肃庆知县故事一则：肃庆知县三功德

（一）智毙盗魁

咸丰五年（1855）初，肃庆奉诏就任隆昌知县。初来乍到，便得知隆昌时有歪人作恶，不良衙役与流氓地痞勾结欺压百姓，邻县盗匪猖獗，时有侵

入县内作奸犯科，百姓难安，他便将捕拿"讼蠹"、打击盗匪、保境安民列为头等大事，以铁拳重兵击之。

话说隆昌城东十五里白鹤桥有一恶棍，名张百天，专事勾结当地不良衙役，狼狈为奸，招揽民诉官司，靠曲解大清律例枉断讼案，从中渔利，祸害百姓多年，被乡里百姓呼为"讼蠹"。

二月末尾，桐梓园地痞王二牛欲强暴民女被告官府，张百天收下王家六十两银子答应帮王二牛开脱罪责，哪想肃庆知县得知此事大怒，将其一并缉拿问罪，张百天被判发配叙州府屏山石场做苦力五年。一时间，县内地痞流氓及盗贼歹徒无不收敛，再不敢兴风作浪、作奸犯事，但仍有邻县恶匪，偶尔侵入我县作奸犯科，烧杀掠夺，闹得民心惶惶。

隆昌界市场西北二十里，在相邻的内江县永兴场尧家坡，盘踞着一帮恶匪，时常越境窜入隆昌界市、渔箭一带劫财夺物。他们手持刀枪棍棒拦路行凶，入户抢劫，甚至杀人放火无恶不作，被百姓唤作"棒老二"，意即手持棍棒劫夺他人财物的獠人（古时生活在巴东一带专事拦路抢劫的一族坏人）。其蛮横、残暴妇孺皆知，以致隆昌百姓为了吓唬哭闹不停的小儿，只要喊声"'棒老二'来了！"小儿就会立马止声，吓得屏息凝神地四处张望。可见永兴场"棒老二"之罪恶滔天，罄竹难书。

"棒老二"不仅自行作案，时而还与荣隆场的团匪"八面刀"联手作恶，抢劫养有数十防卫家丁的大户，尽行杀人越货、掠寨放火之勾当，扰得百姓人心惶惶。无奈这帮歹徒多在夜间行动，神出鬼没，作案即逃，前两任知县张敏行、李吉寿都曾派兵捕拿未得。

肃庆虽是以笔帖式授的知县，可他自幼习武，加之行伍出身，颇具用兵方略，他任隆昌知县以后，如何见得匪徒作乱扰民？便决意除掉永兴场"棒老二"。只因"棒老二"一伙所驻的永兴场尧家坡属内江县治辖之地，"大清例律"不许无故越境缉凶，此事当如之奈何？急得肃庆日夜苦思除奸之计。

一日，管带陈焕勋禀道："肃大人，前日接到蔡家寺青面和尚来报，永兴场"棒老二"大前日乘夜打劫了寺庙东、北两家大户，打伤家丁十六人，掠财十万余贯，小的愿带领三千人马前去捕拿。"

"此言正合我意。只是永兴场属内江所辖，倘若我等无凭无据前去捕拿，万一被内江知县参我无故越境用兵之罪，岂不得冒杀头之险，届时尔等皆受连累，如何对得住尔等家人？唉——，此乃吾之苦处也！"肃庆无可奈何地叹息起来。

教习卿洪贵献计道："大人何不修书一封给内江知县，叫他出兵捉拿尧家坡'棒老二'？"

"此等大事不宜修书，我自当亲往求之。只是内安未定，春旱已急，我一时难以脱身。"肃庆握拳击掌，犯起难来。

王炳森道："大人，明日部署县北一带抗旱之事，我等黎明即往，前去面见各位乡绅大户，均按大人之意逐项吩咐就是，决不相误。你且放心去会那内江知县罢。"

肃庆道："这样甚好。明早我与李鑫正分乘两马，寅卯出发，料想酉时得能回来。只要能灭得了尧家坡'棒老二'，纵然耽搁一天时日也值。"

次日巳时，肃庆与李鑫正二人牵马摆渡，过了沱江直奔县衙而来。

内江知县见肃庆二人空手而来，便有了借故推却之意："永兴场盗贼一事，吾亦曾有所耳闻，但仅耳闻而已，却无真凭实据。证据不实，何以抓人？肃大人，除奸安民乃我等县宰分内之责，必当竭力为之。今弟有一计，只要肃兄能找到永兴场'棒老二'侵入贵县杀人越货的证据，我定当按律严惩。不知肃兄意下如何？"

听到这话，肃庆哭笑不得，但又不便动怒，只好礼应几句，就翻身上马，加鞭急驰。酉初时分，肃庆回到县衙，虽是人疲马乏，亦顾不得许多，立马召集防卫局十一人会商捉贼之事。

肃庆简要通禀了今日拜会内江知县一事，愤愤地道："永兴场'棒老二'入境犯民，理当诛之而后快。然'捉奸拿双，捉贼拿赃'，须拿实证据方可用兵。今回归路上，我在马背上思得一计。"

"请肃大人明示，我等万死不辞！"众人急问何计。

肃庆道："明日由陈焕勋带上二十壮士，带足半月干粮到渔箭滩场镇戏院借宿，打探荣隆场'八面刀'魁首周大牛等人行径。只要其入得境来，便依计将其捉拿归案……"

肃庆私下里又向陈焕勋耳语面授一番。

不几日，"八面刀"二号恶首罗刀疤带着五个喽啰到渔箭场镇赌牌。陈焕勋等装扮社会闲杂人员与其对赌，设局赢得罗刀疤等不剩分文，罗刀疤便怒骂起来。很快，双方言语冲突就上演为全武行打斗。罗刀疤等哪知是计，结果六名歹徒全数被捆绑闹市示众。

"八面刀"匪首周大牛得报后恼羞成怒，当夜倾巢出动，带着60余名大小盗匪前来营救。人马行至渔箭大柏林时，便被肃庆知县早已布下的天罗地网全数捉住，押回县衙逐一审讯。

肃庆知县亲自提审周大牛、罗刀疤等"八面刀"核心头目。周、罗二贼不仅供认了"八面刀"二十余次入得隆昌县境所犯之罪，还供出其伙同永兴场尧家坡"棒老二"头目尧小霸、高星奎等在隆昌界市一带所作的八起案件，抢劫财物四十余车，烧毁民宅七座，伤害人命六条。肃庆拿到"八面刀"与"棒老二"共同杀人越货的供词之后，将周大牛、罗刀疤等"八面刀"匪徒押入大牢，听候发落。

次日，肃庆以演练为由，在临近永兴场仅十余里地的界市天宝场镇聚兵五千，乘夜以迅雷不及掩耳之势直奔尧家坡，将尧小霸、高星奎等一千又数十名"棒老二"全部捉拿归案，押回隆昌审讯。众贼匪对入境隆昌界市、渔箭等地抢劫财物、杀人放火、强奸民女等罪行供认不讳，逐一签字画押，至此拿稳了"八面刀"和"棒老二"祸害隆昌百姓之铁证。

咸丰五年（1855）初夏，肃庆下令对所有盗贼每人先杖击四十大板，再依律处治。四月初三日寅时，三千余衙役兵勇将"八面刀""棒老二"匪徒一千一百余人押往县城西门外文庙坝公开判处，围观黎民百姓越十万人。肃庆知县宣读了"八面刀""棒老二"经年所犯之罪，判道："现将众匪徒每人四十大板，以罚其入侵我县杀人放火，谋财害命之罪。后按户籍归属将'八面刀'众匪押交荣昌县衙治罪，将'棒老二'众匪押交内江县衙治罪。"

百姓高呼："肃大人，青天大老爷！"高喊处死"八面刀""棒老二"。不少百姓皆往匪徒身上、脸上扔石子、投树枝、吐唾沫……曾深受"八面刀""棒老二"侵害之苦的百姓更是声泪俱下，有的号啕大哭，有的高声叫骂，一时间呼声、喊声、哭声、骂声，如雷贯耳，震天感地！

肃庆将行刑主官陈焕勋和监刑主官王炳森叫到身边，一一耳语几句，便宣布当即行刑。

陈焕勋将"八面刀"和"棒老二"匪徒按五十人一批，站成前后两排，每排二十五名匪徒，每名匪徒领杖四十大板。尧小霸、高星奎等永兴场"棒老二"头目和周大牛、罗刀疤等"八面刀"头目全在其列。行刑毕，共有十名匪徒因不胜板杖之刑被当场打死，其余匪徒个个皮开肉裂，虽已行走不得，却也不住地庆幸自己捡得了性命，直呼再也不敢抢劫害人了。

自此，"八面刀""棒老二"两股恶贯满盈的盗匪被肃庆知县妙计铲除，黎民百姓无不称道有加，界市、渔箭的黎民百姓更是欢天喜地，多有大户、黎民燃放鞭炮以示庆贺。

咸丰六年（1856）冬月，隆昌乡耆绅士在县城北关道观坪为肃庆知县树立德政牌坊以表其治县之功，并以"欢雷"两个大字刻于牌坊西面左下匾之上，充分表达了老百姓欣闻"八面刀"和"棒老二"被剿后的喜悦之情，并彰显肃庆知县剿灭盗贼之功。

（二）政在养民

咸丰六年（1856）盛夏，天未入伏就让人感到酷暑逼人，幸好上月下了几场大雨，上年之百年大旱该不再有，但举债渡过大旱难关的穷困黎民实在太多，都希望今年丰产还债，再说自己去年开仓放粮欠下的一千八百八十八担稻谷须得今年还上，否则亦有杀头之祸，想到这里，肃庆已然坐不住了，便带着随身仆从李鑫正、县教谕王裕绪、生员余耀三人背着两日的干粮，到乡野查看夏粮情况。

四人出东门北上，经罗汉寺往石包店而行，真是满眼禾苗碧翠，满鼻稻花清香，路上百姓步履匆匆，各忙各事，好一片繁荣景象。肃庆颇感欣喜，心境轻松下来。

李鑫正指着碧野青绿的稻田说道："大人，今年丰收在望啊！"

"李老先生说得极是，想必那些去年举债渡过难关的佃农们今年交过租谷也能剩些还债了。"生员余耀道。

"举债佃户多否？王教谕可知情？"肃庆问道。

"回禀大人，去年冬，我与余大经监生曾抽访乡野百二十家佃户，几近家家举债，且数量较大，大都须一两年丰产方可还清，债多者恐得三五年方可完清。"王裕绪道。

肃庆脸色忽地严峻起来，手指路边正在铲草的农户："我等过去问问那老农吧。"

"大爷，你是租种还是自种？家中可有余粮？"余耀上前问道。

老农见路人有问，也便乘势歇息，与之闲聊起来。

几人就着路边几块乱石包和碧绿的野草打坐下来，家长里短起来。老农道，他家五口，祖上只留下五挑谷子稻田，仅够两人糊口，每年都要向落英桥徐世友家租佃四五十挑稻田，方能养家度日。去年大旱颗粒无收，借了徐家五担谷子，说好一年利息是两担谷子，今年得还七担谷子。如今就盼望着天公作美，风调雨顺，保佑一家人能还清借债。

"你可知有多少佃户举债？"王裕绪问道。

"这个哪里知道。只晓得我们这里30多户佃农都曾借粮，少则一担两担，多的十余担。那些借得多的，即使年年风调雨顺，要还清十余担粮也得三五年啊。"老农道。

"为何这等难还？"肃庆疑惑地问。

"大人有所不知，种田租地，地主家的租谷和官家税赋占了收成之七八，佃户种一亩稻田能有一担稻谷的收成已属不易。"老农叹道。

"岂有此理，日夜辛勤劳作却收益微薄，黎民何以休养生息？如此杀鸡取卵，国之根基难固也"，肃庆知县不禁怒道，"吾当上书叙州知府，连减三年税赋，并训诫县内地主降减租谷，以利百姓休养生息也。"

"税赋减了，大人何以归还去年开仓济民所耗之粮？"李鑫正不禁替肃庆知县担心起来。

"这个不难，且叫地主大户多交税赋即可。"肃庆道。

"大人既叫地主降减租谷，又让其多交税赋，彼等恐难俯听大人号令也。"鑫正愈发担心起来。

"这个不难，我将上报州府，今明两年多拨些个捐粮替补生员、秀才名额给隆昌即可。"肃庆说道。

老农跪拜谢恩："大人仁政之德，某等庶民当永志不忘！"

次日回归县衙，肃庆知县便召集官宦名流商议降租减息、休养生息之策，得到众人高评。

秋收时节，肃庆命收粮官免收零星粮款，亲自查验租税升斗，严办坑农害民之事，让隆昌黎民百姓丰年喜获丰收，约有近半的百姓还清了上年欠债，至此，人们在夜里也很少听到穷困乡民喊饿之声。

咸丰六年（1856）初冬时节，朝廷同意隆昌乡绅士耆为肃庆知县修建德政牌坊，举人彭达训、王炳森等选址隆昌县城北关道观坪，商议以"政在养民"四字为牌坊东面正匾，与西面的"子惠困穷"两相映照，将其镌刻金石之上，让过往巴蜀古驿道的官宦客商、芸芸众生皆能观坊念恩，睹物思人，铭记肃庆知县开仓放粮救苍生和休养生息济黎民的功德，传承肃庆知县"爱民济世"的执政理念。

（三）审案配婚

咸丰八年（1858）初夏，资州府出了一件久拖难断的现场捉拐案，原告强烈要求重判在押被告，被告却日日喊冤，此事在资州城闹得沸沸扬扬，案经数月而不决。李知州久闻隆昌知县肃庆极为擅长推理审悬案，便盛请肃庆知县前往审案。

原来，罗泉镇曹家沟大地主冉兴才，于半年前将同镇裁缝卿学丁扭送官府，状告其拐骗小女冉小婉。冉兴才称自己和家丁在自家后山现场捉拿到的卿学丁，可那卿学丁却死活不认，喊冤不止。时隔半年，现场早已不在，物证全无，人证皆系冉兴才家丁，证词证力不足，被拐女子冉小婉因患上疯哑之疾不能言语，致使该案至今悬而未决。

"大人，小的冤枉啊！"卿学丁见到新官审案，倒头便拜，一双泪汪汪的眼珠子死死地往上盯住肃庆，让肃庆感到一股生死攸关的期待。

肃庆"啪"的一声，狠拍惊堂木，喝道："如何冤枉？还不速速地从实招来！"

卿学丁躬身愣了一下，转头望了一眼跪在自己左侧的冉兴才，膝盖腿往右边挪了几下，隔了冉兴才五六尺远，方抬头答话："大人，小的家是罗泉镇有名的卿裁缝，我和父亲每年冬天都要应邀到冉财主家做一个月的新年衣裳，日子久了，我便与那冉小姐两情相悦起来，家父亦曾请媒提亲，无奈冉财主嫌小的家业不如他家，且小的只是手艺人，他便坚决反对。冉财主执意逼着小婉嫁给安岳县富甲一方的宋财主家当儿媳，小婉曾说她死都不从。去年冬天，我和父亲再去冉财主家做衣裳时，冉小姐因日日守在裁衣案几旁边，激怒了冉财主，竟被他关了起来。快收工回家时，小婉叫丫环带出纸条约我后院相见，她要我带她远走他乡，双宿双飞。不想冉财主和三个家丁赶来，不由分说地将小的一顿暴打，打折了两根肋骨，还扭送官府告小的拐骗之罪。至今已关押半年之久矣……"

"其言可曾属实？"肃庆转问冉兴才。

"大人切莫听这卿小儿胡言。明明是他勾引拐骗小女，还敢抵赖，污损我家名声。对此十恶不赦的歹人，请大人治其重罪。"冉兴才道。

"你那女子何在？可否堂上对质？"肃庆问道。

"大人，小女子受那贼人拐骗惊吓之后，患了重病，已不再见外人。"冉兴才道。

"大人，明明是冉财主他棒打鸳鸯，把小婉给逼疯逼哑了的。"卿学丁提了提手上的铁链条，指着冉兴才高声愤曰。

"你，你，你——你血口喷人！你凭啥呼我女儿乳名？小女所患重疾，全是你这畜生害的！"冉兴才奋力还击。

"啪"的一声，肃庆猛拍惊堂木，说道："公堂之上，不得无礼！倘若尔等有半点虚言假语，必当按大清律例严惩不贷！今日案审至此，只待明日上午卯时听判便是。"

只问几句便退堂息审，且道明日听判，众人顿觉蒙了，都带着满腹的悬疑和好奇心悻悻而散：明日定来观看这知县如何判案！

李知州更是不解，未待众人散去，便轻声问道："肃大人，你这案底能有几成把握？"

"李大人放心，我自有办法。"肃庆"嘿嘿"一笑，说道："李大人，肃某现有两事相商：一是今晚在州衙客房安顿冉兴才，只说案情重大甚急，须得明日判后再回；二是我需借你州署信封给冉小婉带个函去。"

"这两件全都依得。只是那冉小婉已是疯哑之人，你发那信函有何用处？"李知州问。肃庆知县道："届时，李大人自会明了。"

次日卯时升堂，州署早已被围观百姓挤得水泄不通，众人都争着来看这肃大老爷如何单凭几句供词就能断得悬案的。

众人急盼的惊堂木一声雷响，肃庆知县便问起了判前陈辞："卿学丁，本堂即将判案，你还有甚话须快快说来。"

"大人，小的冤枉。恳求大人判小的无罪，且为小的做主，成就小的与冉小婉这对苦命鸳鸯吧！"

"你既知那冉小婉已是疯哑之人，还愿与其成婚？这是为何？"

"小的愿意！小婉曾说非小的不嫁，我亦曾发誓非她不娶，今其重病落难，我岂能忍心有负于她？即便终生侍奉，小的亦无怨无悔！"卿学丁昂起头来，恳切地望着肃庆知县。

"冉兴才听着，本堂即将判案，你还有啥话快说。"肃庆知县问道。

"大人，贱民小女之病皆因这卿小儿非礼拐骗所致，贱民请求大人将其发落边陲，判其父卿裁缝赔白银千两为小女治病。"冉兴才答道。

"如若有人能治得你小女之病，你能依得他一件事不？"肃庆问道。

"莫说一件，只要能治好小女之病，千件我都依得！"冉兴才高声答应。心想，这半年来，我遍寻二十余位有名的江湖郎中，都说小女这病已无药可救。倘若真能治得小女之病，也属万幸，纵有再难之事，我也依得。

"如此甚好！但你须白纸黑字地立个字据。"肃庆便叫衙役递过纸笔，让冉兴才写了字据，盖上手印。

肃庆哈哈一笑，把字据递与李知州："公堂断案，绝无戏言。请李大人着人将此字据捡好。"忽地站起身来，当庭判曰："原告冉兴才听着：本官今判你犯私杖他人致伤之罪，但料被杖之人定有谅解，现判杖责二十大板后放归。"众皆愕然，惊诧不已。

肃庆知县接着宣判："被告卿学丁听着：本官今判你未曾犯有拐骗之罪，但有过失致人疯哑之错，解铃还须系铃人，你须速速地备上彩礼，于五日后去冉家提亲。"

此语一落，受审者、助审者、旁观者，人人看得丈二的和尚摸不着头脑，堂上堂下一片哗然。

肃庆知县从袖中取出一张锦绢，两手展开，接着说道："我今有冉小婉亲笔书信，白纸黑字写着'妾心早有人，疯哑拒逼亲；欲得病症好，唯嫁卿学丁'。冉兴才，你身边的卿裁缝只要能娶你家小婉为妻，就能治好你小女之病，你须按所立字据许女于他，不得抵赖。"

案情大白，众皆鼓掌叫好，高喊"青天大老爷"。卿学丁更是长跪不起，不住地磕头拜谢。冉兴才则满脸羞愧，低头不语。

李知州叹服不已，不解地问："肃大人，你是如何知晓那冉小婉是假装疯哑的？"

肃庆答道："我见那冉兴才称小女之病乃卿学丁拐骗所致，一次被人拐骗未成，岂能患上无法治愈的疯哑重疾？那冉小婉与卿学丁两情相悦，欲私奔终生，何其倔耶？然那冉兴才苦逼其远嫁他人，那烈性少女岂可轻率移情易志？昨晚我以欲替她做主的官函试她，她必信得官函，故而说出实情以遂其志。没想果能成就这对恩爱鸳鸯，亦算积了些阴德罢了。"

李知州连连抱拳道贺，称奇不已。肃庆知县推理断案的名声更是远播他乡，威震巴蜀。

第四节　李吉寿德政坊

李吉寿德政牌坊在隆昌现存编号的17座牌坊中编为11号牌坊。该坊坐落于隆昌城区南关春牛坪，横跨于此段为西北往东南走向的巴蜀古驿道上，呈西北东南两面布局。清咸丰五年（1855）正月中旬，隆昌绅耆士民及诸山僧为称颂李吉寿知县德政而公建。

东南面

西北面

一、牌坊东南面文字

（一）匾额

德政。

【解读】

以仁德施政兴政。

（二）牌坊名

邑侯李大老爷官印吉寿德政坊。

【解读】

隆昌知县李吉寿的德政牌坊。

（三）正匾

1. 正上匾

功勒金石⁽¹⁾。

【解读】

把不朽的功绩镌刻在金石般的碑碣之上。

【注释】

（1）金石：指古代镌刻文字、颂功纪事的钟鼎碑碣。《墨子·兼爱下》：以其所书于竹帛，镂于金石，琢于盘盂，传遗后世子孙者知之。

2. 正下匾

我曹[1]闭户读书，辄[2]谓事权[3]不属，无由借箸而筹[4]。有知我者，当不难与古循良颉颃[5]先后泊[6]乎？一行作吏[7]，登斗场[8]而执刀者伤[9]，岂轻浮处事之人哉？盖不慎由危机预伏，一忽视则不能见也。我邑侯李公吉寿，翥凤翔鸾[10]，云龙[11]望族[12]，早数年曾暂屈鸾楼，甲寅夏权篆[13]隆邑，励精图治，卓有贤声，如编甲[14]练团[15]、除恶悯农、课士[16]平粜诸善绩，尤其著者。而一种[17]学道[18]，忧人之心时露于听讼[19]平情[20]之下，哀矜勿喜[21]，犹伏案[22]时，慕古贤哀也。而乃[23]廉叔[24]来迟，寇公[25]难借。瓜期将届，蚁慕[26]曷[27]伸？邑之人蹈德[28]咏仁，咸思勒石铭颂，爰于南关外建坊述德，亦芃黍苗[29]之棠意也。坊成，嘱森跋[30]言，森不敢固辞，又不欲粉饰[31]铺张[32]，谨即我侯之实心实政节言之，固吾乡人所心许也。

候选教谕王炳森[33]顿首[34]谨撰

合邑绅耆士民暨诸山僧筹公立

咸丰五年孟春月中浣榖旦

【解读】

我们关起门来读书，就叫作外面的事情不归我们管，没有理由抓起一把筷子来筹划操心当前的形势。了解我的人，应当不难发现与古时贤良官吏一样高飞时难分高下，只是所处的时代先后不一样罢了。一经做了官吏，就像登上了争斗场地而又手执刀刃，很容易伤到别人或者是自己，这哪里是轻率浮躁的人能胜任的呢？因为一不小心就会预伏着危机，一忽视疏忽就不能发现真实的情况。但我们李吉寿知县，犹如盘旋高飞的凤凰，出生于名望家族，几年前曾待缺补官而委屈在家。咸丰四年（1854）夏天来到隆昌任知县，尽心竭力地治理县政，政绩卓著，有着很好的贤良名声。如，组织壮丁编甲团练、剪除恶霸体恤农户，考核士子学业，高价从外地买粮回来低价卖给百姓等，治理效果尤其显著。还有，他所学道行中的忧人之心，会时不时地流露在听取讼词和审案判案中，同情怜悯落难的人而从来没有喜色，可他还在伏案读写时，敬慕着古时圣贤们的仁爱怜悯之心。真是像蜀中太守廉叔度那样的好官来得太迟了，又像寇准那样的好官却要调离难以借用啊！邑侯的任期快结束了，老百姓向往归附的心情如何表达呢？隆昌民众用歌舞来咏唱他的仁德，都想着镌刻于青石之上永远铭记颂扬，于是就在南关外建德政坊记述他的仁德之政，这也是隆昌广大黎民百姓的最大心愿啊。牌坊建好了，大家嘱咐我题写跋言，我不敢强行推辞，又不愿涂脂粉饰地夸张，也就小心地把我们李吉寿知县实实在在做人做官的表现和政绩简略记述下来。这本来也是我们家乡老百姓共同的心愿啊。

候选教谕王炳森磕头小心撰写

全县乡绅和有声望的士庶民众及众山僧公立

咸丰五年（1855）正月中旬吉辰

【注释】

（1）我曹：我们。《东观汉记·张堪传》："堪守蜀郡，公孙述遣击之。堪有同心之士三千人，相谓曰：'张君养我曹，为今日也。'"

（2）辄：就。

（3）事权：做事的职权；军事上的权宜处理。《淮南子·兵略训》："陈卒正，前行选，进退俱，什伍搏，前后不相捺，左右不相干，受刃者少，伤敌者众，此谓事权。"

（4）借箸而筹：借用筷子来指画当前的形势，后比喻从旁为人出主意，计划事情。《史记·留侯世家》："请借前箸以筹之。"

（5）颉颃（xié háng）：鸟上下地飞。引申为不相上下，互相抗衡。《诗·邶风·燕燕》："燕燕于飞，颉之颃之。"

（6）泊：停船靠岸，引申指停留。

（7）一行作吏：一经做了官。嵇康《与山巨源绝交书》："游山泽，观鱼鸟，心甚乐之。一行作吏，此事便废。"

（8）斗场：争斗场所；战场。

（9）伤：悲哀，忧愁。

（10）翥凤翔鸾：盘旋飞举的凤凰。汉代刘胜《文本赋》："条枝摧折；既剥且刊；见其文章；或如龙盘虎踞；复似鸾集凤翔。"

（11）云龙：云和龙，喻豪杰。

（12）望族：有名望、有地位的家族。

（13）权篆：谓权且署理某一官职。篆，官印。《林则徐日记·道光五年四月二十九日》："现在苏臬一席，梁芷邻似可权篆，尚在未定也。"

（14）编甲：清雍正七年（1729），四川各州县境内有井灶者，按灶户编为盐保甲，谓之编甲。其制以十家为甲，立甲长，责其逐户细查各井灶日产盐斤数目，按日报官，如有隐匿，从重治罪，其余九家连坐。道光十七年（1837）编联保甲，十井为一牌，立一牌头，十牌为一甲，立一甲长，令其互相稽查。

（15）练团：团练。朝廷令县乡所募团结兵。1853年，清廷诏令各地办团练，编制因地而异，南方城镇以坊为基层单位，乡村以都、图为主；一般在户籍保甲制基础上进行编成，即10户为牌，10牌为甲，10甲为保，保有保正，甲、牌各有长。合二三保或数保为一团，各户皆出壮丁，平时训练，有事出战。

（16）课士：考核士子的学业。

（17）一种：一样；同样。

（18）学道：学习道行。

（19）听讼：指听理诉讼；审案。

（20）平情：公允而不偏于感情。

（21）哀矜勿喜：对落难者要同情而不要幸灾乐祸。哀：同情，怜悯。《论语·子张》："如得其情，则哀矜勿喜。"

（22）伏案：趴在桌子上（读书，写字，写作），多形容勤奋读书或写作。

（23）而乃：表承接，犹然后。

（24）廉叔：廉范，字叔度。此处借用廉范任蜀中太守时有"廉叔度，来何暮。不禁火，民安作。平生无襦今五绔。"之治绩的典故来类比李吉寿治县之功。

（25）寇公：寇准。

（26）蚁慕：蚂蚁群往黏附。比喻向往归附。《庄子·徐无鬼》："羊肉不慕蚁，蚁慕羊肉，羊肉膻也。"

（27）曷：怎么。晋代陶渊明《归去来兮辞》："曷不委心任去留。"

（28）蹈德：谓以歌舞褒扬德政。《后汉书·班固传下》："下舞上歌，蹈德咏仁。"咏仁：歌咏仁德。

（29）芃黍芾：芃：植物茂盛的样子。《诗·鄘风·载驰》："我行其野，芃芃其麦。"芾（fèi）：小树干及小树叶，引申义是草木茂盛。《诗经·国风·召南·甘棠》："蔽芾甘棠，勿翦勿伐，召伯所茇。"此处借用芃黍芾来代指人数众多的广大老百姓群体。

（30）跋：文体的一种，写在书籍，文章或书画作品的后面。

（31）粉饰：涂饰表面；引申为：刻意掩盖或美化事物的缺点和纰漏。

（32）铺张：铺叙渲染；夸张。

（33）王炳森：字丰泉，隆昌人，道光丙午（1846）科举人，官井研、纳溪训导，辞官后主讲莲峰书院，县志载其曾竭力协助肃庆知县办理防卫。

（34）顿首：磕头。表致敬。常用于结尾。

（四）侧匾

左侧上匾

右侧上匾

1. 右侧匾

（1）上匾：蹈德[①]。

【解读】

用歌舞赞美德政。

【注释】

①蹈德：以歌舞褒扬德政。《后汉书·班固传下》："下舞上歌，蹈德咏仁。"

（2）下匾 （留白）。

2. 左侧匾

（1）上匾：咏仁[①]。

【解读】

歌咏仁德。

【注释】

①咏仁。《文选·班固〈东都赋〉》："是以四海之内，学校如林，庠序盈门，献酬交错，俎豆莘莘，下舞上歌，蹈德咏仁。" 张铣注："言四海既多学校，皆手舞足蹈，歌咏仁德。"

（2）下匾：（留白）。

（五）楹联

正联　　　　　　　侧联

1. 正联

戟阁[(1)]秋清[(2)]，百里自无风鹤警[(3)]；

琴堂春静[(4)]，万家[(5)]齐被管弦声[(6)]。

【解读】

兵器房有如秋天那样清凉安静，百里县境自然没有风声鹤唳的战事警报；

县衙大堂有如春天般祥和静谧，千家万户都像是被竹管丝弦声覆盖着，一派歌舞升平的景象。

【注释】

（1）戟阁：放置兵器的楼阁（场所）。

（2）秋清：秋日气候清爽、洁净安静。唐代王昌龄《赠宇文中丞》诗："秋清宁风日，楚思浩云水。"

（3）风鹤警：如风声鹤唳一样的警报，令人惶悸不安。风鹤：形容疑惧惶恐，自相惊扰；指战争的消息。明代张煌言《上鲁国主启》："若轻为移跸，则风鹤频惊，臣罪谁诿？"

（4）春静：春天般安详、平静，指县衙里无鸣冤叫屈、无呵斥的声音。

（5）万家：指县内广大民众百姓。

（6）管弦声：竹管丝弦的声音。

2. 侧联

雀鼠⁽¹⁾全消，阴留蔽芾⁽²⁾；

鹰鹯⁽³⁾所逐，气靖⁽⁴⁾崔苻。

【解读】

麻雀老鼠之类的盗贼歹徒全被清剿了，留下了荫庇百姓而社会繁荣的政绩。

强有力的练团武装驱赶盗贼，就是崔苻泽那样盗贼常年出没的地方也变得气清而安定祥和。

【注释】

（1）雀鼠：麻雀老鼠，喻不法之徒。

（2）蔽芾（fèi）：茂盛貌；引申为荫庇；植物幼嫩或树叶初生貌；颂扬有政绩的官吏或其政绩。出自《诗经·召南·甘棠》：蔽芾甘棠，勿翦勿伐。

（3）鹰鹯（zhān）：比喻强有力的武装力量。鹯：古书上记载的一种猛禽。

（4）靖：安定；和平。《广雅》：靖，安也。

特注：李吉寿德政坊在20世纪60年代"破四旧"中被人凿损并用石灰泥覆盖，东南面侧上联后四字无法知晓。2000年左右，考证者猜其为"声震巴蜀"四字，当时负责人吴晓英（原档案局长）曾注，待日后揭开石灰泥以实际字迹为准。2004年，在南关古镇改造项目中拆除占用牌坊侧柱的民宅墙后，又因石质风化脱落严重，四字依然难以辨识，相关材料依然沿用"声震巴蜀"。2022年4月，隆昌书法家、中国书法家协会会员周汝成老师站在专业角度，对李吉寿德政坊此处四字进行了反复考证，认定此四字不是"声震巴蜀"，应为"阴留蔽芾"。至今，只要到得坊前，或借助该局部高清图片，果然字迹可寻。见右图。

二、牌坊西北面文字

（一）匾额

德政。

【解读】

以仁德施政兴政。

（二）牌坊名

邑侯李大老爷官印吉寿德政坊。

【解读】

隆昌知县李吉寿的德政牌坊。

（三）正匾

1. 正上匾

召杜[（1）]清芬[（2）]。

【解读】

有如"召父杜母"那样的德政，永远高洁清朗，美名远扬。

【注释】

（1）召杜：召父杜母之简称。召，指西汉召信臣；杜，指东汉杜诗。召信臣与杜诗先后任南阳太守，行善政，使人民得以休养生息，安居乐业，故南阳人为之语曰：前有召父，后有杜母。后以召父杜母称赞地方官政绩显赫。清·姚鼐《闻香茝兄擢广东按察使却寄二十韵》："政兹褒召杜，道必闭申韩。"

（2）清芬：比喻美名或美德等。清：洁净，高洁。香气。

特注：李吉寿德政坊西北面正上匾的"召"字因书写格式的原因和此处石质风化脱落，一直被隆昌石牌坊的相关书籍误认为"名"字。2022年4月，书法家周汝成老师针对曾经有人所提异议，从书法角度仔细研究了古人对"召"字的写法，认定此字为"召"，从对该字拍摄的高清放大图片上看，果然能够辨识。"召"即指西汉名臣"召信臣"，"召杜"二字便还原了成语"召父杜母"这个华夏典故常用于颂赞颇有政绩的地方官的本来之意。见下图：

2. 正下匾

郁郁[1]卿云[2]，飘从桂岭；荧荧[3]福耀，照入莲峰。喜下[4]邑之栖鸾，共酬[5]霓望[6]；负[7]雄才而展骥[8]，群慑风[9]声。洵[10]经纬[11]之自如，悉恩威[12]之并用。周知[13]疾苦，葑菲不遗[14]；曲护[15]善良，萑苻必剪。功高保障，四郊登衽席[16]之安；绩著循良，百姓识桑麻之乐。知大裘[17]广覆，原非百里之才[18]；而美锦[19]初张，已造万家之福。恭维[20]邑侯李大老爷，英[21]钟[22]癸水[23]，梦应庚星[24]。绍[25]遗泽[26]于龙门[27]，蟾宫[28]早步[29]；挽狂澜[30]于鹿洞，凫鸟[31]乍临。积案风清，尤廉察[32]吏；穷檐[33]露湛[34]，首重诘奸[35]。揽辔澄清[36]，文兼以武；挥旗训练，兵寓于农[37]。雄飞[38]鹓鹐[39]之名，寒破兔狐[40]之胆。此际音销鹤唳，庆安堵[41]以无虞[42]；他时目送鸿飞，恐攀辕之不及。奇勋[43]纪[44]竹，更愿借颍川[45]数年伟绩，歌棠且先志[46]中牟三异[47]。

癸卯科举人[48]彭达训[49]撰

邑庠生[50]何恩燕书

合邑绅耆士民立

咸丰五年正月中浣穀旦

【解读】

你像一朵美好祥瑞的彩云，从美丽的桂林山岭中飘来；你像一颗璀璨闪耀的洪福之星，来把隆昌照亮。大家都欣喜你的到来，众多贤达都为你举杯相迎，急切盼望你施行宏伟抱负展现卓越才能。不法之众都惧怕你的声威，你确实把隆昌治理得井然有序，都是因为做到了恩惠与威力并重。你详尽地了解民间疾苦，不漏掉任何一个贫困的黎民百姓；你细心地保护良善百姓，扫除了所有的盗贼。一个地方官最高的功德就是保障四周的老百姓晚上能安稳地躺在床上，你卓著的政绩就像古代循良廉吏那样让老百姓体会到了耕田种地的快乐。我们深知，能将帝王的恩德布施给广大百姓的人，不是只有治理一个县的才能的人做得到的；到如今，你治理隆昌的美好局面才刚刚展现出来，就已经造福于万家百姓。我们恭敬地祝福知县李大老爷：你是滋润万物苗壮成长、英杰辈出的雨露之水，也是能使人美梦成真的太白金星。你遗留下来的恩德既能惠及龙门一样的热闹处，也早早地泽及到了广寒宫一样清净的地方；你能够把鹿洞边这些乡间野外的巨大危险排除，像野鸭子一样的弱者也开始来到这里安居。你办理积压的案件带来风清气正，就像廉察官一样深入底层了解真实情况。你能使茅屋草舍沾上皇恩雨露，是因为你一来到隆昌就重拳整治了奸盗匪徒。你对模糊不清的事情总是要弄清真相，真是个文武兼备的人。你推行保甲制度，指挥农民像士兵一样演练，也让士兵学会耕种。你具有天上鸿雁的气魄，你的威严足可以让狐兔之流胆战心惊。如今县境内再也没有风声鹤唳的报警了，百姓都庆幸自己能安居乐业而没有忧虑。等到隆昌士民目送你离任的时候，恐怕大家紧紧抓住你的车辕也挽留不下你来继续做隆昌的父母官。你非凡的功绩可以载入历史，我们更加愿意借西汉时期赵广汉治理颍川的功绩一样来类比你在隆昌的治绩，歌颂你像召公在甘棠树下办公一样仁德，就像从前东汉时的中牟县令鲁恭推行德政而出现了三种奇迹（虫不犯境、化及鸟兽、竖子有仁心）。

癸卯（1843）科考中举人的彭训达撰

隆昌官学生员何恩燕书写

全县乡绅尊长和士众百姓立

咸丰五年（1855）正月中旬吉辰

【注释】

（1）郁郁：美好。

（2）卿云：喜气；庆云，古人视为祥瑞的彩云。

（3）荧荧：小火，比喻光闪烁。

（4）下：指时间、处所、范围。

（5）酬：主人与客人一起畅饮美酒。

（6）霓望：云霓之望，意思是比喻迫切地盼望。霓：小水滴折射和反射的内红外紫的彩色圆弧光。

（7）负：抱有。

（8）展骥：良马施展脚力，喻施展才能。

（9）风：比喻感化。

（10）洵：诚然，确实。

（11）经纬：织物的纵线和横线。比喻条理、秩序。

（12）恩威：指恩惠与威力。一般多指仁政与刑治。

（13）周知：遍知；尽知。

（14）葑菲不遗：原指采集蔓菁和土瓜时，不要以根部不好而连茎叶都丢弃。也比喻收容地位低的人。

（15）曲护：委曲袒护。曲：细，细小。

（16）衽席：床褥与莞簟，借指太平安居的生活。

（17）大裘：古时天子祭天的礼服，比喻天子的恩德。

（18）百里之才：指能治理方圆百里地区的人才。亦为知县代称。后称才能平常的人。语出《三国志·蜀志·蒋琬传》："蒋琬，社稷之器，非百里之才也。"

（19）美锦：比喻美好的事物或形容事物的美好。

（20）恭维：对上的谦辞，歌颂，一般用于行文之始。

（21）英：杰出的人。《正字通》："才能过人曰英。"

（22）钟：汇聚；集中。《左传·昭公二十八年》："子貉早死无后，而天钟美于是，将必以是大有败也。"

（23）癸水：陈揆于癸。喻示新的生命又将开始。癸水是雨露之水，是纯阴至弱之水，虽能滋润万物，但五行中至静至弱，故为阴水。小溪、水沟的细细水流、池沼混浊的水，或在草木叶上栖息露水。是雨露之水，来得及时的雨水，可以令干涸的大地起死回生，枯萎的草木重新复生。

（24）梦应庚星：庚星为长庚星之缩称。传说大诗人李白为太白（即长庚星）之精，其母生他时有长庚入梦。后遂用以颂扬才子的降生。

（25）绍：继承；紧密连续。《说文》："绍，继也。"

（26）遗泽：留下的德泽。

（27）龙门：指"鲤鱼跳龙门"传说中的龙门，鲤鱼跳越龙门成功便会成龙。

（28）蟾宫：月宫。此处指蟾宫折桂，科举时代比喻应考得中。

（29）步：时运；命运。

（30）挽狂澜：扭转局面或风气。

（31）凫鸟：野鸭。此处借指民间小孩。《广韵》："凫，水鸭也。"

（32）廉察：廉洁明察。

（33）穷檐：茅舍，破屋。

（34）露湛：浓重的露水。

（35）诘奸：究办奸盗。《国语·周语中》："司寇诘奸。韦昭注：禁诘奸盗。"

（36）揽辔澄清：揽辔（pèi）：拉住马缰；澄清：平治天下。表示革新政治，澄清天下的抱负；也比喻人在负责一件工作之始，即立志要革新这件工作，把它做好。《后汉书·范滂传》："滂登车揽辔，慨然有澄清天下之志。"

（37）寓兵于农：寓：寄寓，包含。指给农民以一定军事训练，平时务农，战时参战。或指军队屯垦。

（38）雄飞：奋发有为。

（39）鹅鹳：天鹅与鹳鸟的并称；指军阵。《左传·昭公二十一年》："丙戌，与华氏战於赭丘。郑翩愿为鹳，其御愿为鹅。"杜预注："鹳、鹅皆陈名。"后即以"鹅鹳"并举指军阵。

（40）狐兔：狐和兔。比喻坏人、小人。

（41）安堵：犹安居。《史记·田单列传》："即墨即降，愿无虏掠吾族家妻妾，令安堵。"

（42）无虞：没有忧患，太平无事。

（43）勋：重大的贡献；特殊的功劳。

（44）纪：通记。记录，记载。

（45）颍川：古郡名，秦始皇十七年（前230）置，以境内有颍水而得名，治所在阳翟（今禹州市）。此地是夏王朝建立之地，自古为华夏经济文化的重要发源地之一。此处借"颍川伟绩"指隆昌在李吉寿知县下繁荣兴盛。

（46）先志：先立志向。《礼记·学记》："凡学，官先事，士先志。"孔颖达疏："若学为士，则先喻教以学士之志。"

（47）中牟三异：指东汉著名循良吏鲁恭治中牟时，施德政而出现"虫不犯境、化及鸟兽、竖子有仁心"等三种奇异现象。金·赵秉文《中牟阳冰篆》诗："中牟三异今则四，断碑残缺阳冰书。"

（48）举人：明朝清朝两代称乡试录取者。

（49）彭达训：隆昌人，道光癸卯（1843）科举人。

（50）庠生：古代学校称庠，故学生称庠生，为明清科举制度中府、州、县学生员的别称。庠生也就是秀才之意，庠序即学校，明清时期叫州县学为"邑庠"，所以秀才也叫"邑庠生"，或叫"茂才"。秀才向官署呈文时自称庠生、生员等。

（四）侧匾

左侧上匾

右侧上匾

1. 右侧匾

（1）上匾：政平[①]。

【解读】

政治清明。

【注释】

①政平：执政平允适当，政治清明。《荀子·天论》："上明而政平，则是虽并世起，无伤也。"

（2）下匾：（落款）监修[①]：职员余隆辉、增生[②]晏楷、监生黄庚廷、余焜、蓝秀隆、增生蓝肇熙、廪生[③]邬日观、廪生万邦国、职员谌秉□

【注释】

①监修：此处非翰林院编修，特指监督修建牌坊的人。

②增生：科举制度中生员名目之一。明代生员都有月廪，并有一定名额，称廪膳生员。后又于正额之外，增加名额，称为增广生员。简称增生，无月米，地位次于廪生。

③廪生：廪膳生员，科举制度中生员名目之一。明清两代称由公家给以膳食的生员。又称廪膳生。明府、州、县学生员最初每月都给廪膳，补助生活。名额有定数，明初府学四十人，州学三十人，县学二十人，每人月给廪米六斗。清代沿其制，经岁、科两试一等前列者，方能取得廪名义。名额因州、县大小而异，每年发廪饩银四两。廪生须为应考的童生具结保证无身家不清及冒名顶替等弊。

2. 左侧匾

（1）上匾：讼理[①]。

【解读】

依理公正断案，没有冤案。

【注释】

①讼理：谓断案公平无冤案。《汉书·循吏传序》："庶民所以安其田

里而亡，叹息愁恨之心者，政平讼理也。"颜师古注："讼理，言所讼见理而无冤滞也。"

（2）下匾落款：匠士陈金有。

【解读】

工匠师傅陈金有。

（五）楹联

正联　　　　　　　侧联

1. 正联

联伍[1]两卒旅[2]以卫民，周官法令[3]；

合[4]父母神明[5]而称颂，汉代循良。

【解读】

组织起县衙兵卒和地方团练兵丁两支队伍保境护民，遵循《周官经》里的法条制度来治县理政；

符合作为父母官所要求的智慧和英明而受到称颂，犹如汉代的四大循良廉吏龚遂黄霸卓茂鲁恭那样受到老百姓尊崇。

【注释】

（1）伍：古代军队编制单位，士兵五名编为一伍。也指军队，由为战争而武装和训练起来的人员所组成的大团体，主要指陆军。

（2）旅：指军队。

（3）法令：政权机关颁布的规定、禁令、法条等。

（4）合：符合，不违背。

（5）神明：指人的精神和智慧。英明；圣明。《荀子·劝学》："积善成德，而神明自得，圣心备焉。"

2．侧联

白傅裘⁽¹⁾如冬日暖；

陈公镜⁽²⁾比秋月明。

【解读】

犹如东汉白衣尚书郑均的白毛皮衣披覆在老百姓身上，像冬天的太阳一样让人感到温暖；

好比明代刚正廉洁如明镜的陈谔公，心镜像秋月一样高洁明亮。

【注释】

（1）白傅裘：傅，通附，引申为覆盖；裘，皮衣。典出郑均白衣皮袄的故事：郑均少时对道家黄老之书颇为倾注，养成清廉、乐于助人的品德，多次被荐为官而未上任。东汉章帝建初六年（81），以公车特征郑均到朝廷做官，未再推辞，不久升尚书。在任期间，多次向皇帝进谏利国利民的建议，深得君臣敬重，后感到自己年老体衰，托病辞官还乡。授议郎之职，皇帝赐衣冠。回家后，待人谦和，保持晚节，老而不怠，为乡里所尊敬。因常着白衣，时人尊为白衣尚书。此处借东汉郑均做官备受帝王和百姓敬重的典故来代指李吉寿治县之功。

（2）陈公镜：陈谔，字克忠，明代广东番禺人，历任顺天府尹、湖广按察使、海盐知县、荆王朱瞻堈长史、镇江同知等职。陈谔秉性刚直，廉洁奉公，是明代著名言官。其以不惧权贵，弹劾无所惧，为民请命，不遗余力而著，时人称为明镜。

三、牌坊图案简介

牌坊东南面：顶盖檐下栏额刻有深浮雕"福禄寿"三星。

　　福星，古称木星，为岁星，所在之处必定有福，故又称为"福星"。福禄寿三星相聚，寓意为官运亨通、财运兴旺、幸福美满。图中天官执如意坐于大元宝之上，上方刻金银山和"福"字，下方刻聚宝盆，两侧为和合二仙、招财童子、进宝郎君。画面主题鲜明，色彩斑斓，充满福运和财气，表达旧时人们渴望天官赐福、财神送财的强烈愿望。

　　县域内牌坊上的福星往往简化为手执如意之天官；禄星，又名司禄神，有"加官进禄"等吉祥寓意。《论语》有："人有命，有禄。命者，富贵贫贱也；禄者，盛衰兴废也。"《儒林外史》第十一回，描写了鲁翰林家办喜事，大宴宾客时，席间请了个戏班子来凑兴，跳了一出"加官"，演了一出"封赠"。"封赠"是传统戏曲《金印记》中的一折，叙苏秦挂六国相印的故事。"加官"又称"跳加官"，是旧时正戏开场前加演剧目，由一人表演，表演者身着大红官衣，头戴面具，俗称"加官壳壳"，手持朝笏（读作hù。古代君臣在朝廷上相见时手中所拿的狭长板子，用玉、象牙或竹片制成，上面可以记事），在台上绕场三周，随小打锣鼓点舞蹈，不唱不说。再进场后，抱一道具小儿（太子菩萨）出来，绕场舞蹈三周，退场。最后出场，边舞蹈边向观众展示手中所持镶金红条幅，上书"加官进禄"，再绕场三周后退场。这就是旧戏台上常演的彩头戏"跳加官"，这位独角演员所扮的角色，即禄星，又名司禄神，即所谓"加官进禄""加官进爵""官上加官""马上封侯""平升三级"等吉祥寓意。寿星，民间所称南极仙翁。《史记·封禅书》："寿星即南极老人星也，祠之以祈福寿。"其模样逗人发笑，身量不高，弯腰弓背，一手拄龙头拐杖，一手托大仙桃，慈眉善目，笑逐颜开，白须飘逸，长过膝盖，突出的头号脑袋更是醒目。《西游记》中猪八戒称其为肉头老儿，许多戏曲故事，如《白蛇传·盗仙草》《南极登仙》《群仙祝寿》《长生会》等，都有寿星出现。看得出，隆昌士绅在牌坊上以"三星"作为合家多福、长寿不老、禄位高升的吉祥寓意为李吉寿知县祈祷。

　　当心间高浮雕"五龙德政匾"，边框云纹衬托。明间额坊上是三组浅浮雕图案。中间是传统的海水江牙祥纹，配以江日蝙蝠，寓意"福如东海"。两侧为葡萄南瓜，葡萄与南瓜均是多籽果实，都具有藤蔓绵远的特点。《诗经·大雅·绵》有"绵绵瓜瓞"，后人简称"瓜绵"。葡萄与南瓜合在一处，用以比喻子孙人众势盛。故此处寓意为"万古流芳"或"千秋万代"。

明间上匾为本县著名书法家范泰衡书写"功勒金石"。顺袱串上阴刻"邑侯李大老爷官印吉寿德政坊"。

明间门楣深浮雕故事三组。

中为川剧《金殿审刺》，叙述的是明代万历年间的三大疑案之一的"梃击案"，讲的是权臣郑国泰遣刺客张差持梃入宫，击杀太子，皇帝亲审刺客的故事。该剧目为本县川剧团常演剧目"蟠龙剑"之一折；右侧为"观棋烂柯"，讲述的是一樵夫遇仙的故事，事出四川达州市。《能改斋漫录·地理》："达州烂柯亭，在州治之西四里。古有樵者，观仙弈棋不去，至斧柯烂于腰间，即此地也"，左侧为"陈抟睡奕"。陈抟，宋代真源人，字图南，号扶摇子。五代后唐末举进士不第，遂隐武当山九室崖，服气辟谷。移居华山，每寝处百余日不起。陈抟好博弈，在下棋时亦常瞌睡。传说宋太祖赵匡胤未发迹时曾与陈抟博弈，以华山作为赌注，赵匡胤欣然同意，后输掉华山，陈抟即由武当山移至华山隐居。

门下雀替刻饰麒麟荷花，麒麟是古代传说中的神奇动物，四灵之首，民间有"麒麟送子"一说，传说孔子出生之前，有麒麟在其家院内口吐玉书，说他是王侯种子，却生不逢时。从此，世人每当赞美人家孩子时便称"麒麟儿""麒子""麟儿"。荷花又称莲花，莲与连谐音，与麒麟一起，则寓意"连生贵子"。门楣下正中五面雕牡丹作悬灯状，花叶并茂，寓意"富贵满门"。

二级和三级楼盖下栏额深浮雕神仙戏曲故事，风化较重，内容难辨。次间额枋浮雕缠枝牡丹，上匾阴刻"蹈德""泳仁"。顺袱串上浮雕兰、茶、梅、桃四时花卉，下匾素面。

左门楣深浮雕"太公钓鱼",叙姜太公八十遇文王故事。

《搜神记·卷八》:"吕垂钓于渭阳,文王出游猎。占曰'今日猎得一狩,非龙非螭,非熊非罴,合得帝王师。果得太公于渭之阳。与语,大悦,同车载而还。"右门楣深浮雕戏曲故事"刘海砍樵",湖南花鼓戏常演此剧,深得全国观众喜爱,叙樵夫刘海砍樵时遇一金蟾仙所化少女,二人相舞对歌的欢喜场景。民间多绘作仙童状,前额垂发,手舞钱串,骑蟾背上。俗称"刘海戏金蟾",其发型遂名"刘海"。

西北面:顶盖檐下栏额深浮雕"海上三仙"。三仙即民间所指福禄寿三星。

二级和三级楼盖下栏额浮雕可辨识的内容有"仙姬送子",为传统戏《槐荫记》之一折,叙七仙姬与董永之故事。

另一幅为"渔父赠剑",叙春秋时伍子胥故事,见《春秋》《左传》《国语》《史记》《吴越春秋》等书。此图题刻的是《曲海总目提要·伍员吹箫杂剧》:渔父渡伍员,歌曰:"日月昭昭乎浸已驰,与子期兮芦之漪,日已夕矣余心忧悲,月已驰兮何不渡为,事浸急兮将奈何,芦中人兮岂非穷士乎?"急渡之。子胥解剑与渔父,父曰:"楚法,得子胥赐粟五万石,爵执圭,岂徒百金之剑耶"。辞不受。胥后每食必祝曰:"江上丈人"。

明间门楣故事三组,内容待考。

右次间门楣浮雕为川剧常演剧目《焚香记·情探》，即"活捉王魁"。

《曲海总目提要·卷十四》："焚香记，明王玉峰撰。"叙艳女敫（jiǎo）桂英救助落第秀才王魁，并以身许，助王魁赴考，二人至海神庙盟誓，绝不相负，若生离异，神当殛之。后王魁授官，桂英使人持书以往，王魁叱书不受。桂英遂于海神庙哭告后自尽。王魁在南都试院，有人自烛下出，乃桂英也，曰："君负誓背盟，海神使我至此。"王魁遂毙。今山东莱州海神庙中尚塑有敫桂英执王魁跪于神前像。

明间雀替雕刻为鹿和芙蓉，取其谐音，则寓意"福禄双全"。

次间顺袱串上浮雕"石榴""牡丹"，石榴多子，牡丹富贵，则寓意为"多子多福"或"富贵多子"。

四、史实简介

李吉寿（1815—1896），字次星（一说季春或纪春），号万松老人，又称梅花馆主，系晚清知名画家。道光二十三年（1843）中举。咸丰三年（1853）大挑一等，分发四川。咸丰四年（1854）任隆昌知县，后任彭山、金堂、郫县、广元、东乡、新津、名山、彭县等县事及重庆府知府。宦蜀二十六年，施惠政，倡廉明，兴利除弊，政声卓著。光绪七年（1881），告老还乡。

李吉寿系晚清山水画大家李熙垣第六子。自李熙垣始，李氏八代出了二十多个知名画家，成就了远近闻名的"李氏世代画家群体"。李吉寿却是该画家群体中最负盛名者，年少时便模仿"扬州八怪"之一的大画家金农，潜心画梅，深得其技法之道而成后继高人。光绪甲午年（1894），李吉寿在八十岁时创作了传世《梅花图》轴，梅树老干新枝，欹侧蟠曲，苍劲矫健，清淡秀雅，成为国之传世珍宝。

李吉寿所处的晚清时期，朝廷腐败，国家内忧外患，危机四伏。在亲历鸦片战争，看到国家民族深处危难之中，他也曾豪情激荡，满怀报国之志、忧民之心赶赴科考。在28岁中举时写下了"翘首高梅第一枝，占魁正及壮年时。明年春早花尤早，趁早吟成调鼎诗"的咏梅诗，豪迈高亢，表明了他壮年得志，欲一展胸中抱负的强烈愿望。

咸丰三年（1853），太平天国已定都天京（即今南京），其势力已发展到全国十七个省，清皇朝政权已危如累卵，全国各地狼烟遍布。其时虽有"天下已乱蜀未乱"一说，但四处皆有匪徒乘机作乱，抢劫富家财物，打劫路途商贾，洗劫平民百姓者屡禁不止，李吉寿正是在这样的情势下投笔从政的。隆昌是李吉寿仕途第一站。他来隆昌，可谓儒生宰县，虽缺乏官场历练，但却能放手大干，凭着满腹经纶的儒学经典大胆施政，故而一上任就能切中隆昌时弊，大力推行并进一步完善了县域保甲制度，并起用武功高强的山僧做团练师傅，组建打击强暴盗贼的武僧骨干队伍，组织严密而行动果敢，强力剪除了盗贼匪徒之乱，保护了城内乡野的千家万户，有效地维护了全邑安宁。

李吉寿任隆昌知县期间，励精图治、实心为民。重视依照朝廷法令（大清律例）听讼审案，亲身演绎遵法实例，传播遵守律法之道，促进了崇礼仪、守秩序的儒家传统文化和地域风俗的传承发展。李吉寿在防汛救灾、作画赈灾、平稳谷价、关心黎民生计、体恤民之疾苦等方面颇有治绩，受到老百姓普遍敬仰。他能恩威并用，听民言，重民意，遵民风，尽心关爱良善弱小，不分亲疏厚薄，无论鳏寡孤独都给予保护，让域内民众安居无虞，尽享躬耕桑麻之乐。

李吉寿知县的卓著治绩得到了隆昌绅耆士民及山僧们的普遍拥护和爱戴，隆昌士民在其到任不足一年时就为其建德政坊于南关春牛坪。

李吉寿数十载的为官生涯中，亲睹当时政治的腐败，历尽官场险恶，却依然身带画梅之人崇高凛然的气质，清廉做官，克己爱民。即便如此，一向洁身自好的李吉寿，仍能感到自己的清高个性与官场现实的格格不入，因此常以诗画明其心志、自省自励。李吉寿告老还乡后，隐居罗锦崇山，以种梅画梅为乐事，纵情山水书画，陶冶性情。

如今，在广西桂林市永福县罗锦镇崇山村，李吉寿老宅依然保存于大片古村落之中。在黄洞屯西北福田岭南坡，李吉寿墓地正中有用满汉两种文字书写的诰命碑、李吉寿《宰蜀纪略》等。碑文记叙李吉寿：生而歧嶷，性喜

读，束发授书即手不释卷。为官时，所至兴利除弊，政声卓著。

五、李吉寿知县故事一则：李吉寿以儒治县

咸丰四年（1854）初春，出生于广西永福县书香门第、书画世家，却不喜欢做官的李吉寿（道光二十三年，即1843年举人）见到朝廷衰落、西方列强以枪炮威胁清廷，占港掠财，太平天国定都天京（南京），国家民族已陷入生死存亡之境，遂决意挺身而出，出仕济民救国。

李吉寿奉命远赴隆昌知县，首次步入官场。初到隆昌，李吉寿遍访城街乡野、富商穷困，探得隆昌存有"三多"之患：一者盗贼多。县域山野和邻县场镇均有贼盗出没，不时侵扰百姓，抢人越货，烧杀掠夺，无恶不作；二者天灾多。隆昌地似锅盖，泥沙土薄，又无大河，遇旱无水可寻，遇涝又无河泄洪。三者穷人多。隆昌丘多地薄，人民缺货，加之地处巴蜀古驿道中点和蜀黔古驿道起点，常有流乞汇聚于此，沿街占道，结伴乞讨。问题成堆，重压在肩，着实给初入仕途的李吉寿知县一个下马威。

俗话说，饭得一口一口地吃，事儿得一件一件地办。李吉寿知县乃一介书生，一上任就遇诸多难题，着实有些焦头烂额，整日整夜里眉头紧锁，额上冒汗！好在李大人乃儒雅之人，懂得内敛深思，遇事不急不躁，循着条条框框办细办好，务求循序渐进，做到细致稳妥，以上谢皇恩，下恤黎民，可圈可点处比比皆是。现录三事为证。

（一）兴保甲团练以防盗安民

李吉寿知县思忖良久，心想，隆昌盗贼猖獗，时常袭商扰民，百姓居不得安，生产不宁，当是眼下最为紧迫之急。便叫来县丞、典史、书吏、长随、幕友、训导及三班六房头目等重要文武官员，着王炳森、彭达训、黄赓廷、袁继芳、杨隆顺等近身而坐，共商治匪安民之策。李知县道："吾闻县内时有流氓地痞欺民霸市，且东北有荣昌县荣隆场'八面刀'，西北有内江县永兴场'棒老二'，两伙盗匪时有侵入县境烧杀掠夺，抢银夺粮，闹得百姓人心惶惶，居不得安，命不得保，此乃县政之第一大患。今吾欲灭匪安民，众等可有何良策？"

"大人，匪贼犯案多在乡野，且来去无踪，接报未到，彼即已逃，实难捉也。"彭达训道。

"大人，那'八面刀'有近百之众、'棒老二'更有千余之数。欲捉拿彼等，务须动用大队兵马。若布兵候之，既耗时费力，且易被彼等探知而不敢前来硬碰；若等接报之后再行出兵，彼则早已溜之大吉。"王炳森道。

"大人，'八面刀'常侵入渔箭作恶，彼地距县城五十里，'棒老二'多进犯界市地界，距县城六十里。县内兵营均驻扎城东门外马房之处。另有南、北两班巡捕队，分驻于县衙门外和南街武庙之旁。贼匪入境之讯报至县衙需两个时辰，我等兵马赶往平贼亦需两个时辰，时隔过长。况那贼匪多系夜间来袭，犯案即逃，行踪不定。意欲出兵平匪实不可能，唯有挥师越境捉之可成也。"袁继芳都头献言道。

王炳森当即站起身来，摇头摆手："袁都头此言差矣！我大清律例明文规定各州府县均不得擅自越境用兵，此事断不可为也。"

"大人，此事宜从长计议，对那县外盗匪之患，只待搜罗到'八面刀''棒老二'两伙盗匪确凿证据，便可报请省府，以强兵镇之。若要遏制县内地痞流氓寻衅滋事，只需增强乡民联防自治即可。吾有一计，在县内推行'保甲'之法，招募牌甲乡勇组建团防，改牌甲为'保甲'，令保、甲长担负团防操练及乡土保安之责，即可防贼安民也。"武官杨隆顺道。

"改'牌甲'为'保甲'？"李知县眼前一亮，"此法甚妙，理当可行。"当即与众官商讨保甲安民之策，连议三天，百姓皆可于县城各门、乡场菜市口等处见到县衙张贴之《隆昌县保甲通告》。

李吉寿知县着令县衙皂班、吏房、工房、礼房衙役在本月之内，尽数划归户房统管，五十余衙役分片下至镇乡村野，挨家清理百姓户口，逐户登记造册，依乡里村落编制牌甲门号。将全县12万余户，40余万人，全循井田之法，落实宅籍住所。定列十户一牌，十牌一甲，十甲一保；大镇十余保，小乡七八保。全县设一百二十三保，每十保为一保甲联防团，县城则为一保甲联防大团。县域共有十个保甲联防团。各保甲联防团依次为县城保甲联防大团、云顶寺保甲联防团、胡家寺保甲联防团、响石山保甲联防团、黄家场保甲联防团、双凤驿保甲联防团、龙市镇保甲联防团、界市场保甲联防团、石碾山保甲联防团、石燕桥保甲联防团。

户设户长，甲设甲长，保设保长，联防团设联防团长。户长、甲长、保长等均以签名画押之法签订保甲规约，共担保内、甲内之百姓安居诸事防卫之责。知县号令节制联防团长，联防团长号令节制保长，保长号令节制甲长，层级号令，依序管理。各甲、保、联防团承担辖内大户小户管、教、

养、卫诸事之责。管者，清查户口，核定税役，查验兵器也；教者，兴教识字，学农之艺，训练乡勇也；养者，联建社团，帮扶孤寡，协助生产也；卫者，借农闲之机召集乡勇团练习武，召集乡勇于夜间巡查警戒也。如有盗匪犯事作乱，保甲及联防团内各长齐心协力、共同讨之，乡勇义士联防联保，通力征剿。如遇知情不报甚或通匪纵匪、养奸为患者，团内保长、保内甲长、甲内户长均须担负连坐之责。

此法堪称"井田防卫"，将防卫之网密布于千家万户、田间道口，实乃天罗地网，但凡有生人出没，无论闹市乡野，皆可被所在户甲人丁迅即察觉，户告甲知，甲告保知，保告团知，如若稍有诡异行径，保甲壮丁即可招之到位，围而攻之，以闪电之势制伏作乱之人，实效颇为明显。各联防团登记入册之在编乡勇少则三五千人，多则七八千人。只一月时间，便建起兵强势大之保甲武装。联防队乡勇遇农忙则日日下地劳作，闲暇之时则团练枪棍之法，兵、农二事毫不耽误，保安促产相得益彰。乡里村镇若遇修桥补路、疏浚河道，则由大户出钱，乡勇出力，群力兴善之事多见邑内各处。保甲乡勇亦多行帮扶孤寡老农之善，甚得黎民百姓拥戴。稍有闲时，各保长召集保内乡勇练兵习武，讲习安保之法。彼时虽值太平天国定都天京，天下动荡，各地烽烟四起，然隆昌境内风平浪静，就连"八面刀""棒老二"等县外强匪亦畏惧李吉寿的"编甲练团，寓兵于农"之安保之策，入侵隆邑作恶者日益少之。县内盗匪再不敢轻举妄为，尽皆偃旗息鼓，销声匿迹矣。

（二）捐画赈灾

李吉寿知县乃广西永福县国画大家李熙垣长子，自幼书香熏蒸，知书达理，饱学四书五经，耳濡目染父亲作画，日日苦练，练得一身精湛之国画技艺，人物山水、花鸟鱼虫无有不精，笔下梅花更是一绝。百姓闻得李吉寿知县系书香学士，德艺双馨，均以"儒官"呼之，敬重有加。

时之隆昌书院主讲范泰衡亦系书法世家，因生平好学却不喜权术，清高不仕而潜心研习书法，中年已是名震川南的书法大家。闻得新任知县乃一精于琴棋书画之儒官，范泰衡便敬佩有加，约了候选教谕王炳森举人一道来县衙拜谒李吉寿知县。三人品鉴琴棋书画，纵论天地经纬，评谈四书五经，分析国之忧患，读字解句，皆感"英雄煮酒"，相见恨晚。

自此之后，李吉寿知县一有闲暇，便与王柄森、范泰衡、郭人镛、彭达训等论经品诗、研书绘画，讲习人文，倡导以文兴邦。每逢十、五之日，李吉寿知县还与众举人下到各书院、学堂、私塾等地登台讲习，为县域学子解析家国大事、人伦经纬，大兴人文之风。一时间，不论城廓乡野，大户小民皆户户重教，以儒齐家，致使文运应合盛夏万物，繁茂昌盛起来，实实地应了"隆昌"二字。百姓无不欢欣乐道，盛赞李吉寿知县兴此儒雅新风。

六月廿日，隆昌大雨，连续两日倾盆倒灌，洪水漫过隆桥驿桥亭之顶，道街近半被洪水淹没，城内民居成片泡水，隆昌城南河口洞坎之下至胡家寺一片，因地平屋低，与稻田皆成数十里宽阔之黄色湖海，家中牲畜被洪水冲走，死伤者难计其数，近万户人家受此大难。

天灾三日，无家可归、无米下锅者数以十万众，大街小巷乡野山村，时闻呼天喊地、求食延命之声，衙役禀报街上甚有卖儿卖女者。洪灾蛮荒，一片凄凉，李吉寿知县深感悲戚，叹曰："天灾无情，时下唯有谷物衣裳可解民忧矣！"

李吉寿召集乡绅贤达如候选教谕王炳森、举人彭达训、邑庠生何恩燕、云顶巨富郭玉峦、富商郭人镛，以及陈仑山、曾家仁、郑发昭、张先镐，萧世象暨各寺庙主持僧众等四十六人共商赈灾济民大计。议定募捐赈灾四法，由众人分头办理。只一旬时日，各路均有丰硕斩获：一者各方义士乐善者捐钱捐物，得银八百六十七两二钱，粮米油盐及衣物等二十六车。二者李吉寿知县亲自主持书画义卖会，与范泰衡等名士大家共捐字画一百三十七幅，卖得善款三千五百余两白银，半数直发受灾民众。三者平粜米价，禀报叙州知府首肯之后，县衙储粮除官仓外，开常平仓放粮两万六千石、开义仓放粮八千七百二十石，均以低于灾前市价五文之价卖与灾民。无房灾民户均分得捐粮一石，以低价购粮三石，可够秋冬之需，待秋后红薯出土，掺杂粗粮度日可到次年春后。四者发动保甲乡勇义结同心，互帮互助，疏浚河道，抢种晚稻、补种红薯，广种杂粮蔬菜，力保千家万户平安过冬。

"赈灾四法"解了灾民燃眉之急，均可续日至次年小春粮收。文人知县李吉寿宰县不足半年时日，即功德卓著，深受隆昌黎民乡耆及富绅贤达敬爱仰慕，邑内盛行礼让之风，放眼即得一派政通人和盛景。

（三）以文兴隆

话说李吉寿自幼精习工笔写意，泼墨挪锋，既清秀飘逸之风范，又具厚实严谨之硬功，犹见长于画梅。李吉寿爱梅若渴，不仅喜欢画梅，更喜欢种梅，其老宅前后，堪称梅园，每至一处，定要寻梅而居。即至下马隆昌，李知县即问县丞邑内可有梅乎？

　　皂班头目王俊良是个会察言观色的老吏，听得李吉寿知县有那爱梅之好，当即应承道："大人，自县城南门沿驿道东去五里去峰关外，有片百年老梅林，大小树品遍布山野，小的这就带人去弄几株来。"李吉寿也不拘让，便任王班目带人去挖了些来，种在县衙后院。十五株两人见高的梅树错落有致布植于院，虽是初夏种树，但因雨水充沛，阳光充足，加之带土移栽，竟也长势颇佳，两三月工夫，这县衙后院便有了一番梅林的味道，后衙愈发典雅、馨香起来。偶遇闲时，李吉寿知县便沏茶观梅，吟诗作画，与梅为伴。

　　一日傍晚，县教谕王裕绪约范泰衡同来拜访县衙，李知县与之在梅下摆了茶桌，畅谈古籍圣典，趣话世间风物，好一番儒子欢聚论道，言语笑谈见精见髓见人情，侃天说地，借物言志。

　　王裕绪道："李大人上次赈灾捐画三十余幅，以梅树梅花为题者过半，大彰这满院梅林之德，足见大人才情非俗可比，竹兰梅菊高雅沁心也。"

　　"此话在理！大人仁心铺天，心系贫寒。思民安而味淡淡，怜民苦而常蹙蹙，居邑宰而弃轿马，日夜劳思安邑兴农之策，明心志付心力而傲视财物，仁心高廉，与梅之圣洁高品无二也！"范泰衡附和道。

　　李知县轻摆双手，道："吾祖居广西永福，房前屋后皆梅林也，故得自幼静观梅树之四季变换，尤爱梅之'浓而不艳、冷而不娇；严寒不惧、铁骨傲霜；冰肌玉骨，迎雪吐芳'之秉性，常思人当比之而进，以之自励也。"

　　王裕绪、范泰衡听罢不禁啧啧称赞。

　　李吉寿叫家人取来纸墨，与王、范二人即兴写画寻乐。

　　范泰衡手指小径右边七株梅树说道："大人，乘此余晖斜影，我等何不共作一图，将这院中十余株梅树聚趣一图，工笔泼墨，题款印篆，岂不妙哉？"

　　"如此甚好！"王裕绪击掌叫好。

　　李吉寿观梅画梅三十余载，早已将梅之清高孤逸汇融于心，今只信手写之，便见疏影暗香，生气迥出。画毕，李吉寿道："吾已写好，该王教谕题诗，范教谕画字得了。"

　　"小的遵命：孤兀寒立骨傲天，幽香暗袭仙结缘；待到翠绿化津果，天下苍生竞品鲜。"王裕绪道，"该范教谕画字了。"

　　"哈哈，知县大人书法秀丽，尤工八分，瘦硬直追汉魏。无论草篆皆出类拔萃。今我且不献那丑了吧！"范泰衡卖起关子来了。

"范教谕何须过谦？汝之书法乃巴蜀一绝。上月义捐一幅'共济苍生'四字即被内江县罗员外以两百两银子收藏，今天题款是推辞不得的了。"王裕绪道。

"如此说来，咱知县大人那幅'雪径寻梅图'竟被叙州府王总兵以八百六十两白银收藏，那可是当朝大家身价了。"范泰衡哈哈一笑，提起笔来，苍劲题款。

正在此时，侍卫李鑫正来报："大人，郭人镛等求见。"

"快快请进。"李吉寿道。

原来，那郭人镛曾在遂宁县任过教谕，今与云顶寨巨富郭玉峦、生员余耀、监生余大经、蓝秀春等这两日在城南河中岛上回龙观会商助学诸事，相约于晚饭后拜见知县大人来了。见到李知县与范泰衡两位大家共画墨宝，郭玉峦眼睛一亮，立马要出千金收藏，不想竟遭众反对。

范泰衡道："玉峦兄：这幅《盛梅图》寄着李大人给予隆昌苍生繁荣昌盛之厚望，岂由得你私藏？"

"范大师言之极是，依我愚见，此图理当悬挂于回龙观正堂之上，以之激励县内学子重文兴学，必当大有所为。"监生余大经道。

"这样甚好，这样甚好。"大家点头附议。

"道光十五年，刘光第知县为振兴隆昌人文，重修回龙观，倡导域内黎民尊儒重教，今已二十年矣，隆昌出得两名进士、六名举人，甚是可喜可贺。"李吉寿知县缓缓说道，"倘若吾等齐心鼎力，继续兴文重教之事，必当助益净民心、纯民风、优民俗、长农技，可致城乡繁荣，邻里和谐，民可安居乐业也。"

"大人言之极是。"郭玉峦道，"回禀大人，我等今日议定再捐百二十两白银，助县内三十廪生、二十增生于九月赴阆中乡试，以激励其博取明年礼部会试资格，愿其能为隆邑争得更多荣光。"

"郭大侠真是仗义天下。"李吉寿知县道，"大兴文运，须促其蔚然成风，吾等当躬身示范，与邑内举人每月去文庙学宫讲学两日，邑内廪生、增生每旬去乡里私塾讲学两日，发挥以一带十之功。倘能持久，县域文运之风可成矣！"

"大人高明！我等理当尽心竭力。"范泰衡拱手作揖。众皆附和，纷纷称道。

李吉寿趁热打铁，吩咐家人拆了画案，摆起茶桌，与众人商议起助学兴

县的事来。次日，县衙便发布文告，建起会试举人教授乡试生员、乡试生员教授童生制度。

为带动众人勤跑学堂讲学，李吉寿每月均到莲峰书院讲学两日。大凡下到乡里，均得抽空入得乡村学堂私塾探寻教学诸事，或有登台阐释经史诗词者，广受师生尊崇也，引得县内举人、秀才竞相仿效，皆以助学兴县为荣。自此，隆邑尊儒求学之风日益昌盛，名闻巴蜀。此乃文人知县李吉寿赐予隆昌百姓巨宝之财也。

后人有诗赞曰：

保甲团练防猖盗，捐画赈灾得奇效。

倡儒兴隆震巴蜀，儒才知县功德高。

第五节　觉罗国·欢德政坊

觉罗国·欢德政牌坊在隆昌现存编号的17座牌坊中编为12号牌坊。该坊坐落于隆昌城区南关春牛坪，横跨此段为西北往东南走向的巴蜀古驿道，呈西北-东南两面布局。清同治十年（1871）腊月，隆昌绅耆士民为称颂即将离任的觉罗国·欢知县的德政而建。

东南面　　　　　　　　　　　西北面

一、牌坊东南面文字

（一）匾额

德政。

【解读】

以仁德施政兴政。

（二）牌坊名

邑侯觉罗国大老爷官印欢[1]德政坊。

【解读】

隆昌知县觉罗国·欢德政坊。

【注释】

（1）觉罗国·欢：属清王朝皇族爱新觉罗氏入侵中原前的边缘地带附属部落同族的远房后裔，或因避皇族姓氏讳，故改"觉罗·国欢"为"觉罗国·欢"。

（三）正匾

1. 正上匾

宣慈[1]惠和[2]。

【解读】

遍施仁爱于天下而民众和顺社会和谐。

【注释】

（1）宣慈：遍施仁爱于天下。《左传·文公十八年》："高辛氏有才子八人……忠肃共懿，宣慈惠和，天下之民谓之八元。"孔颖达疏："宣者，遍也。应受多方，知思周遍也。慈者，爱也，爱出于心，恩被于物也。"汉代蔡邕《郡掾吏张玄祠堂碑铭》："掾天姿恭恪，宣慈惠和，允恭博敏，恻隐仁恕，正身履道。"

（2）惠和：仁爱和顺。

2. 正下匾

　　自昔⁽¹⁾良⁽²⁾今，众称恒⁽³⁾膺⁽⁴⁾剧选。循声⁽⁵⁾丕⁽⁶⁾著，必获休征⁽⁷⁾。勉⁽⁸⁾职思冯翊⁽⁹⁾之贤君；课⁽¹⁰⁾绩溯⁽¹¹⁾杜陵之男子⁽¹²⁾。卓茂⁽¹³⁾劳心，至□人之亲爱；刘钜□□，使争讼⁽¹⁴⁾之潜□。□□家家字郑，下□□□常丰⁽¹⁵⁾；儿郎⁽¹⁶⁾个个□□，越公⁽¹⁷⁾因之不坠⁽¹⁸⁾。老蚌生珠⁽¹⁹⁾，祥夸韦氏⁽²⁰⁾；盘龙⁽²¹⁾毓秀⁽²²⁾，报食⁽²³⁾甬⁽²⁴⁾城。学业⁽²⁵⁾清标⁽²⁶⁾，京产⁽²⁷⁾储后来之秀；家风振起⁽²⁸⁾，杨昈叹恬裕之资⁽²⁹⁾。仰惟⁽³⁰⁾老父台⁽³¹⁾大人，德政具见颂辞。同气⁽³²⁾异息⁽³³⁾，今徐⁽³⁴⁾克⁽³⁵⁾步⁽³⁶⁾前徐；华实⁽³⁷⁾根心⁽³⁸⁾，后谢无惭⁽³⁹⁾前谢。固知⁽⁴⁰⁾治⁽⁴¹⁾为天下最，简惠⁽⁴²⁾成能，踪⁽⁴³⁾与古人追⁽⁴⁴⁾。方员⁴⁵⁾可就⁽⁴⁶⁾，□□之气骨⁽⁴⁷⁾；本⁽⁴⁸⁾奇卫□，□□□应民⁽⁴⁹⁾。翔鸾□□，□□□上之鸾；□□□□，定养云间之鹤。好官如此，美报必多也。

甲子科举人张士奇⁽⁵⁰⁾顿首敬撰

合邑绅耆士民公立

同治十年季冬毂旦

【解读】

　　从前的循良官吏至今天，也会被民众交口称颂，永远铭记于心，并被选入戏剧中演出。那些口碑极佳、治绩卓越而名气很大的，一定会更加受到老百姓的推崇而广为流传。邑侯欢大老爷你勤勉地履职尽责，心里时刻想着要像身居京城三辅之一的冯翊那样做辅佐君王的良臣；政绩考核中，你就像唐代"杜陵男子"韦应物那样仁者忧心、简政爱民的好官。你又像汉代循良卓茂一样劳苦心智，以至于与黎民百姓就像家人一样相亲相爱；你还像刘钜……，使得老百姓因争论而诉讼的事没有了……犹如和阗办事大臣那样能轻松地平息各方纷争；男儿个个英勇善战……，你突出的战绩使你就像隋朝越国公杨素一样不失良将的名声。你老年得子，有着东汉大臣韦端那样的福气；你治下的隆昌犹如盘龙之地人才辈出，懂得感恩图报的人满城都是。你的学问清美出众，在京城生育的儿子又会是将来优秀的良才；你优良的家风兴起来了，后代具有北齐宰相杨愔少时的那种恬淡自足的大气品质。举头仰望我们的欢大老爷，你的仁德政绩都写进了赞颂你的匾文。我们与你尽管呼吸不同，但志趣和愿望都一样的啊。如今正在传承和延续着过去，并向着好的方向慢慢变化，我们对你仁德政绩的赞颂都源自内心，后人对你的谢恩不会少于我们今天对你的感激。由此知道，把一个地方治理得安定和谐最为重要的方略就是政策简略、环境宽松而广施恩惠，这样就能够取得成功。这样的治绩和行迹也就能追赶得上古人了。你把大小地方都能够治理得好，具有……的气概；推究这种奇特的……在于顺应了民意。飞鸢……上之鸢……养云间鹤。像你这样的好官，美好的回报必定很多。

甲子年（1864）乡试科考举人张士奇磕头恭敬撰写

全县乡绅、有名望者和士民共同建立

同治十年（1871）腊月吉辰

【注释】

（1）自昔：往昔；从前。

（2）良：良好，美好；优秀。《孟子》："天下之良工也。"

（3）恒：永久，持久。

（4）膺：胸腔，胸。

（5）循声：指为官有循良之声。

（6）丕：大。

（7）休征：吉祥的征兆。

（8）勉：免意为拖拉。免与力合起来表示在别人拖拉重物并感到吃力的时候从旁顺势加一把力。意为赞助；加力。引申义：鼓励，努力。

（9）冯翊：冯，意为辅；翊，意为佐，冯翊二字完整地可以读解为辅佐。左冯翊的名称由秦掌治京师的内史发展而来。汉武帝太初元年（前104）改左内史为左冯翊。汉景帝二年（前155）分内史为左、右内史。改左内为左冯翊就以理解为这是一个辅佐君王的一个重要职位，职为太守。左冯翊与京兆府，右扶风并称京城"三辅"。虽然左冯翊职位相当于郡守，但他的地位远远在郡守之上，无疑是君王看重的显赫人物。

（10）课：考核。《韩非子·定法》："根据一定的标准验核操杀生之柄，课群臣之能者也。"

（11）溯：端直地逆流而上，追溯。

（12）杜陵之男子：即杜陵男子，唐代廉吏诗人韦应物（737—792）的代称。出自唐代韦应物《温泉行》："作官不了却来归，还是杜陵一男子。"韦应物因出任过苏州刺史，世称"韦苏州"。任地方官吏时，勤于吏职，简政爱民，并时时反躬自责，为自己没有尽到责任而空费俸禄自愧。苏州刺史届满之后，韦应物一贫如洗，居然无路费回京候选他职，寄居于苏州无定寺，不久就客死他乡。此处借用"杜陵之男子"代指觉罗国·欢知县像韦应物那样勤于吏职，简政爱民。

（13）卓茂：字子康，南阳郡宛县人。汉朝大臣，号称"通儒"。出为密县令时，政绩突出，深得百姓爱戴、官吏信服。东汉建立后，前往河阳觐见光武帝刘秀，拜太傅，封褒德侯。建武四年（28），卓茂去世，光武帝身着丧服送葬。后人将卓茂列为汉代四大循吏之一。

（14）争讼：因争论而诉讼。

（15）常丰：清朝官职：和阗办事大臣。

（16）儿郎：男儿；男子；儿子；对士兵的称呼。欧阳予倩《木兰从军》："城内兵马要点验，守城的儿郎听我言。"

（17）越公：指隋朝越国公杨素，隋朝军事家、权臣、诗人。开皇八年（588），以信州总管率领水军统军灭亡陈朝，拜荆州总管，进封越国公。大业二年（606），杨素去世，享年六十三岁。获赠光禄大夫、太尉，谥号景武。杨素善于属文，工于草隶，有诗作传世。

（18）不坠：犹不失。《北齐书·李浑传》：（梁武帝）谓之曰："伯阳之后，久而弥盛，赵李人物，今实居多。常侍曾经将领，今复充使，文武不坠，良属斯人。"

（19）老蚌生珠：比喻年老有贤子，后指老年得子。宋代苏轼《赠山谷子》诗："笑君老蚌生明珠，自笑此物吾家无。"

（20）韦氏：此处韦氏应为东汉韦端的代称。东汉末年至三国时期的政治人物，凉州牧、太仆。孔融曾写信给韦端赞其两子韦康、韦诞："前日韦康来，渊才亮茂，雅度弘毅，伟世之器也。昨日韦诞又来，懿性贞实，文敏笃诚，保家之主也。不意双珠，近出老蚌，甚珍贵之。"

（21）盘龙：盘曲的龙，龙纹的一种。盘屈交结之龙。

（22）毓秀：指山川秀美，人才辈出。毓：稚苗嫩草遍地而起。秀：有俊秀、秀丽、秀美之意，秀才。

（23）报食：指"可以出死报食马得酒之恩矣"的典故。出自《秦穆公尝出而亡其骏马》："秦穆公尝出而亡其骏马，自往求之，见人已杀其马，方共食其肉。穆公谓曰：'是吾骏马也。'诸人皆惧而起。穆公曰：'吾闻食骏马肉不饮酒者杀人。'即饮之酒。杀马者皆惭而去。居三年，晋攻秦穆，围之。往时食马者相谓曰：'可以出死报食马得酒之恩矣。'遂溃围。穆公卒得以解难，胜晋，获惠公以归。此德出而福反也。"

（24）甬：徐锴《说文解字系传》："甬之言涌也，若水涌出也。"

（25）学业：学问。

（26）清标：谓清美出众。

（27）京产：指觉罗国·欢知县与夫人在京城生育，又从京城带到隆昌来的非常恬淡自足、大气端庄的儿子。

（28）振起：兴起；奋起。

（29）杨昕（wěi）叹恬裕之资：典故。据《北齐书·杨愔（yīn）传》记载："杨愔少时，他的学堂前有棵柰树，果实成熟了落在地上，有大群小孩都在那里争抢之，杨愔却一个人独自坐在旁边一动不动。他的幺叔杨昕（wěi）这时恰好进入学馆，看见后大为诧异，回头对宾客们说：'这小孩能淡泊自足，很有我们杨家的家风啊！'"（杨愔：南北朝时期北齐宰相。幼年时风度深敏，沉默寡言，出入门闾从不嬉戏，六岁学史，成年后，更是言论高雅，风神俊悟，举止可观。时人都认为其将来前程远大。恬裕：淡泊自足。资：天赋。）

（30）惟：心思集中于一点。转义：用为副词，相当于仅、只。《说文》："惟，凡思也。"

（31）老父台：同老父母。

（32）同气：自然界六淫之气中于人，与人体六经之气相合者为同气。一般指兄弟关系，或者指志趣、意见相同的人互相响应，自然地结合在一起。《易·乾》：同声相应，同气相求。水流湿，火就燥。

（33）息：呼吸时进出的气。

（34）徐：缓慢。《庄子·天道》："不徐不疾，得之于手而应于心。"

（35）克：胜任。《说文》："克，肩也。"

（36）步：追随前人的步子走；跟随。

（37）华实：花和果实。

（38）根心：出自本心。

（39）无惭：无所惭愧，引申指不逊于或当得起。

（40）固知：本来知道。

（41）治：社会安定、太平（跟"乱"相对）。

（42）简惠：宽大仁爱；施政宽大仁惠。《南史·羊欣传》："在郡四年，简惠著称。"

（43）踪：脚印；留下的痕迹。

（44）追：追赶。引申为回溯过去，补做过去的事。

（45）方员：指天地间；范围，周围。员，通"圆"。

（46）就：任；开始从事。如：去就（担任或不担任职务）；就列（就位，任职）；就事（就职）；就田（从事耕种）。

（47）气骨：气概；骨气。

（48）本：担探究，推原。

（49）应民：顺应民意或职应民需。

（50）张士奇：隆昌人，清同治甲子（1864）科带补辛酉（1861）科举人。

（四）侧匾

左侧上匾

右侧上匾

1. 右侧匾

（1）上匾：神父[①]。

【解读】

欢大人带领士卒打龙洞求雨救民灵验而神奇，堪称神父。

【注释】

① 神父：相传同治九年，隆昌大旱，觉罗国·欢知县遵习俗带领文武官员和绅耆士民求雨多日不得，后听说是龙王在龙洞里睡着了，便令兵卒携带火枪打龙洞，天下大雨而解了旱灾，便被隆昌百姓称为"神父"。

（2）下匾：（留白）。

2. 左侧匾

（1）上匾：慈君。

【解读】

仁爱和善的君子。

（2）下匾：（留白）。

（五）楹联

正联　　　　　　侧联

1. 正联

分俸注胶庠[(1)]，文武欢颜，桂苑[(2)]芹宫[(3)]沾雅化；

按粮免升斗，捐输[(4)]普德，茆檐蔀屋[(5)]被恩波。

【解读】

分出自己一部分薪俸，捐献给大小学校，文武学子脸上都喜悦颜开，科举考场和学校、书院都沾上了他的风雅教化；

按百姓应交捐税的粮款数目，免去一升一斗的零星数字，广泛施恩于黎民，茅檐草屋里的穷困百姓都受到了他的恩惠润泽。

【注释】

（1）胶庠：代指学校。胶，周代大学；庠（xiáng），周代小学。《礼记·王制》："周人养国老于东胶，养庶老于虞庠。"郑玄注：东胶亦大学，在国中王宫东。此以胶庠指学宫，为士子秀才贡廪辈出入学习处，亦可处罚士人处。

（2）桂苑：指科举考场。

（3）芹宫：学校、书院。语出《诗·鲁颂·泮水》："思乐泮水，薄采其芹。"朱熹集传："泮水，泮宫之水也，诸侯之学乡射之宫谓之泮宫。"后以芹宫指学校。

（4）捐输：捐纳。

（5）茆檐蔀屋：茆（mǎo）：通茅，茅草。蔀（bù）：遮蔽。茆檐蔀屋，用茅草遮盖的房屋，指穷人住处。

2．侧联

律已[(1)]以廉，心清似水；

养民[(2)]惟[(3)]惠，泽渥[(4)]如春。

【解读】

用廉洁标准和严格要求约束自己，心境清澈得如水一般；

以仁德保护教化老百姓在于不断地施予恩惠，让他们休养生息，沐浴着深厚恩泽，好像在温暖的春天里面。

【注释】

（1）律己：用一定的道德标准和行为规则来约束自己。

（2）养民：对待老百姓从仁德出发，给予保护、教化。

（3）惟：在于。《书·大禹谟》："德惟善政，政在养民。"

（4）泽渥（Wò）：即，渥泽，恩惠。

二、牌坊西北面文字

（一）匾额

德政。

【解读】

以仁德施政兴政。

（二）牌坊名

邑侯觉罗国大老爷官印欢德政坊。

【解读】

隆昌知县觉罗国·欢德政坊。

（三）正匾

1. 正上匾

民悦无疆[1]。

【解读】

觉罗国·欢知县节减用度，让老百姓增益而感到无穷快乐。

【注释】

（1）民悦无疆：让百姓获得无穷的快乐。语出《易经·益》："损上益下，民说无疆，自上下下，其道大光。"损是抑制减少，益是增加，无疆是无穷无尽。其道是统治者的道义，大光是大放光芒。全语意思是：减损上方，增益下方，使人民无穷的快乐；由上而下，使人民受益，使其道义大放光芒。本义是揭示《益》卦主旨的，后被许多政治家用来表明统治者的道义所在就是让百姓获得无穷的快乐。让百姓获得快乐，就要抑制在上位者的用度，以体现"民为邦本"的思想。

2. 正下匾

长白高贤，天潢世胄[1]；移蓉省旌，增莲峰秀。宾兴[2]科决，德教同沾；农桑首务，劝课能兼。晴雨偶乖[3]，潜心默祷；升斗免捐，诚求相保[4]。书役[5]条规，甫临遂定；捐俸成功，群情[6]俯应。流差[7]款项，酌减惟[8]中；吁禀刊石，万姓永蒙。民或啼饥，情殷[9]推食[10]；民有讼争，性惟秉直[11]。父台才超三辅[12]，德表百城。凡诸举动，悉护生成[13]。兴利除弊，雅量[14]虚怀[15]；无苛政虎，化当道豺。冰镜逾清，锦何难制[16]？花萼敷荣[17]，盛偏能继。名宰[18]环[19]猷，后先辉映；茂绩龚黄，父母同

咏。乘辇以来，鸣琴而治；行见化成，用觇福至。清理博涉，若天之明；积优成陟⁽²⁰⁾，如日之升⁽²¹⁾。

壬子科举人李秉樾⁽²²⁾顿首谨撰

合邑士民同立

同治十年季冬穀旦

【解读】

您是来自长白山的高贵贤良之才，是与皇上同族的子孙；您的行旌从京城来到四川，为隆昌增添了灵秀和光彩。您振兴教育注重科考，仁德教化让大家都得到了浸润和沾染；您把农耕桑麻作为第一要务，规劝农民耕种与考核学生课绩并举。偶遇罕见的大旱之年，您沉下心来与民众一起祷告求得雨水，解除了旱情；您收取粮赋时免去一升一斗的尾数，采取实实在在的措施让老百姓共同保卫安居生活。对衙门书办等官吏的规章约束，您刚来隆昌就实施了；您带头捐出自己的俸禄成就美好的功德，大家都甘心顺从并积极响应。您在收取官吏外出差费所需的款项时，都是仔细斟酌尽量减少；您叫人把老百姓的诉求镌刻在石头上予以公开，提醒自己和官吏们努力做好，万千百姓永远都承蒙着您的恩德。黎民百姓偶尔有啼哭与饥饿的难处，您知道了都会感到忧伤并把自己的衣服给他们穿，把自己的食物给他们吃；民众出现了诉讼纷争，您都能秉持公正地断案。欢大老爷才能超过了皇城"三辅"的重臣，高尚的仁德堪为百城官员的表率；以上列举出来的这些举动，都是为了呵护一方百姓，让他们更好地生存。您兴建对老百姓有利的制度，消除施政弊端，具有宽宏的气度和博大的胸怀；您的治下没有严苛如虎的政令，化解了有如拦路豺狼一般的条规。您的心地就像冰镜一样高洁明亮，要像织锦一样治理好一个地方又哪里难呢？有花萼衬托着花朵开放，兴盛偏颇都能一直承继下去。良臣谋求远大的功业，后人与前辈相映生辉；您卓越的政绩堪比龚遂和黄霸，像父母官一样受到大家共同讴歌咏颂。您到隆昌任知县以来，像单父宰宓子贱那样弹琴而治；民众的言行和社会风气都得到了很好的雅化，只用简单地察看就会发现老百姓福气来到了啊。您清廉仁惠而又博学多才，看事情总是像晴空一样明亮；您聚积了众多优秀的品质，成就了千里马一样的才干，就像太阳升上了天空。

壬子（1852）科举人李秉樾顿首谨撰

全县士民共同建立

同治十年（1871）腊月吉日

【注释】

（1）天潢（huáng）世胄：即天潢贵胄，旧时泛指皇族宗室子孙。

（2）宾兴：周代举贤之法。谓乡大夫自乡小学荐举贤能而宾礼之，以升入国学。后在科举时代，地方官设宴招待应举之士。亦指乡试。《周礼·地官·大司徒》："以乡三物教万民而宾兴之。"郑玄注："兴，犹举也。民三事教成，乡大夫举其贤者能者，以饮酒之礼宾客之。既则献其书于王矣。"

（3）乖：背离；反常。

（4）相保：互相担保；互相救助，共同保卫。

（5）书役：犹书办，管办文书的属吏，亦泛指掌管文书翰墨的人。清代王士禛《池北偶谈·谈异五·女化男》："今名庄启盛，现为庄浪厅书役。"

（6）群情：指群众的情绪；民意。

（7）流差：指办外勤工作的人。

（8）惟：集中心思考虑。《说文》："惟，凡思也。"

（9）情殷：谓情怀忧伤。《文选·颜延之，夏夜呈从兄散骑车长沙诗》："屏居恻物变，慕类抱情殷。"李善注："殷，忧也。"

（10）推食：取自"解衣推食"。推：让。把穿着的衣服脱下给别人穿，把正在吃的食物让别人吃。形容对人热情关怀。

（11）秉直：持心正直。

（12）三辅：又称三秦，本指西汉武帝至东汉末年（前104—220）期间，治理长安京畿地区的三位官员京兆尹、左冯翊、右扶风，同时指这三位官员管辖的地区京兆、左冯翊、右扶风三个地方。隋唐以后称"辅"。

（13）生成：长成。

（14）雅量：宽宏的气度。

（15）虚怀：胸襟宽大，虚心谦退，虚心。

（16）何难制：取自"制锦"典故，喻贤者出任县令（宋以后均称知县）。

（17）敷荣：开花。嵇康《琴赋》："迫而察之，若众葩敷荣曜春风，既丰赡以多姿，又善始而令终。"

（18）名宰：名相。

（19）环：通营，谋求。《管子·君臣下》："兼上下以环其私，爵制而不可加，彼为人上者危矣。"

（20）陟（zhì）：通骘，牡马。

（21）如日之升：比喻有强大的生命力和发展前途。《诗经·小雅·天保》："……如月之恒，如日之升。如南山之寿，不骞不崩。如松柏之茂，无不尔或承。"

（22）李秉樾：号松丽，隆昌人，咸丰壬子（1852）科举人，官国子监曲簿，主讲莲峰书院多年，从游益众，造就颇多。

（四）侧匾

左侧上匾

右侧上匾

1. 右侧匾

（1）上匾：节用[1]。

【解读】

节省各项开支用度。

【注释】

① 节用：省费用。见《论语·学而》："节用而爱人，使民以时。"

（2）下匾：（留白）

2. 左侧匾

（1）上匾：爱人[1]。

【解读】

以仁爱之心爱护黎民百姓。

【注释】

① 爱人：爱护百姓；友爱他人。见《论语·学而》："节用而爱人，使民以时"；《孟子·离娄下》："仁者爱人。"

（2）下匾：匠士曹维精。

（五）楹联

正联　　　　　　侧联

1. 正联

为物惜脂膏[(1)]，二百年[(2)]积困[(3)]方苏[(4)]，有因有革；

吁天[(5)]祈震夙[(6)]，千万姓同声共祷，宜子宜孙。

【解读】

处理事务使用物品都爱惜民脂民膏，不铺张浪费，开朝二百多年积结起来的困难得到了纾解，革除了不利于民众生产生活的规章制度。

呼告祈求上天怜悯民间疾苦，降大雨促万物生长以拯救生灵百姓。千家万户共同祷告，恩泽子孙后代。

【注释】

（1）脂膏：民脂民膏。比喻民众用血汗挣来的劳动果实或财富。

（2）二百年：指从清建国至建这座牌坊时的同治十年（1644—1871），共两百余年。

（3）积困：长期积累起来的困难。

（4）苏：恢复，复苏。此指在困难中得到解救。

（5）吁天：呼天诉苦。

（6）震夙：震，通娠，怀孕。夙，当作孕，后用震夙表示诞育。《诗·大雅·生民》："载震载夙，载生载育。"

2. 侧联

瘠己[(1)]肥人[(2)]，公来何暮；

勿施[(3)]与聚，民至如归。

【解读】

对自己约束，对百姓宽厚，这样的好知县为何来得这样晚啊？

不增加苛繁杂税聚敛民财，黎民百姓都踊跃归附到隆昌从业。

【注释】

（1）瘠己：薄待、约束自己。

（2）肥人：宽松、厚待他人。

（3）勿施：自己不希望他人对待自己的，自己也不要以那种方式对待他人。施：施加，增加。聚：聚敛。

三、牌坊图案简介

顶盖刹尖压脊雕刻一头顶官印的公猴，呈站立撒尿状，如此造型的雕刻，真乃独树一帜之奇品。猴与"侯"谐音，暗含颂祝觉罗国·欢知县"立便封侯""封侯挂玉印，公侯百代"之意。

东南面雕刻：顶盖檐下栏额浮雕五只蝙蝠围绕着一变形为鼎状的"寿"字图案，寓意"五福捧寿"。平梁深浮雕《双凤朝阳》（大部分已毁）。

二级楼盖檐下栏额左、右均刻深浮雕戏曲故事，内容待考。

三级楼盖檐下栏额则刻成如意斗拱状。

明间门楣深浮雕图案三组，正中为"魁星点斗"（部分已毁），两侧刻宝鼎香炉，古玩书籍，笔洗砚台等，均置几案上。门下雀替刻水草鲢鲶，水流砂石，寓意"连年有余"。

次间额枋上刻葫芦、宝剑，寓意福禄多子与胜利。顺袱串上则刻月季、玫瑰，枝繁叶茂，线条流畅自然。月季又名月月红、长春花，玫瑰象征富贵，寓意为"福贵长春"。

西北面雕刻：顶盖下栏额画面为深浮雕的大小两只狮子图纹。因"狮"谐"师"，故而有用"双狮图"表达吉祥之意，"双师"可为古官制之"太师"与"少师"。太师为三公之一，即太师、太傅、太保；少师为三孤之一，即少师、少傅、少保。双师都是指导、辅佐太子与皇帝为政的高官。因此，县人以此祝愿县太爷官运亨通，飞黄腾达。

当心间高浮雕"五龙德政匾"的五龙图雕与其下的平梁刻饰，均已被破坏脱落并风化，平梁图再难识别。边框浮雕火焰状纹饰。

二、三级楼盖檐下深浮雕人物故事，内容待考。边框雕刻花卉藤蔓纹饰。

明间额枋雕刻风化严重，其下枭通刻菊瓣图案。明间门楣深浮雕《双龙奉寿星》，寿星长眉凸首，身着鹤氅，笑容可掬，手捧一大仙桃，手执如意席地趺坐。左右二龙的雕刻颇为奇特，一般游龙都饰以流云或海水，此二龙却身缠卷草，可称"草龙"，别具情趣。

门下雀替刻成博古架状，左刻绶带鸟，右刻麒麟，与寿星映衬，暗喻福寿无量。

四、史实简介

觉罗国·欢系长白山人，其祖上与清朝皇族爱新觉罗氏同源于黑龙江依兰县一带，属爱新觉罗部族边缘地带子孙，相当于爱新觉罗皇族宗族的庶族远房亲属，为避皇族讳，牌坊上刻其名曰"觉罗国·欢"。

觉罗国·欢为清同治年间红带子直隶监生，于同治九年（1870）任隆昌知县，同治十三年（1874）又第二次任隆昌知县。其治绩最为盛者是广为流传的"打龙洞"求雨的故事。相传，觉罗国·欢初到隆昌，恰逢隆昌大旱，已半年未雨，每日骄阳似火，稻禾枯焦，百姓啼饥闹饿尤甚，几乎哀鸿遍野。觉罗国·欢知县依隆昌旧俗，叫人备齐猪、牛、羊三牲等祭品，带着县衙官吏、乡贤绅耆、僧道异士和黎民百姓到城南回龙观和城东龙王庙求雨。苦求七七四十九天而不得。一日偶闻下人私语，说是掌管施水的龙王可能一直躺在龙王庙下的龙王洞睡觉，所以众人苦苦求雨数十日而不得。觉罗国·欢本是武官出身，既有蛮力也有脾气，觉得自己和隆昌百姓苦苦求雨的虔诚被龙王欺弄了，于是满腔怒火直蹿头顶，便命三四十衙役带着火铳，一起来到传说中的龙洞，对着龙王睡觉的龙洞列队齐发，直轰得火铳硝烟弥漫接天，飘向不远处的大山顶上去了。巧的是，只半个时辰，大山顶上便聚集起一层一层浓密的雾来，又慢慢向四周天空弥漫，不久，天上竟下起了倾盆大雨。与觉罗国·欢知县一道求雨的乡绅士耆和黎民百姓冲进大雨狂舞欢歌，高呼曰："欢大人真乃神父也！"大雨下了整整两个时辰，把个干裂数月的田地浇了个透。田地沟渠、堰塘溪河，全涨满了水。此后，隆昌百姓便有人直呼觉罗国·欢知县为"神父"，众皆以之为然，便给了觉罗国·欢知县大人"神父"的称号。此事虽然只是一种机缘巧合，但觉罗国·欢知县为解百姓疾苦而敢于得罪神灵的勇气颇受隆昌士民的拥戴和尊崇。

觉罗国·欢知县治县期间，勤俭持政，用物节省，煞是爱惜民脂民膏，受到老百姓的尊敬。他一到隆昌就对县衙文吏官员的管理制订了严格条规，要求出行必轻车简从。外出只带一人一马，自备干粮，确需过夜均选最便宜的客栈住宿，把官吏差役外出办事的差费降到不能再降的地步。他还带领官吏捐出俸禄做善事，得到了群情响应。他对属下要求甚严，不许他们贪赃枉法。譬如，县衙有个叫郑魁的衙役，因堂弟打架伤人性命被抓，他却想通过贿赂觉罗国·欢知县来求饶其命，被觉罗国·欢知县呵斥一顿，并命人将其逐出了县衙。觉罗国·欢还命人把百姓的诉求呼吁和建议意见刻在石碑上，让老百姓知道并监督，逐项落实。他还努力减少徭役及苛捐杂税，大力发展农业和教育，兴利除弊，雅量虚怀。倍受隆昌绅耆百姓敬重。故而在其任隆昌知县的第二年，隆昌士民便在南关春牛坪给他建立了德政牌坊，以赞颂他的清廉品行和卓越功绩。

同治十三年（1874），觉罗国·欢第二次任隆昌知县，主持撰修了《隆昌志》，又叫《同治十三年隆昌志》，给隆昌留下了宝贵的历史、自然及社会人文资料。

五、觉罗国·欢知县故事一则："神父"知县觉罗国·欢

清同治九年（1870）初，觉罗国·欢奉命莅任隆昌知县，一任两年。欢大人于同治十年底调离隆昌之后，隆昌绅耆士民为彰其治县功德，于县城南关春牛坪之巴蜀古驿道上为其建一德政牌坊。坊顶立一头顶官印、站立小便之猴，意即祝福、祈愿觉罗国·欢知县"立便封侯"。牌坊东面右侧上匾凿刻"神父"两个楷体大字，呼之"神父"，定有其理。觉罗国·欢知县本非江湖道士，亦非西域传道之人，隆昌绅耆士民何以"神父"赞之？探究起来，大有缘由。

隆昌地处川南东北，川渝交会之地，域内浅丘密布，地势虽缓，然似锅盖扣地，中高四低，加之坡田之地多为沙土，难以纳流藏水，可谓"天上下雨地上流，水冲泥走田埂漏；沟深水急远处去，直奔大海不回头"。若遇天干日晒，只需三五日工夫，便是土硬似铁，若得两旬半月，便有田干地裂。如此自然环境之下，隆昌能储水之田甚少，只有冲沟里面的大泥田能关得住水。具此条件之冲内大田，便在旱季冬天，亦能囤得住水，故而有民称之为"冬水田"。大多田地，年年到秋即干，老百姓只好把水全部放掉，种上冬春季作物，如小麦、胡豆、豌豆、油菜诸等，谓之"小春"作物，亦是地产天赐之重要食粮。

　　因地高水缺，亦无大江大河，隆邑之地旱灾惯常，可谓"三年一小旱，五年一大旱，十年特大旱"。农耕百姓，祖祖辈辈都只得靠天吃饭。有鉴于此，隆昌古来便有官民求雨之俗，明、清时期尤盛。一遇天干地旱，知县大人都会带着县衙文武百官、乡绅士耆、黎民百姓，到城外寺宇祭神求雨。

　　话说觉罗国·欢大人初到隆昌，就遇夏旱，数月滴雨未下，入得伏来，更兼赤日炎炎，暑气蒸人，烈日有如火球一般挂在天空，烧灼得四野枯焦，庄稼叶枯苗死，树叶竹林成片干黄，人畜饮水难求，驿道街旁皆为逃荒要饭之民，饥荒十分了得。

　　得知隆邑自古便有官民共同求雨风俗，觉罗国·欢知县为帮百姓求得甘霖，严遵习俗，依惯例先行斋戒三日，后沐浴更衣，带着县衙三班六房五六十官吏和三二百绅商士民、黎民百姓，抬着牲畜祭品，一路高举彩旗，吹吹打打，开到县城南门外朝天寺求雨。欢大人与众人同吃同住，虔诚求拜三日三夜，天上却丝毫没有降雨的迹象。白日里仍旧骄阳似火，稍有微风拂过，却也热浪滚滚，灼得人皮肉生痛，吸气都感胸闷，头晕目眩。昏厥于路者，时有闻之。

　　第四日午饭时候，觉罗国·欢大人心烦气闷，粒米未进，累在藤椅上打起盹来，不出一刻钟工夫便被热醒。欢大人用手指将了将额颈粗汗，再用毛巾擦拭一遍前胸后背，拧出一摊水来，无奈地摇了摇头，便背着手到寺中后院树荫下纳凉，心想，我等已烧香拜祭了整整三日，老天却丝毫没有下雨迹象，若是依旧这么烧香拜祭下去，恐非良策，便又苦思冥想地找寻那求雨之计。此时，寺里有一新进的二八游僧像是猜着了觉罗国·欢知县心思，放下扫帚，面朝觉罗国·欢大人上前两步，行个双手合掌之礼，轻声言告："大人，您已带众祭天拜佛三日，但瞧这天却无半点降雨之象。照理说来，这兴云作雨之事，该由龙王爷掌管施责，玉皇大帝虽上天之主，但亦不会事无巨细，百事皆管，这隆邑实乃巴掌之地，干与不干，旱与不旱，求雨之急，雨水下与不下，那玉帝恐皆无暇过问，多半任凭那龙王爷做主才是。"

"那按小师父之意，应当如何是好？"觉罗国·欢捋须问道。

"大人，小僧前些日沿金鹅江边巡游，见小南门外，金鹅江悬瀑处有一灵秀小岛，岛上有个书味馨香、艾香蒸腾的回龙观，看似聚有千年之宇宙天地灵气，观里供奉龙王菩萨，虽非单殿独尊而位显香旺，但吾观其年生久矣，雕琢精美，龙眼灵光，想必供久生灵，异常灵验亦不可知。大人何不去那里拜拜龙王菩萨，或许能求得甘霖，救得苍生性命。"游僧答道。

"哦？还有这等之事？小师父言之有理。只要能求得雨来，吾自当倾力为之。好嘞，吾明日就去拜那龙王菩萨。"觉罗国·欢大人稍作思忖，便点头称是。转身回到前亭，欢大人便问那当差小吏："小南门外回龙观里是否供奉着龙王菩萨？"小吏连连称是，说自己家居与回龙观不过三两百步，观中确乎供有一尊龙王。觉罗国·欢大人思虑一会，便吩咐县丞黄训达率两名衙役回去准备拜龙王菩萨之事。

翌日，城里大户凑钱宰杀一猪一羊，由两副八抬大杠抬着，三五百人吹吹打打，跟着觉罗国·欢大人往回龙观拜龙王菩萨求雨。大队人马蜿蜒两里之遥，真是日烈声高，十数里外皆可闻得鼓乐之音。为显诚心，觉罗国·欢大人在回龙观与百姓同吃同住，粗茶素斋，席地而卧。众人又求雨三日三夜，但天上依旧未见一丝云彩蔽日，反倒越发炙热起来，灾民愈发多将起来，觉罗国·欢知县甚感内疚，觉着自己身为县宰父母官，历经半旬都不能为百姓求得雨来，心中愈发烦闷。

正在觉罗国·欢大人焦头烂额之时，老教谕王炳森打躬劝道："大人，此时虽烈日未落，但这金鹅江洞坎下已经阴凉，您我下去走走，既可散心，亦好未雨绸缪，看看泄洪之事。"

"好个王老先生，吾正求雨不得，你却准备起泄洪来了。分明是想笑话本县不成？"觉罗国·欢大人有些不快。

"大人乃千金之躯，怎可长坐于此，若再不活动，怕是会生出些病端来。倘若如此，隆邑百姓将会更难啊！"王教谕细声劝道。

"罢了罢了，出去走走也好。"觉罗国·欢大人见王教谕这么一说，反倒轻松起来，拂袖出了回龙观东大门。

门外便是金鹅江口，如今早已干涸得滴水未存。此处乃隆昌八景之首

"鹅洞飞雪"瀑布所在，每逢雨大水急之时，两条飞瀑犹如万马奔腾，又如猛兽下山，势大威鸣，吼声如雷，直震得山崩地裂，直直地轰向崖坎之下，冲刷出一个深约两丈的深潭。可惜的是，此时瀑岩上早已滴水全无，岩石已在烈日久晒下愈发黝黑坚硬，像块巨大的灶台石嵌在那里，散发着滚滚热气，虽是远远望去，却也感到一股热浪直逼而来。

两人攀岩抓树，沿江往洞坎石岩下走去。洞坎下面有一深潭，潭里余有三五尺深黑黑的残水，有个老农和一个年轻人在取水浇菜。见到知县驾到，立马放下粪勺，便欲跪地施礼。觉罗国·欢大人连忙上前止住："尔等正在劳作，无需礼数。"

未末申初，烈日绕到了回龙观西面，双瀑深潭已躲进阴凉，潭边渐渐凉快起来。四人客套几句，便往几块滩石上坐了，摆起龙门阵来。原来，这浇地老农姓蔡，他们是父子俩。老农见知县大人在朝天寺、回龙观都求雨不得，心底既感动又心痛，便向知县大人献言道："大人，县城东去二十来里有条渔石河，河上有座雕有石燕桥墩的石燕桥和一座九龙桥，两桥之间，距九龙桥仅百步处有个大水凼，叫作龙潭，龙潭东面崖壁上有个见方两丈、深有丈余的岩洞，叫龙王洞，听说龙王原本就住在洞里。龙王洞壁陡水深，四周林密草深，灌木刺多，毒蛇出没，常人近之不得。明朝万历年间，隆昌经常大旱，有位高僧为帮隆昌百姓求得雨来，便带着五位弟子，施以摸顶祈福、诵经消灾之法，沿驿道化缘九九八十一天，化得八千六百多两散银，在龙潭东面小山上修了座石砌的龙潭寺，供奉龙王。从此，那龙王就住在龙潭寺里享受人间香火，保佑隆昌百姓风调雨顺三十余年。可惜，在张献忠屠川期间，龙潭寺被盗匪放火烧了，只剩下断垣残壁、拜台、杂乱庭院和龙王塑像，此事距今已两百多年。后人无钱修葺，兼有附近黎民从此处取石砌屋筑路，石寺愈发破败，今次那里早已长满杂草，我十多年前沿田打鱼，曾多次去过那里。"

"竟有此事？"觉罗国·欢大人十分惊讶，瞪大双眼。

"龙潭寺，我倒是听说过的。只是地处偏僻，年代久远，我却是从来不曾见过的。"王教谕道。

"大人，这回龙观龙王，是道光十四年刘光第知县重修回龙观时塑的，虽是塑得颇有些年生的样子，也远没有龙潭寺那龙王那么久远，所受香火也不及其一。俗话说，'香火越旺菩萨越灵'，大人何不到那龙潭寺去求求那老龙王呢？或许他能为我们降场大雨。"农民老蔡说道。

"说得在理，我即刻便叫人去准备。"觉罗国大人点头称道。

欢大人叫人撤了回龙观的排场，回了县衙，叫人重新准备钱纸、蜡烛、艾香、猪羊、果品等祭祀物品。翌日，由老农蔡氏带路，又请了两位高僧和老道开路，一行人举旗担货，吹吹打打，出县城东门沿巴蜀古驿大道往龙潭寺求雨。经众人合力打扫修整一番，方圆二十余丈的龙潭寺在烈日下重焕光彩，三丈来高的石塔矗立寺前，稳稳镇在渔石河旁，龙王殿约七八丈阔，杂树深处的大半壁石墙还依稀可见当日盛景。老龙王怒目圆睁，龙威依旧，煞是威风。众人每日早中晚三次叩拜龙王，步履小心，轻声屏气，毕恭毕敬，甚是虔诚，又求了三天三夜，却还是没有下雨的迹象。午后偶有些许微风拂面，却持续不过一炷香工夫，三五几下就跑得无影无踪去了。

这可急煞了众人，更激怒了知县大人。

觉罗国·欢知县原本是皇族祖籍满人，惯于带兵征战沙场，如今多番求雨不得，便再也按捺不住性子，心底不由得蹿起一股无名火来。恰好此时，听见几个衙役闲聊："唉，天老爷啷个（四川方言"那么"的意思）炎热，这龙潭寺连屋顶都没有，老龙王哪里呆得住啊，怕是他领受了香火，就躲进龙王洞里自顾自歇凉了。他才不会冒着酷暑待在这里理会我们啊！"

有道是，说者本无心，听者却有意。觉罗国·欢知县听了几个衙役闲扯之言，不禁勃然大怒："我们这厢天天挥汗如雨，虔诚叩拜，你这龙王爷倒躲在洞里乘凉，岂不有意戏耍我等？"于是命壮班班头李承新从城里拿来二十支火枪、鸟铳，亲自带着众人来到龙王洞对面早已干裂的稻田里面，命壮班、快班兵卒各十，站成两排，举起火枪、鸟铳，对着洞内一阵狂轰，直轰得硝烟弥漫、地动山摇，才把众兵士的怨气和觉罗国大老爷积压多日的怒气发泄出来。

站在一旁的县丞、教谕及六房主事等斯文儒生，哪里见过炮轰龙洞之事，吓得战战兢兢，皆以为此举必将震怒龙威，求雨更加无望。谁料此时，浓浓的鸟铳硝烟升上天空，变成一团村落大小的乌灰色云彩，停在龙潭之上，久久不散，不可不谓之怪事也哉。不足半个时辰，东边三五里远的石燕桥庙儿山上，出现一片乌云，然后越积越多，慢慢地与这龙潭上的硝烟云团连成一片。众人正在抬头四处张望，寻求这乌云的来头时，不知不觉间头顶已是乌云密布，遮天蔽日，天色也越来越暗。只半个时辰，天上便电闪雷鸣，大雨倾盆而下，大雨足足降了两个时辰之久，直下得田溢塘满河涨水，酷暑一时尽消退！

求雨之众欣喜若狂，毫不躲那盆浇大雨，纷纷跳舞欢呼，庆祝起来。这久违的滂沱大雨，虽把众人淋得落汤鸡一般，但众人皆兴奋不已，淋雨载歌载舞。这时，人群中有一武僧，跃上龙王庙断墙高喊："神也，神也，觉罗国大老爷神力通天！今龙王爷亦被降伏，下大雨了，百姓有救了！欢大人真乃'神父'也！"

众皆高声附和："欢大人真乃'神父'也！欢大人真乃'神父'也！"

自此以后，觉罗国·欢知县枪打龙洞求雨之事便广为流传，觉罗国·欢知县便因打龙洞求雨之事，被隆昌百姓喻为"神父"。"神父求雨"之事亦代代相传，直至今日，延绵不绝。

清同治十年（1871）隆冬时节，觉罗国·欢知县调离隆昌，乡绅士耆捐银千两，在县城南关春牛坪为觉罗国·欢大人建造德政牌坊，牌坊匾文记曰："晴雨偶乖，潜心默祷"，意即每逢久晴不雨或者久雨不晴，觉罗国·欢知县均会默默祷告天老爷和老龙王，祈求风调雨顺，保佑隆昌不受灾荒之害。还有一句"吁天祈震夙，千万姓同声共祷，宜子宜孙"，所述正是觉罗国·欢知县带着黎民百姓一齐颂念，同声祈祷，请求天老爷及时降雨，拯救生灵，让隆昌百姓子孙后代都能在这片土地上快乐成长，幸福生活。

虽然该故事只是传说，求雨得雨之事只是巧合，可能时间上并不一定相隔得那么近，但从该传说可知，觉罗国·欢在任期间，隆昌的确有大旱，且在他的治理下，人们顺利地度过了旱灾。这也证明了觉罗国·欢治理有方，深得人们爱戴。

第六节　现存南北关德政碑

据相关资料记载和考证发现，隆昌历史上有各类青石碑刻50余块，今存10余块。德政碑的作用与德政坊相似，隆昌曾有10来块德政碑，遗憾的是，经过历史和时间的洗礼，今存德政碑仅4块，分别立在南北二关，其中，北关一块：除莠安良碑。南关三块：憩棠留阴碑、政通人和碑和除暴安良碑。

一、除莠安良碑

"除莠安良"碑位于北关牛树梅德政坊西侧十余丈处的巴蜀古驿道南侧。1866年，隆昌乡绅士民等为褒赞钦加按察使司衔分巡川南永宁道恩秋舫的德政而建。

（一）题款

恭为[(1)]：钦加[(2)]按察使司[(3)]衔分巡[(4)]川南永宁道[(5)]恩秋舫大人德政。

【解读】

恭敬地赞颂皇上亲自加封，授予按察使司衔的出巡川南永宁道的恩秋舫大人的德政碑。

【注释】

（1）恭为：恭敬地致意给……指出于讨好对方而去称赞、颂扬，古人多用作对上的谦辞，一般用于行文之始。汉代王褒《圣主得贤臣颂》："恭惟《春秋》法王始之要，在乎审己正统而已。"宋代苏轼《杭州谢放罪表》："恭惟皇帝陛下，睿哲生知，清明旁达。"

（2）钦加：皇帝亲自加封。

（3）按察使司：皇帝委派在外行使刑法之职的司法官员。

（4）分巡：指出巡的官员。《新唐书·玄宗纪》："辛卯，遣使分巡天下。"清代恽敬《上秦小岘按察书》："及官富阳，先生分巡杭、嘉、湖三府，敬以属吏见。"

（5）永宁道：清嘉庆七年（1802）泸州置川南永宁道，1908年改名下川南道。治所在泸县（今泸州小市），下辖泸县、宜宾、庆符、富顺、南溪、长宁、高县、筠连、珙县、兴文、隆昌、屏山、马边、合江、纳溪、江安、资中、仁寿、资阳、井研、内江、叙永、雷波、古宋、古蔺等县。

（二）碑铭

锄莠⁽¹⁾安良。

隆邑绅（人）民公颂。

【解读】

剪除坏人，让良民得以安居乐业。

隆昌乡绅民众共同竖碑赞颂。

【注释】

（1）莠：本为穗有毛而像谷子的"狗尾草"，作恶草的通称，比喻品质坏的，不好的人。此处代指品质变坏了的官员。

（三）落款

同治五年岁次⁽¹⁾丙寅⁽²⁾九月下浣⁽³⁾。

【解读】

同治五年（1866）九月下旬。全县士人民众共同竖立。

【注释】

（1）岁次：也叫年次，古代以岁星（木星）纪年。古人将天空赤道部位分作12等分，每等分中以某些恒星为标志。木星正好每年走一等分，12年走一周。每年岁星（木星）所值的星次与其干支称为岁次。

（2）丙寅：古代干支纪年法中的干支之一，顺序为第3个。1866年正好是丙寅年。

（3）下浣：下旬。浣：洗，浣衣。唐代定制，官吏十天一次休息沐浴，故将每月分为上、中、下浣，即上中下三旬。

（四）恩秋舫简介

恩秋舫，生卒年及籍贯不详，在同治、光绪年间曾任巡察使、观察等职，是晚清时期的清廉官吏之一。同治五年（1866），隆昌人除了在北关为恩秋舫竖"除莠安良"碑外，还在南关春牛坪为其竖了一块"肃清河道碑"，以颂赞其指导清除隆昌河淤泥之功。此碑已毁。

隆昌志、叙州志关于恩秋舫的资料都太少。仅在《唐浩明点评曾国藩日记》之《退回刘墉翁方纲的摹本》章节中记有"早起，接胡宫保信，内有恩秋舫观察祥八月廿八日专人自京寄至湖北之家信一件。"

二、憩棠留阴碑

"憩棠留阴"是南关三座德政碑中沿巴蜀古驿道由西北往东南向的第一块，位于节孝总坊（一）西北边的驿道东北侧。

（一）题款

恭泐：邑候牛大老爷德政。

【解读】

恭敬地镌刻：隆昌牛树梅知县的德政。

（二）碑铭

憩棠[1]留荫[2]。

合邑士民公竖。

【解读】

牛树梅知县像召公巡行乡邑在棠树下公正断案一样，把仁德恩泽留给了士民和子孙后代。隆昌士人民众共同竖立此碑。

【注释】

（1）憩棠：典故名，典出《国风·召南·甘棠》："蔽芾甘棠，勿翦勿

败，召伯所憩。"此为周人怀念召伯德政的颂诗。后因以"憩棠"等喻地方官的德政。

（2）留荫：把阴德恩泽留于世人及后世。

（三）落款

道光乙巳孟春榖旦。

【解读】

道光乙巳（1845）正月，良辰吉日。

（四）牛树梅知县简介

请见本章第一节牛树梅德政坊。

三、政通人和碑

"政通人和"是南关三座德政碑中最东南面边的一块，位于李吉寿德政坊和觉罗国·欢德政坊之间的巴蜀古驿道东北侧。

（一）题款

恭颂：邑候国大老爷官印璋德政。

【解读】

恭敬地赞颂：隆昌知县国璋的德政。

（二）碑铭

政通人和。

【解读】

政事通达，人心和顺，政治稳定而民众安乐。

（三）落款

同治癸亥年仲冬月吉旦　合邑士民公立

【解读】

同治二年（1863）十一月初一。全县士人民众共同竖立。

（四）国璋知县简介

国璋（1839—1900），字子达，杭阿坦氏，隶蒙古镶白旗，京口（今镇江）驻防。知府衔候补直隶州知州，赏戴花翎，军机处存记，大计卓异。

国璋"年十六，以幕游蜀"，后为川督骆秉璋所赏识，"旋以军功保叙知县"，同治二年任隆昌知县，任内倾心烦琐政务，兢兢业业、一丝不苟，遵法爱民，做到了政事通达，人心和顺，呈现了一片繁荣景象，其离任时，隆昌士民为其竖"政通人和"德政碑于南关巴蜀古驿道旁。

离任隆昌后，国璋先后任荣县、华阳县、江津县、巴县、内江县、宜宾县知县，重庆府江北理民同知、涪州知州等。国璋为官清廉，刚正不阿，体恤民情，精干明决。"所至有政声，江津、巴县先后摄篆者三次，兴利除弊，事无不举。"1879年在江津知县任内募建聚奎书院（今重庆市江津聚奎中学），并奖励资助学习成绩优秀的读书人，"士民尤爱戴"。1886年在巴县知县任内发生第二次重庆教案，国璋不惧压力，坚持惩办不法教首，显示出刚正不屈的气节，得到地方民众的爱戴。重庆佛图关前（今鹅岭公园）原有遗爱祠，即为纪念国璋治渝政绩。

1900年国璋卒于内江任所，诰授朝议大夫，晋封中宪大夫。葬于镇江南郊八公洞山。著有《教种山蚕谱》《重庆府治全图》《江北舆地全图——题识》《峡江图考》（三峡最早的水道图）等。

国璋书学苏灵芝，其父庆云（江西盐法道）、伯庆安（河南开封府理民同知）、弟国炳（内阁侍读学士）、国裕（清光绪癸未科进士）皆以书名。与翁同龢（1830—1904）为姻娅，今《翁同龢日记》《松禅尺牍》中尚有略历可考。

四、除暴安良碑

"除暴安良"位于南关"政通人和"碑西北侧约1.5米处，系由富顺商人及士民在隆昌为歌颂清官延少山所立的一块德政碑。

（一）题款

少山观察[1]延大人德政，富顺县绅商士民恭颂少山观察延大人。

【解读】

延少山道员的德政碑，富顺县乡绅、商人及士民恭敬地称颂延少山道员。

【注释】

（1）观察：清代对道员的尊称。唐代（中叶后于未设节度使的各道）设"观察使"，为州以上的长官。清分守道辖一省内若干府、县，分巡道辖一省内某一专门项目，其地位类似唐之观察使，后人因为分守、分巡道员也管辖府州，就借用以尊称道员。

（二）碑铭

除暴安良。

【解读】

铲除强暴黑恶势力，安抚善良的人民。

（三）落款

富顺县绅商士民恭颂，同治十年仲冬月吉旦[1]。

【解读】

富顺县绅士、商人、士大夫和普通民众恭敬称颂。同治十年（1871）十一月初一。

【注释】

（1）吉旦：农历每月初一；泛指吉祥的日子。宋代无名氏《儒林公议》卷上："（苏惟甫）旬浣吉旦诣公，语余遂及身计。"明代张居正《请册立东宫疏》："以今首春吉旦，敕下礼官，早正储官之位，以定国本，以慰群情。"

（四）延少山简介

延少山，本名延祜，字少山，满洲正红旗人，曾任泸州监司、川南道道员（辖永宁分巡道）九年，是晚清著名的清官廉吏之一。清同治年间，延祜曾在泸州忠山顶上武侯祠旁边建奎星阁，为忠山唯一存留较完整的清古建筑，该建筑呈四方形，一楼一底，前有三柱，翘角瓦檐，古朴华美。现已作为古文物闲置保护（见下图）。

第三章

节孝牌坊

节孝牌坊旌表的主题包括"节"与"孝"两个方面。"节"主要是指操守和气节，"孝"则是指孝敬和侍奉家中老人。封建王朝对"节"的旌表，旨在通过倡导妇女守"节"来强化和巩固封建礼教的"纲常"伦理，引导社会和女性自身通过禁欲和慎行来维系婚姻家庭的稳固。旌表"孝"，则是从尊亲敬老的角度来维护家庭家族的秩序和稳固。"节孝"都是封建传统文化的重要组成部分，是社会共识的黏合剂和最大公约数，一直受到官方倡导和民间推崇，在一定程度上对维护封建王朝统治和基层社会秩序起到了积极作用。

隆昌现存与"节"和"孝"直接相关的牌坊共有6座，其中，节孝牌坊4座，贞节牌坊1座，孝子总坊1座。分别为01号牌坊郭陈氏节孝坊、09号牌坊节孝总坊（一）、10号牌坊节孝总坊（二）、15号牌坊杨林氏节孝坊，14号牌坊杨邱氏贞节牌坊，04号牌坊孝子总坊。

第一节　郭陈氏节孝坊

郭陈氏节孝坊在隆昌现存编号的17座牌坊中编为01号牌坊。该坊坐落于隆昌市西区万隆路北延线与向阳路交叉处西南区域的公园内（原古湖街道建设村），横跨此段东西走向的巴蜀古驿道，呈东西两面布局。

郭陈氏节孝坊建于清道光十八年（1838），由郭陈氏两个同属监生的儿子郭光永、郭光绅两兄弟邀约云顶寨郭氏官场中族亲，以及邻里绅士等公请朝廷降旨旌表郭氏后裔监生郭世蕃之妻郭陈氏为节孝妇而建。建坊资金均由郭氏家族自行出资。

郭陈氏节孝坊采用隆昌青石而建，形制为四柱三门三重檐五滴水青石仿木雕花牌楼式。通高15米，面阔9.5米，占地34.07平方米，中门两根立柱的长、宽、高均超出其他牌坊不少。每根石柱重达10余吨。牌坊顶盖刹尖为火焰宝珠金刚座，三层尖顶呈火焰状，三重飞檐 层层上收，做展翅欲飞状，给人一种向上飞翔的强烈动感。刚建好时，牌坊楼檐边角的十二鳌尖上均悬挂铜铃，一有风吹，便叮当作响，被老百姓唤作"铃铃儿牌坊"。

一、牌坊东面文字

（一）匾额

圣旨。

【解读】

皇帝的意旨和诏令。

（二）牌坊名

邑监生郭世蕃之妻陈氏[1]节孝[2]坊。

【解读】

隆昌县国子监生员郭世蕃的妻子陈氏的守节孝顺牌坊。

【注释】

（1）陈氏：监生郭世蕃之妻，生性慈和，教娴婉娩，年十八适蕃，越六载蕃卒，抚遗子光永、光绅成立，均为捐入国学，苦志清操。道光甲午（道光十四年，1834）请旌建坊，丙午（道光二十六年，1846）入祀节孝祠，卒年八十一岁。

（2）节孝：贞节和孝顺。

（三）正匾

1. 正上匾

节孝[1]。

四川提督学院[2]王笃题。

【解读】

守节孝顺。 四川提督学政王笃 题写。

【注释】

（1）节孝：贞节和孝顺。清代刘大櫆《方节母传》：余观女妇之以节孝著闻，惟新安为尤。

（2）提督学院：简称学院。即提督学政。掌管一省学校教育事务。或因其衙门称学院而以之名官。参见"提督学政"。

2. 正下匾

古来忠诚节妇，盖天地之正气[(1)]所赋，亦山川之灵气所钟[(2)]也。错节盘根[(3)]，饮冰茹蘖[(4)]，而报以馨香[(5)]，理固然焉。节孝郭母陈儒人[(6)]者，系出有妫[(7)]，世居泸阳，秉性[(8)]幽贞[(9)]，素[(10)]娴[(11)]姆教[(12)]，年十九归郭公世蕃，越五载遂矢所天，遗孤二，孺人哀痛弗生，又念亲老子幼俯仰无依，爰矢志[(13)]守贞，妇供[(14)]子职，母兼父道，初终不渝焉。孺人有弱弟，亲为教养，婚娶不惮辛勤。至其慈惠[(15)]恭俭[(16)]、不苟笑言、赒恤[(17)]贫乏则又天性[(18)]独优也。兹者荷[(19)]蒙[(20)]天眷[(21)]，旌表[(22)]建坊，哲嗣[(23)]荣列成均[(24)]，孙曾含饴绕膝，五十余年备尝甘苦，福寿骈臻[(25)]，足征[(26)]德报矣。尝阅县志所载，郭氏之先有杨夫人[(27)]者，作片铁洪炉[(28)]之词，矢剪发灭头之誓。知孺人之家风未远，克绍[(29)]前徽[(30)]，而非独有得于天地山川之灵秀也。爰[(31)]述其梗概[(32)]大端[(33)]，濡毫[(34)]而敬为之记。

辛酉恩科[(35)]拔贡[(36)]乐山县训导[(37)]愚表弟耿昂[(38)]顿首拜题

道光十八年孟冬月朔二日穀旦

【解读】

自古以来忠诚的贞节妇，都是由充塞于天地之间的浩然之气凝结而来的，也是由山川灵秀之气汇聚而成的。她们的经历如树根一样错节盘绕地交缠着分拆不开，坚忍不拔地过着饮冰吃草般的清苦日子，靠着这种坚强贞节的德行，最后获得了留传后世的好名声，这是理所当然的了。

节孝妇郭陈氏老孺人，先祖发源于上古八姓之一的妫姓，世代居住在泸州江阳，她天生高洁坚贞，在娘家时就文雅庄重，家里专门请了女教师授课。十九岁嫁给郭世蕃，五年后丈夫就病故了，留下两个年幼的儿子。当时陈孺人哀痛万分不想活了，但又惦念着婆家父母年老、两个儿子年幼，老幼起卧无依无靠，于是发誓守节尽孝。作为媳妇，她代替儿子侍奉公婆，作为母亲，她又兼尽父亲的责任。她的这种一开始就立下的决心从未改变。

陈孺人还有一个年幼的弟弟，她便像亲生父母一样教育培养，直到帮他娶媳妇，她都不辞辛劳。至于她的慈爱、仁惠、谦恭和勤俭节约，以及稳重端庄，不随便言笑，主动接济救助贫困的人，这些都是由她独有的善良天性而为的。以上种种，让她如今承载着上天的眷顾和皇上的恩宠，降旨旌表她的美德而建节孝牌坊。她的儿孙都进入了学校读书，孙儿和曾孙含着饴糖绕着她的膝盖玩耍，让她开心无比。漫长的五十多年来，她备受人间甘苦，如今福寿一并到来，足以表明这是对她美德善行的回报。

我曾看过县志的记载，在陈孺人之前，她们郭氏家族有个叫杨夫人的贞烈妇，在丈夫郭懋宏去世后写下了"片铁洪炉"的感人词句，发下剪发截头的贞烈誓言。由此可见，陈孺人的这种贞节家风并未远去。她是继承了前人的美德，并不是独独因为汇聚了天地正气和山川灵气的原因啊！于是，我就在这里记述个大概，蘸上笔墨恭恭敬敬地记下陈孺人的事迹。

辛酉（1801）恩科（皇帝特恩开科）拔贡（选拔贡入国子监生员）乐山县训导（儒学辅助教职）愚表弟耿昂顿首拜题

道光十八年（1838）十月初二吉辰

【注释】

（1）正气：充塞天地之间的至大至刚之气。体现于人则为浩然的气概，刚正的气节。

（2）钟：汇聚；集中。

（3）错节盘根：错：交错；节：枝节；盘：盘曲。树木的根枝盘旋交错。比喻事情纷繁复杂，也形容人坚韧不拔。

（4）饮冰茹蘗：指生活清苦，为人清白。清纪昀《阅微草堂笔记·槐西杂志三》："节妇非素有定志，必不能饮冰茹蘗数十年。"

（5）馨香：比喻可流传后代的好名声。

（6）孺人：古代称大夫的妻子，唐代称王的妾，宋代用为通直郎等官员的母亲或妻子的封号，明清则为七品官的母亲或妻子的封号。亦通用为妇人的尊称。

（7）妫：妫姓，中国上古八大姓之一，与姚姓皆出自五帝之一的虞舜（舜帝生于姚墟而居于妫水）。春秋战国时期的妫姓诸侯国有陈国、齐国和遂国。由其派生出的氏族有很多，比较典型的诸如陈、田、袁、陆、王、车、薛等。《说文》："妫，虞舜居妫汭，因以为氏。上古八大姓是指姬、姜、姚、嬴、姒、妘、妫、姞。"

（8）秉性：本性。

（9）幽贞：指高洁坚贞的节操

（10）素：指平日的行为、修养及志向、愿望。

（11）娴：文雅；柔美文静，庄重不轻浮。

（12）姆教：女师传授妇道于女子。《礼记·内则》："女子十年不出，姆教婉娩听从。俯仰：低头和抬头，亦指起卧。"

（13）矢志：立下誓愿和志向，以示决心。清·蒋士铨《桂林霜·议恤》："更堪夸，全家矢志，一般贞洁。"

（14）供：形声。从人，共声。本义：供给，供应。人、共两范式叠加。恭敬施陈以具足是供之范式。

（15）慈惠：仁爱。

（16）恭俭：恭谨俭约。俭：俭约，不放纵。《书·周官》："恭俭惟德，无载尔伪。"

（17）赒恤：亦作周恤，周济救助。《礼记·孔子闲居》："凡民有丧，匍匐救之。"汉郑玄注："救之，周恤之。言君于民有丧，有以周恤之。"

（18）天性：一个人出生就具有的秉性、心理感知特性及行为趋势。《孟子·尽心上》："形色，天性也。"

（19）荷：背负肩担。《论语》：有荷蒉而过孔氏之门者。

（20）蒙：承受。

（21）天眷（juàn）：上天的眷顾，亦指帝王对臣下的恩宠。《书·大禹谟》："皇天眷命，奄有四海，为天下君。"

（22）旌表：表彰。后多指官府为忠孝节义的人立牌坊赐匾额，以示表彰。

（23）哲嗣：哲子（敬称他人之子），对别人儿子的尊称。哲：贤明的人；有智慧的人。《书·大诰》："尔庶邦君，越尔御事；爽邦由哲。"

（24）成均：远古时期的大学。相传为远古尧舜时的学校。原始氏族公社后期，氏族的规模逐渐扩大，并组成部落联盟。社会生活也趋向复杂化，除家庭生活、生产劳动和与外敌作战的军事行动外，还有各种祭祀、庆典等集体性的礼仪活动。

（25）骈臻：并至，一并到来。宋秦观《代回吕吏部启》："既承召节，仍属嘉辰，宜戬谷之骈臻，顾颂言而何既。"

（26）征：征兆；迹象。

（27）杨夫人：指贞烈妇郭懋宏之妻杨氏。杨氏，富顺兵部侍郎杨述中女，年十五归隆昌诸生郭懋宏，懋宏病重，弥留之际嘱氏为立后，氏谨诺并许以死殉，并密书誓词于带，曰："妾心一片铁，不与洪炉灭，茕茕未亡人，茹苦肱九折，一死鸿毛轻，岂受风尘绁，妾发可剪头可截。"后杨氏抚夫弟懋相之子为嗣，取名孝懿，孝懿长到七岁时氏曰："可以死矣"，遂于明万历四十五年（1617）5月22日自缢，乡人哀之，谥曰"贞烈"。泰昌元年（1620）奉旨旌表建贞烈坊，天启五年（1625）立同奉祀。

（28）片铁洪炉：指隆昌云顶郭氏先辈郭懋宏之妻杨氏在丈夫死后，决心以死殉夫，在衣带上秘密写下誓词："妾心一片铁，不与洪炉灭。茕茕未亡人，茹苦肱九折。一死鸿毛轻，岂受风尘绁。"将小孩抚养到七岁时，履誓殉夫投水。

（29）克绍：能够继承。《书·冏命》："俾克绍先烈。孔传：使能继先王之功业。"

（30）前徽：前人美好的德行。

（31）爰：这里。《荀子·赋》："爰有大物，非丝非帛。"

（32）梗概：大概，概略。《后汉书·文苑传上·杜笃》："臣闻知而复知，是为重知。臣所欲言，陛下已知，故略其梗概，不敢具陈。李贤注：梗概犹粗略也。"

（33）大端：指主要的部分。语出《礼记·礼运》："故欲恶者，心之大端也。孔颖达疏：端谓头绪。"

（34）濡毫：指濡笔（沾墨于笔）。谓蘸笔书写或绘画。

（35）恩科：指科举制度中于正科外皇帝特恩开科取士。宋代有赐出身之恩例和特奏名。开宝三年（970）、太平兴国二年（977），宋太祖、宋太宗分别赐参加省试、殿试落第十五次、十次以上者出身。咸平三年（1000），又许举人年高而屡经省试或殿试落第者，遇殿试皇帝亲策试时，由礼部另立名册奏上，参加附试，称特奏名。是为恩科之嚆矢。

（36）拔贡：科举制度中选拔贡入国子监的生员的一种。清制，初定六年一次，乾隆七年改为每十二年（即逢酉岁）一次，由各省学政选拔文行兼优的生员，贡入京师，称为拔贡生，简称拔贡。同时，经朝考合格，入选者一等任七品京官，二等任知县，三等任教职；更下者罢归，谓之废贡。

（37）训导：学官名。明清府、州、县儒学的辅助教职。

（38）耿昂：隆昌县人，清道光乙酉（1825）科拔贡，朝考钦取二等乐山县训导，雅安县教谕。历署富顺县训导，忠州、剑州府学。文章词赋宏博富丽，以书法名一世。敕授修职郎。

（四）侧匾

右侧上匾

右侧下匾

1. 右侧匾

（1）上匾：男：郭光永监生、高氏，郭光绅监生、曾氏。孙：郭祖周、苏氏，郭祖文贡生、黄氏，郭祖新援例①县丞②、刘氏。曾孙：郭成家、潘氏，郭成京、甘氏，郭成立、谢氏，郭成支、张氏。

【解读】

儿男：大儿子郭光永，国子监生员，儿媳高氏；二儿子郭光绅，国子监生员，儿媳曾氏。孙儿：大孙子：郭祖周，孙媳妇苏氏；二孙子郭祖文，贡生，孙媳妇黄氏；三孙子郭祖新，援引惯例授任知县佐官，孙媳妇刘氏。曾孙：大曾孙郭成家，曾孙媳妇潘氏；二曾孙郭成京，曾孙媳妇甘氏；三曾孙郭成立，曾孙媳妇谢氏；四曾孙郭成支，曾孙媳妇张氏。

【注释】

①援例：引用惯例或先例。《清会典·吏部》："遇有缘事降革后援捐复原官者，准以双单月一并计算。"

②县丞：古代知县的辅佐之官，一般由举人、恩贡、拔贡副贡考取除授职衔。也有进士出身，官居御史，由于违忤上宪意旨，而被降调为县丞者，不过这是极个别的。县丞在县丞廨（也称"街道厅"）内办公，主管全县文书档案、仓库、粮马、征税等，也是朝廷命官，秩正八品，泛称其为左堂、二公、少尹等，手下设有攒典1人协助其办公。

（2）下匾：胞侄：郭光宗监生、郭光前县丞。侄孙：郭祖彦、郭祖程、郭祖岐、郭祖丰、郭祖泰、郭祖张、郭祖恒、郭祖佑、郭祖龙。侄曾孙：郭成德、郭成艺、郭成业。

2. 左侧匾

| 左侧上匾 | 左侧下匾 |

（1）上匾：堂弟：郭世谦贡生、郭人鉴现任中江县教谕、郭人经辛已恩科举人、郭人正廪生、郭醇禧增生、郭天瑞生员、郭人镐增生、郭人镛增生、郭有章生员、郭维成生员、郭体瑞、郭喜瑞、郭人三生员、郭人孚。

【注释】

生员：明、清指经本省各级考试入府、州、县学者，通名生员，俗称秀才，亦称诸生。生员常受本地教官（即教授、学正、教谕、训导等）及学政（明为学道）监督考核。生员的名目分廪膳生、增广生、附生，初入学为附学生员，廪、增有定额，据岁考、科试成绩递补。

（2）下匾：堂侄：郭光耀监生、郭光鉴廪生、郭光禧监生、郭光定职员、郭光照、郭光禄增生、郭光炳、郭光昱。堂侄孙：郭祖绳监生。

（五）楹联

正联　　　　　　　　　侧联

1. 正联

五十年[(1)]来柏劲松贞[(2)]，历尽风霜雨雪[(3)]；

九重[(4)]恩锡[(5)]龙章[(6)]凤诰[(7)]，昭[(8)]如日月星辰。

署[(9)]隆昌县事薛炳勋[(10)]拜题

【解读】

五十年来如翠柏青松一样劲拔坚挺的贞节操守，经历了无数风霜雨雪的磨难；

九重天子隆恩赏赐，颁发绘有龙翔凤翥花纹的诏书予以旌表，像日月星辰一样光耀灿烂。

隆昌县知县薛炳勋恭敬地题写

【注释】

（1）五十年：指建贞节牌坊时郭陈氏夫人已守节五十余年。

（2）柏劲松贞：即贞松劲柏，意思是以松柏的坚贞劲直，比喻人的高尚节操。金元好问《题石裕卿郎中所居四咏·雪岩》："贞松劲柏四时春，霁月光风一色新。"

（3）风霜雨雪：比喻经历了种种艰难困苦。

（4）九重：古代帝王皇宫有九道门，故称九重，象征帝王具有"九重天子"之尊，是最为森严的一种制度。九重亦代指帝王。

（5）恩锡：锡，"赐"。恩锡，即恩赐。

（6）龙章：龙纹，龙形，也释义为最高者的象征。《礼记·郊特牲》："旗十有二旒，龙章而设日月，以象天也。"

（7）凤诰：皇帝降下恩德颁下诰命。

（8）昭：光明，明亮。

（9）署：常称官署，公署。

（10）薛炳勋：浙江会稽县监生，道光十八年任隆昌县知县。

2．侧联

心苦节弥坚[1]，百世[2]功存褓襁[3]；

德贞年必永，八旬宠锡丝纶[4]。

现任潼川府中江县教谕堂弟人鉴[5]谨题并书

【解读】

心中越是痛苦守节志向就越加坚定，保存亲生骨肉传接宗嗣香火，立下了百代功勋；

具有坚贞的美德操守寿年必定久长，八十高寿时荣获了皇帝恩宠赏赐旌表建节孝坊的诏书。

现任潼川府中江县教谕夫君郭世蕃的堂弟郭人鉴小心翼翼地题写

【注释】

（1）弥坚：越来越坚强，或越来越坚定。弥：更加；坚：坚强、坚定。例，老而弥坚：人虽已老，但志向却更加坚定。宋释印肃《颂古九十八首其一》："仰之弥高，钻之弥坚。瞻之在前，忽焉在后。石头重举，隐峰无言。若更不会，三千大千。"

（2）百世：世，代。百世即百代，喻久远。

（3）褓襁：褓，背负婴儿的带子。襁，小儿被，用以裹。褓襁，通指背负小儿的背裙，借指婴幼儿。此以代指后代骨肉子孙。

（4）丝纶：皇帝制诏及三省同奉圣旨所发省札之类的泛称。纶，粗于丝者为纶。《礼记·缁衣》："王言如丝，其出如纶。孔颖达疏：王言初出，微细如丝，及其出行于外，言更渐大，如似纶也。后因称帝王诏书为丝纶。"

（5）人鉴：郭人鉴，字保卿，郭世蕃堂弟，隆昌县云顶寨郭氏后裔，由廪生官中江县教谕，敕授修职郎。教谕，学官名。宋代在京师设立的小学和武学中始置教谕。元明清县学皆置教谕，掌文庙祭祀，教育所属生员。

二、牌坊西面文字

（一）匾额

圣旨。

【解读】

皇帝的意旨和诏令。

（二）牌坊名

邑监生郭世蕃之妻陈氏节孝坊。

【解读】

隆昌县国子监生员郭世蕃的妻子陈氏的守节孝顺牌坊。

（三）正匾

1. 正上匾

节孝。

四川提督学院王笃题。

【解读】

守节孝顺。 四川提督学政王笃题写。

2. 正下匾

节妇郭陈氏者，邑监生郭世蕃之妻，泸州陈朝远之女也。性秉⁽¹⁾幽贞⁽²⁾，教娴婉娩⁽³⁾。年十九适⁽⁴⁾世蕃，生子二。越五载，世蕃卒，氏哀毁骨立⁽⁵⁾，痛不欲生，只以白发在堂，黄口⁽⁶⁾在室，于是规⁽⁷⁾织席⁽⁸⁾以娱亲⁽⁹⁾，和⁽¹⁰⁾熊丸⁽¹¹⁾而教子，孝慈并尽，辛苦弗辞，良⁽¹²⁾可悯⁽¹³⁾矣。乃雨涩风酸，忆昔五十六年之中，生不如死，而兰芬桂馥⁽¹⁴⁾，略喜。七十九龄而后苦竟回甘⁽¹⁵⁾，宜乎！恩纶⁽¹⁶⁾下逮⁽¹⁷⁾，金石⁽¹⁸⁾长留，有以发潜德之幽光⁽¹⁹⁾，扬贞风于不朽也！余摄宰⁽²⁰⁾斯土，有风教责目，敬揭⁽²¹⁾芳踪⁽²²⁾，懋⁽²³⁾照后世，庶几⁽²⁴⁾足以慰幽贞而并为邑之励节⁽²⁵⁾者劝。

进士⁽²⁶⁾出身署隆昌县事奉节县知县解州⁽²⁷⁾薛峨⁽²⁸⁾拜题

道光十八年孟冬月朔二日榖旦

【解读】

节孝妇郭陈氏夫人，是本县国子监生员郭世蕃的妻子，泸州陈朝远的女儿。天生就有幽贞娴静的性格，从小又受到了娴淑婉顺的文雅教育。十九岁嫁给了郭世蕃，生有两个儿子。五年过后，世蕃去世，陈夫人悲伤过度，削瘦得只剩一把骨头，痛苦得不想活了。只因为家中还有年老的公婆在堂需要奉养，两个年幼的小孩在房中需要抚育，于是就谨遵清规戒律，居家做织席一样的粗重苦活让公婆高兴，像唐代柳母和熊丸让柳仲郢添尝，以激励其苦练心志而读书的典故那样贤惠地教育孩子，努力尽到儿女之孝和慈母之爱，不辞辛苦，很是令人怜悯。经历了雨打风吹的苦涩辛酸，回想以前五十六年来生不如死的苦处，而今换来了儿子贤达、孙子聪慧，略微感到了丝丝喜悦。七十九岁高龄后，竟然苦尽甘来，真是好事啊！皇上降下恩诏，将她的节孝事迹镌刻于坚固的青石牌坊上，久远存留，用以让她不为人知的美德散发出潜隐的辉光，传播她的贞洁风骨而永不磨灭。我掌管隆昌县域，有培育良好风化的责任和目标，因此就恭敬地把陈夫人的贤淑美德事迹书写出来，辉煌地照耀后世，希望这样能够告慰幽贞贤淑的陈夫人，并劝勉和鼓励县内那些立志守节的人。

进士出身的隆昌知县即将赴奉节任知县的山西解州薛峨拜题

道光十八年（1838）十月初二吉辰

【注释】

（1）性秉：秉性，即本性。

（2）幽贞：指高洁坚贞的节操。刘宋颜延之《拜陵庙作》诗："幼壮困孤介，末暮谢幽贞。"

（3）婉娩（miǎn）：仪容柔顺。《礼记·内则》："姆教婉娩听从。"

（4）适：旧时指女子出嫁。《玉篇》："适，女子出嫁。"

（5）哀毁骨立：旧时形容在父母丧中因过度悲伤而瘦得只剩一把骨头。《后汉书·韦彪传》："孝行纯至，父母卒，哀毁三年，不出庐寝。服竟，羸瘠骨立异形，医疗数年乃起。"

（6）黄口：指雏鸟的嘴，借指儿童。

（7）规：有法度的正圆之器。引申指法则、章程、标准、常规、清规戒律。《说文》："规，有法度也。从矢，从见，会意。"

（8）织席：编织草席。形容工作粗贱，地位卑下。

（9）娱亲：使父母欢乐。清戴名世《先君序略》："家人惟吾母事之谨，儿子辈妄意他时富贵以娱亲。"

（10）和：调和；调治；调适。

（11）熊丸：以熊胆制成的药丸。《新唐书·柳仲郢传》："唐·柳仲郢幼嗜学，其母曾和熊胆丸，使夜咀咽，以苦志提神。"后用为贤母教子的典故。

（12）良：善也。后延伸为很，甚，极其，非常。

（13）可悯：亦作可闵。令人怜悯。宋代苏轼《论河北京东盗贼状》："本无改过自新之意，有何可悯！"

（14）兰芬桂馥：指儿子贤达孙子聪慧。

（15）回甘：回味甜美。谓滋味由涩变甜。

（16）恩纶（lún）：指用青丝绶带作装饰的皇恩诏书。《礼记·缁衣》："王言如丝，其出如纶。"

（17）下逮：往下一直到。韩愈《进学解》："下逮《庄》《骚》，太史所录。"

（18）金石：古代镌刻文字、颂功纪事的钟鼎碑碣之属。

（19）幽光：潜隐的光辉。潜德幽光：有道德而不向外人炫耀，就像隐藏起来的光辉。

（20）摄宰：即宰摄，主宰。

（21）揭：指使隐蔽的事物显露。

（22）芳踪：芳指花草的香气，引申可指香草，又可指懿德美誉，贤德的人。踪指脚印；留下的痕迹。芳踪即有贤德的人的行迹。

（23）懋：勉励，鼓励。东汉许慎《说文》："懋，勉也。"

（24）庶几：表示希望的语气词，或许可以。

（25）励节：砥砺节操。励，通砺。《淮南子·修务训》："故君子积志委正，以趣明师，励节亢高，以绝世俗。"

（26）进士：古代科举制度中，通过朝廷考试者，称为进士。是古代科举殿试及第者之称。

（27）解州：地名，在山西省运城市。

（28）薛峨：山西安邑县进士，道光十七年任隆昌县知县，道光十八年调任奉节县知县。

（四）侧匾

1. 右侧匾

（1）上匾：堂叔祖：郭澧，辛酉拔贡现潼川府教授①；郭漎，辛酉拔贡丁卯亚元②涪州学正③；郭湛，生员；郭晳、郭培、郭瑞。

【解读】

堂叔祖：郭澧（lǐ），辛酉（1801）选拔贡入国子监的生员，现任潼川府官学中的学官；郭漎（cōng），辛酉（1801）选拔贡入国子监的生员、丁卯（1807）乡试中举第二名，现任涪州正八品学正；郭湛，考入官府学校的学生；郭晳、郭培、郭瑞。

【注释】

①教授：古时设置在地方官学中的学官。宋代高承《事物纪原·抚字长民·教授》："宋朝神宗元丰中，兴太学三舍，以经术养天下之才，又于诸大郡府，始各置教授一人，掌教导诸生。"

②亚元：亚元主要是指科举时代乡试的第二名。乡试中举，第一名称解元，第二名至第十名皆称亚元。

③学正：古代文官官职名，掌执行学规，考校训导。明学正秩正九品。清初不改，乾隆初升为正八品。

（2）下匾：堂叔：郭玉峦，监生，例赠①登仕郎②；郭玉莹，现任江津县教谕；郭玉岭，照磨③；郭玉娇，县丞；郭毓冈，戊子科举人；郭毓龙，辛巳恩科举人；郭毓恒，生员；郭毓岷④，生员。

【解读】

堂叔：郭玉峦，监生，循例赠予登仕郎；郭玉莹，现任江津县负责教育的长官；郭玉岭，官府科员；郭玉娇，知县助手；郭毓冈，戊子（1828）科乡试考中举人；郭毓龙，辛巳（1821）在朝廷加恩科考的乡试中考中举人；郭毓恒，考入官府学校的学生；郭毓岊（yì），考入官府学校的学生。

【注释】

①例赠：循例赠予官爵，指朝廷推恩把官爵授给官员已去世的父祖辈。

②登仕郎：文散官名。古代秀才的别称，是候补官。古时候考中秀才就能为官，但不是所有的秀才都是官员，需要有了空缺，才能补上为官，平时只有一个虚职务。为县府做一些文书之类的事情。明正九品初授将仕郎，升授登仕郎。清正九品改授登仕郎。

③照磨：官名。照刷磨勘的简称。元朝建立后，在中书省下设立照磨一员，正八品，掌管磨勘和审计工作，另肃政廉访司中负责监察的官员也称照磨。在此之外，元朝政府在其他机关，上自朝廷六部、御史台、枢密院等院、光禄寺等寺、太府监等监、大司农府等府及诸卫诸亲军，下至行中书省、肃政廉访司、宣慰使司、安抚司、都漕运使司、都转运使司、诸总管府等大多数官署皆置照磨，负责对本部门的收支进行审计，相当于现今的机关科员或一般工作人员。

④岊（yì）：尼的异体字。

2. 左侧匾

（1）上匾：氏族①长幼②：陈朝卫，增生；弟：陈超然，廪生；胞侄：陈基盛；陈基凤；陈基灵，监生。

【解读】

陈氏家族年长和年幼的亲人：陈朝卫（以下同原文）

【注释】

①氏族：原始社会由血缘关系联系起来的群体。

②长幼：指年长与年幼。

（2）下匾：公请建坊绅士：敖翊臣，壬午科举人，任珙县学正；王致中，戊子科举人；李茂材，壬辰科举人；孔昭亮，壬午科举人；陈先典，岁进士①；郭毓龙，辛巳恩科举人；余耀，生员。邻里：傅诗昂、熊学钊、李文凤、王恩龙、谢万选、曾文伟，监生。匠士：曹庆云。

【解读】

参与提请为郭陈氏夫人建节孝牌坊的地方乡绅士人：敖翊臣，壬午（1822）科举人，现任珙县官学中的学官；王致中，戊子（1828）科举人；李茂材，壬辰（1832）科举人；孔昭亮，壬午（1822）科举人；陈先典，岁贡生（以下同原文）。

【注释】

①岁进士：不是殿试进士，是对于"岁贡（生）"的一种雅化的别称。"岁进士"作为一个雅称，可以写在"私家性"的族谱和碑文里，却不能用于正式的文书中。

（五）楹联

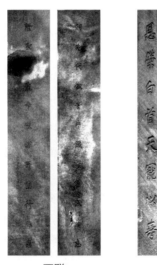

正联　　　　　　　　侧联

1. 正联

嗣[(1)]先代[(2)]徽音[(3)]，片铁洪炉征[(4)]素志[(5)]；
隆[(6)]圣朝[(7)]宠命[(8)]，紫泥丹诏[(9)]荷[(10)]殊恩。

知叙州[(11)]府事三原王治题

【解读】

继承家族先代坚贞守节的美德，"片铁洪炉"表明了一生的志向。

荣耀地获得了圣明朝廷的恩宠褒奖，承受到了用红色墨汁书写、紫色黏泥封口的诏书旌表的特殊恩典。

【注释】

（1）嗣：继承；接续。《尔雅》："嗣，继也。"

（2）先代：先世；古代。

（3）徽音：犹德音，指令闻美誉。多用于形容女子美德。

（4）征：证明；验证。

（5）素志：素，平时、向来。素志，向来怀有的志愿。

（6）隆：隆重，引申为荣耀。

（7）圣朝：圣明的朝廷，古人对本朝的敬称。

（8）宠命：宠，偏爱。宠命，特别皇旨诏书下达的命令。

（9）紫泥丹诏：古代皇帝旌表臣民的诏书，封口用紫泥，诏书文字是红色的，故称。此指皇帝旌表的诏书。

（10）荷：承受，表示感激。

（11）叙州府：古时宜宾作为州（府）级行政机构的称谓，自隆昌建县以来便是隆昌县的上级行政机构。

2. 侧联

节励[1]青年，母止[2]于慈，妇止于孝；

恩荣[3]白首，天宠以寿，帝宠以名。

现任贵州湄潭县署县事甘雨施拜题

【解读】

青年时就决心磨砺心志守节，作为母亲尽到了慈爱，作为媳妇尽到了孝顺；白发后获得了皇上的恩宠旌表，上天宠爱赐给高寿，帝王宠爱赐给美名。

现任贵州湄潭县署县事甘雨施恭敬题写

【注释】

（1）节励：即励节，砥砺节操。励，通"砺"。《淮南子·修务训》："故君子积志委正，以趣明师，励节亢高，以绝世俗。"

（2）止：停止。引申为尽到。

（3）恩荣：谓受皇帝恩宠的荣耀。南朝宋谢灵运《命学士讲书》诗："古人不可攀，何以报恩荣。"

特注：郭陈氏节孝牌坊西面落款的"湄潭县署县事甘雨施"几字为隆昌书法家周汝成老师潜心研究，多方查证资料后得出的成果。甘雨施乃荣昌甘氏大族中的佼佼者，当时的甘氏家族与隆昌的郭氏家族很是要好（或有姻亲关系），甘雨施在道光十八年正好是新官赴任湄潭知县，郭家求其为郭陈氏节孝坊题联当是情理之中，亦是光彩之笔，双方乐意，皆大欢喜。（见右图）

三、图案简介

郭陈氏节孝坊为青石雕花牌坊，雕刻艺术内涵十分丰富。顶盖为火焰宝珠（即夜明珠）金刚座，压定主脊，三层楼盖一共圆雕了六个鸱吻，吞定主脊。十二翘角飞檐刻剔玲珑，高挑四向，飞檐下透雕卷草纹饰，下挂铜铃铁马，迎风摇曳，铮琮之声时而远闻，故呼之为铃铃儿牌坊。此牌坊造型端庄肃穆，气势恢宏，比例适度，雕艺精湛。

各层楼盖均为琉璃瓦片，瓦当、滴水齐整。瓦当刻福寿纹饰，滴水刻菊花纹饰，檐下刻莲瓣纹，额坊刻如意斗拱纹饰。下层楼盖与顶楼呼应协调，脊上置图雕怪善。脊尾刻剔巨口鱼尾鸱吻，"S"形身躯灵揉矫健，牢牢吞定压脊。二三级楼盖下之纹饰刻为"琴剑书鹤"，东西两面相同，边框则以舒畅之缓带纹饰衬托。

顶楼下当心间为"五龙匾"。五龙为高浮雕，搅海穿云。正中一龙，口吐毫光，衬出遒劲楷书"圣旨"二字，寓意为真龙天子的金口玉言。五龙匾四周为火焰飞腾纹，意为圣恩浩荡，光耀无际。

匾下额枋通体浅雕"双凤朝阳"。凤凰是传说中的一种瑞鸟，四灵之一的百禽之王。双凤向着一轮红日，象征美好未来和光明前景。

额枋正中深浮雕麒麟、朱雀，边框刻饰缠绕藤叶，两端浅雕几何图案纹饰。

明间门楣东西两面均用深浮雕技法，各雕戏曲故事三出。门楣下雀替为透雕"双龙吐信"，衬托正中的圆雕宝莲，意为"口吐莲花"。

次间楼盖额枋檐下出头刻成莲瓣头,下刻如意斗拱纹饰。额枋出头圆雕中国古代神话传说中的穷奇、浑沌(又作混沌)、梼杌(táo wù)、饕餮(tāo tiè)等四大凶神。

据《神异经》记载,穷奇在北方道,壮如牛而长有翅膀,声如嗥狗,性情凶狠,喜听坏话并吃人。浑沌神兽在昆仑之西,其状如犬,长毛四足,似熊而无爪,有目而不见,行不开,有两耳而不闻,有人知性,有腹无五脏,有肠,直而不旋,食物径过。人有德行,而往抵触之;有凶德,则往依凭之。梼杌为西方荒远之地的神兽,其状如虎而大,毛长二尺,人面虎足,猪口牙,尾长一丈八尺,搅乱荒中。饕餮是一种凶恶贪食的野兽,形状如羊身人面,其目在腋下,虎齿人爪,其音如婴儿,是贪欲的象征,常用来形容贪食或贪婪的人。用穷奇、混沌、梼杌、饕餮来守护郭陈氏节孝牌坊东、西、南、北四方,就能够护卫坊主的节操和坊主家族的荣华富贵,同时也寓有该坊和坊主家族神圣而不可侵犯,一旦冒犯,即会受到凶兽之神的惩处。这种以四凶神雕像镇守牌坊东、西、南、北四方的建筑设计,在隆昌石牌坊中是唯一的,在全国牌坊中也极为罕见。

西面右次间门楣深浮雕"大舜耕田",为二十四孝之帝孝,《曲海总目提要·孝顺歌》:"虞舜,瞽瞍之子,性至孝,父顽母嚚,弟象傲。舜耕于历山,有象为之耕,鸟为之耘,其孝感如此。帝尧闻之,妻以二女,遂以天下让焉。"浮雕场面即娥皇、女英访舜于历山之景。

东面次间门楣上深浮雕戏曲故事《槐荫记·仙姬送子》,即《天仙配》七仙姑下凡配董永的故事。另一出为《衣锦还乡》,即叙董永荣归故里的情景。

次间雀替雕刻折戏八出，有《樊江关》，叙樊梨花与小姑薛金莲纠葛的故事。《虹霓关》，叙王伯当与东方氏之间的恩怨情仇故事。还《穆桂英》《雅里受开铁弓》等。

四对抱鼓石以整石圆雕狮象各两对，撑定四柱，既牢固又美观。

抱鼓石置于须弥座上，座面深雕纹锦，束腰上高浮雕莲花六朵，狮象座下线雕锦纹，线条流畅飘逸。四对抱鼓石显得雍容华贵，富丽堂皇。至此驻足细品，定当领略到古石雕之匠心独运之妙。

四、史实简介

郭陈氏是隆昌籍监生郭世蕃之妻，是泸州江阳陈朝远的二女儿，生性仁慈和善，文雅温柔，家中专门请了女老师居家教育儒学及诗书礼仪，备具教养。十九岁时，陈氏夫人嫁与郭世蕃，成为郭家长媳。过门后即挑起料理家务重担，所有封建家规，一一照行，上敬公婆，下护小姑小叔；且乐于助人，时常周济贫困乡邻。所有德行，深得族人赞许。结婚六年后，郭世蕃病逝，留下了郭光永、郭光绅两个年幼孩子。陈夫人强忍悲痛，独自挑起家庭重担，立志坚贞守节，醇心孝敬侍奉公婆，抚养两个孩子，含辛茹苦数十年，直到两个孩子都长大成人，捐入国学而获功名。陈氏还教养未成年之小叔，帮他迎娶了妻子，助其成家立业。

道光甲午（道光十四年，1834）年，郭陈氏夫人的两个孩子光永和光绅，邀约族中长辈和地方绅士、乡中邻里，公请朝廷旌表其母郭陈氏为节孝妇。道光十八年（1838），朝廷复旨到，同意郭氏家族自己出钱为郭陈氏建节孝牌坊，隆昌云顶寨郭氏族人亲友、地方长官士绅云集，题匾撰联称颂。

郭陈氏享年八十一岁。丙午年（道光二十六年，1846），郭氏将郭陈氏夫人列入郭氏宗祠，以永享香火祭祀。

第二节　节孝总坊（一）

本节所写牌坊在隆昌现存编号的17座牌坊中编为09号牌坊。该坊建于清咸丰五年（1855），为朝廷旌表188名节孝妇（其中节孝妇187名、孝妇1名）而建，坐落于隆昌南关春牛坪此段呈西北往东南向的巴蜀古驿道上，呈西北—东南两面布局。牌坊通高12米，面阔6.7米，形制为四柱三门三重檐五滴水仿木石质雕花牌坊。经过近两百年来的风吹雨打、烈日暴晒和人为破坏，该坊已风化和折损严重。顶盖刹尖、鸱吻、飞檐翘角、坐兽均在20世纪60年代"破四旧"时被毁，2006年，国家文物部门拨专款予以了较大程度的修复。

一、牌坊东南面文字

（一）匾额

圣旨。

【解读】

皇帝的意旨和诏令。

（二）牌坊名

节孝总坊[1]。

【解读】

旌表众多节孝妇、孝妇等守节、尽孝之德的牌坊。

【注释】

（1）总坊：合在一起建立的牌坊。总：匆（囟）有散意，系以束之。聚束也，谓聚而缚之也。《说文》："总，聚束也。"《广雅》："总，结也。"

第二承重横梁：隆昌县士民[1]公建[2]。

【解读】

隆昌县士人和普通老百姓共同建立。

【注释】

（1）士民：士大夫、普通读书人和普通百姓的并称。犹言士庶。《谷梁传·成公元年》："古者有四民，有士民、有商民、有农民、有工民。"

（2）公建：共同建立。公：公共，共同。《礼记·礼运》："大道之行也，天下为公。"

（三）正匾

1. 正上匾

廖凰生之妻彭氏、刘德崇之妻曾氏、黄远桂之妻汪氏、万良桂之妻耿氏、万忠贤之妻杨氏、郭世纯之妻周氏、关榜之妻黄氏、钟翔岱之妻廖氏、晏承睿之妻李氏、陈昌瑄之妻李氏、梁诗一之妻孔氏、蓝贵贤之妻林氏、蓝贵宏之妻林氏、李上周之妻蓝氏、赖世贵之妻李氏、雷积鉴之妻罗氏、林耀礼之妻张氏、张玉深之妻李氏、谢贞才之妻吴氏、黄德彰之妻刘氏、连宏富之妻江氏、何锡之妻许氏、陈启心之妻杨氏、吕太宏之妻黄氏。

2. 正下匾

杨美钜之妻张氏、郑德宾之妻罗氏、李开勋之妻吕氏、蓝贵蕴之妻邓氏、郑昌灏之妻蓝氏、罗经才之妻傅氏、李世一之妻钟氏、范华淑之妻钟氏、范华浩之妻郭氏、袁继全之妻刘氏、刘继策之妻黄氏、方明元之妻黄氏、谢时珍之妻方氏、孙代茂之妻范氏、邱琼辉之妻江氏、陈受康之妻黄氏、邱员英之妻曾氏、管克兴之妻叶氏、张懋和之妻徐氏、张懋敬之妻余氏、黄金贵之妻杨氏、黄河昌之妻范氏、萧才杰之妻罗氏、萧秀颜之妻郭氏。

（四）侧匾

1. 右侧匾

（1）上匾：李维斗之妻黎氏、陈孝德之妻陶氏、魏安富之妻曾氏、段富元之妻罗氏、万廷龙之妻李氏、陈先行之妻万氏、冯耀先之妻郑氏、华远升之妻关氏、廖廷浩之妻郭氏、李遐昌之妻陈氏、宋显理之妻吕氏、何其汲之妻戴氏。

（2）下匾：田子纲之妻马氏、田子濑之妻陈氏、曾万亨之妻李氏、胡先贤之妻计氏、叶牖林之妻陈氏、邹成翰之妻黄氏、曾元卿之妻邓氏、魏明光之妻马氏、廖廷珠之妻吴氏、彭一桂之妻韩氏、梁尚廷之妻江氏、梁登高之妻李氏。

2. 左侧匾

（1）上匾：杨秀珩之妻陈氏、李则文之妻邱氏、曾在杰之妻陈氏、曾万容之妻邱氏、曾万隆之妻黄氏、周卜举之妻陈氏、赵泰礼之妻胡氏、匡贞銇之妻雷氏、冯在康之妻王氏、张鹏学之妻范氏、张永秀之妻杨氏、曾卜义之妻萧氏。

（2）下匾：范修恒之妻文氏、何其俊之妻钱氏、胡玉检之妻彭氏、刘俊

槐之妻周氏、刘秀梁之妻颜氏、郭维良之妻钟氏、袁允科之妻刘氏、贺世品
之妻罗氏、杨盛浩之妻黄氏、钱圆林之妻张氏、郭其佑之妻敖氏、孝妇彭樽
之妻王氏。

（五）楹联

正联　　　　　　　侧联

1. 正联

当年镜影[1]怅[2]青鸾[3]，慨竹寒[4]雏水[5]，茶涩[6]楼峰[7]，甘苦
节者百九十人，谁为写孤孀独行[8]；

今日纶音[9]慰黄鹄[10]，喜露浥[11]徽章[12]，云标[13]绰楔[14]，阐[15]
幽芳[16]于二十五里[17]，良不负白首丹心。

【解读】

当年经常是一个人孤苦地对着镜子顾影自怜，像一只孤独的青鸾鸟失意
惆怅，凄凉地慨叹自己犹如饱受霜寒的水竹立于沱江河畔，又像苦涩茶菜生
长于楼峰山上，心甘情愿长久苦守节操和尊崇孝道的一百九十人，有谁能为
这些孀妇书写她们独特而孤苦的节孝行为呢？

今天圣旨旌表慰勉了节孝妇们的黄鹄之志，可喜可贺如雨露般的恩典洋溢
在朝廷旌表的圣旨上，高高矗立的节孝牌坊，揭示了节孝行为散发出来的幽静
美好的芳香，并传播到全县，真不辜负她们守节尽孝到白发老年的忠贞之心啊！

【注释】

（1）镜影：对着镜子照出的影子。

（2）怅（chàng）：失意的样子，不如意，惆怅。《说文》："恨，望恨也。"

（3）青鸾：又称苍鸾，自古以来，被赋予多层含义，最常见的一种说法为青鸾是常伴西王母的一种鸟，多为西王母坐骑。赤色多者为凤，青色多者为鸾。传说中的五凤之一。《山海经·山经》卷二："西山经又西二百二十里，曰三危之山，三青鸟居之。"郭璞注："三青鸟主为西王母取食者，别自栖息于此山也。相传汉时西域之国罽（jì）宾王于峻祁之山，获一鸾鸟，饰以金樊，食以珍馐，但三年不鸣。其夫人曰：'尝闻鸟见其类而后鸣，何不悬镜以映之。'王从其意，鸾睹形悲鸣，哀响中霄，一奋而绝。"此处用镜影怅青鸾，比喻嫠妇顾影自怜的凄凉情景。

（4）竹寒：隆昌河是沱江的支流，早年，金鹅江及其小支流畔成丛生长着一种小径竹子，竹身上竖生条状花纹。此竹性苦，也有人叫为苦竹，或曰花竹儿。

（5）雒水：即指沱江。《汉书·地理志》载，雒水，指今四川广汉境内沱江诸源之一，一说即鸭子河，一说即石亭江。《水经注》的洛水，兼指今金堂以下的沱江；唐宋诸地志或作"雒"，或作"洛"，仍专指金堂以上。

（6）茶涩：茶为一种野生苦菜，茶涩，如茶菜般涩苦。早年，楼峰山上多茶菜。

（7）楼峰：隆昌境内有楼峰山，位于古宇湖北岸，风景幽美，上有寺，清朗古雅，诗人杨升庵曾住此，隆昌古八景之一。此以楼峰代隆昌。

（8）独行：一个人独自行走，喻孤苦无依。

（9）纶（lún）音：犹纶言。帝王的诏令。

（10）黄鹄（hú）：又称天鹅。羽毛白而有光泽者称白天鹅。羽毛黄丹者，称黄鹄、丹鹄。汉代刘向《列女传》载："鲁陶婴少寡，鲁人闻其义，将求焉。婴闻之，乃作歌明己之不更二也。其歌曰：'悲黄鹄之早寡兮七年不双。'"后以指妇女的守节不嫁和空闺寂寞。

（11）露浥：露，露水，浥，湿润。露浥，露雨般湿润。

（12）徽章：佩戴在身上用来表示身份、职业等的标志。此指褒崇封赠的策命，即朝廷圣旨。

（13）云标：云的顶端，喻极高处。

（14）绰楔（chuò xiē）：古时树于正门两旁，用以表彰孝义的木柱。清代赵翼《蔡节妇诗》："今日泥书旌绰楔，清芬长附《柏舟》诗。"此处代指所建的节孝总坊。

（15）阐：打开，开启，又指开辟，引申为通过说理的方式使人明白。

（16）幽芳：幽静美好的芳香。喻节孝妇的优秀事迹精神品德。

（17）里：旧时县以下的基层行政单位，有五户、二十五户、五十户、一百户为里多种，多以二十五户为里。古隆昌县治初为二十里，后增为二十五里。

2. 侧联

行高冰洁[1]，操[2]与霜[3]整[4]；

明景[5]内映[6]，朗节[7]外新。

【解读】

品行高尚冰清玉洁，操守如寒霜一般整肃；

鲜明的节孝行为是内心的反映，清朗的节孝精神永远传播如新。

【注释】

（1）冰洁：像冰一样清亮高洁，冰清玉洁。

（2）操：操守，节操。《汉书·张汤传》："虽贾人，有贤操。"

（3）霜：春秋季节，温度在摄氏零度以下，晴朗无风的夜间生成的白色晶粒。此用以比喻人的品行高洁。

（4）整：齐整，严谨。

（5）明景：明亮的风景。此处比喻坚贞的守节精神。

（6）映：映照、反映。

（7）朗节：朗，明亮、明朗。王羲之《兰亭集序》："是日也，天朗气清，惠风和畅。此处用朗节描述清澈明亮的节孝行为。"

二、牌坊西北面文字

（一）匾额

圣旨。

【解读】

皇帝的意旨和诏令。

（二）牌坊名

节孝总坊。

【解读】

旌表众多节孝妇、孝妇等守节、尽孝之德的牌坊。

第二承重横梁：隆昌县士民公建。

【解读】

隆昌县士人和普通老百姓共同建立。

（三）正匾

1. 正上匾

薛元麟之妻林氏、杨承虞之妻萧氏、谢学融之妻刘氏、刘经潇之妻王氏、刘经猷之妻袁氏、陈玉贵之妻袁氏、彭栗之妻喻氏、晏承婴之妻喻氏、李扬善之妻周氏、晏尚信之妻萧氏、廖起德之妻晏氏、钟翔珑之妻张氏、晏宗凤之妻喻氏、蓝成茂之妻曾氏、蓝常秀之妻廖氏、蓝贵福之妻陈氏、李华国之妻林氏、萧时瑚之妻黄氏、萧逢泰之妻范氏、刘从达之妻李氏、喻崇寅之妻杨氏、喻浚德之妻萧氏、彭裕修之妻喻氏、邬其沄之妻吴氏。

2. 正下匾

刘金召之妻陈氏、程履珩之妻赵氏、程于岢之妻吴氏、李运德之妻吕氏、尤果标之妻程氏、熊殿元之妻程氏、曾元魁之妻李氏、林天怀之妻孙氏、李玉林之妻徐氏、李玉美之妻张氏、李茂春之妻郭氏、李玉成之妻程氏、钟兆桐之妻管氏、刘纲钜之妻罗氏、刘正杰之妻李氏、耿象鼎之妻朱氏、蓝廷荣之妻梁氏、王用柳之妻程氏、彭格之妻王氏、郭迪之妻王氏、段富学之妻刘氏、廖朝生之妻黄氏、陈学海之妻唐氏、叶盛林之妻刘氏。

（四）侧匾

1. 右侧匾

（1）上匾：彭应芳之妻翁氏、余玉开之妻陈氏、贺景衢之妻昌氏、梁中亮之妻贺氏、邬建业之妻巫氏、张维干之妻刘氏、毛碧贵之妻李氏、丁荣陆之妻关氏、黄桢秀之妻廖氏、曾瑜之妻陈氏、梁翰先之妻郑氏、梁承先之妻曾氏。

（2）下匾：刘从体之妻王氏、刘从俊之妻袁氏、曾熙富之妻胡氏、贺清秀之妻郭氏、范培芳之妻谭氏、何亮盛之妻王氏、林云英之妻罗氏、唐定浩之妻梁氏、薛文开之妻黄氏、曾在翮之妻张氏、王胜华之妻黄氏、罗万象之妻吕氏。

2. 左侧匾

（1）上匾：萧克湖之妻曾氏、计上德之妻方氏、计时冕之妻陈氏、林恒舒之妻梁氏、匡贞意之妻萧氏、田士俸之妻李氏、魏国俊之妻邓氏、陈学槐之妻刘氏、胡联魁之妻陈氏、熊朝瓒之妻唐氏、曾全义之妻王氏、曾存钊之妻罗氏。

（2）下匾：曾熙荣之妻曹氏、郑瑄之妻钱氏、张有才之妻邬氏、曾重义之妻刘氏、黄彰朝之妻骆氏、张懋恒之妻徐氏、郑南英之妻练氏、郭光辉之妻刘氏。

咸丰乙卯四月中浣①穀旦

恤嫠会②首事③等监修④

落款：咸丰乙卯（1855）四月中旬吉辰

隆昌县恤嫠会主持工作的首事等监督修造

【注释】

①中浣：原指古时官吏中旬法定的休沐日。后泛指每月中旬。

②恤嫠会：旧时一种救济贫苦寡妇的慈善机构。清代张焘《津门杂记》卷中："恤嫠会，专养寒苦孀居，月给口粮。"

③首事：为首主持其事；出头主管其事的人或头面人物。

④监修：监督修造。

（五）楹联

正联　　　　　侧联

1. 正联

高行⁽¹⁾待纂修⁽²⁾，他年志乘⁽³⁾成时，竹素⁽⁴⁾管彤⁽⁵⁾，二百载⁽⁶⁾更添贞妇传；

芳徽⁽⁷⁾留姓氏，此日门闾⁽⁸⁾表处，兰馨⁽⁹⁾莲洁⁽¹⁰⁾，千万世犹闻节母⁽¹¹⁾风。

【解读】

高尚的节孝品行等待有人来编撰书写，将来被编入县志刻印成书时，在洁白的竹简上用赤管笔撰写记载，会让清王朝二百年的历史增添节孝妇的传记；

馨香瑰丽的石牌坊上留下了节孝妇们的姓氏，今天在乡邻们间大力旌表，她们的品行像兰花一样馨香，像莲花出污泥而不染的高洁，千万代都将听到节孝妇们高尚操守的事迹。

【注释】

（1）高行：高尚的品行。

（2）纂修：编辑书写。纂（zuǎn）：编辑；修：书写。

（3）志乘：地方志书。记载地方的疆域沿革、人物、山川、物产、风俗等，如县志、省志等。清代章学诚《文史通义·和州志政略序例》："夫州县志乘，比于古者列国史书，尚矣。"

（4）竹素：以竹造纸，白者作写字成书之用。犹言竹帛，指史册。语出《抱朴子·论仙》："列仙之人，盈乎竹素矣！"

（5）管彤：即彤管，赤管毛笔；古代女史以彤管记事。后因用于女子文墨之事。

（6）二百载：指满清朝建立的甲申年（1644），至咸丰五年（1855）修建此节孝总坊时，共二百余年。

（7）芳徽：美好的标志，此指节孝总坊。

（8）门闾：指乡里、里巷。《初刻拍案惊奇》卷三三："刘安住行孝，张秉彝施仁，都是罕有，俱各旌表门闾。"

（9）兰馨：兰蕙芳香。喻节妇流传久远的道德名声。

（10）莲洁：莲出污泥而不染。喻节孝妇之高尚情操气节。

（11）节母：即节孝妇。

2. 侧联

贞以松筠⁽¹⁾，日月共照⁽¹⁾；
勒之金石⁽³⁾，天人⁽⁴⁾同光。

【解读】

贞节情操犹如青松翠竹，经历了日月照耀和时光验证；

镌刻节孝妇们的姓氏于青石牌坊上，天上人间光辉同照。

【注释】

（1）松筠：松树和竹子。松，松树。筠，竹子的青皮，引为竹子别称。

（2）照：知晓，明白。心照不宣，肝胆相照。引申为印证。

（3）金石：《吕氏春秋·求人》：故功绩铭乎金石。高诱注：金，钟鼎也；石，丰碑也。后称钟鼎碑刻为金石。此处代指该节孝总坊。

（4）天人：天界与欲界人间的并称，亦指在天界与欲界人间之有情。

三、图案简介

节孝总坊（一）上雕刻的各种图案纹饰，均突出"节孝"主题。

西北面顶楼盖及各级楼盖均仿作琉璃瓦垄石雕，檐下栏额刻饰已风化严重，雕刻人物及图案模糊难辨。当心间五龙匾边框立柱及平梁刻饰为缠枝牡丹，五龙雕早已被"破四旧"凿平。

大额枋正中楷书阴刻"节孝总坊"，两端浅浮雕几案，案上置花瓶，瓶式均为敞口、长颈、削肩、无耳、圈足，瓶后刻乐器，左琴右瑟，寓意"琴瑟和好"。

两侧次楼盖檐下栏额浮雕与节孝有关的戏曲故事，形象已风化模糊，内容难辨。中间顺袱串半圆形，楷书阴刻"隆昌士民公建"，两端浅雕几何纹饰。

　　明间门楣刻饰风化已尽，门楣下雀替透雕博古架，高浮雕水仙花分置左右，水仙花雅称"凌波仙子"，它冰肌玉骨，清秀优雅，芳香幽然，仪态超俗，寓意"玉洁冰清"。门下正面雕金瓜作灯状，枝繁叶茂，金瓜左右高浮雕凤蝶两只。金瓜即南瓜之美称，其藤蔓伏地而生，绵长如带，"蔓带"与"万带"谐音，蝴蝶的"蝶"与"瓞"谐音，大瓜小瓜结在绵长的藤蔓上，永无休歇，寓意"瓜瓞绵绵"，其意含有祝福坊上节孝人家子孙万代，绵延不断。

　　三级楼盖（边楼盖）分置左右次间之上。左檐下栏额雕刻神话故事《哪吒闹海》，右面雕刻风化模糊。左右额分别高浮雕一仙童，仙童坐矮榻上（如意坐式），手捧葫芦、宝盒，放出蝙蝠腾空，香烟氤氲。葫芦寓意"福禄"，蝙蝠来自宝盒，寓意"纳福"，仙童如意坐，则寓意"纳福如意"或"和合如意"。其左右案上刻有仙桃、玫瑰。葫芦与玫瑰组合寓意"万古流芳"，而蝙蝠与仙桃组合则寓意"福寿双全"或"福寿康宁"的美好愿望。

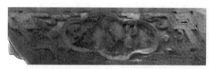

　　次间顺袱串上雕刻"卍"字连环图案，门楣上深浮雕戏曲故事一折，已严重风化，难辨内容。次间雀替均为透雕云纹，四对素面抱鼓石撑定门柱，凹处五面雕莲花各一朵。

　　牌坊东南面，顶盖下栏额风化严重，五龙圣旨匾与西北面相同。次楼盖下栏额刻饰《二十四孝》。左为《弃官寻母》。宋代的朱寿昌自幼母子分离，他当官后，突然知道母亲下落后就弃官寻母，后来终于母子团圆。右为

《郭巨埋儿》。东晋干宝《搜神记》记载：郭巨，家贫。有子三岁，母尝减食与之。巨谓妻曰："贫乏不能供母，子又分母之食，盍埋此子？儿可再有，母不可复得。"妻不敢违。巨遂掘坑三尺余，忽见黄金一釜，上云："天赐孝子郭巨，官不得取，民不得夺"。虽然孝母没错，但埋儿既违人性人伦，丧尽天良且违法，断不可取。

左图

右图

主梁两端雕刻花瓶，瓶后画轴横陈，显得高雅沉稳。

左端

右端

门楣上刻饰"八仙贺寿"，叙八仙定期赴西王母蟠桃大会的场面。

边楼盖下栏额刻神仙故事。额枋上各刻一打坐头陀，案首置仙桃、佛手橘，寓意"富寿双全"。

左额坊图

右

次间门楣各深浮雕戏曲故事，内容尚待进一步研究。

四、史实简介

节孝总坊（一）所旌表的一百八十多名节孝妇的节孝事迹大同小异，节孝妇们几乎都是心地善良，从青年时期就开始守节在家，孝敬老人，慈养子女，勤俭节约，吃苦耐劳。她们既是王朝官府表彰的道德楷模，也是封建礼教"三纲五常""三从四德"的受害者，一生挣扎于苦海而不能自拔。清王朝降旨将她们的节孝事迹旌表于青石牌坊之上，恩赐给节孝妇们的光环根本无法弥补她们终生凄苦的损失，其目的是要进一步彰显纲常伦理思想，用"克己复礼"扼杀人的个性特别是妇女们追求自由幸福的权利，以便更好地维系清王朝集权统治。

节孝总坊（一）旌表的众多节孝妇中，晏尚信、晏承婴父子之妻萧氏和喻氏婆媳两人同时被旌表，她们与乾隆四十八年（1783）旌表建坊的晏恔之妻喻氏为祖孙三代，而喻氏与其祖婆母、婆母又被当时人称"一门三节"。可见，晏氏一家竟然出现了"一门五节"，"贞节"文化像绳索一样勒在节孝妇们脖颈上，贻害不可谓不深。

晏恔之妻喻氏的事迹很是典型，她是隆昌县有才德却隐居不官的喻抱璋的女儿。二十岁嫁给晏恔，恪守妇道，其祖婆母及婆母都是早年守寡，凄惨孤凉。喻氏结婚五年后，丈夫身染重病撒手西去，无一男半女。喻氏强忍悲痛挑起支撑门户重担，为了延续香火，过继侄儿尚信为嗣，她上事孀姑（守寡的婆婆），下抚嗣子，日夜操劳，还将尚信送到学校念书。尚信成年后娶萧解武之女萧氏为妻，生孙承婴、承祖。萧氏二十八岁时，尚信故。喻氏又百般安抚媳妇萧氏，并与萧氏一起扶养教育承婴、承祖。承婴长大成人，娶喻光前之女喻氏为妻，生子宗先。几年后承婴溺水而亡，遗下二十六岁的妻子喻氏和嗷嗷待哺的幼子宗先。喻氏又和儿媳，孙媳一道抚养宗先。喻氏抚三世之孤，使晏氏宗支得传，深得儒家礼教纲常伦理之道，特别是"三从四德"之要义，官府大为赞赏，也被民间传为佳话。乾隆四十四年（1779），时任隆昌县宰的唐姓知县将其报请朝廷旌表。四年后的1783年冬，邑人在县城北关修建晏喻氏节孝牌坊。其媳晏尚信之妻萧氏旌表在节孝总坊（一）西北面正上匾第十位，旌表时七十八岁。其孙媳晏承婴之妻喻氏旌表在节孝总坊（一）西北面正上匾第八位，旌表时六十五岁。

在节孝总坊（一）旌表的节孝妇中，还有几个一门双节、一门三节的例子。如，牌坊西北面正下匾第十位李玉美之妻张氏与第十一位李茂春之妻郭氏为婆媳，是"一门双节"。牌坊西北面右侧上匾第十二位梁承先之妻曾氏、东南面右侧下匾第十一位、十二位梁尚庭之妻江氏、梁登高之妻李氏，又"成就了"一个祖孙三代"一门三节"的典型。

牌坊西北面左侧上匾第五位匡贞意之妻萧氏，其悲惨命运是螯妇们凄苦生活的缩影。萧氏靠针织起早摸黑抚儿成人，儿子娶媳生孙。不料一场变故儿子、媳妇、孙子俱亡。萧氏精神遭受重大打击，晚年靠捡破烂乞讨，苦度残生。

节孝总坊（一）上唯一的非节孝妇却同时受到旌表的孝妇彭樽之妻王氏，位于该坊东南面左侧下匾第十二位。王氏极其孝顺婆母，清嘉庆九年（1804），婆母病危。王氏焚香祈告，割己股肉和药喂婆，用纲常礼教中极其残忍的手段自残尽孝。因婆母病愈，此事才被时人知晓，众皆称道不已。

五、史料摘抄

清道光三年、咸丰十一年编修的《隆昌县志》记载了节孝总坊（一）所旌表的部分节孝妇的简要事迹。现摘录于下。

（一）牌坊东南面共 15 位

（1）正上匾第 3 位。汪氏，邑庠生汪泰然女，年十七适黄远桂，生子女各一，越八载夫亡，家无多业，白发在堂，黄口[①]在室，氏尽孝养，井臼[②]亲操，家业渐裕，子礼端援例入国学。卒年六十六岁。咸丰甲寅年旌表建坊，己未年入祀节孝祠。

【注释】

①黄口：本指雏鸟的嘴，借指儿童；古代户役制度称小孩为黄，隋代以不满三岁的幼儿为黄，唐代以刚生的婴儿为黄。后来，十岁以下儿童皆泛称为"黄口"。

②井臼（jiù）：指汲水舂米，泛指操持家务。汉刘向《列女传·周南之妻》：亲操井臼，不择妻而娶。

（2）正上匾第6位。周氏，富顺周文芳女，儒童郭世纯妻，年二十一于归，越七载世纯故，遗孤光裕，氏抚成立，援例入国学，咸丰元年请旌建坊，卒年八十岁。

（3）正上匾第8位。廖氏，钟翔岱之妻，年二十七翔岱亡，遗二子名徵、名芳，俱列成均①，现年五十七岁。

【注释】

①成均：相传为远古尧舜时的学校。古之大学。《周礼·春官·大司乐》："掌成均之法，以治建国之学政，而合国之子弟焉。泛称官设的最高学府。"清代昭梿《啸亭杂录·莫葆斋》："莫葆斋晋，浙江仁和人。少入成均，法时帆先生最为赏识，每考必列前茅。"

（4）正上匾第9位。李氏，李大元女，晏承浚妻，岁贡生晏森母，年二十一夫故，无嗣，抚长兄洪次子为后，饮冰茹蘖，上孝下慈，苦节五十余年，以子森贵，例封孺人，卒年七十三岁。咸丰乙卯旌表总坊。

（5）东南面正上匾第11位。孔氏，梁诗一妻，年十八于归，十九夫故，无子，抚族子长明承祧，苦节七十七年，卒年九十五岁，咸丰乙卯年旌表总坊。

【注释】

承祧（tiāo）：承继奉祀祖先的宗庙。指承继为后嗣。唐代韩愈《顺宗实录三》："付尔以承祧之重，励尔以主鬯之勤。"清代吴敬梓《儒林外史》第二五回："此后成人婚娶，俱系鲍文卿抚养。立嗣承祧，两无异说。"

（6）正上匾第20位。刘氏，刘从达女，黄德章妻，年二十二于归，二十九岁夫故，氏矢志柏操①，上事媾姑，下抚三子，士魁援例②国学，士鳌援例从九（品），士荣援例千总，现年八十二岁。咸丰二年旌表总坊。

【注释】

①柏操：柏舟之志。谓夫死不嫁的节操。清代钱谦益《母旌表节妇常氏赠安人制》："兰仪永谢，柏操有闻。"

②援例：引用惯例或先例。《清会典·吏部》："遇有缘事降革后援捐复原官者，准以双单月一并计算。"

（7）正上匾第24位。黄氏，儒童吕太宏妻，年十二夫故，遗子二，氏矢志守节，抚孤成立，现年六十一岁。

（8）右侧上匾第12位。戴氏，何其炭妻，戴章麒女，年十九于归，生子玉明，二十一岁夫故，辛勤抚子，口不言贫，现年六十一岁。咸丰乙卯年旌表总坊。

（9）右侧下匾第5位。陈氏，叶牖林妻，年二十五夫故，或劝再醮[1]，氏正色拒之饮冰茹蘖，抚子成立，事翁姑[2]尤得欢心，现年七十二岁。咸丰二年旌表总坊。

【注释】

①再醮（jiào）：指再次结婚，古代男女婚嫁时，父母为他们举行酌酒祭神的仪式叫"醮"。后专指妇女再嫁。《仪礼·士冠礼》："加皮弁如初仪，再醮摄酒，其他皆如初。"《明史·徐文华传》："中人之家不取再醮之妇。"

②翁姑：丈夫的父亲和母亲；公公和婆婆。《聊斋·董生》："妾适痴郎四五年，翁姑相继逝，又不幸为文君。"

（10）右侧下匾第9位。黄氏，薛文开妻，监生新邦母，职员光亮祖母，年二十四夫救兄淹毙，遗子二，氏抚养成立，操作维勤，致家丰裕，守节二十八年，卒年五十二岁。咸丰乙卯年旌表总坊。

（11）左侧上匾第3位。陈氏，曾在杰妻，十九岁于归，甫一载夫故，无子。母族多劝再醮，氏坚不从。抚侄万陌为嗣，教养成立，厥[1]孙葆元名列胶庠，现年八十一岁。咸丰二年旌表总坊。

【注释】

①厥（jué）：其；他（她）的。宋代苏洵《六国论》："思厥先祖父。"

（12）左侧上匾第8位。雷氏，匡贞铺妻，雷光华女，年十七适贞缺，自江右迁蜀，各历艰辛，二十七岁贞稣率，遗孤观淙，氏抚成立，以勤起家，守节四十一年。

（13）左侧下匾第7位。刘氏，袁允科妻，监生继芳母，年十八归允科，二十九遂失所天，矢志抚孤，以勤苦起家，族亲贫者多被矜恤[1]。现年六十八岁。

【注释】

①矜恤（jīn xù）：怜悯抚恤。《晏子春秋·问上二一》："积丰羡之养，而声矜恤之义。"

（14）左侧下匾第8位。刘氏，郭光辉继妻，原配徐氏卒，遗子祖义甫四岁，时光辉已病废，入门不能成礼，未一载卒，氏失志守节。母家悯氏青年，逼令再醮，竟十七年不敢归省。至道光戊戌年卒，守节四十四年。

（15）左侧下匾第12位。孝妇王氏，内邑文庠王璨女，邑康生彭樽妻，事姑孝顺，嘉庆九年，姑病笃，氏焚香默祝，割股和药，姑病旋愈，人谓孝感。

（二）牌坊西北面共21位

（1）正上匾第7位。喻氏，荣邑州同喻宏正之次女，邑增生彭栗之妻。年二十于归，二十四岁夫亡，敬俸翁姑，闾里咸称其孝，抚遗二子成立，守节四十六年，七十岁卒。

（2）正上匾第8位。喻氏，喻光前女，晏承婴妻，宗先之母。年二十六夫亡，氏随姑萧氏，均以祖姑喻氏为法，人称"一门三节"，现年六十五岁。

（3）正上匾第10位。萧氏，萧武解女，晏尚信妻，承婴、承祖母。年二十八信没，氏孝事媚姑，慈育二子。

（4）正上匾第11位。晏氏，邑民晏启朝之女，廖起德之妻，廖心广、心达之母，年二十二夫没，氏矢志靡他，善事翁姑，力任丧葬，虽有夫兄不与也，教育二子克承先嗣，守节四十八年，现年七十。族人拟请旌表，未果。

（5）正上匾第13位。喻氏，晏宗凤妻，年二十四夫故，抚弟宗连次子为嗣，胆丸灰字，教诲式谷，守节三十余年卒。咸丰乙卯年旌表总坊，入祀节孝祠。

（6）正上匾第14位。曾氏，邑民曾兴女，儒童蓝成茂妻，十七岁适成茂，年二十四茂故，遗子淮，氏截发自矢，苦心抚遗孤，淮入太学，孝事翁姑，守节六十九年，年九十三岁终。

（7）正上匾第17位。林氏，林魁柏女，李华国妻，年十八于归，二十四岁夫故，氏矢志柏舟，抚子绍秦，逾冠游庠，咸丰五年旌表总坊。

（8）正上匾第19位。王氏，内邑监生王鳞之长女，邑儒童彭格之妻，年十八于归，二十二岁夫亡，孝事翁姑，抚遗二子成立，守节三十六年，现年五十八岁。

（9）正下匾第10位。张氏，邑儒童李玉美之妻，年二十于归，越二载夫故，遗一子茂春甫六月，时氏年二十二岁，矢志守节，备极辛勤。及子茂春成立完娶，越一载生孙含英，仅四十日而茂春复故，氏哀痛几绝，媳郭氏亦体姑志，抚子守节，现今孙将成立，氏年已六十矣。其清操苦节，里堂咸重之。注：张氏的媳李茂春之妻郭氏也旌表在此牌坊，即为紧接下来的一位（正下匾第11位）。

（10）正下匾第16位。朱氏，邑庠生耿象鼎之继妻，夫亡妇年甫二十二岁，矢志守节，事姑以孝闻，抚前子及所生子俱抚育无间，中年家渐寒微，氏甘贫，冰操自苦，言笑不苟，现年七十八岁。凡宗族亲戚之家不轻往来，族邻咸敬重之。

（11）正下匾第20位。王氏，邑举人任夹江教谕王琛之女，监生郭迪妻，年三十六而寡，氏抚子开谱成立，孙曾繁衍，长孙天瑞入黉序^①。年八十一卒。

【注释】

①黉序（hóng xù）：古代乡里州党所办的学校，乡村学垫，乡黉。《北齐书·文宣帝纪》："诏郡国修立黉序，广延髦俊，敦述儒风。"《清史稿·礼志三》："厥后以热河为时巡所，黉序肇兴，定大成殿龛案如太学式，祭器、乐器亦如之。"

（12）正下匾第24位。刘氏，叶盛林妻，年十九于归，二十四岁夫故，无子，抚侄开隆为嗣，慈惠勤俭，人咸重之，卒年五十四岁。咸丰二年旌表总坊。

（13）右侧上匾第3位。吕氏，贺景衢妻，年二十四于归，甫一载夫故，无子，抚侄希平为嗣，教养成立，家亦稍裕，厥孙任勋援例入太学，苦节三十六年。

（14）右侧上匾第4位。贺氏，贺文显女，梁中亮妻，年十九夫故，矢志守节，抚兄子为嗣，卒年七十二岁。

（15）右侧上匾第12位。曾氏，梁承先妻，曾人票女，二十七岁夫故，遗孤尚廷，抚育成立，氏卒年七十二岁。媳江氏二十八岁，夫故无后，抚侄登高为嗣，现年七十余岁。孙媳李氏，二十六岁夫故，矢志抚孤，现年六十岁。一门三节。咸丰乙卯年旌表总坊。其媳梁尚延之妻江氏旌表在东南面右侧下匾第11位。其孙媳梁登高之妻李氏旌表在东南面的右侧下匾第12位。

（16）右侧下匾第6位。王氏，何亮盛妻，二十岁于归，二十四岁夫故，矢志抚孤恪尽孝道，抚子玉富成立，计守节五十年，卒年七十四岁。咸丰五年请旌建坊。

（17）左侧上匾第5位。萧氏，匡贞意妻，年十七于归，越二载生子观遴，甫四月夫故，氏抚成立，娶媳生孙，未几俱亡，赤贫无依，亲族为募薪水以终其年，卒年七十七岁。咸丰乙卯年旌表总坊。

（19）左侧上匾第7位。邓氏，邓仕成女，魏国俊妻，锦昌之母，年二十而寡，家贫姑老子幼，氏矢柏操，勤苦抚子成立，孝事孀姑，丧葬尽礼，现年七十一岁。

（20）左侧上匾第8位。刘氏，刘人龙女，陈学槐妻，陈先志母，年十九归学槐，二十一而寡，翁姑早逝，终鲜兄弟，氏抚功服侄为嗣，现年七十。前令盛世绮给匾"节孝流芳"表之。

（21）左侧上匾第11位。王氏，曾全义妻，王明兴女，年十九于归，二十岁夫故，无嗣，抚侄万绪以为夫嗣，苦节五十九年，卒年七十八岁。咸丰乙卯年旌表总坊。

第三节　节孝总坊（二）

本节所述牌坊在隆昌现存编号的17座牌坊中编为10号牌坊。该坊建于清光绪四年（1878），为朝廷旌表161名节孝妇和1名烈妇、1名贞女、1名孝子（共旌表164人）而建，坐落于隆昌南关春牛坪此段呈西北往东南向的巴蜀古驿道上，呈西北—东南两面布局。距西北方向的节孝总坊（一）仅三丈余。

该坊既是多人同坊，又是男女同坊，这在儒家礼教纲常伦理盛行的王朝社会是罕见的，可谓独一无二，属隆昌独创。牌坊通高12米，面阔6.7米，形制为四柱三门三重檐五滴水仿木石质雕花牌楼式结构，用隆昌青石营造。经过近两百年来的风吹雨打、烈日暴晒和人为破坏，该坊已风化严重。顶盖刹尖、鸱吻、飞檐翘角、坐兽均在20世纪60年代"破四旧"中被毁。2006年，国家文物部门拨专款予以了较大程度的修复。

一、牌坊东南面文字

（一）匾额

圣旨。

【解读】

皇帝的意旨和诏令。

（二）牌坊名

节孝总坊。

【解读】

旌表众多节孝妇、孝妇等守节、尽孝之德的牌坊。

第二承重横梁：隆昌县士民公建。

【解读】

隆昌县士人和普通老百姓共同建立。

（三）正匾

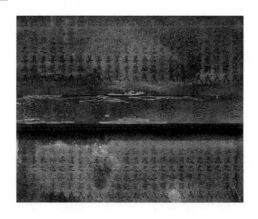

1. 正上匾

彭达闾之妻蓝氏、古万勋之妻范氏、何元芳之妻萧氏、杨天茂之妻刘氏、胡贤瑛之妻黄氏、程荣智之妻李氏、罗义良之妻袁氏、邱学攀之妻蔡氏、廖廷元之妻余氏、叶发顺之妻戴氏、屈松盛之妻李氏、郭朝邦之妻李氏、陈上恩之妻曾氏、黄世贵之妻曾氏、曾昭明之妻唐氏、吴治中之妻李氏、杨天正之妻刘氏、余日贵之妻李氏、戴显远之妻廖氏、伍典盛之妻傅氏、邓振文之妻蓝氏、罗正华之妻龚氏、陈先萱之妻钱氏、熊如川之妻吴氏。

2. 正下匾

韩元甫之妻张氏、周攀桂之妻廖氏、古春盛之妻林氏、曾文烈之妻梁氏、冯仕文之妻李氏、袁继楹之妻刘氏、李发源之妻颜氏、薛定邦之妻魏氏、李文炳之妻张氏、李国桢之妻曾氏、周良瑞之妻曾氏、冯仕怀之妻贺氏、彭基德之妻谢氏、黄士安之妻漆氏、耿履润之妻杨氏、刘天□之妻□氏、邹宁（荣）冠之妻袁氏、张学书之妻郭氏、李华道之妻刘氏、黄维升之妻曾氏、蔡锡林之妻孙氏、蓝秀兴之妻张氏、王肇喜之妻倪氏、魏富斌之妻黄氏。

（四）侧匾

1. 右侧匾

（1）上匾：李世万之妻范氏、李公盛之妻钟氏、蓝玉湘之妻戴氏、洪益连之妻华氏、陈鍋之妻蓝氏、万忠秀之妻刘氏、邓毓芬之妻谢氏、郭朝臣之妻杨氏、黄志㴇（cóng）之妻陈氏、吕承棠之妻曾氏、余立堂之妻廖氏、余作标之妻黄氏。

（2）下匾：周宗儒之妻郭氏、邬盛德之妻钱氏、程端礼之妻吴氏、李则升之妻伍氏、晏宗检之妻李氏、彭祖义之妻赵氏、袁继绪之妻谭氏、蓝琳章之妻陈氏、黄正先之妻程氏、谢斯钟之妻曾氏、彭裕斌之妻王氏、龚远泽之妻刘氏。

2. 左侧匾

（1）上匾：程纯礼之妻王氏、邹登灵之妻邓氏、钟锡祚之妻罗氏、郑锡安之妻彭氏、卢卓之妻杜氏、曾文星之妻张氏、温润栋之妻罗氏、陈国隆之妻曾氏、耿履周之妻杨氏、张维珩之妻李氏、郭祖苌之妻陈氏、曾荣龙之妻黄氏。

（2）下匾：陈友理之妻曾氏、萧健高之妻方氏、张成林之妻刘氏、刘风信之妻严氏、陈本德之妻段氏、曾国樋之妻黄氏、李秉楹之妻卿氏、刘华标之妻王氏、王敦中之妻雷氏、郭祖程之妻潘氏、郭人九之妻熊氏、罗兴茂之妻刘氏。

（五）楹联

正联　　　　　　侧联

1. 正联

二十年[1]更阐幽光，门旌[2]高行，台署怀清[3]，巾帼[4]厉冰霜，青史[5]再编奇节传；

廿五里[6]新承明昭[7]，彤管诵芬[8]，贞珉[9]纪[10]烈[11]，丝纶[12]昭日月，素心[13]应慰未亡人[14]。

【解读】

二十年后再立节孝总坊，更加阐释和彰显节孝妇们高洁品质隐隐散发出来的辉光，牌坊上旌表她们高尚的节孝事迹，犹如秦皇下旨建造的怀清台，这些节孝妇们受尽了冰霜之苦，青史上再次编入了她们令人称奇的节孝传记；

二十五里的小县，新近承接到朝廷的圣明诏旨，用赤管笔书写赞颂节孝妇们美好的声誉和品行事迹，把她们美玉般的贞节操守镌刻在青石牌坊上作为坚贞的准则和榜样，朝廷旌表的诏旨有如日月光辉，她们作为未亡人的纯净之心应该得到慰藉了！

【注释】

（1）二十年：此处代指咸丰五年（1855）建第一座节孝总坊至今（光绪四年，1878）建第二座节孝总坊，共计二十余年。

（2）门旌：镌刻在牌坊上予以旌表。门：牌坊。旌：旌表，表彰。

（3）台署怀清：台，高台；署，署名。怀清，秦始皇誉怀清为贞妇，为表彰其贞节，命令巴郡的郡守在怀清生前，为其修建了怀清台，以旌表其守节之志。

（4）巾帼：古代妇女的头巾和发饰，借指妇女。

（5）青史：古代在带有青皮的竹简上记事，因称历史为青史。

（6）廿五里：廿（niàn）：二十。此处用二十五里代指隆昌治地范围。

（7）明诏：圣明的诏书。

（8）诵芬：诵，述说，陈述。芬，芬芳，喻美好的名声和德行。此指操守。

（9）珉（mín）：如玉的美石。此处借指牌坊。

（10）纪：法则；准则。

（11）烈：刚直；坚贞。

（12）丝纶：纶，青丝绶带，凡粗于丝者为纶。后称帝王诏书为丝纶。

（13）素心：本心，素愿；纯洁的心地。

（14）未亡人：旧时寡妇之别称。清代蒲松龄《聊斋志异·雷曹》："乐云鹤 夏平子，二人少同里，长同斋，相交莫逆……（夏）遗褆褓子及未亡人，乐以时恤诸其家。"

2. 侧联

图画⁽¹⁾礼宗⁽²⁾，表章⁽³⁾孝则；

矜式⁽⁴⁾义行⁽⁵⁾，激扬⁽⁶⁾贞风⁽⁷⁾。

【解读】

像绘图画画一样将节孝妇们遵守礼教的美好的榜样行为刻在石牌坊上，彰显和宣扬孝道准则；

敬重效法忠孝节义的行为，激励发扬坚守贞操的风尚。

【注释】

（1）图画：指绘画。

（2）礼宗：指妇女守礼而可为人师法者。《后汉书·列女传·皇甫规妻》："规妻善文能书。规卒时，妻犹年盛而色美。董卓为相，以重礼聘娶，规妻乃轻服诣卓门，辞请。卓威逼之曰：'孤之威教，欲令四海风靡，何有不行于一妇人乎！'规妻知不免，乃立骂卓。遂被鞭扑而死，后人图画，号曰'礼宗'。"

（3）表章：章，通彰。表彰，表扬，嘉奖。

（4）矜式：敬重和取法。《孟子·公孙丑下》："我欲中国而授孟子室，养弟子以万钟，使诸大夫、国人皆有所矜式。"赵岐注："矜，敬也；

式，法也。欲使诸大夫、国人皆敬法其道。"

（5）义行：同仪行，忠义或节义的行迹。

（6）激扬：激励宣扬。

（7）贞风：贞洁风范。

二、牌坊西北面文字

（一）匾额

圣旨。

【解读】

皇帝的意旨和诏令。

（二）牌坊名

节孝总坊。

【解读】

旌表众多节孝妇、孝妇等守节、尽孝之德的牌坊。

第二承重横梁：隆昌县士民公建。

【解读】

隆昌县士人和普通老百姓共同建立。

（三）正匾

1. 正上匾

唐守槟之妻颜氏、李时然之妻覃氏、张联榜之妻邱氏、范培星之妻刘氏、廖永星之妻张氏、黄德俊之妻雷氏、蓝国价之妻李氏、胡作学之妻张氏、邹万昌之妻刘氏、蓝肇纯之妻林氏、钟成玉之妻李（郑）氏、李富台之妻马氏、王肇华之妻陈氏、黄士鳌之妻蓝氏、张文龙之妻李氏、周本遇之妻严氏、彭月朗之妻萧氏、郭朝纲之妻潘氏、蓝玉洪之妻刘氏、罗玉麟之妻卢氏、郭祖赞之妻董氏、薛耀邦之妻罗氏、曾绍焄之妻邱氏、邹成逵之妻罗氏。

2. 正下匾

胡天明之妻陈氏、李含英之妻杨氏、程坦之妻徐氏、钟今寿之妻曾氏、余日荣之妻罗氏、邓吉光之妻李氏、曾志京之妻饶氏、邓开恒之妻巫氏、李伦光之妻张氏、蓝国琦之妻李氏、钟名德之妻李氏、钟黄秀之妻王氏、范泰吉之妻叶氏、李正春之妻徐氏、胡作孝之妻周氏、刘宗吉之妻朱氏、唐定僖之妻张氏、丁华璧之妻钟氏、李正恩之妻郑氏、范开鉴之妻聂氏、唐富明之妻刘氏、彭达聪之妻李氏、钟翔超之妻郑氏、戴恩盛之妻廖氏。

（四）侧匾

1. 右侧匾

（1）上匾：恤嫠会首事晏䒫、范泰衡、黄赓廷、郭人绂、万邦彦、蓝肇勋、杨章富、刘大龙、王钺、彭达诒监修。

【解读】

隆昌恤嫠会主持日常事务的晏䒫、范泰衡、黄赓廷、郭人绂、万邦彦、蓝肇勋、杨章富、刘大龙、王钺、彭达诒等监督修建。

（2）下匾：邓千盛之妻陈氏、李正楷之妻杨氏、宋显韬之妻晏氏、薛惠邦之妻郑氏，烈妇夏泰开之妻廖氏，贞女张凤英，李朝熙之妻郑氏。

2. 左侧匾

（1）上匾：孝子彭志仁。光绪戊寅冬月下浣縠旦。匠士刘伦发。

【解读】

孝子彭志仁。光绪戊寅（1878）十一月下旬良辰。匠士刘伦发。

【注解】

这是隆昌石牌坊中唯一的男女同坊的明证。在清王朝男尊女卑十分严重的环境中，是罕见的。这也表明晚清光绪年间，官府财政十分虚乏，隆昌民间凑资亦难，无力让孝子彭志仁单独建坊，故而将其旌表于节孝总坊之上。

（2）下匾：刘运凤之妻黄氏、廖成焕之妻卢氏、李灿春之妻何氏、薛万邦之妻罗氏、罗文尉之妻萧氏、王浈之妻赵氏、程有琼之妻张氏、蓝国常之妻李氏、彭裕诗之妻陈氏、万良本之妻李氏、程有爵之妻周氏、郭人邅之妻彭氏。

（五）楹联

正联　　　　　　　　侧联

1. 正联

烈行^{（1）}溯^{（2）}当年，百余人茹蘗含冰^{（3）}，续美前型^{（4）}，几历星霜^{（5）}完苦节；

殊恩褒此日，五千里纠云湛露^{（6）}，重光^{（7）}下邑^{（8）}，又刊姓氏表芳徽^{（9）}。

【解读】

贞烈的节孝行为追溯到过去这么多年以来，一百多名节孝妇过着喝冰水吃野草般的清苦日子，她们承续着前面一座节孝总坊所旌表的节孝典范的高洁操守，经历几多星月风霜才完成了痛苦的守节；

特殊的恩典褒奖在今天，有如五千里云彩聚集起来的重重皇恩，将累世盛德的光辉和荣耀降临到隆昌，再次镌刻众多节孝妇的姓氏彰表在新建的节孝总坊之上。

【注释】

（1）烈行：烈，威严刚正。烈行，坚定不移的操守、节孝行为。

（2）溯：逆着水流的方向走、逆水而行。后引申为追求根源或回想，比喻回首往事、探寻渊源。

（3）茹蘗含冰：即饮冰茹蘗，指生活清苦，为人清白。清代纪昀《阅微草堂笔记·槐西杂志三》："节妇非素有定志，必不能饮冰茹蘗数十年。"

（4）续美前型：承续先前建造的那座节孝总坊旌表的节孝妇们的节孝典范。

（5）星霜：星辰霜露。谓艰难辛苦。

（6）纠云湛露：纠，集结。《湛露》为《诗·小雅》篇名，是记述天子宴诸侯之诗。

（7）重光：比喻累世盛德，辉光相承。

（8）下邑：此指隆昌。此处意在尊称朝廷圣旨在上，自称隆昌县邑为下。

（9）芳徽：旌表节孝妇们的青石牌坊。芳，美好的名声或德行操守；徽，徽标，标志。

2. 侧联

古井⁽¹⁾波恬⁽²⁾，瑶池⁽³⁾冰洁；
隆桥⁽⁴⁾霜肃⁽⁵⁾，华碣⁽⁶⁾云高⁽⁷⁾。

【解读】

心境如古老的泉水井那样安静，不起波纹，品质如西王母的瑶池，冰清玉洁；

节孝操守犹如隆桥上凝结的秋霜般严整肃穆，镌刻旌表节孝妇们姓氏的华贵石牌坊高耸入云，傲然矗立。

【注释】

（1）古井：古老的泉水井，古井水少，不易有波澜，古人以古井之水，比寡妇之心。

（2）波恬：无波浪，非常安静。恬：安静。波：波浪。

（3）瑶池：古代传说中昆仑山上的地名，西王母所居圣洁之地。喻节孝妇心境。

（4）隆桥：隆昌古县城南门外石溪（隆昌河古名）上的石桥，古称隆桥。在今胡家巷往隆昌河方向的巷口处。此处代指隆昌。

（5）霜肃：霜天清冷、肃杀。喻嫠妇心境冷寂。

（6）华碣（jié）：壮丽的石碑。碣：圆顶碑石。此代指节孝总坊。

（7）云高：高耸入云。

三、图案简介

该坊用隆昌青石建造，仿木结构。东南面顶盖下栏额刻饰宝鼎、香炉，当心间高浮雕五龙圣旨匾。

　　二级楼盖下栏额刻饰为异兽奇花，边楼盖下栏额雕刻神兽灵鸟，中嵌短柱，正面雕福禄神仙。主梁（大额坊）上楷书阴刻"节孝总坊"，两端浅浮雕圆形和方形的香炉，寓意为"不以规矩，不成方圆"。

　　次间额记上浮雕犀角、瑶琴。犀角是胜利的象征，而琴为四艺之一，象征坊主应该因节孝功德圆满而永远生活在舒适而安逸的环境之中了，且有高度的文化修养。明间顺袱串上楷书阴刻"隆昌士民公建"。明间门楣深浮雕"双凤朝阳"。

　　次间顺袱串上雕刻缠枝花卉。次间左门楣上刻牡丹、绶带鸟、兰草、寿山石，寓意"富贵长寿"，右门楣上刻一盛开梅花，花下站一喜鹊，"梅"与"眉"同音，隐喻"眉开见喜"之意。

　　西北面，顶盖之下的栏额深浮雕为云日海水，寓意"旭日东升"。五龙匾及大额坊刻饰与东南面相同。二、三级楼盖檐下栏额雕刻神兽、驯鹿，喻示坊主们正生活在一个快乐祥和的极乐世界里面。

明间嵌柱上用深浮雕刻有两手提花篮的仙女，篮内盛仙桃。两仙女面容姣好，衣袂飘举，体态轻盈，足踏祥云，下有神兽随侍，随时伺候着坊主们神仙一般的生活。次间额枋上刻饰为宝剑、画轴、绶带；顺栿串上刻缠枝牡丹；门楣上左右均深浮雕《凤穿牡丹》、显示尊荣华贵。雀替全部毁损。

四对抱鼓石风化严重，座兽损毁于20世纪60年代"破四旧"运动。2006年由国家文物总局拨专款修复，中间一对为石狮，两边一对为石象。石狮、石象均是古代图腾猛兽，用它们守护孝子总坊不仅能护坊避邪，而且能守护天下太平，营造出一方社稷平安、社会和谐的繁荣景象，这也正是众多节孝妇们守节尽孝的心愿和毕生追求的生活目标以及人生至佳至美的境界。坐兽彩衣锦袍，面善体康，面朝牌坊中门明间，呈拱揖守望之状，栩栩如生地烘托出一片祥和氛围。

四、史料摘抄

清道光三年（1823）、同治十三年（1874）、民国二十五年（1936）编修的《隆昌县志》，分别简要地收录了节孝总坊（二）所旌表的部分节孝妇及烈女、贞女和孝子尊崇儒家纲常礼教的事迹梗概。将其摘抄于下（注：文中多处出现"现年"，应为编入史志之年）：

（一）东南面共 79 名

（1）正上匾第1位。蓝氏，监生蓝秀春女，彭达阁妻，年十七于归，越五月，遂失所天，氏矢志守节，抚兄次子耀璜为嗣，事亲惟孝，训子惟严，数年病卒，人咸哀之。

（2）正上匾第2位。范氏，古万勋妻，年二十六岁夫故，矢志靡他，笑言不苟，上养孀姑，下抚犹子（犹子：如同儿子）春霖承祧。卒年四十一岁。

（3）正上匾第3位。萧氏，何元芳妻，年二十八岁夫故，家贫，借纺绩以养翁姑，数遭颠沛，不易其志，抚遗子明昭成立。年四十九岁卒。

（4）正上匾第6位。李氏，程荣智妻，年十九夫故，矢志守贞，侍奉翁姑，遗子云涛，教养并尽，得到胶庠。卒年四十岁。

（5）正上匾第7位。袁氏，罗义良妻，年二十五夫故，事姑尽孝，遗子学礼，教诲维殷，卒年五十九岁。

（6）正上匾第8位。蔡氏，邱学攀妻，二十岁于归，学十三岁夫故，氏矢志靡他，抚胞兄学琳子为嗣，守节三十五年卒。

（7）正上匾第9位。余氏，廖廷元妻，年二十九夫故，矢志守贞，事姑不辞劳瘁，抚四子成立，卒年五十六岁。

（8）正上匾第10位。戴氏，叶发顺妻，年二十七夫故，立志守贞，终身无玷。抚二子大纲、绍焘，并列成均。卒年五十九岁。

（9）正上匾第11位。李氏，屈松盛妻，年二十五夫故，志懔（lǐn，警惕、严肃）冰霜，老而弥笃；遗子辉斗，教养成立。卒年八十一岁。

（10）正上匾第12位。李氏，郭朝邦妻，年二十七夫故，矢志守贞，事姑维谨，遗子玉春、万梁，长子已列武庠。卒年四十四岁。

（11）正上匾第13位。曾氏，陈上恩妻，年二十七夫故，立志守节，孝顺翁姑，抚遗子金定成立，卒年七十岁。

（12）正上匾第14位。曾氏，黄世贵妻，年二十八夫故，孝事翁姑，心坚金石，抚遗子永宗、永正成立，卒年六十四岁。

（13）正上匾第16位。李氏，吴治中妻，年二十二岁夫故，矢志坚贞，孝事翁姑，抚遗子家仁成立，卒年七十三岁。

（14）正上匾17位。刘氏，杨天正妻，年二十三岁夫故，青年励节，矢志靡他，事姑克孝，抚遗子开椿成立，卒年三十三岁。

（15）正上匾第18位。李氏，余日贵妻，年二十一于归，甫十月夫故，饮冰茹蘖，至死靡他，抚犹子（犹子：如同儿子）承江为嗣，卒年二十五岁。旌表节孝总坊。

（16）正上匾第19位。廖氏，戴显远妻，年二十一夫故，励节冰霜，终身不苟，抚犹子君隆为嗣，卒年五十五岁。

（17）正上匾第20位。伍典盛妻，二十六岁夫故，遗子华林、华开，家赤贫。有族叔无赖逼氏改醮，氏曰："吾家仅破釜耳，叔何利焉？"又逼之，氏携二子将投河，叔乃止。嘉庆年饥，人多饿死，氏勤苦自给，日食菜羹，抚子成立，致家渐裕。咸丰元年卒，年七十余岁，嘱其子以清白传家。

（18）正上匾第21位。蓝氏，邓振文妻，年二十七夫故，家贫姑老，侍奉维殷，抚犹子忠禄承嗣，卒年三十岁。

（19）正上匾第22位。龚氏，龚芳玉女，罗正华妻，二十八岁夫故，立志守节长不再醮，抚长兄次子朝清为嗣，援例入国学，孙邦超入武庠。卒年七十五岁。

（20）正上匾第23位。钱氏，钱维重女，陈先萱妻，年十八于归，生子女各一，二十三岁夫故，守节十余年卒。

（21）正上匾第24位。熊如川妻，年二十二夫故，矢志守贞，事姑克孝，遗子世熙，苦抚成立，卒年五十九岁。

（22）正下匾第1位。张氏，韩元甫妻，年二十八夫故，誓不他适，孝事翁姑，抚遗子光裕成立，现年七十三岁。

（23）正下匾第2位。廖氏，周攀桂妻，年二十六夫故，矢志守节，处不蹦阃①，抚遗子启明成立，现年五十六岁。

【注释】

①阃（kǔn）：门槛；内室，借指妇女、妇德。

（24）正下匾第3位。林氏，古春盛妻，年二十九夫故，矢志守节，事媚姑病久不倦，贼至不逃，抚遗子富岑成立，现年六十岁。

（25）正下匾第4位。梁氏，曾广烈妻，年二十八夫故，矢志守贞，事翁姑孝，抚遗子昭槐、昭武、昭桂、昭斌成立，现年六十有六岁。

（26）正下匾第7位。颜氏，监生李发源妻，幼读书识字，年二十于归，二十八岁夫故，遗子二，抚养成立，躬亲课读，长子成光援例从九。现年四十九岁。

（27）正下匾第8位。魏氏，魏玉龙女，薛定邦妻，监生士敏母，年二十六夫故，氏矢志靡他，事翁姑以礼，教子寓严于慈，现年五十六岁。

（28）正下匾第10位。曾氏，李国桢妻，年十八于归，甫一载夫故，矢志守贞，事翁姑必诚必敬，抚遗腹子永祥成立，现年五十八岁。

（29）正下匾第11位。曾氏，周良端妻，年二十六夫故，矢志守贞，事舅姑①甘旨②无缺，抚遗子维铉成立，现年六十六岁。

【注释】

①舅姑：非常古老的亲属称谓，在《周礼》《礼记》《尔雅》等先秦史籍中都有不少记录。从这些古文献的记录来看，它们的含义与今天的概念是大不相同的。古时的舅姑，一般包括两层意思。一是指丈夫对妻子父母的称谓，相

当于后世所说的岳父母。如《礼·坊记》："昏（婚）礼，婿亲迎，见于舅姑，舅姑承子以授婿。"二是妻子对丈夫父母的称谓，即后世所说的公婆。如《礼·檀弓（下）》载敬姜的话。隆昌志书上的舅姑多指公婆之意。

②甘旨：美味的食物。

（30）正下匾第12位。贺氏，冯仁怀妻，年二十四夫故，矢志守贞，事翁姑勤谨，抚遗子世贞成立，现年五十七岁。

（31）正下匾第13位。谢氏，彭基德妻，年二十二夫故，矢志守贞，孝事舅姑，抚遗子永清成立，现年六十二岁。

（32）正下匾第14位。漆氏，黄士安妻，漆顺琮女，年十三于归，二十二岁夫故，遗子二，氏抚成立，事翁姑尤尽孝道，现年四十一岁。

（33）正下匾第17位。袁氏，邹荣冠妻，年二十九夫故，氏任劳瘁以事翁姑，抚遗子宗先，严束约，无姑息，现年六十九岁。

（34）正下匾第18位。郭氏，张学书妻，年二十九夫故，矢志守贞，曲承舅姑志，抚遗子师翰、师院、师后成立，现年七十四岁。

（35）正下匾第19位。刘氏，李华道妻，年三十夫故，矢志靡他，事舅姑孝，抚遗子丕楹成立，现年六十九岁。

（36）正下匾第20位。曾氏，黄维升妻，年二十六夫故，矢志守贞，家贫，事翁姑不辞劳瘁，抚遗子秀宽成立，现年六十一岁。

（37）正下匾第21位。孙氏，蔡锡林妻，年二十二夫故，誓不他适，愉悦以事翁姑，抚遗子一，苦抚成立，早殁，抚孙景岑，爱劳兼至，现年七十三岁。

（38）正下匾第22位。张氏，蓝秀兴妻，年二十八夫故，矢志守节，善事舅姑，抚夫弟子肇和为嗣，现年七十三岁。

（39）正下匾第23位。倪氏，王肇喜妻，年二十七夫故，矢志守贞，事翁姑勤谨，遗腹子殇，抚侄开槐为嗣，现年六十四岁。

（40）正下匾第24位。黄氏，魏富斌妻，年二十六夫故，立志守节，事媪姑以孝闻，抚遗子肇增援例从九，现年六十七岁。

（41）右侧上匾第1位。范氏，李世万妻，年二十六夫故，誓不再醮，事舅姑以孝闻，抚遗子济洲成立，现年五十七岁。

（42）右侧上匾第2位。钟氏，李公盛妻，年二十八夫故，誓不再适，事翁姑能得欢心，抚遗子良万成立，现年七十一岁。

（43）右侧上匾第5位。蓝氏，陈鍋妻，年二十五夫故，矢志守贞，事翁姑定省不懈，抚遗子藻清成立，现年六十一岁。

（44）右侧上匾第6位。刘氏，邑监生刘光宗女，万忠秀妻，年二十一于归，二十五岁夫故，抚胞弟子良佐以延夫嗣，茹苦含辛，贞操不易。现年五十九岁。

（45）右侧上匾第7位。谢氏，庠生邓毓棻妻，年三十夫故，无子，抚侄圣铭为嗣，教养成立，现年六十岁。

（46）右侧上匾第8位。杨氏，郭朝臣妻，年十九夫故，矢志靡他，事舅姑无亏妇道，抚犹子万安成立，现年六十四岁。

（47）右侧上匾第10位。曾氏，吕承棠妻，年二十九夫故，誓不再适，事翁姑惟谨，抚遗子显成立，现年六十八岁。

（48）右侧上匾第11位。廖氏，廖卓华女，年十九适余立堂，甫七日立堂故，氏矢柏操，现年四十三岁。

（49）右侧上匾第12位。黄氏，余作标妻，年二十七夫故，矢志守节，事翁姑维谨，抚遗子立元成立，现年七十二岁。

（50）右侧下匾第1位。郭氏，周宗儒妻，年二十九夫故，矢志守节，孝事舅姑，遗子一，早殁，抚夫侄之子声玉为孙承嗣，现年五十六岁。

（51）右侧下匾第3位。吴氏，程端礼妻，年十八夫故，青年励志，善事翁姑，抚遗孤守智成立，现年六十七岁。

（52）右侧下匾第4位。伍氏，李则升妻，年二十适则升，二十二岁夫故，遗孤一，氏抚成立，苦节二十余年。

（53）右侧下匾第5位。李氏，晏宗检妻，年二十九夫故，誓不改适，事舅姑以孝闻，抚遗子祖恒成立，现年五十七岁。

（54）右侧下匾第6位。赵氏，彭祖义妻，年二十五夫故，事翁姑克孝，抚遗子泽珩、泽珊成立，现年七十九岁。

（55）右侧下匾第7位。谭氏，袁继绪妻，年二十于归，甫一载夫故，矢志贞操，寡言笑，事舅姑无违，抚侄光裕为嗣，现年六十有九岁。

（56）右侧下匾第8位。陈氏，蓝琳章妻，年二十八夫故，誓不再适，事舅维谨，抚遗子学皋成立，现年六十岁。

（57）右侧下匾第9位。程氏，黄正先妻，年二十一夫故，遗子一举，氏体夫志，事翁姑，抚孤子，勤劳备至，现年五十六岁。

（58）右侧下匾第11位。王氏，彭裕斌妻，年二十九夫故，矢志守贞，事翁姑以孝，抚遗子永高成立，现年五十六岁。

（59）右侧下匾第10位。曾氏，谢斯钟妻，二十七岁夫故，遗子一，矢志冰操，抚养成立，现年四十八岁。

（60）左侧上匾第1位。王氏，程纯礼妻，年二十六夫故，孝事翁姑，遗子荣智，苦抚成立，卒年五十岁。

（61）左侧上匾第2位。邓氏，邹登灵妻，年二十九夫故，矢志守贞，事姑克孝，遗子国樟，抚育成立，卒年七十九岁。

（62）左侧上匾第3位。罗氏，钟锡祚妻，二十五岁夫故，遗子风腾甫岁余，氏矢志抚养，守节五十四年，卒年七十九岁。

（63）左侧上匾第4位。彭氏，郑锡安妻，年二十一夫故，茹苦含辛，终身无玷，抚子润芳为嗣，卒年三十岁。

（64）左侧上匾第5位。杜氏，卢卓妻，年二十三岁夫故，坚贞自矢，孝养翁姑，鞠育孤子应奎，教诲成立，卒年八十九岁。

（65）左侧上匾第6位。张氏，曾文星妻，年十八于归，甫二载夫故，遗子世孝，氏上事翁姑，下抚遗子，孝慈兼尽，历久不衰，卒年八十岁。

（66）左侧上匾第7位。罗氏，湿润栋妻，年十七于归，十九岁夫故，抚子养姑，辛苦备尝，享寿八十九岁。咸丰九年旌表节孝。

（67）左侧上匾第8位。曾氏，陈国隆妻，年二十五夫故，矢志守贞，事翁姑恪尽妇道，苦抚孤子福兴成立，卒年九十三岁。

（68）左侧上匾第9位。杨氏，儒童耿履周妻，年十九于归，三十二岁夫故，抚孤子晏成立，勤俭持家，事翁姑恪尽孝道，卒年六十八岁。

（69）左侧上匾第10位。李氏，张维珩妻，生子懋昌，年二十七夫故，氏事翁姑恪孝，姑晚年目瞽，晨昏服侍无间，年七十四无疾而终。

（70）左侧上匾第11位。陈氏，郭祖荩妻，年二十于归，甫四月夫故，遗腹生子成辚，氏青年守志，孝事翁姑，苦抚孤子，卒年三十三岁。

（71）左侧上匾第12位。黄氏，曾荣隆妻，年二十四夫故，矢志守贞，孝事翁姑，抚犹子承宗为嗣，卒年七十一岁。

（72）左侧下匾第2位。方氏，萧健高妻，年三十夫故，家赤贫，氏借针黹（针线活）以奉翁姑，虽劳不怨，抚遗子四人成立，现年五十六岁。

（73）左侧下匾第3位。刘氏，张成林妻，年二十九夫故，矢志守贞，家贫，借纺绩以事翁姑，抚遗子培盛、培典成立，现年六十岁。

（74）左侧下匾第4位。严氏，严潘传女，刘风信妻，年十四于归，二十九岁夫故，氏立志守节，事姑育子，孝养兼尽，现年四十九岁。

（75）左侧下匾第5位。段氏，监生陈本德妻，段富元女，年二十于归，二十九岁夫故，抚子天经成立，事翁姑以孝，现年四十九岁。

（76）左侧下匾第6位。黄氏，曾国樋妻，年二十三夫故，立志守节，善事舅姑，抚子成立，现年六十四岁。

（77）左侧下匾第7位。卿氏，李秉楹妻，年二十三夫故，矢志靡他，孝事舅姑，垂老不衰，抚遗子公然成立，现年七十六岁。

（78）左侧下匾第9位。雷氏，王敦中妻，年十四于归，十六岁生子心正，十八岁夫故，氏矢志守节，抚孤成立，现年五十四岁。

（79）左侧下匾第10位。潘氏，郭祖程妻，年二十九夫故，誓不改适，孝养翁姑，无亏妇道，遗子成霖、成鼎，爱而能劳，现年六十一岁。

（二）西北面共 53 位

（1）正上匾第1位。颜氏，唐守槟妻，年二十六夫故，矢志守贞，善事翁姑，抚遗子炳富成立，现年七十一岁。

（2）正上匾第2位。覃氏，李时然妻，年二十九夫故，矢志守贞，善事舅姑，抚遗子开果成立，现年六十九岁。

（3）正上匾第3位。邱氏，张联榜妻，年二十九夫故，誓不他适，善事翁姑，抚遗子名邦成立，现年六十七岁。

（4）正上匾第4位。刘氏，范培星妻，年二十六夫故，矢志守贞，善事翁姑，抚遗子修禄、修忠成立，现年六十三岁。

（5）正上匾第5位。张氏，廖永星妻，年二十一夫故，矢志守贞，事翁姑以孝称，抚遗子锦堂成立，现年六十二岁。

（6）正上匾第6位。雷氏，黄德俊妻，年二十九岁夫故，无子，抚侄礼先为嗣，事翁姑以孝闻，现年六十岁。

（7）正上匾第7位。李氏，蓝国价妻，年二十于归，是冬夫故，氏励志贞操，孝事翁姑，抚子光耀以承宗祀，现年六十一岁。

（8）正上匾第8位。张氏，胡作学妻，年二十三夫故，矢志守贞，柔顺以事舅姑，抚遗子运乾成立，现年五十九岁。

（9）正上匾第9位。刘氏，邹万昌妻，年二十六夫故，誓不他适，慎事翁姑，抚遗子大琳成立，现年五十八岁。

（10）正上匾第10位。林氏，蓝肇纯妻，年二十五夫故，矢志守贞，承

顺舅姑无违，抚遗子泽怀成立，现年五十六岁。

（11）正上匾第11位。郑氏，钟成玉妻，年二十一夫故，矢志守贞，事翁姑以孝闻，抚遗子勋盛成立，现年八十一岁。

（12）正上匾第12位。马氏，李福台妻，年二十六夫故，立志守节，孝养翁姑，抚遗子禄山成立，现年五十六岁。

（13）正上匾第13位。陈氏，王肇华妻，年二十八夫故，家素贫，勤俭以事翁姑，抚子开伦成立，现年七十三岁。

（14）正上匾第14位。蓝氏，同知蓝云女，职员黄士鳌妻，年十五于归，二十一岁夫故，遗子三，氏矢志靡他，抚子成立，上事祖母媚姑，克尽妇职，现年四十七岁。

（15）正上匾第16位。严氏，周本遇妻，年二十二夫故，誓守坚贞，曲体舅姑志，抚遗子宗映成立，现年六十七岁。

（16）正上匾第17位。萧氏，萧才雄女，彭月朗妻，十七岁归月朗，越一载夫故，无嗣，誓不再嫁，事亲维谨，苦节二十余年。

（17）正上匾第18位。潘氏，郭朝纲妻，年二十七夫故，矢志守贞，事翁姑无违礼，抚遗子万金成立，现年七十二岁。

（18）正上匾第19位。刘氏，刘鼎纲女，蓝玉洪妻，监生中庸母，二十六岁夫故，遗孤一岁，氏抚成立，事翁姑尤以孝闻，现年七十五岁。

（19）正上匾第20位。卢氏，卢有贵女，罗玉麟妻，年十五岁于归，生子二女一，越七载麟殁，氏痛不欲生，念姑老子弱，延喘毁妆，节励松贞，味耽茶苦，以孝以养，克终夫志，现年五十余岁。

（20）正上匾第21位。董氏，郭祖赞妻，年二十八夫故，誓不他适，家贫，遗子成芳，勤针织以抚孤，卒能成立，现年六十有五岁。

（21）正上匾第22位。罗氏，薛耀邦妻，年二十七夫故，立志守节，孝事舅姑，抚遗子士珍成立，现年五十九岁。

（22）正上匾第23位。邱氏，曾绍焄（xūn）妻，年二十一夫故，青年励节，事舅姑能尽妇道，抚遗孤启明成立，现年五十六岁。

（23）正上匾第24位。罗氏，邹成奎妻，年二十九夫故，矢志守贞，事舅姑无失礼，抚遗子理昌、发昌成立，现年六十岁。

（24）正下匾第2位。杨氏，李含英妻，年二十七夫故，誓守坚贞，体夫志以事翁姑，抚夫兄子本贤为嗣，现年七十三岁。

（25）正下匾第3位。徐氏，程坦妻，年二十九夫故，誓守坚贞，事翁姑不辞劳瘁，抚遗子宗堂成立，现年六十岁。

（26）正下匾第4位。曾氏，钟今寿妻，年二十七夫故，矢志守节，事翁姑以礼，抚遗子朝连、朝森成立，现年七十五岁。

（27）正下匾第5位。罗氏，余日荣妻，年三十七夫故，矢志守贞，敬事翁姑，抚遗子承梁、承栋成立，现年七十岁。

（28）正下匾第6位。李氏，邓吉光妻，年十九夫故，誓守坚贞，事翁姑恪尽妇道，抚遗子荣广成立，卒年七十八岁。

（29）正下匾第8位。巫氏，邓开恒妻，年二十六夫故，矢志守节，事翁姑以孝闻，抚遗子庆元成立，现年五十六岁。

（30）正下匾第10位。李氏，李英富女，蓝国琦妻，十九岁于归，二十二岁夫故，遗孤光雯，氏尽心抚立，家贫，纺绩为计，劳瘁鞠养，至于成人，克完夫志，现年六十岁。

（31）正下匾第12位。王氏，儒童黄钟秀妻，庠生王锡光女，年二十适钟秀，二十三岁夫故，无子，抚弟子远泽为嗣，事姑至孝，教子最严，守节二十五年。

（32）正下匾第13位。叶氏，范泰吉妻，年二十九夫故，矢志守贞，事舅姑以礼，抚遗子运贵成立，现年六十岁。

（33）正下匾第14位。徐氏，儒童李正春妻，徐明扬女，武举殿扬侄女，年十八于归，生子成周，甫三月遂失所天，矢志抚孤，教养成立，现年四十三岁。

（34）正下匾第15位。周氏，胡作孝妻，年二十二夫故，誓不他适，孝事翁姑，无子，抚侄孙邦俊以承宗桃，现年六十一岁。

（35）正下匾第16位。朱氏，刘宗吉妻，年二十九夫故，立志守节，事翁姑以孝闻，抚遗子承玉成立，现年七十岁。

（36）正下匾第17位。张氏，唐定僖妻，年二十六夫故，矢志柏舟，奉翁姑无懈志，抚遗子光时成立，现年七十岁。

（37）正下匾第18位。钟氏，丁华璧妻，年二十四夫故，矢志守贞，孝事翁姑，抚遗子世莹成立，现年七十三岁。

（38）正下匾第20位。聂氏，范开鉴妻，年二十五夫故，矢志守节，孝事翁姑，抚遗子泰隆成立，隆早逝，又抚孙运江成立，现年七十八岁。

（39）正下匾第23位。郑氏，钟翔超妻，十九岁于归，出十九岁夫故，老亲在堂，遗子名邦尚幼，氏矢志柏舟，孝养兼尽，现年五十四岁。

（40）正下匾第24位。廖氏，戴恩盛妻，年二十八夫故，矢志守贞，事舅姑克孝，抚遗子长兴、长富成立，现年五十六岁。

（41）右侧下匾第1位。陈氏，邓千盛妻，年二十一岁夫故，矢志守贞，家贫，事翁姑务得其欢，遗子泰龄，辛勤抚育。年五十四岁。

（42）右侧下匾第2位。杨氏，李正楷妻，年二十九夫故，誓守坚贞，数十年不易其节，事姑尤能尽孝，遗子树涛，苦抚成立。卒年七十一岁。

（43）右侧下匾第3位。晏氏，宋显韬妻，年二十九岁夫故，家贫无依，纺绩自活，遗子祖奎，教养成立。年五十四岁。

（44）右侧下匾第4位。郑氏，薛惠邦妻，年二十四岁夫故，矢志守贞，心坚金石，事翁姑以孝闻，遗子士谦，教育成立。卒年五十三岁。

（45）右侧下匾第5位。烈妇夏廖氏，廖永耀女，咸丰元年适夏泰开，琴瑟静好七年。夫病危，氏痛，医药不灵，许以身殉，嗣于九月二十六日夫故，即日奔宅前大堰投水殉夫，卒年二十三岁，遗子清联今已完娶。

（46）右侧下匾第6位。贞女张贞女凤英，张士升女，幼字同里梁以栋，未嫁。以栋随亲远贸云南，久无音信，后闻以栋病故，贞女矢不再字，时年十八岁。母目双瞽，朝夕侍养，母没。父患手疾，三年亲进饮食。父没，遗庶母所生弟妹俱幼，贞女殷勤教诲，至于成立。俭约持家，后颇盈余。卒年七十八岁。

（47）右侧下匾第7位。郑氏，李朝熙妻，年二十一夫故，矢志靡他，事舅姑必诚必敬，抚遗子相甲成立，现年五十九岁。

（48）左侧上匾第1位。孝子彭志仁，恩贡生，笃孝性友，三岁失怙，每岁时伏腊①倚门啼泣，问父所在。母曰："尔父三发偾②，生未能遂志，愤恨已殁。"仁谨识之。稍长，殖学维勤，游庠食饩，竟酬父志，方录童案。时院吏折号误书仁父名者再学，使闻而异之。事载祥异③卷。自幼至老温席扇枕以安母寝，膳饈必所亲调，嫡母翁氏得目疾，服药无效，仁晨起舌舔，暮宿口咀，不一月而母目明如常。母殁，庐墓三年不入寝室。事庶母林氏亦如之。享寿八十而终。

【注释】

①伏腊：一指古代两种祭祀的名称，即伏祭（夏季伏日）和腊祭（农历十二月）之日，或泛指节日。《史记·留侯世家》："留侯死，并葬黄石，每上冢伏腊，祠黄石。"汉杨恽《报孙会宗书》："田家作苦，岁时伏腊，烹羊炮羔，斗酒自劳。"

②佾（yì）：古代乐舞的行列，每行八人，称为一佾。佾舞，排列成行，纵横人数相同的古代舞蹈。按西周奴隶制等级规定，天子用八佾，六十四人；诸侯用六佾，三十六人。

③祥异：吉祥与灾异；妖异。《后汉书·杨赐传》："光和元年，有虹蜺昼降于嘉德殿前……（帝）使中常侍曹节、王甫问以祥异祸福所在。"《清史稿·灾异志一》："《明史·五行志》著其祥异，而削事应之附会，其言诚韪矣。"

（49）左侧下匾第1位。黄氏，刘运凤妻，年二十三岁夫故，遗腹生子名翰，及孙春喜生，而子媳皆亡，氏复抚孙成立，以承宗祧①，卒年六十五岁。

【注释】

①宗祧（tiāo）：宗：宗庙。祧：远祖之庙。引申指家族世系；宗嗣；嗣续。《左传·襄公二十三年》："臧武仲自邾使告臧贾……曰：纥不佞，失守宗祧，敢告不吊。"清代赵翼《兄觥归赵歌》："是宜什袭逾琼瑶，长与腊觟藏宗祧。"

（50）左侧下匾第4位。罗氏，巡检罗瑞荣女，适邑儒薛万邦，年二十六夫故，誓守坚贞，处不蹦阃，抚遗子士聪、士明成立，士明署广东三水乳源知县。道光二十年请旌建坊。现年八十一岁。

（51）左侧下匾第2位。卢氏，廖成焕妻，年二十七夫故，遗子有琦，氏矢志靡他，抚孤成立，卒年五十六岁。

（52）左侧下匾第3位。何氏，儒童李灿春妻，何廷楹女，年二十归灿春，生子成凤，二十六岁夫故，氏矢志不移，抚孤成立，卒年五十三岁。

（53）左侧下匾第12位。彭氏，郭人箶（原字为"箶"加"辶"字旁）妻，年十八于归，二十岁夫故，矢志守贞，抚嫡堂侄光问承祧，现年四十二岁。

第四节　杨邱氏贞节坊

　　杨邱氏贞节坊在隆昌现存编号的17座牌坊中编为14号牌坊。该坊位于隆昌城西南近四十华里的响石镇牌坊街，呈东西向（但略带东北往西南向的十余度倾角）布局。该坊系朝廷降旨旌表隆昌儒士杨维信之妻邱氏为贞节妇典型而建，始建于清乾隆四十九年（1784），重建于嘉庆二十三年（1818），距今已两百多年，其修建时间之久远，在隆昌现存且纳入国保的17座牌坊中居第二位，是现存牌坊中清朝所建的16座牌坊中最古老的一座。

嘉庆二十三年（1818），杨邱氏的后代子孙杨美锦等8人，为更好地宣扬自己祖先杨邱氏的贞节美行，让杨邱氏贞节坊体现出"牌坊修建大路旁，抬头一望看端详，节孝忠义人尊仰，单等后世把名扬"的气势和影响力，经商议后，在响石场镇通往富顺的古街（即现在的牌坊街）西端重新修建杨邱氏贞节坊。该坊通高13米，面阔8.3米，牌坊呈西偏南往东偏北走向。形制为四柱三门三重檐五滴水仿木石质结构。坊顶盖刹尖为四方五级宝塔，顶脊两侧鱼尾形鸱吻，四翘角冲天飞出，各级飞檐层层上收，作展翅欲飞状，使人产生强烈的向上动感。牌坊通体浮雕，技法洗练，线条流畅。牌坊两面图文相同。

一、牌坊东南面文字

（一）匾额

圣旨。

【解读】

皇帝的意旨和诏令。

（二）牌坊名

邑儒[1]杨维信妻邱氏旌表贞节[2]坊。

【解读】

旌表隆昌县信奉儒教的读书人杨维信的妻子邱氏忠贞不二美德的牌坊。

【注释】

（1）儒：儒士，崇奉孔子学说的人。汉以后亦泛称读书人、学者。

（2）贞节：忠贞不二的节操；封建礼教指女子不失身、不改嫁的道德行为。

（三）正匾

1. 正上匾

贞节。

【解读】

忠贞不二的气节操守。

2. 正下匾

孺人邑儒杨维信之妻，邱正禹之女，太学生[1]杨升、杨新之母。十九岁于归，二十六守志。翁姑早逝，伯叔[2]难依，励节甘贫，存袍[3]抚幼。始处市尘，虑难训子，继迁乡曲[4]，幸得芳邻[5]。对孤灯而纺绩[6]，不惮茹荼[7]；课弱嗣以诗书，尤勤画荻[8]。合族同瞻壶范[9]，双鹄并列成均。缅想[10]孤踪[11]，低回[12]至性[13]。矢志[14]靡他[15]，耿耿[16]者六十七载；厥[17]宗勿替，绵绵者九十三春。完藐躬[18]不变之操，广[19]巾帼捐生[20]之藐[21]。福由德致，节以苦甘。勤俭兼著，足征圣世[22]之休风[23]；节寿并臻[24]，宜[25]沐旌扬之盛典。

叙州府知府施光辂撰
嘉庆二十三年夏月

孙：杨美锦、杨美钦、杨美铨、杨美钜、杨美钊、杨美铣、杨美镐、杨美铉 重建旦

【解读】

　　杨邱氏老夫人是隆昌县读书人杨维信的妻子，邱正禹的女儿，国子监生员杨升、杨新的母亲。十九岁时嫁给杨维信，二十六岁就立志守节。公公婆婆早年就去世了，丈夫的兄弟难以依靠，只有时常勉励自己一定要心甘情愿地艰难守节，于是就把漂亮宽松的长衣服如袍子等脱下来，保存到箱底，身着适合于劳作的轻便衣服，干起粗活累活，精心地抚养年幼的孩子。刚开始时住在尘嚣闹市，考虑到难以教育孩子，于是就迁居到了偏远的乡下，幸运地遇到了好邻居。晚上对着孤灯绩麻纺线来换钱养家，不惧生活的艰难困苦，教导年幼的儿子苦读诗书，就像欧阳修的母亲郑氏用芦苇杆在地上画字教儿一样天天辅导孩子学习。整个家族的人都看到了她堪称女子典范的言行。两个孩子一起升入朝廷最高学府读书。回想她当年孤身一人徘徊在痛苦之中的至诚至善的高尚品德，发誓坚守节操决不改嫁他人，诚信鲜明地守节六十七年，竭尽全力延续杨家宗嗣香火的功勋是任何人都无法替代的，绵绵不断九十三年。她凭着自己一个弱女子孱弱的躯体完守了忠贞不渝的节操，广播了一个女人甘于舍弃生命换来家族重生的贞节德行。如今的洪福都是因为她当初选择的高尚德行换来的，她坚守节操的美好名声来自她用痛苦换来的甘甜。她的勤勉和节俭都是众所周知的，足以印证了圣明的时代和良好的社会风气！坚贞的节操和长寿同时到来，正沐浴着朝廷降旨旌表建坊的隆重恩典。

叙州府知府事施光辂撰题

嘉庆二十三年（1818）夏

　　孙：杨美锦、杨美钦、杨美铨、杨美钜、杨美钊、杨美铣、杨美镐、杨美铉　重建 吉辰

【注释】

　　（1）太学生：在太学读书的生员。明朝、清朝时太学即国子监的俗称，在国子监就读的学生即被称作太学生。

　　（2）伯叔：妇人称丈夫的兄弟。

　　（3）袍：长衣的通称。其形制不分上衣下裳。多用以指闲居之服。

　　（4）乡曲：意思是乡里，亦指穷乡僻壤。形容识见寡陋。《庄子·胠箧》："阖四竟之内，所以立宗庙社稷，治邑、屋、州、闾、乡曲者，曷尝不法圣人哉？"

　　（5）芳邻：意思指好邻居或者作为敬辞，称别人的邻居。

（6）纺绩：把丝麻等纤维纺成纱或线。古代纺指纺丝，绩指缉麻。

（7）茹荼（tú）：意思是比喻受尽苦难。明代方孝孺《茹荼斋记》："因辟一室以居，而以茹荼名之，既以志悲苦，亦以自励也。"

（8）画荻：宋欧阳修四岁而孤，家贫，母郑氏以荻管画地写字，教其读书。后以画荻为称颂母教之典。

（9）壸（kǔn）范：妇女的仪范、典式。壸：古时宫中道路。引申指内宫。亦泛指妇女居住的内室。《尔雅》："宫中衖谓之壸。"明代王思任《高妇于节烈传》："外事绝口不问。"后来，壸政，指宫内事务；家政；壸阁，指闺阁、闺房；壸闱，指宫闱、闺闱，妇女；壸闱，本为后妃所住的居室，也指妇女所居的内室；壸则，指妇女行为的准则、榜样；壸训，指为妻室者的言行仪范。

（10）缅想：意思是遥想。

（11）孤踪：孤单；孤独的踪迹；前人遗迹。《续资治通鉴·宋孝宗隆兴元年》："今臣以孤踪，动辄掣肘，将安用之？"

（12）低回：徘徊；留恋；回转起伏。

（13）至性：意思多指天赋的卓绝的品性。宋代王安石《黄菊有至性》诗：黄菊有至性，孤芳犯群威。

（14）矢志：意思是立下誓愿和志向，以示决心。清代蒋士铨《桂林霜·议恤》：更堪夸，全家矢志，一般贞洁。

（15）靡他：亦作靡它或靡佗。谓无二心。《诗·鄘风·柏舟》："之死矢靡它。"

（16）耿耿：诚信守节的样子；明亮、显著、鲜明的意思。

（17）厥：憋气发力，采石于崖。引申义：极尽全力，憋气发力。《说文》："厥，发石也。"

（18）藐躬：孱弱的躯体。《清史稿·德宗纪二》："况慈闱颐养廿余年，使徒御有惊，藐躬何堪自问？"

（19）广：扩大。《易·系辞上》："夫《易》，圣人所以崇德而广业也。"

（20）捐生：指舍弃生命。晋代潘岳《寡妇赋》："感三良之殉秦兮，甘捐生而自引。"

（21）蘖：从木，薛声。本意：被砍去或倒下的树木再生的枝芽。《书·盘庚上》："若颠木之有由蘖。"《诗·商颂·长发》："苞有三蘖。朱注：蘖，旁生萌蘖也。"

（22）圣世：圣代。 汉代王充《论衡·须颂》："涉圣世不知圣主，是则盲者不能别青黄也。"

（23）休风：指美好的风格、风气。《三国志·吴书·孙权传》："君宣导休风。"

（24）臻：到，到达。《说文》："臻，至也。"

（25）宜：正当的道理；适宜的事情或办法；适当的地位。

（四）侧匾

左侧匾　　　　　　右侧匾

1. 右侧匾

冰心。

【解读】

坚贞守节的心像冰一样纯洁明亮。

2. 左侧匾

柏节。

【解读】

坚贞的节操像柏树一样傲立于霜雪而挺拔不屈。

（五）楹联

1. 正联

绣阁[（1）]秉[（2）]精英[（3）]，百年[（4）]磨炼风霜古；

盛朝崇节义[（5）]，奕世[（6）]光荣雨露深。

【解读】

深居闺阁时就受到良好教育，秉承了道统精华，一生经历了无数艰苦磨炼，坚贞节操更显古朴；

盛世朝代崇尚节操的义行，获得了世世代代享有的荣光，恩泽如深厚的雨露。

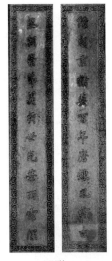

正联　　　　　　　　　　侧联

【注释】

（1）绣阁：指绣房。后蜀欧阳炯《菩萨蛮》词之四："画屏绣阁三秋雨，香脣腻脸偎人语。"宋代苏轼《诉衷情》："小莲初上琵琶弦，弹破碧云天。分明绣阁幽恨，都向曲中传。"

（2）秉：秉承，接受，承受。

（3）精英：泛指在某一项或多项领域精华杰出者。精，精华；英，杰出。

（4）百年：多为虚数，指人生不过百年罢了。常用于代指一生一世。

（5）节义：节操与义行。《管子·君臣上》："是以上之人务德，而下之人守节义。"

（6）奕世：累世，一代接一代。奕，累，重。《后汉书·杨震传》："臣奕世受恩，得备纳言。"李贤注："奕犹重也。"

2. 侧联

冰心⁽¹⁾一片涵⁽²⁾霜肃⁽³⁾；

柏节⁽⁴⁾千秋炳⁽⁵⁾日光。

【解读】

一片坚贞守节的意志像冰一样清澈透明，蕴涵着寒霜整肃；

像严寒挺拔的柏树一样高尚的节操名垂千年，焕发日月辉光。

【注释】

（1）冰心：像冰一样清澈透明而冰冷的心。

（2）涵：包含、容忍。

（3）霜肃：像霜花一样庄重齐整。肃：庄重，严肃。清代愈樾《春在堂随笔》卷十："观瞻既正，礼仪自肃。"

（4）柏节：比喻守节意志像柏树一样坚定挺直，能经受住风霜寒暑的考验。

（5）炳：明显，昭著，光彩焕发。

二、牌坊西北面文字

（同东南面）

三、图案简介

杨邱氏贞节牌坊图案以立体浮雕为主，雕刻技法洗练，线条流畅。顶盖刹尖为五级须弥座四方宝塔，顶盖檐下栏额刻如意斗拱纹饰。其余各级楼盖下均雕刻人物故事，图案非常考究精美。令人遗憾的是，许多图案都在20世纪60年代的"破四旧"中被人为凿平了。

四对抱鼓石置莲台须弥座上，鼓身浅雕缠枝牡丹，锦绣绫纹，门柱楹联均有边框饰，配以卷草或工字连环图案。

可见该坊的雕刻设计十分考究，也体现出了为杨邱氏重建贞节牌坊的后人对她的一片挚爱之心和敬重之情。雀替均为缠枝牡丹。

值得称奇的是，在牌坊东面，顶上刹尖宝塔座上和左面的二级楼盖上各生长着一株黄桷树，百余年来，无论怎样天旱，它都不会枯萎；无论怎样风调雨顺，也未见它长大。或许是响石古镇之地灵，杨邱氏贞节之高洁，响石民风之淳朴所致。

杨邱氏贞节坊题字匾额边框，均以卷草、回字、锦绣等各种纹样雕刻装饰，工艺十分细致精美。

四、史实简介

据清道光三年（1823）编修的《隆昌县志》记载：杨邱氏是隆昌县邱正禹的女儿，十九岁时嫁给杨维信为妻，生有杨升、杨新两个儿子。杨邱氏二十六岁时，丈夫病故，居家守丧三年，断绝与外界的一切交往。往后，她离开集市住宅，搬迁到乡下居住，一个人孤苦伶仃地带着两个孩子，辛勤绩麻纺线，教导并勉励两个儿子努力读书，后来都升入国子监学习。杨邱氏守节五十一年，两个儿子服侍其养老，一家人五世同堂。乾隆四十九年（1784），朝廷降旨准建"贞节坊"。

嘉庆二十三年（1818），杨家人为了更好地张扬杨邱氏一生遵循儒家礼教、守节教子颇有成效的行为，决定在附近集市响石镇通往富顺的街道上重建杨邱氏贞节牌坊。35年后的咸丰三年（1853），杨家后人又在这条街上距此牌坊约30米的地方为杨邱氏的孙儿杨美铉之妻林氏请旨建了一座"节孝坊"。出现了一街两坊、两坊并立、一门两节的奇观。后来，镇上人将这条街叫作"牌坊街"，将杨邱氏贞节坊叫作老牌坊，杨林氏节孝坊叫作新牌坊。

两座牌坊的形制均为四柱三门三重檐五滴水仿木石质雕花牌坊，从主楼顶盖刹尖、鸱吻吞脊、飞檐翘角到抱鼓石座兽均保存完好。两座牌坊各自特色突出。杨邱氏贞节坊上的书法非常精湛，而杨林氏节孝坊上的图案雕刻尤其精美，让人叹为观止。杨邱氏因为少年居寡守节，教子成才，未有父母公婆侍奉，故其所立牌坊名为"贞节坊"，杨林氏不仅年少居寡，守节一生，教子成才，而且还服侍婆母极尽孝道，故其所立牌坊为"节孝坊"。

杨邱氏生平事迹简介：杨邱氏自幼聪颖乖巧，貌若天仙，十三岁时经媒婆介绍许配给杨维信。不料十四岁时，邱氏生了一场怪病，肚子日渐长大，遭到父兄和族人的闲话与白眼。父兄还因其"未婚先孕辱没家风"而对其打骂。邱氏自知是病，但自证清白实在太难，便整日以泪洗面，身体日渐消瘦，可肚子长大之事并未停下，至很像十月怀胎之时，族人便以违背礼教与族风为由纠集起来上门问罪，高喊要按家族规矩对其沉潭处死。邱氏本想以死相抗，但又觉得这样不明不白而死，恰恰会授人以柄，让族人坐实自己有作风问题而辱没自己清白女儿身，那就太不值了，便向母亲苦诉自己目前的境遇是怪病缠身而致，母亲也想为女儿讨回公道，便设计与其女逃脱族人看管，到县衙击鼓鸣冤。幸在知县为官清明且颇通岐黄之术，即精通正统中医理论。在听了邱氏之诉后，将其引入后堂太夫人房中，亲自为邱氏悬诊把脉，确认并非怀孕。于是招来县城医术最好的医生为其开刀，果然取出一大肿瘤。邱氏病愈，且冤屈得洗。其时，邱氏已十九岁，便过门为年已三十九岁的杨维信为妻。

邱氏之夫杨维信乃自粤入川的隆昌客家人，善于买卖经商，家中积攒金银数百，在城乡购置数间店房，一家人日子过得很是殷实。结婚七年后，杨维信病重。此时，长子杨积华才三岁，次子杨厚华尚在杨邱氏腹中。杨维信自知天命不久，就对邱氏说："你才二十六岁，为了不负于你，你还是改嫁吧。"杨邱氏跪伏夫君前，哭泣而誓："我能继续活下去，就因为腹中还有你的儿子！我发誓守节一生，把你的两个儿子抚养成人，为你光宗耀祖！"杨维信死后，邱氏痛哭欲绝，想着自己给丈夫所发誓言，要立志抚养好两个儿子成人成才，便强忍悲痛，挑起了依靠一己寡妇之力持家养子的重担。杨维信的医药、丧葬之费让邱氏债务沉重在身。尽管杨维信在生前曾贷出二百余金，可那些借款人都因杨维信死了，欺负邱氏弱儿寡母，就赖账不还。有亲戚劝邱氏告官讨债，可邱氏不愿缠官司，于是将借据付之一炬，又将丈夫生前所购置店铺全数变卖，用于还债后，将余钱补贴家用。为了节约用度，她还亲自绩麻纺线，帮人做些针线活来养家糊口。在为丈夫守丧三年后，觉得乡下花销更小，且有利于两个儿子专心致志地读书学习，就带着两个儿子迁往乡下，居茅屋，着粗布，吃杂粮，与邻里和睦相处。"夜对孤灯而纺绩，不惮茹荼；日课弱嗣以诗书，尤勤画荻。"邱氏自幼学得一手刺绣的好手艺，无论在粗布和锦缎上，她都能绣出栩栩如生的花草虫鱼，经常卖些绣花衣衫、帕子等赚取个好价钱。乡居数年之后，邱氏勤俭持家颇有成效，不仅抚养了两个儿子读书，家里居然还有盈余。两个儿子也都能体谅母亲的苦处难处，遵母命母训拼命读书，先后进入国子监，成为太学士，双双获取功名。乾隆四十九年（1784），杨积华和杨厚华为母亲邱氏请旨建贞节牌坊获朝廷降旨准建，他们便在乡居之地建立了"杨邱氏贞节坊"。

晚年的杨邱氏，儿孙绕膝，五世同堂，幸福美满。嘉庆五年（1800），杨邱氏于家中寿终正寝，享年九十三岁。

嘉庆二十三年（1818），杨邱氏的孙子杨美锦等八人，将杨邱氏贞节坊移至响石镇街上重建，即为今日仍巍峨屹立的"杨邱氏贞节坊"。

第五节　杨林氏节孝坊

杨林氏节孝坊在隆昌现存编号的17座牌坊中编为15号牌坊。该坊坐落于隆邑南偏西近40华里的响石镇牌坊街（响石通往富顺的古街道）中段。该坊建于清咸丰三年（1853）二月中旬，为表彰节孝妇邑儒杨美铉之妻林氏的节孝美行，其养子杨秀璁为其请旨建坊获准而建。该坊朝向呈西北往东南方向，与其西南侧相距约十丈远的杨邱氏贞节坊双坊并立，且杨邱氏与杨林氏两人属祖婆与孙媳妇关系，是那个时代"一门双节"的典型代表。

杨林氏节孝坊通高13米，面阔8.3米，形制为四柱三门三重檐五滴水横砂石仿木雕花牌楼式结构。其形状外观与杨邱氏贞节坊相似，但保留下来的雕刻图案和文字更完

整，显得更精美。牌坊顶冠系品字形三重檐帽，帽顶十二鳌脊鸥吻冲天，各级飞檐层层上收，呈展翅欲飞状，鳌尖上是精雕的花卉花萼，且面向正顶高冲2米，使牌坊显得神采飘逸。顶盖刹尖造型为四方五级宝塔，很是豪华美观。

一、牌坊东南面文字

（一）匾额

圣旨。

【解读】

皇帝的意旨和诏令。

（二）牌坊名

邑儒[1]杨美铉妻林氏秀瓓、秀瑢母旌表节孝坊。

【解读】

隆昌县尊崇儒学的读书人杨美铉的妻子林氏杨秀瓓、杨秀瑢的母亲获得朝廷旌表而建的贞节和孝顺牌坊。

【注释】

（1）邑儒：县儒生，儒士，通儒家经书的人。

（三）正匾

1. 正上匾

节孝。

【解读】

守节孝顺。

2. 正下匾

莅⁽¹⁾土治民，莫要于正人心，厚风俗，而人心风俗之醇⁽²⁾，则以士尽忠良、妇完节孝为至极焉。顾士之尽忠良也，难而易；妇之完节孝也，易而难。稚子胜衣⁽³⁾就傅⁽⁴⁾，穷究经史，作为⁽⁵⁾文章，兼通词古诗赋，由是而拾矜⁽⁶⁾折桂⁽⁷⁾，捷南宫⁽⁸⁾，列词垣⁽⁹⁾，应仕籍⁽¹⁰⁾，而为邑宰，为大夫⁽¹¹⁾，为卿⁽¹²⁾、为公⁽¹³⁾，酬知乎！圣主加惠于黔黎⁽¹⁴⁾，勋⁽¹⁵⁾绮⁽¹⁶⁾弥纶⁽¹⁷⁾，声名彪炳⁽¹⁸⁾，岂不谓难哉？究之皆人生所应为之事，而未尝于分外有加，而未合于情中有减，犹谓之易。若夫妇之完贞也，青年矢志⁽¹⁹⁾，皓首成名，其间辛苦情状，对语无人，逾不可以更仆数⁽²⁰⁾。幸而抚子贤，犹请旨旌表，不殁⁽²¹⁾其型。不幸而荡产⁽²²⁾孤贫，则潜德幽光，衔恨⁽²³⁾于九原⁽²⁴⁾之下。而终无异念，无怨言，此非人定胜天⁽²⁵⁾，万难保白玉于无瑕玷⁽²⁶⁾者，此之所谓易而难也。余每念及，窃为钦⁽²⁷⁾之畏之，深嘉而乐道之，以其意诚心正⁽²⁸⁾，心正身修⁽²⁹⁾，而家国天下可理。本此真诚大人⁽³⁰⁾不易，此尤难能而可贵，故令人钦仰⁽³¹⁾而抒忱也。今年春，有邑监生杨秀璁者，以母林孺人节略，乞余弁言⁽³²⁾，勒⁽³³⁾石建坊以表于道。余曰：山辉川媚⁽³⁴⁾，珠玉必发其光。根深叶茂⁽³⁵⁾，源远流长⁽³⁶⁾。物固有之，人亦类是。孺人之节孝也，国之史家之秉必选人而详载之。唯是愚夫愚妇往来途人，曾不得悉其一二者。余因掇⁽³⁷⁾一言以颜⁽³⁸⁾其类，俾知⁽³⁹⁾妇之完贞胜于士之尽忠良，以励一乡一邑之民，以励一国之民，以励后世之民，而风俗以醇，人心以正也。是则孺人之有以启之也。

赐进士出身⁽⁴⁰⁾现任隆昌县知县议叙⁽⁴¹⁾加三级记录二次陇西勉斋张敏行谨叙

男：秀璨、太学士秀璁

孙：联彰、正彰、秉彰、远彰

咸丰三年二月中浣谷旦

【解读】

来到一个地方管理这里的民众，没有比让这里的人们心地善良正直，地方风气淳朴厚道更为重要的了。然而，人心的淳朴友善和风俗习惯的清新美好又以男子能够善良尽忠，妇女能够坚守节操和孝道为最佳境界。据我观察发现，男子极尽忠诚贤良，虽然很难却也容易；妇女坚守节操和孝道，虽然容易却非常的难。小儿长大到能穿成人衣服时就开始从师求学，刻苦研究经典史籍，努力写出纵论天下的文章，而且还通晓诗词歌赋，以优异的成绩科考中第，让捷报喜讯从皇宫里传来，接着被召入翰林院，从此走上仕途为官，做知县、做大夫、做上大夫、做公侯，这就应该是对人生追求的报答了吧！圣明的帝王施加恩惠给黎民百姓，将奇伟的功勋书写满细绫纱制成的诏书，让美好的声誉光耀天下，能够做到这样难道不叫难吗？！但仔细推究，这是人们一生中本来就该努力追求的事情，而并没有超出本分额外增加任务和困难，也没有因为符合情理而有所减少，所以，也可以说这也是容易做到的事情。如果要像夫妻之间极尽忠诚坚守贞节的，年纪轻轻就矢志守节，满头白发了才得以成名，这一生中辛酸苦辣的情状，平时想找个说话的人都没有。超过这样凄惨的景象实在太多，根本不能一一列举和描述。幸好杨林夫人抚养的儿子非常贤能，犹且请示朝廷降旨建立节孝牌坊予以旌表，以不淹没了她高洁坚贞的节孝事迹。如果是遇到不幸，家里钱财耗尽或是孤苦贫寒，就会让她节孝的美德不为人知，让她的光辉隐藏起来，含恨于九泉之下，尽管她从来都没有过放弃守节的想法，也没有任何怨言。这不是人心的决定高于一切天地困难的话，万万难以保证她高洁的操守会像白玉一样没有任何斑点，这就是看似容易实则很难的啊。我每每想到这些，私下里都会为之感到钦佩和敬畏，深深地称赞并乐于对别人讲起。一个人因意念真诚而心地纯正不偏，就能让心身得到修炼和提升，然后就能治理一个家、一个国，甚至整个天下了。这种发自内心的实诚的事，位高权重者也不容易做到，对她们来说就尤其难能可贵了，所以令人钦佩敬仰而抒发心中的感慨。今年春天，县里有个叫杨秀璁的监生来找我，把他母亲林孺人节孝几十年的事迹简要说了，请求我给他写个序言，准备镌刻青石牌坊并置于要道上。我说，山川风景如此美好，珠宝和玉石必然会发出光芒，树根深植枝叶繁茂，江河源远流长。这是万事万物本来具有的规律，人类社会也是一样的。杨林氏夫人守节尽孝的榜样事迹，是国家采撷和书写历史的人必定会选取和详细记叙的，只是那些愚昧的男男女女、从牌坊下面经过的普通路人，并不能详尽地知道和叙述她美好的节孝事迹罢了。为此，我就将她的美德行为摘取一些题写在节孝牌坊上面，用来感召其他的人，使他（她）们知道女人坚守节操孝道所付出的辛酸和苦难远超男人们极尽忠诚贤良，并用来激励一个乡一个县的民众，激励一个国家的民众，激励今后世世代代的民众，进而引导社会风俗一天天变得更加淳朴良善，人们的心地也会更加纯正、正直和友善。这些都是杨林氏夫人高洁的节孝操守给我们带来的启示。

进士现任隆昌县知县考核优异奏请加三级两次的

陇西勉斋的张敏行小心谨慎地记叙

儿子：秀瓓、太学士秀璁

孙子：联彰、正彰、秉彰、远彰

咸丰三年（1853）二月中旬吉辰

【注释】

（1）莅：治理；统治；管理。

（2）醇：纯粹，引申为纯一不杂。《汉书·食货志上》："自天子不能具醇驷。"颜师古注："醇，不杂也。无醇色之驷，谓四马杂色也。"又引申为淳朴、敦厚。

（3）胜衣：儿童稍长，能穿起成人的衣服。指身体能承受衣服的重量。《史记·三王世家》："皇子赖天，能胜衣趋拜，至今无号位师傅官。"

（4）就傅：从师。《礼记·由则》："十年，出就外傅，居宿于外，学书记。"郑玄注："外傅，教学之师也。"

（5）作为：意思是行为，所作所为；建树，成就；可以做的事，大有作为。

（6）矜：本义是指矛的柄，矛在仪仗中，用于迎接贵宾等场合。

（7）折桂：科举时代指考取进士，现多借指竞赛或考试获得第一名。折：摘取；桂：桂树的枝条。因桂树叶碧绿油润，我国古代把夺冠登科比喻成折桂，古时科举考试正处在秋季，恰逢桂花开的时候，故借喻高中进士。

（8）南宫：相传天帝的宫殿太微亦名南宫。后用指朝廷或帝皇之居。

（9）词垣：词臣的官署，宋朝翰林学士院的别称。元以后沿用此称翰林院，亦称词苑。

（10）仕籍：旧指记载官吏名籍的簿册。

（11）大夫：古代官名。西周以后的诸侯国中，国君下有卿、大夫十三级，大夫世袭，且有封地。后来大夫成为一般任官职者的称呼。

（12）卿：古代高级官名：三公九卿。卿相。古时高级长官或爵位的称谓。汉以前有六卿，汉设九卿，北魏在正卿下还有少卿。以后历代相沿，清末始废卿。东汉许慎《说文》："六卿：天官冢宰、地官司徒、春官宗伯、夏官司马、秋官司寇、冬官司空也。"

（13）公：在西周金文中主要是王朝大臣之称，春秋时代公是诸侯的通称；古代的最高官阶。

（14）黔黎：黎民百姓。

（15）勋：指大的功劳，引申为有功勋的人。

（16）绮：细绫，有花纹的丝织品。《说文》："绮，文缯也。"

（17）弥纶：指统摄，笼盖；经纬，治理，综括、贯通。

（18）彪炳：辉耀；照耀。清·梁绍壬《两般秋雨盦随笔·陈恪勤诗》："陈恪勤公文章事业，彪炳一代。"

（19）矢志：立下誓愿和志向，以示决心。

（20）仆数：谓一一详加论列。清代周亮工《送王庭一入楚序》："予一身之变，固难仆数，子京以急予难没于都门，杨儿以念予夭于家。"王国维《文学小言》十五："此诗家之数之所以不可更仆数，而叙事文学家殆不能及百分之一也。"

（21）殁：通"没"。隐没；沦没。

（22）荡产：破产，耗尽产业。

（23）衔恨：含恨；怀恨。

（24）九原：①泛指墓地；②九泉，黄泉。《旧唐书·李嗣业传》："忠诚未遂，空恨于九原。"

（25）人定胜天：其本意是人定兮胜天，不是人兮定胜天。天，被古人认为是至高无上的，《周易》才有天、地、人之三才之学说。胜天，即高于天，重于天，可以理解为重于一切或高于一切。人定，其本质上是人心安定，各守其本分。因此，人定胜天另一种解释为：人心安定高于一切或人心安定比什么都重要。

（26）瑕玷（diàn）：玉上的斑点或裂痕。比喻缺点或过失。

（27）钦：古时作敬词使用，有叹息、钦佩等意思。

（28）心正：心意纯正不偏。《礼记·大学》："意诚而后心正，心正而后身修。"

（29）身修：即修身。指陶冶身心，涵养德性，修持身性。

（30）大人：指在高位者，如王公贵族。

（31）钦仰：敬重，景仰。忱：真诚的情意。《说文》："忱，诚也。"段玉裁注："诚者，信也。"

（32）弁（biàn）言：前言；引言；序文。因冠于篇卷的前面，故称弁言。

（33）勒（lè）：铭刻，用刻刀书写。如：泐石。

（34）山辉川媚：形容风景非常优美。晋·陆机《文赋》："石韫玉而山辉，水怀珠而川媚。"

（35）根深叶茂：意思是根扎得深，叶子就茂盛。比喻基础牢固，就会兴旺发展。

（36）源远流长：意思是河流的源头很远，水流很长。常比喻历史悠久，根底深厚。

（37）掇（duō）：拾取，摘取。

（38）颜：指题字于匾额或书籍封面上。沈复《浮生六记·闺房记乐》："迁仓米巷，余颜其卧楼曰宾香阁，盖以芸名而取如宾意也。"

（39）俾知：使知道。欧阳修《泷冈阡表》："俾知夫小子修之德薄能鲜，遭时窃位，而幸全大节，不辱其先者，其来有自。"

（40）赐进士出身：科举考试分三甲，一甲赐进士及第，二甲赐进士出身，三甲赐同进士出身。进士是中国古代科举制度中，通过最后一级考试（殿试）者，称为进士。是古代科举殿试及格被授予此学位者之称。意为可以进授爵位之人。没有此学位的人有某种才能或功劳，皇帝赐给他同有这个学位出身的人一样。

（41）议叙：清制于考核官吏以后，对成绩优良者给以议叙，以示奖励。清代朱珪《吏部稽勋司郎中张君墓志铭》："乾隆庚子科举人，议叙八品京官。"

（四）侧匾

左侧匾

右侧匾

1. 右侧匾

松心。

【解读】

有一颗古松一样坚贞高洁的心。

【注释】

松：坚贞的象征。唐代刘禹锡《酬喜相遇同州与乐天替代》诗："旧托松心契，新交竹使符。"

2. 左侧匾

竹节。

【解读】

品性犹如竹节一样坚贞。

竹节：比喻性格坚贞。宋代范成大《送通守林彦强寺丞还朝》诗："纷纷草木变暄寒，竹节松心故凛然。"

（五）楹联

正联　　　　　　侧联

1. 正联

两世⁽¹⁾励⁽²⁾贞操，耿耿⁽³⁾丹心⁽⁴⁾天地鉴⁽⁵⁾；

九重褒苦节，煌煌⁽⁶⁾青史⁽⁷⁾姓名香。

赐进士出身隆昌县知县张敏行拜题

【解读】

杨林氏夫人与祖婆杨邱氏两代人历经艰苦磨难坚守贞节孝道的高尚操守，忠贞守节的真心天地可鉴。

朝廷降旨给予至高无上的褒奖杨林氏夫人凄苦守节的美好德行，在光辉显耀的史册上将留下永远馨香美誉的姓名。

赐进士出身隆昌知县第敏行恭敬题写

【注释】

（1）两世：两代。指杨林氏和她的祖婆母杨邱氏均是坚贞守节一生。

（2）励：同砺，磨炼。柳宗元《时令论上》：非秋无以选士励兵。

（3）耿耿：忠诚；诚信守节的样子。黄宗羲《感旧》诗：寒江才把一书开，耿耿此心不易灰。汉代刘向《九叹·惜贤》：忠心耿耿为祖国进雄鸠之耿耿兮，谗介介而蔽之。

（4）丹心：赤心，忠心。宋代文天祥《过零丁洋诗》："人生自古谁无死，留取丹心照汗青。"

（5）鉴：镜子；照、照视。盛水以为镜子之用，所谓以人为鉴、以史为鉴即其功能性作用的引申。《庄子·德充符》："人莫鉴于流水，而鉴于止水。"

（6）煌煌：光辉明亮的样子；昭彰，醒目。《诗经·陈风·东门之杨》："昏以为期，明星煌煌。"宋玉《高唐赋》："玄木冬荣，煌煌荧荧。"

（7）青史：古代在带青皮的竹简上记事。因而称史书为青史。江淹《诣建平王上书》："俱启丹册，并图青史。"杜甫《赠郑十八贲》："古人日以远，青史字不泯。"

2. 侧联

冰心[1]直炼[2]三冬[3]后；

正气[4]长凝两代间。

广西平乐府富川县知县汉安邹峄贤[5]拜题

【解读】

明亮纯静的坚贞决心犹如历经了三冬严寒的淬炼而坚定不移；

坚贞守节的刚正气节长远凝聚在祖婆和孙媳两代之间。

广西平乐府富川县知县汉安邹峄贤拜题

【注释】

（1）冰心：像冰一样晶莹明亮的心，比喻心地纯洁、表里如一。唐代王昌龄《芙蓉楼送辛渐》诗二首之一："洛阳亲友如相问，一片冰心在玉壶。"

（2）炼：冶炼，熔炼。引申为造就。清代方以智《东西均·张弛》："天地炼物于冬，而长养之于春、夏、秋。"

（3）三冬：指冬季的三个月，十月、冬月和腊月，也指三九严寒时节，亦有将经历三个冬季合称三冬。此处用三冬代指经历严寒冷酷的时间非常长。

（4）正气：指人的浩然气概，刚正气节。晋代孙绰《太傅褚褒碑》："公资清刚之正气，挺纯粹之茂质。"

（5）邹峄（yì）贤：内江人，孝廉（明清时对举人的称呼），官广西平乐府富川县知县。

二、牌坊西北面文字

（一）匾额

五捧旨匾额：圣旨。

【解读】

皇帝的意旨和诏令。

（二）牌坊名

第二承重横梁：邑儒杨美铉妻林氏秀瓓、秀璁母旌表节孝坊。

【解读】

隆昌县尊崇儒学的读书人杨美铉的妻子林氏杨秀瓓、杨秀璁的母亲获得朝廷旌表而建的贞节和孝顺牌坊。

（三）正匾

1. 正上匾

节孝。

【解读】

守节孝顺。

2. 正下匾

　　节妇内江县林魁联女，年二十二归隆昌儒生[1]杨君美铉，生子秀瓓，甫[2]三岁而美铉卒，林仅二十五岁，矢志[3]靡他[4]，以秀瓓为命。无何[5]，秀瓓年十八病故。姑哀其遇，命抚夫兄美镐次子秀璁承祧。林善承姑志，色养[6]无违，能得钟孺人欢。姑病，汤药亲尝，衣不解带。及姑殁，以只身勷[7]大事，丧葬胥[8]如礼，族党[9]称之。生平娴静[10]寡言，孀守[11]后缟[12]衣茹素，跬步[13]不出门，躬纺绩[14]，操井臼[15]，日以义方[16]训子。继自今，子登槐舍[17]，孙茂兰阶[18]，林方莞尔[19]含饴[20]，而又自悲秀璠之不禄[21]也，复命秀璁子为之嗣。其诸历苦节而备苦心者欤？林生乾隆辛亥，今六帙[22]有二矣。青年守志，白首完贞。刘向之传[23]，常璩之志[24]，敬姜之论[25]，陶婴之歌[26]，何以加焉。先是林祖姑[27]以节孝闻，膺旌[28]建坊，而孙妇克嗣，徽音[29]彤管[30]，竞传一门双节。天之所以厚储其报者，知未有艾[31]。谨为撰其实，以俟轺轩[32]之采云。

内邑甲辰恩科解张德元顿首拜撰

男：秀璠、太学士[34]秀璁

孙：联彰、正彰、秉彰、远彰

咸丰三年二月谷旦

【解读】

杨林氏节孝妇是内江县林魁联的女儿，二十二岁时嫁给了隆昌县饱读儒家经典的读书人杨美铉，生了一个儿子叫杨秀璠，刚刚三岁杨美铉就去世了，杨林氏才二十五岁，发誓不再改嫁他人，视秀璠如自己的生命。秀璠长到十八岁时就生病死了。杨林氏的婆婆可怜她的遭遇，安排过继杨美铉的哥哥杨美镐的二儿子秀璁给她抚养，以继承杨美铉一脉的香火。杨林氏非常懂得和遵照婆婆的意思，和顺地孝敬老人，很是得到了婆婆钟夫人的欢心。婆婆生病后，她亲自熬汤药并先尝了冷热后再喂给婆婆吃，经常和衣而卧地守在身边伺候。等到婆婆死后，又靠一个女人的力量为婆婆料理后事，完全按照民间丧葬之礼的要求来办，得到了同族亲属们的一致称赞。杨林氏平时文静庄重，很少言语，丈夫去世后守节，依照风俗着白色孝服，吃素守斋，从不离开家门半步。亲身纺丝绩麻，料理打水做饭等家务活，一天接着一天地按照家规家训教育孩子。直到儿子获取了功名官禄，孙子都很优秀，杨林氏方才微笑着享受儿孙绕膝的欢乐。但她又为秀璠没有后代而感到悲哀，就又安排秀璁过继一个儿子给秀璠承袭香火。可见她经历的这些凄凉守节事迹，心里是多么的孤苦啊！林夫人生于乾隆辛亥年（1791），今年六十二岁了。年纪轻轻就立志守节，头发花白了方才完成贞洁的心志。刘向《列女传》收集的例子、常璩撰写的《华阳国志》中的例子、敬姜教子的家教贤德之论，还有陶婴坚守贞洁等典范事例，如今，又拿什么能流传后世的美好佳话，以及能够照亮人的美好事例来增加和续写呢？早先是林夫人的祖婆婆因为节孝而闻名，获得了朝廷降旨建立贞节牌坊予以旌表，如今她的孙媳妇林夫人继承先辈的良行美德，盛传美好名声和书写历史的红管毛笔争相讲述着"一门双节"的佳话。上天之所以宽厚地奖赏她的后世之人，就是要让世人知道她的美德不会老去。今天恭谨地写下杨林氏夫人的真实事迹，等待记史的使臣来收集，载入史册。

内江县甲辰（1844）科四川乡试第一名张德元磕头敬题

儿辈：秀瑸、国子监内肄业的学生秀璁

孙辈：联彰、正彰、秉彰、远彰

【注释】

（1）儒生：指儒士、儒客，通儒家经书的人。汉·王充《论衡·超奇篇》："故夫能说一经者为儒生，博览古今者为通人。"

（2）甫：相当于刚刚。《汉书·翼奉传》："天下甫二世耳，然周公犹作诗书深戒成王，以恐失天下。"

（3）矢志：立下誓愿和志向，以示决心。

（4）靡他：即靡（mǐ）它：无二心。唐代杜甫《别唐十五诫因寄礼部贾侍郎》诗："雄笔映千古，见贤心靡他。"

（5）无何：不久；很短时间之后。清代田兰芳《明河南参政袁公墓志铭》："无何，豫饷告匮，巡抚越公其杰趣公，入请。"

（6）色养：因称人子和颜悦色奉养父母或承顺父母为色养。《论语·为政》："子游问孝。"子曰："今之孝者，是谓能养。"……子夏问孝。子曰："色难。"朱熹集注："色难，谓事亲之际，惟色为难也。"一说，谓承顺父母颜色。

（7）勷（ráng）：从力、襄声。意为解衣而耕，辟地有德也，亦有倾力耕辟努力成就之意。

（8）胥：全，都，皆。《诗·小雅·角弓》："尔之教矣，民胥效矣。"

（9）族党：聚居的同族亲属。

（10）娴静：文雅美丽；柔美文静，庄重不浮躁。

（11）孀守：居孀守节。孀：死了丈夫的女人。节：守贞节。

（12）缟衣：用以比喻洁白的梅花或羽毛，也指旧时居丧或遭其他凶事时所着的白色衣服。

（13）跬步：半步，跨一脚。《大戴礼记·劝学》："是故不积跬步，无以至千里；不积小流，无以成江海。"王聘珍解诂："跬，一举足也。"

（14）纺绩：把丝麻等纤维纺成纱或线。古代纺指纺丝，绩指缉麻。

（15）操井臼：指亲自料理家务。操：做，从事。井臼：提水、舂米，泛指家务劳动。汉代刘向《列女传·周南之妻》："家贫亲老，不择官而仕；亲操井臼，不择妻而娶。"

（16）义方：行事应该遵守的规范和道理。后因多指家教，教子的正道。蔡邕《司徒袁公夫人马氏碑》："义方之训，如川之流。"

（17）槐舍：形容枝叶茂密如帐篷的大槐。因召公曾有槐下办公听讼的德政而出名，后代指官员办公之地。

（18）兰阶：古指皇宫藏书的兰台下的台阶。后用为阶台的美称。

（19）莞尔：微笑、浅笑，一般多用在礼貌性微笑时。

（20）含饴：含饴弄孙。饴，饴糖，用麦芽或谷芽之类熬成，形容亲子之情。

（21）禄：福气、福运。禄祚，福分和寿命；禄命，古代宿命论者认为人生的盛衰，祸福、寿夭、贵贱等均由天定。

（22）帙（zhì）：本意是指盛放帛书的囊，或者线装书的外盒，后来书一套叫作一帙。此处指十年。

（23）刘向之传：典故。西汉成帝时，刘向曾编《列女传》共八篇，用来警诫天子。并搜集传记、往事，写成《新序》《说苑》共五十篇，并把它们进献给皇上。多次上书谈论利害，陈述法则戒律。上书几十次，用来帮助皇上阅览，弥补遗漏的过失。

（24）常璩（qú）之志：典故。东晋永和三年（347），东晋大将桓温伐蜀，常璩与中书监王嘏等人劝成汉帝李势投降。后被桓温举任贤能带往东晋都城建康。常璩入晋后，东晋士族轻视蜀人。常璩便不再在仕途中追求进取，一心专注于史学。写成有影响的历史地理著作《华阳国志》，被《四库全书》载入史部，近人则往往将其划入地方志中，并被誉为我国现存最早的方志之一。

（25）敬姜之论：典故。《国语·鲁语下》记载，敬姜嫁给鲁国大夫公父穆伯为妻，生下公父文伯。通达知礼，德行光明。匡子过失，教以法理。仲尼（孔子）贤焉，列为慈母。著有《论劳逸》，是春秋战国时期家训的代表之作。有一天，公文伯朝见鲁君后回家，看到母亲正在绩麻，就对母亲说：像我们这样的家庭，您还要绩麻，季孙（季康子）看了会生气的，以为我不能侍奉您老人家哪！敬姜听罢儿子的抱怨，训诫道："夫民劳则思，思则善心生；逸则淫，淫则忘善，忘善则恶心生"。她认为，上自天子、诸侯、三公、九卿，下至黎民百姓，都必须劳动，或劳心、或劳力，才能政清人和、国泰民安，这是治国安邦的基础和前提。敬姜之论阐发了一个最朴素的真理：勤勉不怠国则兴；逸乐怠慢国则败。敬姜的诫子家训是载于《国语》上的有名的家训，敬姜因这篇出色的《论劳逸》之文成为有名的贤德之论。

（26）陶婴之歌：典故。刘向《列女传·鲁寡陶婴》载：春秋鲁陶门之女陶婴，少寡，抚养幼孤，纺绩为生；鲁人或闻其义，将求匹。婴闻之，乃作《黄鹄之歌》以明志：天命早寡兮，独宿何伤。汉鲁人闻后因以"陶婴"为妇女贞洁的典型。

（27）祖姑：丈夫的祖母。

（28）膺旌：即荣膺旌表，指光荣地获得表彰。膺：承受，承当。

（29）徽音：犹德音，多形容女子美德。

（30）彤管：指古代女史用以记事的杆身漆朱的笔，红色的小花朵。《诗·邶风·静女》："静女其娈，贻我彤管。"毛传："古者后夫人必有女史彤管之法，史不记过，其罪杀之。"郑玄笺："彤管，笔赤管也。"

（31）艾：老年，老年人。刘禹锡《送鸿举师游江南引》："有幼、壮、艾之期。"《礼记》："五十曰艾，服官政。"郑玄注："艾，老也。"

（32）輶（yóu）轩：古代使臣乘坐的一种轻车。古代使臣的代称。汉代扬雄《答刘歆书》："尝闻先代輶轩之使，奏籍之书皆藏于周秦之室。"《文选·左思〈吴都赋〉》："輶轩蓼扰，毂骑炜煌。"李周翰注："輶轩，轻车也。"

（33）解：此处指解元。唐制，举进士者皆由地方解送入试，故后世称乡试第一名为解元。如世称明代唐寅为唐解元。

（34）太学士：太学士是对在国子监内肄业的学生的统称。

（四）侧匾

1. 右侧匾

玉洁。

【解读】

杨夫人的贞孝行为像美玉一样圣洁。

2. 左侧匾

冰清。

【解读】

杨夫人的贞孝行为像寒冰一样清澈高洁。

（五）楹联

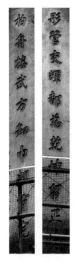

正联　　　　　　　　侧联

1. 正联

彤管交辉，都为乾坤留正气；

柏舟[(1)]接武[(2)]，方知巾帼有完人[(3)]。

甲辰恩科解元汉安[(4)]张德元拜题

【解读】

赤管笔在史册上交相辉映地记载了祖婆与孙媳妇两代人的节孝事迹，都是在为天地间留下坚守节操孝道的刚正之气；

《诗·鄘风·柏舟序》描述的共姜自誓守节的典范行为被人继承，我们方才知道女中豪杰中确有完美之人。

甲辰（1844）恩科四川乡试第一名张德元叩拜题写

【注释】

（1）柏舟：以柏木挖空为舟。此处是指柏舟节，即旧时谓夫死不嫁的节操。明代归有光《陆母缪孺人寿序》："余闻缪孺人遭家多难，盛年寡居，著柏舟之节，终温且惠，淑慎其身。"

（2）接武：步履相接。前后相接；继承。武，继承。接武，引申为矢志守节，从一而终。

（3）完人：多指道德行操完美的人。

（4）汉安：内江古称。

2. 侧联

不惜闲身⁽¹⁾禁⁽²⁾苦辣；

为留大义⁽³⁾在寰区⁽⁴⁾。

例授文林郎⁽⁵⁾任隆昌县训导刘黼赓⁽⁶⁾拜题

【解读】

不顾惜文雅娴淑的身子，经受了各种痛苦辛辣的磨难；

为天下世人留下了坚守节操孝道的正义榜样。

援例官授正七品文林郎隆昌教官刘黼赓恭敬地题写

【注释】

（1）闲身：古时指没有官职之身。

（2）禁（jīn）：承受；受得住，耐久；忍耐。唐代杜甫《江雨有怀郑典设诗》："乱波纷披已打岸，弱云狼藉不禁风。"

（3）大义：正道。《易·家人》："《象》曰：'女正位乎内，男正位乎外。男女正，天地之大义也。'"

（4）寰区：天下、人世间。《后汉书·逸民传序》："彼虽硜（kēng）硜有类沽名者。然而蝉蜕嚣埃之中，自致寰区之外，异夫饰智巧以逐浮利者乎！"

（5）文林郎：散官八郎之一。无实职，仅用于定级别。随文帝时置，在八郎中位第八。明正七品，初授承事郎，升授文林郎。清正七品，授文林郎。

（6）刘黼（fǔ）赓：内江举人，清道光二十四年（1844）至咸丰十一年（1861）任隆昌县训导。分纂咸丰十一年编修的《隆昌县志》。

三、图案简介

杨林氏节孝坊东南面：顶盖刹尖为火焰宝珠金刚座，宝珠置于圆雕莲台上，莲花下精刻"卍"字形锦绣搭袱置金刚座上，左右鸱吻形态自然，矫健有力，造型流畅，与二三级楼盖鸱吻呼应。楼盖四面均有图案，雕刻仿琉璃瓦垅瓦垱滴水，古韵十足、精致典雅且大气豪华。

檐下栏额浮雕均为戏曲神仙故事。正中为"五龙圣旨匾"，四周纹饰没有采用通常的火焰刻饰，而饰以缠枝牡丹，显得富贵华丽。可惜的是，"圣旨"二字及周边五龙图案均在20世纪60年代的"破四旧"中被凿平了。

上平梁雕刻"卍"字形连环图案，两端则刻作博古架状。

两竖柱亦刻卍图案，喻示吉祥、财富和上接佛力。各级楼盖之正脊戗脊均镂空雕刻缠枝牡丹。主梁高浮雕"二龙戏珠"。龙现四爪，海水流云的布局精妙绝伦。下枭亦刻饰缠枝牡丹。

次间额枋上深浮雕麒麟、双鹿、瑞鸟珍禽、异树奇花、山石流泉，下刻缠枝牡丹。

明间上匾楷书阴刻"节孝"二字，笔力遒劲，端庄肃穆，给人肃然起敬之感。明间雀替圆雕"双龙吐信"，奇丽壮观。右次间雀替刻作博古架，上刻花卉，左次间雀替也刻作博古架，上刻喷吐霞光的麒麟和口含灵芝的梅花鹿。

牌坊西北面雕刻与东南面大体相同，只是局部略有变化。主梁上深浮雕"双凤朝阳"。次间额枋右刻马鹿，左刻麒麟，甚是精美。

四对抱鼓石通体浮雕，深浅技法结合，构图颇为奇特新颖且三面满布。雕有缠枝牡丹化为龙首等图案，意示富龙呈祥。鼓面浅雕锦纹格子八宝花图案，鼓身高浮雕竖龙、草龙、蝙蝠、牡丹等图案，显得富贵雍容，极尽奢华。可谓精雕细琢，匠心独运，体现了十分精湛的石雕技艺。鼓下为雕花须弥座，鼓上座兽已毁损于20世纪60年代"文革"中的"破四旧"。

四、史实简介

杨林氏节孝牌坊的女主是杨邱氏遗腹子杨厚华小儿子杨美铉的妻子，姓林，是内江县林魁联的女儿。生于乾隆五十六年（1791），性格温柔，但内心倔犟。自幼聪明能干，孝顺善良，深得父母喜爱。在家学文识字，尤其喜欢学读有关"三从四德"的书，以及《孝经》《孝行录》《列女传》等，颇有心得。二十岁时，父母做主将其许配给隆昌杨美铉家做媳妇。杨美铉自幼饱读诗书，富有学问，人品亦好，但体弱多病，曾几次病重，林氏均过杨府看望，探视中，两人培养了很深的感情。当林氏父母因杨美铉多病，担心女儿日后受累而想退掉此门亲事时，林氏坚决不允，表示既已许配杨家，便是杨家之人，即便美铉有个三长两短，也要与他牌位成亲，守其终身。父母无奈，只得从她心愿。两年后，林氏嫁到杨美铉家。生了一个儿子，取名杨秀珊。没几年，杨美铉就病故了，留三岁的儿子秀珊。杨林氏完全按照民俗礼仪穿麻戴孝，足不出户，对上孝敬公婆，对下抚养幼儿，把秀珊视为自己的生命，用心教养，让其上学读书，一心盼着他早日成才，光耀门庭。不料天有不测风云，秀珊十八岁时，突患重病而逝，林氏哭得死去活来。经历过青年丧夫之绝，又面临中年丧子之痛，双重打击让林氏几乎绝望。林夫人的婆婆妈钟孺人心疼儿媳的不幸遭遇，安排杨美铉哥哥杨美镐把二儿子杨秀璁过继给林夫人，以承续杨美铉一脉的香火，才给了杨林氏以生活下去的希望。杨林氏把杨秀璁当成亲生儿子对待，承担起了严父慈母一肩挑的重任，全心全意地教养这个儿子，勉励其刻苦学习。秀璁非常明白事理，理解母亲杨林氏的一片良苦之心，努力读书，成绩优异，被送入国学，成为太学士，让杨林氏坚贞守节的苦心终于得到了很好的安慰。

杨林氏具有醇厚的孝心，伺候婆母就像对待自己的生母一样，一心一意，既孝又顺，事事处处讨公婆欢心。婆母生病后，林氏寝食难安，衣不解带地日夜侍候在身边，寸步不离，亲自熬汤尝药，一勺一勺地喂，连续多日都未合眼，而且打扇按摩，极尽孝道。有一次，婆母腿生恶疮，奇臭无比，她却多次用嘴吮吸婆母腿上的恶疮，将脓液一口口吸出。得益于林氏如此精心伺候，婆母的腿疾最终痊愈。杨林氏的节孝事迹在杨氏宗族里面和邻里乡亲中广为传颂，受到大家的一致推崇和称赞。

道光末年，杨秀璁为母亲杨林氏请旨旌表建坊。咸丰三年（1853），朝廷降旨准予建坊，旌表杨林氏高洁的节孝美行，时任隆昌知县张敏行亲自为牌坊作匾文予以盛赞。

第六节　孝子总坊

孝子总坊在隆昌现存编号的17座牌坊中编为04号牌坊。坐落于隆昌城区北关道观坪，横跨此段呈西往东走向的巴蜀古驿道。此坊建于清咸丰六年（1856），是为受到朝廷旌表的陈先典、朱佐耀、刘腾龙、华远容、晏绍景等五位孝子而建。

孝子总坊通高7.5米，面阔6.7米，形制为四柱三门三重檐五滴水仿木青石素面牌坊，中门雀替

系浅雕简单云纹图饰。牌坊刹尖、飞檐翘角、鸱吻等均毁于20世纪60年代"破四旧"运动。抱鼓石上座兽全无，当心间五龙捧旨匾及牌坊上部分文字亦遭损坏，幸在牌坊主体尚存。

一、牌坊东面文字

（一）匾额

圣旨。

【解读】

皇帝的意旨和诏令。

（二）牌坊名

孝子总坊。

【解读】

为旌表多名孝子而建立的牌坊

（三）正匾

熙朝旌表各孝子行述[1]

孝子陈先典，幼因叔没[2]无后，过继[3]承嗣[4]，事母最谨，遵命愤读，游泮[5]食廪[6]岁贡[7]，养志[8]承欢，至老弥笃[9]。母殁，茹素[10]三年，事死如生，于生身父母与师亦如是。至训孝、睦族、奖节、刻书、乐施，皆本孝行所推暨[11]也。

孝子朱佐耀，竭力养志，亲命勤学，陇畔[12]横经[13]，每事必求亲悦，遵命入国学。亲病，汤药先尝，衣不解带，数祈减寿益亲。及殁，哀毁，庐墓，三遇猛虎啸跃，无害。至惜字[14]、教孝、友爱、笃族、抚孤寡，又孝行之余也。

孝子刘腾龙，幼随亲入川，跬步不离。稍长，闻父溺河，入水抱尸出，及葬，庐墓⁽¹⁵⁾，号泣三年。愤读游泮，饩廪⁽¹⁶⁾中举。遵母命捐⁽¹⁷⁾山东盐大使⁽¹⁸⁾，署任，心动⁽¹⁹⁾告归。母闻子至，病愈。及母没，亦如父没时。此孝行略述也。

孝子华远容，四龄失怙⁽²⁰⁾。稍长，痛母苦志抚成，每事敬顺，出入必揖，怒则长跪请罪，母悦乃起。遵命入国学。请旨建节孝坊。母病，自调汤药，常作善⁽²¹⁾祈寿。母年百岁没后，号泣尽礼，茹素三年。此略述孝行也。

孝子晏绍景，秉性纯孝，能善养志。髫龄⁽²²⁾母病，汤药扶持不倦，祈祷愿以身代。稍长，授小学有得，即行遵命入国学，同父赴棘闱⁽²³⁾者十三次后，父病，积劳成疾。卒后，父母时闻其问答声，尤见精诚不散也。

翰林院⁽²⁴⁾督教国子监祭酒⁽²⁵⁾李惺⁽²⁶⁾拜题
大清咸丰六年丙辰岁腊月吉日竖

【解读】

盛世王朝降旨旌表各位孝子的美德行为简述如下：

孝子陈先典，年幼时因叔父家没有儿子而过继给叔父做儿子承袭香火。陈先典服侍母亲尤为勤快严谨。遵照母亲意愿发奋读书，考入县府官办学堂，获得了官府发给的学生膳食津贴，并取得了贡入国子监做生员的资格。立下孝顺父母的心愿，尽心尽孝地赡养侍奉父母，这种意愿到老时更加坚定。母亲死后，坚持吃素三年，对待母亲的礼节就像她还活着的时候一样从不马虎，对自己的生身父母和老师也是这样。对于他教给学生孝道、友善、和睦地对待族人，自己拿出钱来褒奖守节的妇女、编撰和刻印教人友善节孝和遵法尽忠的书本、乐善好施的义行等，都是因为他内心原本就有的至诚至孝所推广而来的。

孝子朱佐耀，尽自己最大努力落实孝顺父母的心愿，父母要求他勤奋读书，他在干活的田间地头也要开卷读书。遇到大凡小事，他都要讨得父母欢心，并遵照父母心愿考入国子监读书。父母生病，他熬好药汤后要先尝了冷热再给父母喝，经常衣不解带地陪伴在父母身边，有好几次都默默祈祷菩萨减少自己的寿命来增加给父母。等到亲人死了，他又悲痛欲绝，在坟墓边支起草棚守墓，曾有三次遇到猛虎在旁边咆哮跳跃，都没有加害于他。至于他珍惜书本文字、教人尽守孝道、友善关爱他人、至诚对待族中亲属、尽己之力抚助孤儿寡母等，又是他的孝行的延伸了。

孝子刘腾龙，幼年时候跟随父母来到四川，半步不离。稍微长大后，一

天听说父亲坠河被淹，他跳入水中寻找到父亲尸体并抱了出来。安葬后，在墓边搭建草屋守墓，大哭三年。发愤读书，考入府县官办学堂，获得了官府定时发给学生的粮食津贴，后来考中举人。遵照母亲意愿，捐纳银粮获得山东盐场大使的官职。到任后，有次突然感到心跳不安，预感可能是母亲得了重病而辞官回家，母亲听到儿子回来了，病痛就好了。等到母亲去世，又像对待父亲去世时一样极尽孝道。这些就是他的孝行的大概描述。

孝子华远容，四岁时就失去了父亲。稍微长大后，心痛母亲凄苦守节的决心和坚强地把自己扶养成人的凄苦经历，事事都孝敬和顺从母亲，进出母亲房间都要作揖请安。遇到母亲生气时就长跪请罪，直到母亲高兴了才起来。遵照母亲意愿考入国子监学习。申请朝廷降旨给母亲建节孝坊。母亲病后，亲自给母亲熬药，经常做善事祈求菩萨给母亲延寿。母亲年满百岁去世后，号啕大哭，极尽礼数，吃素三年。这里就简要地叙述下他的孝行。

孝子晏绍景，天性淳朴而有孝心，能极尽善良地尊崇心愿孝道侍奉父母。童年时母亲生病，亲自捡药熬汤从不厌倦，祈求菩萨愿用自己的身子代替母亲。稍微长大后，进入学校读书而成绩优秀，不久遵照父母意愿考入国子监读书。陪同父亲参加科举考试十三次，侍奉父亲生病时的起居调养，由于过度劳累而生病，死后，父母还经常听到他应答的声音，很是可见他至诚的孝道精神久久不散啊。

翰林院督学教官国学院主官李惺拜题

大清咸丰六年（1856）十二月吉日竖

【注释】

（1）行述：谓生平概略、履历、即行状。唐代封演《封氏闻见记·石志》："素族无名策，故以纪行述耳，遂相祖习。"

（2）没：通"殁"，是死的委婉说法。《战国策·燕策》："皆为戮没。"

（3）过继：即过房。把子女送给无子女的宗族或亲戚做子女；没有子女的人，以宗族或亲戚的子女为子女。

（4）承嗣：世袭；传代；指继承为嫡长子。

（5）游泮：古代学官前有泮水，故称学官为泮宫。明清时，儒生经考试取入府、州、县学为生员，谓之游泮。

（6）食廪：食廪饩。指科举时代由官府发给在学生员的膳食津贴。

（7）岁贡：科举时代贡入国子监的生员的一种。明清两代，每年或两三年从府、州、县学中选送廪生升入国子监肄业，故称。

（8）养志：谓奉养父母能顺从其意志。清代陈梦雷《抒哀赋》："体养志以娱亲兮，驾言返于故间。"

（9）弥笃：弥，更加；笃，原义有忠实、厚道、坚定、持重等众多含义，引申为深厚、更加等。

（10）茹素：指不沾油荤、吃素的行为。

（11）推暨：推广到；类推到。

（12）陇畔：田间地头。陇：通垄。田埂，泛指麦地。畔：田土的边界。

（13）横经：意思是横陈经籍，指受业或读书。

（14）惜字：珍惜文字的意思。旧时谓文字为圣人所创，对有文字之纸，不可随意丢弃或污损。今多指不轻易为人题字。

（15）庐墓：古人于父母或师长死后，服丧期间在墓旁搭盖小屋居住，守护坟墓。

（16）饩（xì）廪：亦作饩廪。古代官府发给的作为月薪的粮食。亦泛指薪俸。《管子·问》："问死事之寡，其饩廪何如？"尹知章注："饩廪，言给其饩廪。饩，生食。廪，米粟之属。"

（17）捐：此处指捐官，又称捐纳，是封建社会时期为弥补财政困难，允许士民向国家捐纳钱物以取得爵位官职的一种方式。

（18）盐大使：明清时期于盐产区置有的盐场大使。其品秩、遴选资格历有变化。其职责主要包括督课、受理盐场一般词讼，并负责管理盐场水利、维护盐场地方社会治安、赈济灾荒、促进地方教育、文化及农业经济发展。其中，在行使司法、治安权方面，盐场大使常与所在州县地方官之间发生纠纷。

（19）心动：指心跳，突感不安。

（20）失怙（hù）：指死了父亲。《诗·小雅·蓼莪》："无父何怙？故后称父亲死去为失怙。"

（21）作善：行善；做善事。

（22）髫龄：指幼年。唐代王勃《四分律宗记序》："筠抱显于髫龄，兰芳凝于草齿。"

（23）棘闱：科举时代对考场、试院的称谓。

（24）翰林院：古代艺能人士机构。从唐朝开始设立，初时为供职具有艺能人士的机构，自唐玄宗后，翰林分为两种，一种是翰林学士，供职于翰林学士院，一种是翰林供奉，供职于翰林院。翰林学士担当起草诏书的职责，翰林供奉则无甚实权。翰林院、官署名，掌编修国史，记载皇帝言行的起居注，进讲经史，以及草拟有关典礼的文件；其长官为掌院学士，以大臣充任，所属职官有如侍读学士侍讲学士、侍读、侍讲、修撰、编修、检讨和庶吉士等统称翰林。

（25）祭酒：古代学官名。晋武帝咸宁四年设，以后历代多沿用。为国子学或国子监的主管官。

（26）李惺：垫江人，翰林院督教国子监祭酒，其生平事迹与范泰衡合传祀县乡贤祠。

（四）侧匾

1. 右侧匾

各孝子祖、父姓氏：

孝子祖：华阳　庠生、颜氏；父：华永洸　儒童[1]、罗氏

孝子祖：朱胜远　庠生、蓝氏；父：朱宗量　业儒[2]、刘氏

孝子祖：陈昌孝　业儒、庞（páng）氏；父：陈学栋　儒童、曾氏

孝子祖：晏启朝　业儒、王氏；父：晏怡　邑庠、罗氏

孝子祖：刘福干　业儒、陈氏；父：刘禄松　业儒、丁氏

【注释】

（1）儒童：明清科举应考秀才的人。明清科举制度，凡应考生员（秀才）之试者，不论年龄大小，皆称童生，别称文童或儒童。

（2）业儒：意思是指以儒学为业。唐代戴叔伦《南野》诗："家世素业儒，子孙鄙食禄。"

2. 左侧匾

各孝子后裔姓名：

孝子男：华福田 耆员[1]；孙：寿荣 国学

孝子男：朱世荣 业儒，朱世瑛 耆员；孙：朱怀斗 业儒、朱光斗 俟生[2]、朱山斗 岁贡、朱文斗 国学。

孝子男：陈孝馨 业儒、陈孝安 业儒、陈孝康 业儒；孙：陈友杰、陈友模 国学、陈友棠、陈友枢。

孝子男：晏承源 业儒；孙：晏楷 增生、晏朴 俟生。

孝子男：刘安汉 庠生、刘安淮 庠生、刘安湘 业儒；孙：刘临嵩、刘临峼（gào）、刘临山桀。

【注释】

（1）耆员：科举考试考到60岁还没中举，朝廷给个身份。一般是秀才身份，个别的也可能是九品，八品的身份。

（2）佾（yì）生：考秀才虽未入闱但成绩尚好者，选取充任孔庙中祭礼乐舞的人员。获得佾生资格则下次考试不必参加县试、府试，只参加院试即可，又称半个秀才。

（五）楹联

1. 正联

愉色[1]婉容[2]，百年深爱昭天地；
承欢[3]养志[4]，一片真诚亘[5]古今。

翰林院大学士[6]御史[7]员外郎[8]朱家学顿首赠

【解读】

用愉悦脸色与和顺容态对待老人，长期深爱地尽孝，光照天地；
顺从迎合父母意愿而博取他们的欢心，一片至真至诚的孝心贯穿古今。

翰林院大学士御史员外郎朱家学顿首题赠

正联　　　　　　　　侧联

【注释】

（1）愉色：和悦的神色。

（2）婉容：和顺的仪容。《礼记·祭义》："孝子之有深爱者必有和气，有和气者必有愉色，有愉色者必有婉容。"

（3）承欢：指迎合人意，求得欢心。指在父母面前尽孝，称承欢膝下。

（4）养志：谓奉养父母能顺从其意志。清代陈梦雷《抒哀赋》：体养志以娱亲兮，驾言返于故间。

（5）亘：连绵不断，伸展开去；横渡，贯穿。

（6）翰林院大学士：官名。唐天宝初置。清乾隆十年（1745）以后，大学士专以三殿（保和、文华、武英）三阁（文渊、体仁、东阁）入衔，满汉各二人，协办大学士满、汉各一人，均为文臣最高官位，除少数例外，汉人非翰林出身不授此官。

（7）御史：古代执掌监察官员的一种泛称。先秦时期，天子、诸侯、大夫、邑宰下属皆置史，是负责记录的史官。约自秦朝开始，御史专门作为监察性质的官职，负责监察朝廷官吏，一直延续到清朝。

（8）员外郎：古代官职之一，原指设于正额以外的郎官。隋朝于尚书省二十四司各置员外郎一人，为各司之次官，相当于副司长，郎中是正司长。

2. 侧联

全受全归⁽¹⁾，天伦至乐⁽²⁾；
善继善述⁽³⁾，名教⁽⁴⁾有真⁽⁵⁾。

举人现任资阳教论陈英拜赠

【解读】

全面接受了父母的养育之恩，又将其化作孝行完全归献给父母，这就是最大的天伦之乐；

好好地接续、传承和遵循孝道并用实际行动体现出来，这就是尊崇礼教等级名分的要义和真谛。

时任资阳教谕陈英赠

【注释】

（1）全受全归：儒家礼教认为人的身体来自父母，应当终生洁身自爱，以没有受过污辱损害的身体回到父母生我时那样。西汉代戴圣《礼记·祭义》：父母全而生之，于全而归之，可谓孝矣。

（2）天伦至乐：天伦：旧指父子、兄弟等亲属关系。泛指家庭的乐趣。至乐，最快乐，达到极点。天伦至乐，指家庭直系亲属相聚在一起，达到最高兴、快乐的境界。

（3）述：依照、遵循、传承。

（4）名教：以正名分为中心的封建礼教。旧时为维护和加强封建制度而为人们思想行为而设置的一整套规范。晋代袁宏《后汉纪·献帝纪》：夫君臣父子，名教之本也。

（5）真：本原、真理、真谛。

二、牌坊西面文字

（一）匾额

圣旨[1]。

【解读】

皇帝的意旨和诏令。

【注释】

（1）圣旨：帝王的意旨和命令。

（二）牌坊名

孝子总坊。

【解读】

为旌表多名孝子而建立的牌坊

（三）正匾

各孝子坊铭[1]

盖闻地义[2]天经[3]，惟孝为大。身修行立，惟孝为先。故孝虽属庸，千古称为至德。而孝必能顺，一邑得有几人？此里党传为美谈。朝廷列在旌表，如吾邑刘公腾龙，闻父溺河，忘身入水而抱尸。闻母染病，即日辞官以侍养。陈公先典，勉成名于过继，以安父魄于黄泉。素好善而乐施，以慰母心于白首。晏公绍景，幼遇母疴[4]，数祈身代。而不辞长随父读，累侍闱场而成疾。朱公佐耀，遵亲命而垅畔横经，遇亲病而汤药先试。亲殁，庐墓哀伏猛虎。华公远容，冲龄痛失其怙，出入必揖其母。迨[5]请旌于百岁，竟茹素以三年。凡此皆斯人[6]之所欲为，抑亦斯人之所难强，则建坊固所应尔，其至行俱已卓然[7]也。嗟乎！埋儿[8]割股[9]，事本非经；哭竹卧冰[10]，心殊独苦。今怪诞之传，诸公未尝有其事，至精诚所励，诸公固各尽其心。夫求忠臣于孝子，移孝即以作忠[11]也。杨节妇[12]即此孝心。有孝，斯能成节也，是孝行虽仅一端[13]，而孝名足参[14]两大[15]。我皇上御极[16]之元年，本孝治天下之实心，推恩锡[17]，类谕孝行海内，所宜报[18]用阐幽光。故绅耆共举诸公，纶绰并逮，斯邑楼坊，胪列[19]昭彰，评论久孚[20]乎。月旦[21]子弟[22]，钦崇[23]感化。金石永树其风声。爰[24]忘谫陋[25]而弁言，以供轺轩[26]之兼采。

钦点丙辰翰林院庶吉士[27]范运鹏[28]题

大清咸丰六年丙辰岁腊月吉日建

【解读】

各位孝子在牌坊上的简要铭文：

听说天地之间永久不变的原则和道理唯有遵守孝道是最大的了，注重道德的修身立行尤其要把孝道放在前面。所以，尽孝虽然属于人间平常之事，却是千百年来最高的道德。遵守孝道就一定能够顺从父母长辈，一个县内又能出几个这样有名的孝子呢？这在乡党邻里间被传为佳话。朝廷降旨在牌坊上罗列出这几个孝子的典型事迹予以旌表。像我们县里的刘腾龙公，听到父亲被河水淹死了，不顾生死地跳入水中将父亲尸体抱上岸来。后来，在外地当官时听说母亲病了，立马就辞掉官职回家侍奉母亲。陈先典公，从小过继给叔父后，勤勉努力地读书成就了功名，让父亲的魂魄在九泉之下得到了安慰。他平时喜欢做善事，乐于给予钱物帮助别人，宽慰了白发苍苍的母亲。晏绍景公，年幼时遇到母亲得重病，好几次祈求菩萨用自己的身子去代替母亲生病。不辞辛劳地长期跟随父亲读书赴考，在考场外服侍父亲而积劳成疾。朱佐耀公，遵照父母之命努力读书，在农耕劳作的田间地头都要打开经卷来苦读。遇到父亲生病了就给他熬制汤药，总是要先尝之后再给父亲喝。父亲死后，在坟墓边支起草棚守孝致哀，啸跃的猛虎都没有伤害他。华远容公，幼年时就失去了父亲这座靠山，进出母亲的房间都要作揖请安。等到母亲年满百岁后还为她请求朝廷旌表建坊，并吃素三年。以上这些都是普通民众想做的，可也是普通民众很难做到的。所以，给这五位孝子建立牌坊就是十分应该的了，他们至诚至孝的美好品德都非常突出。哎，古书上所说的郭巨为把仅有的粮食给母亲吃而埋儿；子女割自己大腿上的肉做药引子熬汤给父母吃，都不是真有其事的正经之说。还有为了让母亲吃上竹笋冒着浓雪去竹林里哭泣就感动竹子立马生发出笋子来；掀开胸前的衣服俯卧在冰上使冰融化而跳出鱼来捉回去给父母吃，这种尽孝的心愿和想法都很奇特而凄苦。至今仍能听到一些怪诞的传说，这五位孝子未曾有那种事，但受到至诚至爱和至孝的激励，他们固然都尽到了自己的责任和孝心。如果要在孝子里面寻找忠臣，只要把他们对待父母的孝行用以对待君王就是忠臣了啊！三年前县内奉旨建节孝坊旌表的杨林氏节孝妇就有这种孝心和孝行，有了孝心和孝行，就能够促成其坚守节操。孝行虽然只是一个方面，但尽到孝道的名声足够与坚守节操的名声并列成人生的两大成就。我们皇上登基那年，一心想着推广孝道来治理天下，推行皇恩赏赐，将这种推行孝道的诏书发到四海之内，以便更好地弘扬和传播孝行美德潜藏着的光辉。所以，县内乡绅和有名望的人共同向朝廷举荐五位孝子，希望朝廷下诏降旨允许建立这座县内的孝子总坊，把他们五人至善至德的孝行在牌坊上陈列出来昭示表彰，让人们评议而长久地信服。希望像东汉末年的"月旦评"那样，参与评论的晚辈后生都能心生钦佩崇敬之情而受到感化。就让金石牌坊永远树立起和弘扬着五位孝子的清风美名。于是忘记了自己的浅薄而写下了这篇序言，以供使臣来这里采撷写进史册。

咸丰六年（1856）翰林院新选进士范运鹏题写

大清朝咸丰六年（1856）十二月吉日建立

【注释】

（1）坊铭：指镌刻在牌坊、石碑、钟鼎等器物上的铭文、文辞。

（2）地义：地上不变的正理。

（3）天经：天道中的经纬，指天底下永恒不变的原则。

（4）疴：重病。

（5）迨（dài）：等到，达到，趁着。明代归有光《项脊轩志》："迨诸父异爨。"明《袁可立晋秩兵部右侍郎诰》："迨其鸿渐升阶，尚履约而秉杼。"

（6）斯人：此人；犹斯民。指人民，百姓。

（7）卓然：卓越，突出。

（8）埋儿：即埋儿奉母，典故"郭巨埋儿"：晋时郭巨家贫。有子三岁，母尝减食与之。巨谓妻曰："贫乏不能供母，子又分母之食，盍埋此子？儿可再有，母不可复得。"妻不敢违。巨遂掘坑三尺余，忽见黄金一釜，上云："天赐孝子郭巨，官不得取，民不得夺。"

（9）割股：割下自身大腿上的肉来作药引子熬汤给父母吃，治疗父母的病。封建社会所认为的孝行。

（10）哭竹卧冰：即卧冰哭竹。卧冰：晋王祥卧冰求鱼事母；哭竹：楚人孟宗天寒求笋。指对父母十分孝顺。晋朝时期，孝子王祥对待后母如同生母一样，后母得病想吃鱼，正天寒地冻，王祥脱衣卧冰，冰化开，跳出双鲤，王祥拿回家煮给后母吃。楚人孟宗对待母亲也十分孝顺，冬天母亲想吃竹笋，孟宗冒雪进入竹林，扶竹林而痛哭，竹为之感到而立即长出笋尖来。

（11）移孝即以作忠：即成语移孝作忠，指把孝顺父母之心转为效忠君主。明·袁可立《张家瑞墓志铭》：为亲而出，为亲而处。出不负君，移孝作忠。处不负亲，忠籍孝崇。移孝作忠，完成的是儒家伦理的政治化过程，在家和国两级共同体之间建立起沟通桥梁。

（12）杨节妇：指三年前（1853）于响石镇牌坊街所建节孝牌坊旌表的杨林氏节孝妇。

（13）一端：指事情的一点或一个方面。汉代王充《论衡·实知》："夫术数直见一端，不能尽其实。"

（14）参：罗列；并立；等同。《庄子·在宥》："吾与日月参光；吾与天地为常。"汉·曹操《谢袭费亭侯表》："内比鼎臣，外参二伯，身荷兼绂之荣，本枝赖无穷之祚也。"

（15）两大：两者并大。《左传·庄公二十二年》："物莫能两大，陈衰，此其昌乎！"唐代杜甫《草堂》诗："其势不两大，始闻蕃汉殊。"

（16）御极：登极；即位。

（17）恩锡：朝廷降旨予以皇恩赏赐。锡，通赐。

（18）报：告诉。《战国策·齐策》："庙成，还报孟尝君。"

（19）胪（lú）列：意思是罗列；列举。犹陈列。

（20）孚（fú）：相信；信任。《尔雅》："孚，信也。"

（21）月旦：即月旦评。东汉末年由汝南郡人许劭兄弟主持对当代人物或诗文字画等品评、褒贬的一项活动，常在每月初一发表，故称月旦评或者月旦品。无论是谁，一经品题，身价百倍，世俗流传，以为美谈。因而闻名遐迩，盛极一时。

（22）子弟：意思子与弟；亦泛指子侄辈。泛指年轻的后辈。

（23）钦崇：崇敬。《书·仲虺之诰》："钦崇天道，永保天命。"

（24）爰：于是；就。

（25）谫（jiǎn）陋：意思是指浅薄。戈载著《词林正韵》："持才者不屑拘泥，自守而谫陋之士往往取前人之。"

（26）輶（yóu）轩：古代使臣乘坐的一种轻车，借此代指使臣。《文选·张协》："语不传于輶轩，地不被乎正朔。"

（27）庶吉士：明初置；始分设于六科，练习办事，永乐以后专属翰林院。清代沿其制，翰林院设庶常馆，选新进士之优于文学书法者，入馆学习，称为翰林院庶吉士。三年后（亦有提前举行者）举行考试，成绩优良者分别授以翰林院编修、检讨等官，其余分发各部任主事等职，或以知县优先委用。庶吉士通常称为"庶常"。

（28）范运鹏：字搏九，隆昌县人，清咸丰壬子（1852）科举人，丙辰科（1856）进士，翰林院庶吉士，官户部主事转郎中，军机处行走，记名御史道衔，安徽省凤阳府知府。有惠政。擅长书法，与其父范泰衡、叔范泰亨均为清代著名书法家，名重海内。

（四）侧匾

1. 右侧匾

各孝子里邻：郭毓龙，举人；叶秀东，廪生；李有光，庠生；江朝辅，庠生；李发荣，庠生；黄礼端，监生；钱人玢，监生；何方城，监生；蔡贻高，监生；葛蕃，庠生；匡羽仪，职员；罗元英，廪生。 匠士 李树□、陈金友

2. 左侧匾

共举绅耆姓氏：曾世槐，举人；王炳森，举人；耿光先，副榜；彭桂元，恩贡；梁长湛，岁贡；晏森，岁贡；蓝蔚，庠生；邬日观，庠生；□宾王，庠生；□□扬，武生；□□□，监生；□□□，监生；黄赓廷，监生；曾长瑸，监生；曾文伟，监生；李占春，武生；曾在翰，耆员；梁建高，举人；段连城，监生。

（五）楹联

正联　　　　　　侧联

1. 正联

纯孝[1]格[2]天心[3]，子职[4]无亏[5]垂[6]百世；

至诚通帝阙[7]，龙章有宠耀千秋。

赐进士现任龙安府教授晏棻[8]拜赠

【解读】

纯朴的孝行感动了上天，孝子们尽到了孝敬父母的职责，没有半点儿欠缺和短少，这种孝行将会流芳百世。

最真诚高尚的孝心孝行上传到了朝廷，皇上恩宠颁发绘有龙纹徽章的圣旨诏书予以表彰，这种恩宠荣耀光照千秋。

【注释】

（1）纯孝：犹至孝。郁《左传·隐公元年》："颍考叔，纯孝也。爱其母，施及庄公。"杜预注："纯，犹笃也。"

（2）格：来到，到达。《尚书·君奭（shì）》："格于皇天。（皇天：上天）。"

（3）天心：天意。《书·咸有一德》："克享天心，受天明命。"

（4）子职：子女奉养父母的职责。

（5）亏：欠缺，短少。

（6）垂：留下，流传。

（7）帝阙：帝王宫殿，帝王所居之处，与天心相呼应。

（8）晏菜：字馨庭，隆昌县人，道光乙未科（1835）举人，庚子科（1840）进士，敕授文林郎，官直隶平谷县知县，任满后改官龙安府教授。回家乡后，与在籍镇军刘定选，县绅范泰衡、范泰亨、郭毓龙、王炳南、蓝秀春、曾存钫诸贤倡办地方善举。县恤嫠会首事。

2. 侧联

勋猷⁽¹⁾从性⁽²⁾，分⁽³⁾中流⁽⁴⁾出；

声誉自亲，身上得来。

赐进士现任云南知州华国清拜赠

【解读】

五位孝子至纯至孝的功勋出自与生俱来的本性，是从本分中自然流露出来的；

好的声望和名誉来自他们的亲身所为，是从他们身上自然而然地表现出来的。

赐进士现任云南知州华国清恭敬地题赠

【注释】

（1）勋猷：特别大的功劳和功绩，谋略。

（2）从性：尊崇人的本性。从：跟随。性：人的本性，天性。

（3）分：本分，意思是本身应尽的责任和义务。

（4）流：流露、表现。

三、图案简介

孝子总坊是一座素面牌坊，不像其他牌坊那样雕刻有众多华丽的图案和纹饰。整个牌坊只有两处雕刻：一是五龙捧旨匾周围的五龙纹，但已在20世纪60年代"文革"中被毁；二是中门雀替上有些许简单的浅雕云纹罢了。

这也看出，孝子总坊主要是民间捐款所建，因资金紧张而建造从简。

四、史料摘抄与解读

清同治年间的《隆昌县志》记载了牛树梅知县为节孝总坊上排名第一的陈先典先生作了《陈先典传》。摘录如下：

陈先生先典，宇敬斋。先世本楚人，康熙间别祖夫道公[1]始迁蜀，家隆昌四世。至父学栋公，轻财好义，常破千金产，周乡里急顾，早世[2]无子，德配[3]曾孺人，抚夫兄学松公季子为嗣，即先生也。先生聪慧喜读，性纯孝，自儿时即恪遵母训，不苟言动。食饩[4]后就馆[5]于外，日以晨昏，有缺为倦念，乃设塾，延[6]里门[7]。每日课暇，必归省二次，虽大风雨不改。及母殁，茹素[8]三年，日夕定省如生，盖实有终身之慕[9]者。事本生父母阕弗[10]如礼，居丧尽哀不忍降服[11]，故报丁[12]而不行，冥诞忌日斋戒竭诚，与所继父母无异也。兄弟子侄间相笃以爱，有无言之化。族中孀妇守节者，奖励倍至，值公祭[13]则迎之，命妇人年长者捧酒款接，及归，赠钱物，褒美以坚其志而成其节，而妇女之阴化[14]者多矣。先生少读范文正公《义田记》，慨然欲效其所为，而未逮[15]也。晚年竭脩脯[16]所入，施养济院[17]，又增置蒸尝[18]业以赡族，酬夙愿也。故又自号曰：景文[19]。其他赈荒、济危、兴一切倡义维俗之事，率毕力[20]为之，孳孳[21]如不及。家龛供刘李二师位。李无嗣，更为竖碣以表，墓拜扫无失。其教人也，先道德而后文艺课文，次日必取古今格言切[22]相[23]指示，而于孝悌[24]数大端[25]尤为谆谆。贫士来学者，脩脯不计，或转资助之。故其所成就甚广，有安定遗风[26]。先生衾影[27]自饬[28]，誓行善，过者数十年，一言一行如对神明。遇祭祀必斋，过祠墓必下。易簀[29]前一日，祝先师诞，犹礼拜甚恭。而记善记过亦直至临终之日而止。隆邑向无书会，先生曰：以言教人不如以书劝人。自嘉庆辛未（嘉庆十六年，1811）约同志为社，刻圣谕广训。是后计本生息，陆续刻丹桂籍、孝经、孝行录、戒淫录、人生必读书、砚田换骨丹、朱杨二公家训、广劝记、醒世歌、灵捷医方、福幼编、达生编。庚子（道光二十年，1840）刻三圣宝训豁解及灵异传。辛丑（道光二十一年，1841）又刻戒溺女文。数十年印送流传几遍州郡。制军[30]戴羡门[31]先生闻之喜，因其乡试在省也，传见[32]优礼，奖谕[33]至再。今邑中各场往往有书会，盖其及门[34]所推衍[35]，而二三好善之士亦皆闻风而兴起者也。先生以明经[36]注选[37]，未仕，生于乾隆己丑（乾隆三十四年，1769）十月十一日，以道光辛丑（道

255

光二十一年，1841）八月二十六日终，寿七十有三。门人私谥⁽³⁸⁾曰：恭毅。孺人李氏先先生十七载卒，不复娶，子孙繁衍，皆能世其德云。

【解读】

　　陈先典先生字敬斋，祖先本是楚地（湖北安徽等地）之人，康熙年间，告别离开做道公的祖先来到四川，在隆昌安家已经历了四代。到了陈先生父亲陈学栋公时，学栋公把钱财看得很轻，喜欢仗义疏财，常常变卖千金产业来周济乡里人的应急之需。学栋公英年早逝却没有留下儿子。他的原配夫人曾氏儒人，过继学栋公的兄长陈学松公的第三个儿子来承袭宗嗣，这就是陈先典先生。陈先典先生聪明慧达，喜欢读书，性情清纯而极有孝心，从小就严格遵守母亲的教诲和训诫，不太爱说话，也不调皮乱动。在获得官办学校给予的廪膳补贴后，就被大户人家聘请到家里做家教。可他总觉得整天呆在学生家里不能早晚见到母亲而向她请安尽孝，很是惦念，于是就在自己住家不远的地方开设私塾，接受乡里小孩前来读书求学。每天都要利用教课的闲暇时间回家看望母亲两次，即使遇到刮大风下大雨天气都没有改变过。等到母亲去世后，又居丧吃素三年，早晚都要到母亲坟上去看一遍，就像母亲在世时那样极尽请安之礼，确实是终生思念敬慕着自己的母亲啊。陈先生侍奉自己的亲生父母也无不极尽礼数，亲生父母去世后，他依然居丧尽哀，没有降低穿着丧服的等级，故而，家里生了小孩举行庆祝增添人丁的祭祀仪式都免了，遇到亲生父母过阴生的日子和去世的忌日，他都要诚挚地尽到斋戒之礼，与对待他过继到家的继父母没有两样。陈先生与兄弟侄子之间很是真诚关爱，大有不是用言语而是用真心行动来影响和教化他们的功效。族中寡妇有守节的，他都会加倍给予奖励，遇到族中或乡里举行公祭时，他都要把她们迎接到场，安排其中岁数最大的捧着酒杯，接受大家敬酒行礼。等到她们回去时，又会赠送些钱物给她们，以此来褒奖她们的美行，坚定她们的意志，促进她们完成终生守节的志愿。实际上，女人的善行美德对家庭和社会的教化和影响是很多很大又很深远的。陈先生年少时读到范文正（范仲淹）行公义花钱购置千亩良田为义田赡养族中孤寡幼弱的事迹时，感慨万千而想效法这种义行，最终没能如愿。到了晚年，他拿出了自己开办私塾时收到的所有学费钱物，开办收养鳏寡孤独的穷人和乞丐的养济院，还在族中大祭时摆下多桌宴席，邀请族中的贫穷人家来聚餐打牙祭，也算是用这种方式达成了自己很久以前的行善愿望。所以，他自己也曾说过，要景仰和效仿周文王广施德泽的善行。此外，赈济荒灾、救济危难、振兴和倡导维系社会良好风俗的这类善事，他总是要尽力去做，勤勉而尽心，生怕做得不够。陈先生家里的神龛上，供奉着教过他的刘、李两位老师的牌位。李老师没有后人，陈先生就作为后人那样为他立了碑，祭拜扫墓从不遗漏。陈先生教书育人，总是把德教放在突出的位置，然后才是文化才艺功课。第二天，一定要拿相关的古今格言来对照讲解。孝敬父母、友爱兄弟当数最为重要的伦理道德，他总是要反复告诫、再三叮咛。遇到贫穷人家的小孩来求学，他不在乎学费的多少，甚至还要倒补资助一些穷困学生。故而他的教学成就很是广大，大有北宋教育家"安定先生"胡瑗注重理学教育和人才教化而取得了卓越成就的教育方法、理念和良好风气。陈先生经常独自一人时进行自我检视和反省，不断儆戒自己要做得更好，发誓行善不改，如此坚持了几十年，一言一行都像对待神灵一样严谨儆惧。遇到祭祀都要行斋戒之礼，路过祠堂和长辈的墓地一定要下马行礼。在他的老师即将去世的前一天，他依然像平常一样给老师庆祝生日，毕恭毕敬地行礼。他记录自己的善行和不足也是坚持到了生命终结日才停止。隆昌县内一直没有聚集读书的组织，陈先生说："用言语教育于人，不如用书本来劝勉于人。"从嘉庆十六年（1811）开始，他就召集志同道合的人结社在一起，刻印《圣谕广训》。这以后，他把印书找来的钱继续用在刻书上面，陆续刻印了《丹桂籍》《孝经》《孝行录》《戒淫录》《人生必读书》《砚田换骨丹》《朱杨二公家训》《广劝记》《醒世歌》《灵捷医方》《福幼编》《达生编》等。道光二十年（1840），刻《三圣宝训谿解》及《灵异传》。道光二十一年（1841）又刻印《戒溺女文》。几十年间，他主导刻印和广泛送赠与人的书本几乎传遍了整个州郡。四川总督戴羡门听说后大喜，因为他正在省里参加乡试，就叫人传话召见了他，给予他特别优厚的礼遇，还给予了奖励。如今隆邑内各个场镇往往都有书会，大都因为陈先生的门生弟子们按照他的做法推广出来的，也有一些喜欢做善事的士人，都顺着这种风气积极行动起来了。陈先生精通经学，应试获选却没有被授予官职。他生于乾隆三十四年（1769）十月十一日，卒于道光二十一年（1841）八月二十六日，寿年七十三岁。他的门生们在他过世后私下里送给他一个类似于谥号的评价：恭谨刚毅的李孺人早于先生十七年就去世了，先生没有再娶，可他却子孙繁衍甚众，都能继承了他的优良品德。

【注释】

（1）道公：师公、布麽，是活跃于壮族民间的神职人员。

（2）早世：早逝。即过早地死去或夭死。

（3）德配：指德行可与之相配；旧时对他人妻子的敬称。在文章中的尊称，多用于死后写的吊念诗。清程麟《此中人语·儒将风流》："刘君德配工吟咏，故末句及之。"

（4）食饩（xì）：指明清时经考试取得廪生资格的生员享受廪膳补贴。亦即成为廪生。

（5）就馆：到别人家授徒，或充当幕僚。

（6）延：引请，迎接。

（7）里门：闾里的门，指乡里。

（8）茹素：指不沾油荤、吃素的行为。茹素是严格的素食主义者，是素食主义最高的一个类别。

（9）终身之慕：即终天之慕，指终生思慕之情。沈约《为齐竟陵王解讲疏》："终天之慕，不续于短年，歈报之诚，思隆于永劫。"

（10）罔弗：无不、没有不的意思。

（11）降服：犹降物，谓穿素服。旧制规定，丧服降低一等。如子为父母应服三年之丧，其已出继者，则为本生父母降三年之服为一年之服。

（12）报丁：报丁祭。是用猪头肉、香、纸祭奠掌管生育的"婆王"，招待全村男女老少。

（13）公祭：公共团体或社会人士举行祭奠，向死者表示哀悼。

（14）阴化：古称妇女的教化。

（15）未逮：不及；没有达到。明沈德符《野获编·科场·早达》："铉以纨袴起家，被遇三朝，富贵安乐，优游林下，则二公所未逮也。"

（16）脩脯（xiū fǔ）：旧时称送给老师的礼物或酬金。脩：干肉。清代顾炎武《与潘次耕札五首》之二："今以百金之修脯，而自侪于狎客豪奴，岂特饥渴之害而已乎？"

（17）养济院：古代收养鳏寡孤独的穷人和乞丐的场所。与育婴堂、安济坊、居养院、福田院、漏泽园等都为古代的福利慈善机构。

（18）蒸尝：本指秋冬二祭。后泛指祭祀，邀族人聚餐。《国语·楚语下》："国於是乎蒸尝。"

（19）景文：景慕周文王。

（20）毕力：尽力；竭力。

（21）孳孳（zī zī）：意思是勤勉的；孜孜。《礼记·表记》："俙焉日有孳孳，毙而后已。"陈澔集说："孳孳，勤勉之貌。"

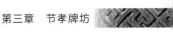

（22）切：诚恳；直率。《史记·万石张叔列传》："建为郎中令，事有可言，屏人恣言，极切。"苏轼《明君可为忠言赋》："论者虽切，闻者多惑。"

（23）相：表示动作、情况是双方对等的。晋李密《陈情表》："茕茕子立，形影相吊。"

（24）孝悌：孝敬父母、友爱兄弟。孝，指对父母还报的爱；悌，指兄弟姊妹的友爱。孔子非常重视孝悌，认为孝悌是做人、做学问的根本。

（25）大端：谓事情的主要方面。《后汉书·隗嚣传》："新都侯王莽，慢侮天地、悖道逆理……今略举大端，以喻吏民。"

（26）安定遗风：北宋教育家"安定先生"胡瑗注重理学教育和人才教化而取得了卓越成就的教育方法、理念和良好风气。

（27）衾影：独自一人。北齐刘昼《新论·慎独》："独立不惭影，独寝不愧衾。"

（28）自饬：自行整肃、儆戒。《旧唐书·裴向传》："向本以名相子，以学行自饬，谨守其门风。"

（29）易箦：指在人死之前为其更换床席。清代周亮工《序》："会懋叟出一编授余，则远林易箦时授之者。"

（30）制军：明、清时期总督的称呼。明初，用兵时置总督，事毕即调他处或裁撤，嗣后设置渐广，武宗正德十四年（1519）曾改称总制，俗称制台。下属则尊称其为制帅、制宪或督宪。

（31）戴羡门：四川总督戴三锡（1758—1830）。字晋藩，号羡门，顺天大兴人，原籍江苏丹徒，清朝大臣。乾隆五十八年进士，授山西临县知县。连丁父母忧，嘉庆六年，服阕，发四川，补南充。历马边、峨边两厅通判，署资州、眉州、邛州，并有政声。邛州民黄子贤以治病为名，倡立鸿钧教，捕治之。事闻，仁宗命送部引见，擢茂州直隶州知州。历宁远知府、建昌道、四川按察使。道光二年，迁江宁布政使，回避本籍，仍调四川。三年，署总督，五年，实授，兼署成都将军。三锡自牧令游陟封疆，二十余年，未离蜀地。尽心民事，兴复通省书院，增设义学三千余所。四川旧有义田，积储备赈，谷多则变价添置良田。三锡以岁久将膏腴多成官产，留谷太多，又虞霉变亏挪，差定三千至万石为额。溢额者出来，价存司库，以备凶岁赈恤之用。又以蜀地惟成都附近俱平畴沃野，余多山谷硗瘠，遇水冲塞，膏腴转为砂石，因地制宜，多设渠堰，以资捍卫宣泄。新都奸民杨守一倡立邪教，造妖书惑众，擒诛之。越嶲生番劫夺商旅，掠汉民妇女，捕驱黠者数十人置之法，救出被掠男妇，给赀安抚。屡被诏褒奖。九年，因年老召来京，署工部侍郎。寻致仕，未几，卒。诏嘉其"宣力有年，官声素好"，赠尚书衔，依赠衔赐恤。

（32）传见：召见。

（33）奖谕：皇帝对臣下褒奖、表彰。此处借指封疆大吏对普通士民的奖励。

（34）及门：正式登门拜师受业的学生，受业于门下的弟子。《元史·卷一八九·儒学传一·许谦传》："及门之士，著录者千余人，随其材分，咸有所得。"

（35）推衍：推演，推论演绎。

（36）明经：通晓经学。明代以后，士大夫雅称贡生为明经。

（37）注选：应试获选，注授官职。明汤显祖《邯郸记·生寤》："小哥注选尚宝中书了。"

（38）谥：即谥号。古代帝王或大官死后评给的称号。

五、史实简介

（一）孝子陈先典

请见上面《陈先典传》。

（二）孝子朱佐耀

朱佐耀自幼遵循父母教诲而勤学苦读，即使在干农活的田边地头，他都要打开经卷来读，背诵不断，实实地做到了手不释卷。他在做任何一件事时，都要考虑到让父母高兴，不能让父母高兴的事儿就不做。稍长后，他遵照父母要求入学读书。遇到父母生病时，他总是亲自煎熬汤药，熬好后要自己先尝冷热是否适中，才喂给父母吃。往往衣不解带地日夜伺候，他还时不时地祈祷神灵减少自己的寿数来增添给父母，让父母病愈且长寿。父母去世后，他哀痛万分，在坟墓边结庐守墓三年。曾经三次遇到猛虎啸叫跳跃，但猛虎都没有咬他，相传是被他的孝行所感动，所以才不仅不伤害他，反而对他拜叩而去。那时，隆昌传有"猛虎拜孝子"的美谈，就是讲的朱佐耀孝敬父母的故事。他还教人孝顺，友爱弟兄，尊敬和爱护同族邻里，帮助抚养孤寡老人，一辈子都在身体力行地践行着孝行美德。

（三）孝子刘腾龙

刘腾龙年幼时便跟随父母入川，定居隆昌，与父母形影相随，对父母既孝又顺，几乎是事事处处地顺从父母长辈。十三岁那年，刘腾龙的父亲掉进河里淹死了，刘腾龙听说后，奋不顾身跳进河里寻找，终于将父亲的尸体抱上岸来，悲痛号泣，痛不欲生，岸上行人无不为之动容。他把父亲安葬后，在坟墓边支起草棚守墓，并吃斋三年。后来，他恪守母训，发愤读书，乾隆三十五年（1770）考中举人，提补山东盐场大使，监督盐场生产销售，是个十足的肥差。但是，在署任后不久，刘腾龙得到母亲生病的消息，便心急如焚，立马辞掉官职回家。母亲听说儿子回来了，病立马就好了。此后，刘腾龙一直在家伺候母亲，到母亲去世，他也像当初对待其父一样，为母亲守墓吃斋三年。

（四）孝子华远容

华远容才四岁之时，就失去了父亲。他从小就十分孝顺，每次出入母亲房间都要请安。遇到母亲生气时，他都要长跪在母亲面前，检讨自己做得不好的地方，直到母亲高兴了，他才站起身来。母亲病了，他就亲自生火熬药，不分昼夜地侍候在母亲身边。他为人乐善好施，经常倾囊相助孤寡贫困的人家，常作善事来积累阴德，以此希望能换取母亲健康长寿。他母亲衣食无忧地活过了百岁之后才安详离世。时已年近八旬的华远容依然跪在母亲灵前号啕大哭，极尽礼数。安葬后，华远容还为母亲守墓，并吃素三年。清咸丰二年（1852），华远容向朝廷为母亲请旨建坊。

（五）孝子晏绍景

晏绍景生性清纯高洁，对父母很是孝顺，十分听话。他才几岁时，有次母亲生病，他就烧火熬药，扶持母亲坐卧，一点儿也不马虎且不知倦怠。晏绍景还向神灵请求，愿以自身去代替母亲生病。稍大一点后，晏绍景又遵从父母之命入国学，连续十三次陪同父亲参加科举考试，一直伺候在考场外面。后来，父亲生病了，他便全心全意地伺候着生病的父亲，终因劳累过度而生病，后因病重而死。他死后，父母早晚还经常能听见他问候的声音。

清同治十三年（1874），上述五位孝子均入祀县忠义祠。

【范运鹏简介资料】

范运鹏，翰林院庶吉士。孝子总坊西面匾文《各孝子坊铭》，便是由其题撰的。

　　范运鹏，字搏（据隆昌文化馆周汝成老师考证，此字亦可能为"拃"）九，隆昌人，系范泰衡之子，自幼能文善书，十六岁中举，尤以书法著名。隆昌范泰衡、范泰亨、范运鹏号称"隆昌三范"，是当时川内乃至国内都颇负盛名的书法家。

　　范运鹏下笔讲究法度，以颜体见长。传说咸丰六年（丙辰科，1856），范运鹏入京参加朝廷会试成功。殿试中，被咸丰皇帝御批"文章平常，字冠通场"而点中进士，被选入翰林院庶常馆学习，称翰林院庶吉士。三年后，分发户部主事，官授郎中，军机处行走，记名御史道衔。后任安徽凤阳府知府，政绩卓著。范运鹏却急流勇退，以亲老乞退，回隆侍奉老父，赡养亲族，抚恤孤寡，热心公益事业，积极参加各种善举。

　　隆昌现存石牌坊上，范运鹏共留下四处墨宝：孝子总坊上的《各孝子志铭》是范运鹏在家乡隆昌留下的唯一小楷书法作品，其书写章法，犹如撒豆成兵，操戈练武，行列规范，威严阵势，好似孙过庭在书谱中所述"落落乎，犹众星之列河汉"，有自然之妙趣，颇受推崇。其余三处是舒承湜百岁坊、郭毓峦功德坊、郭王氏功德坊上的颜体楷书楹联，以及郭毓峦功德坊、郭王氏功德坊上的"乐善好施"正上匾。

第四章

功德牌坊

　　隆昌现存并纳入国保的17座牌坊中，功德坊占了2座。南关春牛坪1座郭玉峦功德坊，云峰关外1座郭王氏功德坊。

　　"功德"一词在古时多指功业与德行，意思是事业有功，行动有德。《礼记·王制》中说："有功德于民者，加地进律。"《汉书·卷一四·诸侯王表·序》中记载："所以亲亲贤贤，褒表功德。"后来，随着佛教传入，又为"功德"赋予了"行善积德"的意义，宣扬要通过念佛、诵经、布施、放生等"功德"之事来轮回，并派生出对自己和家人的利益回报。如，清·曹雪芹《红楼梦》第一回："趁此你我何不也下世度脱几个，岂不是一场功德。"但在民间，功德多指做好事、善事，但凡做对社会和他人有益的事，都可以叫作"功德"，相当于今天的"慈善事业"，其积极意义在于倡导民众多做好事、善事、美事等有利他人的事，甚至提倡做好事不留名的"积阴德"，如，有专门劝人积阴德的"阴骘文"。到了现代，人们则把做"功德"叫作"慈善事业"，也是倡导民众要参与和尽力做一些有利于他人和社会文明发展的好事，通过主动"利他"来增进人们的互爱互助，促进社会稳定和谐。

　　正因为"功德"具有这种利他性，使之既能体现出一个人的道德修为，又能提升一个家庭、一个地方的文明程度，体现出社会风气的好坏，甚至对一个民族和国家的和谐稳定都具有一定程度的积极影响，所以"功德"自古以来都是人类社会所推崇的德行境界而大为流行，受到社会民众和统治阶级的共同认可和极力倡导。

　　清王朝为了维护其统治地位，对民间的功德行为也是持积极支持的态度，如，允许民间建功德牌坊就是其中之一。尽管清王朝有旌表卓著功德的制度，如降旨建功德牌坊，但是，要建功德牌坊的申报、批准程序还是相当繁琐且要求严格。民间士民捐资赡族等捐银上千两者，方可由官府向朝廷申报建功德牌坊，同意后就赐予"乐善好施"字样以做匾额。其程序为，获益者向县衙举荐，县衙派人实地查核后，再将行善者的事迹写成书面材料，申报州府，再到省总督处。省总督府再将材料上报朝廷礼部，礼部依程序报皇帝御批或知晓同意，之后便可下发准允建坊的谕旨了。皇帝谕旨经军机大臣转礼部登记备案，再颁发公文，其内容涉及为该坊主建坊的理由、奉皇帝圣旨批准建坊的时间，以及建坊的经费来源等。公文下发到省总督府处，再由总督依此下令准建，发文至所在县衙，交由建坊事务组遵旨执行。可见其程序之繁琐，非同一般。

第一节　郭玉峦功德坊

郭玉（毓）峦功德坊在隆昌现存编号的17座牌坊中编为07号牌坊。该坊坐落于隆昌城区南关春牛坪，横跨此段为西北往东南走向的巴蜀古驿道，呈西北东南两面布局。建于清光绪十三年（1887）十月。牌坊两面至今仍旧布满了黝黑的烟熏痕迹，这是原早夹道而建并将牌坊边柱作为厨房部分墙体的民房炊烟熏黑而成的。正因为牌坊与民房融为了一体，才使得该牌坊得以从20世纪60年代"破四旧"劫难中存留下来。

郭玉峦去世前留下遗命，捐银壹万两购置田产，以岁收租谷所得来助养和体恤郭氏家族中的鳏寡老人、孤儿以及家庭困难者。其孙郭光泗谨遵其命，完成其生前心愿后，于清光绪十一年（1885）报请官府给予准建"乐善好施"功德牌坊以示旌表。两年后，即光绪十三年（1887）朝廷降旨准予郭氏家族为郭玉峦建功德坊。该坊通高13米，面阔9米，形制为四柱三门三重檐五滴水仿木青石雕花牌楼式，全部采用隆昌青石营造。刚建成时，牌坊上的文字全部涂有金粉，在阳光照射下光灿耀目，显得华贵无比。至今，只要仔细观察，仍可在字里行间见到些许残留的金粉痕迹。

一、牌坊东南面

（一）匾额

圣旨。

【解读】

皇帝的意旨和诏令。

（二）牌坊名

诰封中议大夫敕授修职郎郭玉峦之坊。

【解读】

皇旨诰封中议大夫并敕授修职郎郭玉峦功德坊。

【注释】

中议大夫：文散官名。金始置。正五品上，元升正四品。明为正四品加授之阶，清升为从三品。

（三）正匾

1. 正上匾

乐善好施[1]。

【解读】

郭玉峦先生是一位喜欢做善事，乐于拿财物接济贫困的人。

【注释】

（1）乐善好施：意思是喜欢做善事，乐于拿财物接济有困难的人。乐：好，喜欢。喜欢做善事，乐于拿财物接济有困难的人。西汉司马迁《史记·乐书论》："闻徵音，使人乐善而好施；闻羽音，使人整齐而好礼。"明间上匾楷书"乐善好施"之"善"字书法特殊，以古体《信阳楚简》《武威简》《颜真卿多宝塔碑》之"善"字雕刻相同，即少一点，寓意行善之事无论做得再多都会感到缺少一点，也就是永无止境。

2. 正下匾

四川省总督⁽¹⁾刘札开光绪十三年三月初六日准

礼部⁽²⁾咨议⁽³⁾制司⁽⁴⁾案呈内阁，钞出⁽⁵⁾四川总督刘秉章⁽⁶⁾奏，据署隆昌县知县唐彝铭详称，该县运同⁽⁷⁾衔郭光泗、同知衔郭祖信遵其故祖三品封典例⁽⁸⁾贡生郭玉峦遗命，捐银壹万两，置买田业作为义田⁽⁹⁾，岁收租谷二百二十六石有奇⁽¹⁰⁾，以为族中鳏寡孤独养葬嫁娶、延师⁽¹¹⁾课读⁽¹²⁾等费。禀请具奏⁽¹³⁾前来。查已故三品封典例贡生郭玉峦捐银置业收租，养恤族众，实属乐善不倦，应请旨建坊，给予"乐善好施"字样⁽¹⁴⁾，以示旌奖。光绪十三年正月初五日，军机大臣⁽¹⁵⁾奉旨："著⁽¹⁶⁾照所请，该部知道，钦此⁽¹⁷⁾。"钦遵⁽¹⁸⁾到部查定例⁽¹⁹⁾："凡士民⁽²⁰⁾人等捐资赡族，直省⁽²¹⁾由该督抚⁽²²⁾具题⁽²³⁾，其捐银至千两以上者，请旨建坊，给与乐善好施字样"等语。又，道光二十八年本部准奏："各省乐善好施者原系有力之户，均令自行建坊，毋庸给与坊银"等因在案。今四川隆昌县运同衔郭光泗等遵其故祖遗命，捐银壹万两，置业收租养恤族众，既据该督奏请，将封职郭玉峦建坊给与"乐善好施"字样，钦奉⁽²⁴⁾谕旨允准，相应行文，四川总督转饬⁽²⁵⁾该地方官，遵照例案，听⁽²⁶⁾本家⁽²⁷⁾自行建坊可也。

光绪十有三年孟冬月上浣⁽²⁸⁾穀旦

【解读】

四川总督刘札开于光绪十三年三月初六日转发准建令

礼部咨议制司（相当于今之法规制度司）将案卷呈报朝廷内阁，拿出了上任四川总督刘秉章曾经上奏的折子，据隆昌知县唐彝铭详细上报，该县盐运长官衔郭光泗、知府副职衔郭祖信遵照他们已故先祖，朝廷依典例封三品的贡生郭玉峦（郭光泗的祖父，郭祖信的曾祖父）遗嘱，捐银壹万两，购买田地作为赡养郭氏族中贫困者的田产，每年收获租谷贰百贰拾六石有余，用作赈济郭氏家族里面的孤老头、寡妇、单身汉和孤儿的费用，帮助他们养老、成长、拜师学艺、读书上学、婚丧嫁娶等。禀报上来了详细的情况说明材料。经查，已故的依典例封三品的贡生郭玉峦捐出银两购置田产收取租谷，助养和体恤族中贫困弱小，实属乐于做善事而不知疲倦的功德典范，应当向朝廷上报请求降旨准予修建功德牌坊，授予"乐善好施"的称谓，用以彰显朝廷的旌表奖励。光绪十三年（1887）正月初五那天，军机大臣奉领皇帝御旨，按照报告请求的内容进行了登记，礼部知晓了这件事儿。这是皇帝的亲命，必须严格遵照执行。到部里翻看了以往类似做法形成的通用惯例，凡是民间士人和普通老百姓捐资捐物赡养资助族人的，各省总督和巡抚都可以直接向朝廷申报，那些捐银千两以上的，就可以请求朝廷降旨准予其修建功德牌坊，赐予"乐善好施"的称谓等等。还有，道光二十八年，礼部向皇帝奏请获准，各省那些积极捐款捐物做善事的"乐善好施"者，本来就是家境殷实财力雄厚的大户，全部都叫他们自己出钱修建牌坊，不用朝廷和官府给予他们建坊的银两，这些也都记载在案。如今四川隆昌县盐运长官衔郭光泗等遵照他们已故先祖留下的遗愿，捐银壹万两，购置田地产业收取租谷来赡养和体恤族内众人，已经依据四川总督的上奏，对敕封了修职郎的郭玉峦的功德牌坊修建赐予"乐善好施"四字，敬遵圣旨予以允许恩准，以此相应的文书下发由四川总督转发给隆昌地方官，遵照过去的先例做法，听凭郭家自行修建郭玉峦功德坊就行了。

光绪十三年（1887）十月上旬官休日吉辰

【注释】

（1）总督：清朝时，统辖一省或数省行政、经济及军事的长官称为总督，尊称为督宪、制台、制军等，官阶为正二品。

（2）礼部：古代官署之一。北魏始置，隋朝以后为中央行政机构六部之一，掌管五礼之仪制及学校贡举之法。长官为礼部尚书，其后历代相沿不改。隋至宋属尚书省，元属中书省，明、清为独立机构，直接听命于皇帝。

（3）咨议：旧时备用作顾问的幕僚；供咨询的参谋人员。

（4）制司：古时朝廷礼部下设的对相关规章制度做出解释和裁决的内部机构。相当于现今对法律法规和司法条款等进行研究和解释的部门。

（5）钞出：用手指头拈起，拿出。钞：叉取也。《徐铉》曰："今俗别作抄。"

（6）刘秉璋（1826—1905）：字仲良，安徽庐江（今合肥）人。晚清重臣，淮军名将。咸丰十年（1860）进士。光绪十二年（1886）任四川总督。督蜀十年，勤政廉洁，用竹笼古法维修都江堰。刘秉璋一生淡泊名利，十分重视教育，为家乡捐建了三乐堂书院、南京庐江试馆，培养了一大批有用之才。

（7）运同：清官名，盐运使司或盐法道或辖盐务分司长官，掌督察各盐场，辅助盐运使或盐法道管理盐务。

（8）典例：可依为准则的成例。

（9）义田：为赡养族人或贫困者而置的田产。

（10）有奇：有余，多一点儿。奇，零数、余数。《孔丛子·居卫》："舜身修八尺有奇。"

（11）延师：聘请教师。

（12）课读：谓进行教学活动，传授知识；接受教育，学习知识。清代昭梿《啸亭续录·张夫子》："公独处萧寺中，聚徒课读。"

（13）具奏：备文上奏。

（14）字样：指用在某处的字眼、词语。清代吴敬梓《儒林外史》第一三回："小弟每常见前辈批语，有些风花雪月的字样。"

（15）军机大臣：俗称大军机，又称枢臣，是军机处的长官。

（16）著：登记，记载。

（17）钦此：象征皇帝到此亲自颁布诏书（亲临此地）。旧时对帝王的决定、命令或其所做的事冠以钦字，以示崇高与尊敬。多用作皇帝诏书结尾的套语。

（18）钦遵：旧时阁臣代皇帝批阅奏章或朝臣向皇帝启奏时使用的语言，指圣上旨意在此，领旨者遵命而行。

（19）定例：常规；一定的、例行的规矩、规定。

（20）士民：意思为古代四民之一；泛指士大夫阶层和普通读书人。

（21）直省：指各省，因直属中央，所以又叫直省。

（22）督抚：总督和巡抚合称督抚，明清两代的地方军政长官。督抚有权决定徒刑的判决，对流刑、充军、发遣可以做终审判决，但需要报请刑部复核。

（23）具题：谓题本上奏。

（24）钦奉：敬奉。

（25）饬：整顿，整治，使整齐；告诫，命令；谨慎；古同饰等。

（26）听：听凭，任凭。

（27）本家：此处代指老家、原籍或原来的家。同宗族的人。

（28）上浣：指农历每月上旬的休息日或泛指上旬。唐宋官员行旬休，即在官九日，休息一日。休息日多行浣洗。明杨慎《丹铅总录·时序》："俗以上浣、中浣、下浣为上旬、中旬、下旬，盖本唐制十日一休沐。"

（四）侧匾

1. 右侧匾

（1）上匾：　男：诰赠①朝议大夫②原任中江教谕人鑑；诰赠中议大夫原任遂宁教谕人镛。　孙：诰赠朝议大夫增生懋功、廪生光汾、庠生光渭、州同衔光沅、诰封中议大夫加三品衔运同光泗，候选郎中增生光瀚，候选训导廪贡生光瀛、候选中书科中书③光灏。

【注释】

①诰赠：明清对五品以上官员的曾祖父母、祖父母、父母及妻室之殁者，以皇帝的诰命追赠封号，叫诰赠。

②朝议大夫：文散官名。隋文帝始置。炀帝时罢。唐为正五品下，文官第十一阶。宋元丰改制用以代太常卿、少卿及左、右司郎中，后定为第十五阶。明从四品初授朝列大夫，升授朝议大夫。清从四品概授朝议大夫。

③中书：古代文官官职名，清代沿明制，于内阁置中书若干人。在清朝之位阶约为从七品，中书职能通常为辅佐主官，为基层官员编制之一。设置在如六部之中央机构官署，负责典章法令编修撰拟、记载、翻译、缮写等工作。或由举人考授，或由特赐。若进士经朝考后以内阁中书任用者，并可充乡试主考官。而依工作性质不同亦有"办事中书"或"掌印中书"等细分区别。

（2）下匾：曾孙：诰封朝议大夫同知衔祖信，武生祖枚，布经历①衔祖辉，文生祖樟，庠生祖棻、祖槭，布理问②衔祖清、祖桐，州判祖枢、祖械，国子监典籍祖森、祖桓，祖楫，祖懷，即选③教谕廪贡生祖模、祖极，廪生祖楷、祖榔，祖棠、祖楔、祖霖。

【注释】

①布经历：布下使司衙门的"经历"，是布政使司直属官员之一。明清都察院、通政使司、布政使司、按察使司等置经历一职，掌管出纳文书。

②布理问：布政使司衙门的"理问"，掌勘核刑名诉讼。官阶不大，从六品，也就相当于县处级干部。

③即选：官制名。即凡须经月选之官员内，除奉旨即用人员及特用班人

员可不论单、双月遇缺即选外，另有一些具有某些资格或条件的候选官员，也可尽先选用，称为即选。

2. 左侧匾

（1）上匾：元（玄）孙：成焜、成杰、成治、成灿、成燊、成焌、成烜、成熺、成炯、成煻、成爅、成爧、成煓、成炆、成煾、成彬、成燏、成灯、成燊、成煨、成煜、成燉、成熤、成燨、成燦、成燦、成烻、成爧。 匠士：李义堂、唐兴顺。

（2）下匾：请旌族众：人澍，候选教谕恩贡生；人绂，乙酉选拔江西知县；为蕃，湖北省直隶州知州；人骥，庠生；人彤，乙酉选拔；光治，候选训导岁贡生；光洁，候选同知；祖元，前署威远教谕；祖坊，候选州同；祖垣，庠生；祖埇，廪生。

【解读】

一同联名请求建郭玉峦功德牌坊的郭氏家族人员：郭人澍，候选教谕，恩贡生；郭人绂，乙酉（1885）选拔江西知县；郭为蕃，湖北省直隶州知州；郭人骥，庠生；郭人彤，乙酉（1885）选拔；郭光治，候选训导，岁贡生；郭光洁，候选同知；郭祖元，前署威远教谕；郭祖坊，候选州同；郭祖垣，庠生；郭祖埇，廪生。

（五）楹联

正联　　　　　　　　　侧联

1. 正联

天下原一家，况同祖同父同弟兄，相关痛痒⁽¹⁾如何哉，树百年计⁽²⁾，置千亩田⁽³⁾，方见本源⁽⁴⁾真友爱⁽⁵⁾；

恩纶尤异数⁽⁶⁾，笈⁽⁷⁾分绢⁽⁸⁾分粟⁽⁹⁾分钱贝⁽¹⁰⁾，交誉⁽¹¹⁾宗党寻常耳，推金穴⁽¹²⁾情，博⁽¹³⁾银丝诰⁽¹⁴⁾，才算乡国大祯祥⁽¹⁵⁾。

钦加同知衔湖北陨县知县癸酉选拔愚内侄敖贡贤顿首拜题

【解读】

天下的人原本就是一家，何况同祖宗、同父亲、同弟兄，更应该了解和关心相互间的疾苦冷暖如何。为家族的前途着想，树立家族振兴的百年大计，像范仲淹那样捐款购置千亩义田赡养族中孤寡，抚恤族中困穷，方才体现出了同宗同祖的真情友爱。

朝廷降下不同寻常的皇恩诏书建功德坊予以旌表，用篓箱装着绢什等衣物、粮食、银两等，分给族中那些需要帮助的人，经常受到宗亲和族人的交口称赞。推行"富则达济天下"的博爱真情，捐万两白银购置义田赈济族中鳏寡孤独，换来了以银丝饰边的朝廷诏书的旌表褒奖，这才是家乡地方上和国家的大祥瑞啊。

皇帝亲自加封知府副职衔湖北陨县知县癸酉（1873）选拔的内侄儿敖贡贤磕头拜题

【注释】

（1）痛痒：比喻痛苦和事关切身利害的事。

（2）百年计：百年大计。此处指为了家族兴旺，树立培育人才和好的家族风气的百年长久之计。

（3）置千亩田：典故：北宋政治家、文学家范仲淹幼年丧父，生存无依，随母改嫁，在继父家长至少年，自知身世凄苦而发奋读书至仕后，身居高位，俸禄丰厚，但却克勤克俭省下余资，在苏州吴县、长县购置田地十余顷（一顷百亩，共计千亩），称义田，以所得租谷赡族，供给族中自远祖而下诸房后人衣食及婚嫁丧葬之用。

（4）本源：木本水源。指人与水木一样，都是有源头与根本的。

（5）真友爱：真情友爱。此处指同血缘家族中人的亲情友爱。

（6）异数：意思是特殊的情况，例外的情形。

（7）笈：书箱。《辞源》注："典出后汉书李故传，负笈追师。此作竹篓解。"

（8）绢：一种薄而坚韧的丝织品。

（9）粟：禾本科、狗尾草属植物。北方称谷，南方稀少，俗称狗尾巴，去壳后称小米。

（10）钱贝：钱财。贝：贝壳，古代用作钱币，称贝币。

（11）交誉：交相称赞、夸奖。

（12）金穴：喻极富贵的人家。《后汉书·郭皇后纪》："况迁大鸿胪，帝数幸其弟。会公卿诸侯卿家饭燕，赏赐金钱缣帛，丰盛莫比。京师号况家为金穴。"况，郭况，郭皇后弟。大鸿胪，朝祭时礼仪赞导官，以金穴誉称郭况家极富有。此引喻郭玉峦为隆昌巨富。金穴情，引申作郭氏同一血脉的亲情。

（13）博：讨取、换取。

（14）银丝诰：以银丝饰边的朝廷的诏书。

（15）祯祥：吉兆，吉祥、幸福。

2. 侧联

福^{（1）}媲^{（2）}汾阳^{（3）}，大富贵亦寿考^{（4）}；

贤如文正^{（5）}，以仁义遗子孙。

特授^{（6）}隆昌县训导举人大挑^{（7）}一等世愚侄^{（8）}颜台英^{（9）}顿首拜题

【解读】

福气堪比祖上汾阳王郭子仪，大富大贵而且享有高寿；

贤德如北宋政治家范文正，把仁爱和正义风范留给了子孙后代。

特别授予隆昌县训导的举人大挑一等的侄儿辈颜台英磕头恭敬题写

【注释】

（1）福：福气，有福的气派。传统文化中以富有、社会地位高、高寿，即富、贵、寿三全为福。

（2）媲（pì）：媲美，比得上。指美好的程度差不多。

（3）汾阳：唐代汾阳王郭子仪的代称。汾阳王郭子仪系平定安史之乱的首功武将，忠勇义堪比关云长，寿享八十又五，属典型的既富又贵且寿的历史人物。此处代指郭玉峦所享有的富贵寿比得上汾阳王郭子仪了。

（4）寿考：年高，长寿。《诗·大雅·棫朴》："周王寿考，遐不作人。"郑玄笺："文王是时九十余矣，故云寿考。"

（5）文正：范仲淹的谥号。此处用范文正买田赡族之善举来类比郭玉峦的善举。仁义：仁爱和正义。

（6）特授：超越常规授予某项官职。

（7）大挑：清乾隆以后定制，三科以上会试不中的举人，挑取其中一等以知县用，二等以教职用。名为大挑，六年举行一次，意在使举人出身者有较宽的出路。挑取的标准重在形貌与应对。

（8）世愚侄：即世侄，侄儿。加用愚字是谦称。

（9）颜台英：字俊生，科佛县举人，清同治二年任隆昌县训导，三次俸满，实心教士，去任时县中人士为其竖教思坊。

二、牌坊西北面

（一）匾额

同东南面。

（二）牌坊名

同东南面。

（三）正匾

同东南面。

（四）侧匾

同东南面。

（五）楹联

说明：该坊西北面右侧两柱均被加固木头覆盖，正、侧上联均被覆盖。

1. 正联

师（1）文正，义田一千亩，负郭（2）上腴（3），不靳（4）捐租培族党（5）；

溯亲仁（6），华胄（7）二百载，传家金穴，更留余庆与儿孙。

翰林院庶吉士道衔（8）前
安徽凤阳府知府范云鹏拜题

正联下联　　　侧联下联

（李光恢提供）

【解读】

像范仲淹那样购置靠近县城最肥沃的千亩土地作为义田，毫不吝惜地捐出租谷培育族中亲朋；

追溯两百年来亲近仁德的富有显贵的大家族，滚滚财富代代相传，更是把行善积德的遗泽传递给了自己的子孙后代。

翰林院庶吉士道衔前安徽凤阳府知府范云鹏拜题

【注释】

（1）师：以之为师，即效法，学习。

（2）负郭：谓靠近城郭。负，背倚。郭，外城。

（3）上腴：尤为肥沃的土地。

（4）靳（jìn）：吝惜。

（5）族党：聚居的同族亲属。

（6）亲仁：亲近有仁德的人。

（7）华胄：胄，后代。华胄，富有显著者的后代。引申意为富有显贵世家。

（8）道衔：道是古时的行政区划名。明清时在省与府之间所设置的监察区，相当于后来的地州级。设有分巡、分守等道别，道官称为道员。道衔是道员的官衔。

2. 侧联

福^{（1）}不私财^{（2）}，举族^{（3）}共分^{（4）}仁者^{（5）}粟^{（6）}；

天惟辅德^{（7）}，高风^{（8）}常仰善人^{（9）}家。

钦加运同衔实授昭化县知县奏署隆昌县事唐彝铭顿首拜题

【解读】

富有却不私爱钱财，全族人都分享到了这位有仁德重恩情者所拥有的衣物和粮食；

上天一定会辅佐有仁德的人，高尚的作风操守和美好的风教常常来自行善积德的人家。

皇帝亲自加赐运同衔，实际官授昭化县知县，后经请奏获准官署隆昌知县唐彝铭　瞌头　拜题

【注释】

（1）福：古文用法同"富"。东汉刘熙《释名》："福，富也，多品如富者也。"

（2）私财：偏爱而不愿与人分享个人的财产。私，偏爱；财，财物、财产。

（3）举族：全族。唐代元结《与瀼溪邻里》诗："昔年苦逆乱，举族来南奔。"

（4）共分：共同分享。

（5）仁者：有德行、有恩情的人。《论语·子罕》："子曰：'知者不惑，仁者不忧。'"

（6）粟：小米。代指衣食。

（7）辅德：辅佐德行。《书·仲虺之诰》："佑贤辅德，显忠遂良。"孔传："贤则助之，德则辅之。"

（8）高风：高尚的风格情操，美善的风教。

（9）善人：心地善良，好行善举、有善德的人。《论语·述而》："善人，吾不得而见之矣，得见有恒者，斯可矣。"邢昺疏："善人，即君子也。"

特注：本书编撰过程中，因郭玉峦功德牌坊西北面两副楹联的上联被防护木板已完全遮挡多年，笔者无法将已有石牌坊资料上的记载与牌坊上的原文进行核对，这两副楹联的上联文字或有出入。如若今后拆除此坊防护木板后，两上联文字若与重见天日的原文有异，当以牌坊原文为准。

三、图案简介

郭玉峦坊为三重檐五滴水雕花牌坊，所有文字均涂金粉，日照下闪闪发光，灿烂辉煌。当心间，明间，次间之牌匾题字，两面相同。

西北面二三级楼盖檐下栏额深浮雕琴、棋、书、画"四艺图"，其寓意是赞颂坊主具有渊博学识和高度的文化修养。

明间额枋上深浮雕"二龙戏珠"，海浪流云，舒畅壮丽。两端则刻牡丹、菊花瓶插，寓意"富贵长寿平安"；花瓶侧又刻宝剑、香炉。

额枋两端梓框吊柱高浮雕"福禄寿禧"四神像。遗憾的是被"破四旧"凿平了。

明间门楣上精雕三组优雅高贵的器物博古图，琳琅满目，古色古香。正中刻一身驮香炉之象，香炉盖上刻一憨态可掬的玲珑小狮，象足踏几案，案两端上翘，其上刻置花瓶，对称协调，平衡，寓意"太平有象"。左右刻博古架图案，上刻犀牛，背驮香炉，顶上香烟缭绕。

　　隆昌民间认为牛是一种神物，对牛十分崇拜，为此特意在北关道观坪修建了"牛王庙"，以赞颂牛吃苦耐劳、任劳任怨的精神。图案背景为连环"卍"字浮雕，衬出主题，倍感幽深广阔。"卍"字本为梵文，在佛像胸部作为吉祥标志。武周长寿二年（693），采用此字，读为"万"，意为"吉祥万德之所集"，"卍"字四端又可任意纵横伸展，连锁形成各种图案，寓意福祚绵长。门下雀替是深浮雕的香炉、云彩，寓意佛香袅袅，吉祥绵绵。

　　次间额枋上刻麒麟、朱雀，寓意"鹤寿仙龄"，子孙发达。

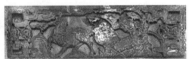

　　次间额枋浅雕缠枝牡丹，寓意富贵绵绵。明间和次间额枋下部通雕菊瓣纹饰。菊盛开于九月，俗称"九菊"，此处寓意为"长久平安"。

　　左门楣上刻喜鹊、月季。喜鹊俗称"喜鸟"，寓意喜庆。月季又名月月红，与喜鹊组合，则寓意"月月有喜"。右门楣刻假山及盛开的梅花，假山上立一喜鹊，"梅"和"眉"同音，寓意"眼前见喜"。两组图案均以云纹装饰边框。

　　牌坊东南面顶楼栏额刻饰严重风化，图案模糊难辨。其余每层刻饰鹿、麒麟、犀牛、羊等吉祥动物。当心间上小额枋刻"二龙戏珠"，明间大额枋则刻"双凤朝阳"，两端刻"寿"字图案和蝙蝠图案，寓意"福寿双全"。

当心间五龙匾侧竖柱刻两长颈花瓶，满插牡丹，寓意"富贵平安"。

大额枋明间门楣刻饰与西北面大体相同，亦以三组高浮雕构图，只是西北面为三足圆鼎，东南面为四足方鼎。鼎盖刻饰怪兽灵龟，门楣雀替刻饰月季、玫瑰。

三级楼盖檐下栏额左刻《犀牛望月》，右刻《麒麟献宝》，四周饰以缠枝花卉。

左额枋刻饰牡丹、万年青。万年青为多年生常绿植物，民间将其视为长盛不衰的吉祥物，与牡丹组合，则寓意"富贵万年"。右刻一仙鹤口衔朝珠，昂首面对一轮红日，寓意"一品当朝"。

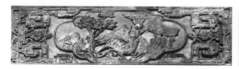

次间门楣上深浮雕水仙、寿山石、绶带鸟，寓意"群仙拱寿"。右侧则刻牡丹、寿山石、白头翁，寓意"富贵白头"。

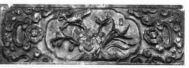

门下雀替则刻如意、云纹图饰。四对抱鼓石满刻井字纹饰，撑定门柱，牢实坚稳，上置玲珑圆雕狮象四对，现仅存一狮。狮身下衬锦绣刻饰，线条流畅舒展，视感轻盈。

整个牌坊既大气沉凝，庄严肃穆，又雍容华贵，精致壮美，不失一件隆昌牌坊文化与青石文化紧密结合的艺术珍品。

四、史实简介

（一）郭玉峦简介

郭玉峦系云顶郭氏家族第十六世祖，"毓"字辈。郭玉峦本名"郭毓峦"，系将名中"毓"改写为"玉"而来。郭玉峦与正妻敖氏共生有三子，长子郭人镐遵祖命过继给了兄长承袭宗嗣。次子郭人鉴，科考致仕任中江县教谕，第三子郭人镛科考致仕任遂宁县教谕。郭玉峦因子贵而貤（yí）赠修职郎，议叙加二级晋封文林郎。因倡修栖流所、检验亭，议叙加一级记录一次例封儒林郎。妻敖氏贻封孺人例封安人。

郭玉峦出生于隆昌云顶芦田铺，字琼山，例贡生。因父亲远赴湖北做官，家业需其照管，放弃读书科考而回家主持家业。因心正人善，人缘好，把家业越做越大，兴旺日盛，让郭氏家族成为了隆昌南域最大巨富之一。郭玉峦性情孝顺友善，乐善好施，一生心善而做好事善事不断。如，捐资在云顶双垣祠兴创郭氏义馆，让族中家贫不能读书者能够上学念书。遇到科考之年，他又资助赶赴科考的学子差食之费，从不间断。经常用钱物扶贫济困，给贫困孤寡者衣食药用等，一律低调而不张扬。道光二十五年（1845），郭玉峦捐钱千两助县衙刘光第知县修建栖流所于南北二关外，收留无家可归的流亡乞讨者，令其食宿、学艺、就业，还曾亲任栖流所主事，不辞劳顿。后又捐款于栖流所旁修建检验亭，买地为义冢，施棺木，使县无暴尸。还有，郭玉峦捐钱修庙、建桥、筑路、赈灾、刻书等不计其数。至去世时，还叮嘱孙子郭光泗等代他捐银一万两买田地置义田，所收租谷之费尽数作为帮助族中鳏寡孤独养葬嫁娶、延师课读之用等等。郭玉峦因其仗义善行，成了隆昌当时最大的慈善家，备受邑人爱戴。

咸丰三年（1853），时任知县张敏行推举他为乡饮大宾。旧时的乡饮，是一个地方为了庆丰收、尊老尊长而举行的最为盛大的官民联礼宴会，是由官长牵头，地方官宦绅士、富商巨头、宗教主持、儒礼学人及享有盛名的民间居士等齐聚一堂的盛大宴会。大宾为乡饮宾之首，是要与官长一起主持乡饮酒礼活动的，必须是最为德高望重者。由此可见，郭玉峦在当时的隆昌所享有的威望是独一无二的。

因为一生行善，积德深厚，光绪十三年（1887），朝廷降旨准建功德坊予以旌表，并赐予"乐善好施"字样题刻为牌坊正上匾。当年十月，郭玉峦功德坊落成于隆昌南关春牛坪巴蜀古驿道上。不仅如此，郭玉峦也得到了上天的眷顾，福而高寿，寿长达八十四岁。

（二）郭玉峦功德坊上的郭子仪和范仲淹

1. 郭玉峦与郭子仪

郭子仪（唐697—781），山西汾阳人，以武举科考及第入仕，从军打仗，战功卓著，累迁至九原太守、朔方节度右兵马使。天宝十四年（755），安史之乱爆发后，任朔方节度使，率军收复洛阳、长安两京，功居平乱之首。后晋升为中书令，封汾阳郡王。广德元年（763），郭子仪受唐代宗李豫之命，率军平定仆固怀恩叛乱，并说服回纥酋长，共破吐蕃，朝廷赖以为安。郭子仪戎马一生，屡建奇功，但他从不居功自傲，忠勇爱国，宽厚待人。在举国上下，他都享有崇高的威望和声誉。享年八十五寿终，德宗皇帝到安福门临哭送行，君臣依次到府第吊唁。可见郭子仪的忠勇义与大富大贵且高寿，实为史上少有。据云顶郭氏家族宗谱记载，郭氏家族乃郭子仪第六子郭曙的后裔，故而时人喜欢将郭玉峦的先祖郭子仪的大富大贵和高寿写进郭玉峦功德坊的楹联，用来类比和称赞郭玉峦。

2. 郭玉峦与范仲淹

晚清年间，隆昌云顶的郭氏家族与"隆昌范字""三范"（范泰衡、范泰亨、范运鹏）的范氏家族均系邑内响当当的大户，两家既是世交，又打姻亲。譬如，范运鹏之父范泰衡与郭玉峦及其子郭人镛尤其交好，可谓世交加至交。以辈分论，范运鹏应为郭玉峦晚辈，故而题联称拜题。范运鹏在给郭玉峦坊题写楹联时，将自己范家先祖范仲淹（谥号"文正"）捐金置义田赡养族众的典故引用于此，类比郭玉峦捐万金置义田赡养族人之义行，极表自己对郭玉峦的推崇和敬重，也顺便将自家先祖拿出来炫耀一番，也公开表明了隆昌郭、范两家的"秦晋之好"。

五、史料摘抄

郭玉峦传 [摘自同治十三年（1874）编修的《隆昌县志》]：

公讳玉峦，字琼山，隆昌县例贡[（1）]生。高祖任巡道[（2）]，至太翁凡三世俱登仕籍，为邑南望族。公幼而岐嶷[3]，书读等身，见者咸期为远到器。当太翁官楚北时，门无家督，遂辍经生业，代柄家政，桑麻畜牧，综理裕如[4]，得由小阜[5]而拥素[6]封。性纯孝，以色养博堂上欢。太孺人病，公亲走峨山祈祷，寻获瘳[7]。庶母二，始终尽礼无异，所生长兄崇封早逝，嫂矢柏舟志，公时年七龄，许为立嗣，及生长子人镐，即出继承兄祧，且代嫂抚育教诲，由增贡生[8]选授龙安府训导，并以孀帏苦节吁请有司[9]如令[10]绰楔。季弟君璧，庶姊江孺人出也，未成立而失怙，公择师课读，恩义兼至，后入庠食饩通籍[11]，历任贵州印江、玉屏县事。孝友之忱如此。先是郭氏祠产岁入只供祭需，公自弱冠[12]时族众公举总理，叠辞不获，受劳受怨垂数十年，以故祭田增廊，祠宇辉煌。又念传世二十丁口日繁，于嘉庆甲戌年（嘉庆十九年，1814）延族望倡修谱牒[13]，始镂[14]以板，易抄本为刻本，俾[15]家置一册，以辨本支。复于双垣祠捐资创兴义馆，族中贫不能读者咸肄业[16]焉，遇大比[17]，则仿行宾兴礼[18]而资助之，六十年不辍。其推扩孝友之忱又如此。性好施，时复散其余财以周贫困，乡闾无告者（有疾苦而无处诉说的人）寒衣病药，倾箧指囷[19]，不形于色。有因端构衅者，得其片言而解。岁丁亥（道光七年，1827），李莲塘明府[20]率绅庶重新武庙，慕公端直，请董其事，公昕夕[21]督工，阅三载始竣，自备薪水，不费公项[22]一钱。邑当通衢，流亡甚众，公捐千金为合邑倡置栖流所、捡验亭于南北二关外，买义冢送棺木，四民便之。咸丰六年（1856），岁荐饥[23]，米价腾贵[24]，公捐五百缗，请于县在南乡市镇籴[25]贵粜贱，命子人镛董理一切，夫役采运自备，自三月至秋熟进出数千缗，全活甚众。邑侯肃上其事，爵宪一等。公有以谊笃桑梓旌焉。邻封嘉明镇为黔蜀孔道，有桥圮[26]于水越三月，州人无过问者，行旅苦之，公纠隆邑同志，倡醵[27]成之，道宪[28]黄锡名"永嘉桥"。州牧李卿毂奖以"积善余庆"匾额。此皆好善乐施之卓卓者。他如修道路、刻善书，凡情所难，己而力所能为者，无不慷慨为之，老而弥笃，不胜枚举。邑侯张勉斋举为乡饮大宾[29]。卒年八十四寿。子人鉴中江县教谕，人镛遂宁县教谕。以子官赠封修职郎、议叙加三级、例授儒林郎[30]。论曰：世故纷而天性薄，恒人[31]于庭帏[32]间，固多泛泛者，之适然相值，即读书能文之士或不无疚心焉，间有推毛裹之，思以爱其手足，顾久之而薄，又久之而日益薄，至于利之所在，不巧取豪夺斯已而。如公之积而能散，无吝心亦无德色，岂易得哉！吁，可以风矣。

荣昌进士敖彤臣撰

【解读】

郭公大名玉峦，字琼山，隆昌县援例所授的贡生。他的高祖曾任四品巡道，到他父亲时已是三代为官，故而是县南的大家族。郭公年幼时就十分聪慧，所读之书与身高相当，见到他的人都说他将来必成大器。当他的父亲到楚北做官时，家里就没有人来统筹和监督家业了。于是，他就受命放弃学业而挑起了主持经营家族大业的重任。诸如桑麻种植和牲畜喂养等各种大凡小事全都由他安排料理，他都能应付自如。在他的经营下，家业从刚开始的稍微富裕，慢慢变得像拥有封地的侯爵一样富足。郭玉峦公天生至孝，总是和颜悦色地侍奉父母以获得他们的欢心。郭公母亲生病了，他亲自去峨嵋山拜佛祈祷寻求仙药，母亲的病就慢慢好了。郭公有两个庶母（又叫小妈，他父亲的妾），他也像对待自己的亲生母亲一样没有差别地尽到礼数。庶母所生的长兄崇封年纪轻轻就去世了，兄嫂誓不改嫁。那时郭公年方七岁，就答应今后把自己的儿子过继给兄嫂作儿子养。后来他生了第一个儿子郭人镐，就把人镐过继给兄嫂承袭长兄一脉的香火，并且，他还代为兄嫂抚育和教导人镐，让他成才。人镐以增贡生的身份被选拔到龙安府当训导（县里主管教育的官员），并因为兄嫂寡居守节之清苦而请求官府遵照法令，同意为兄嫂建贞洁碑坊等予以旌表。他的三兄弟郭君璧，是小妈江氏所生，还没有长大时就失去了父亲，玉峦公为他请了师父教他读书，体现出了恩德道义。后来，君璧考进了官家学堂，吃上了官粮并考中了进士，先后出任了贵州印江县和玉屏县的知县。玉峦公尽孝待友的真诚和热忱就是这样。刚开始的时候，郭氏宗祠产业每年的收入只够供给祠堂祭祀所需。玉峦公二十岁时被家族众人推举为宗祠总管，料理一切事务，玉峦公反复推却不脱，于是就任劳任怨长达好几十年，因此让宗祠的田产大大地增加了，祠堂也整修得更加气派辉煌。后来，玉峦公想到一大家人又繁衍增生了二十多人，家族不断扩大，于是在嘉庆十九年（1814）延续族人的期望倡导修补了郭氏族谱，开始用雕刻书板印制出来，分发到每家存放一本，用来辨别各支。又在双垣祠捐资创建"兴义馆"，让族中因家里贫困而不能读书的孩子都能入学读书了。每次遇到学子们要到省城参加乡试，他都效仿府县官家为学子们举行饯行会，并提供费用资助，六十年来从未中断。这就是他用实际行动推广和扩大孝行与友情的真挚情感的又一种体现。玉峦公天性就乐善好施，时常重复着把自己的余财余物用来周济贫困，遇到乡里贫苦而无依靠的人，他都十分慷慨地送去御寒的衣物和治病的药物，默默帮助而毫不吝惜。遇到有乡邻因为这样那样的原因发生争执时，只要玉峦公发个话就能化解纠纷。道光七年（1827），李莲塘知县带领县域内的绅商士众重新翻修武庙，因为敬慕玉峦公的公正耿直，聘请他来负责翻修工程。玉峦公不分早晚地监督工程施工，连续干了三年才竣工。玉峦公都是自己解决自己的花销，未领一分钱薪水，也没花一分钱公款。隆昌地处交通要道，四处流亡到此的人很多。玉峦公倡导并捐出上千银两，为全县在南北二关外修建了收留和安置流民的栖流所、为无名尸收殓殡葬的捡殓亭，还出资购买坟地，为无名尸送去棺木，让四方百姓都享受到了他带来的好处。咸丰六年（1856），隆昌遭遇连年旱灾，米价飞涨，玉峦公捐出五百串钱，请人到县外南面的场镇集市上去高价买粮回隆昌来平价甚至低价卖给老百姓，安排自己的儿子郭人镛负责这事儿，挑夫和采购运输的费用都是自己出钱，从春天的三月间到秋天稻子熟了，一共花掉了几千串钱，让县内缺粮的民众都存活下来了。时任知县肃庆将他的事迹上报府、省和朝廷，玉峦公因真挚热爱家乡民众而受到省督府的一等奖励。邻县的嘉明镇是川黔大道上的重要通道，要道上的桥梁已坍塌几个月了，州里无人过问，旅行过往的人都深受其苦。玉峦公约集隆昌县内喜欢做善事的人，倡导大家凑钱重新修好了这座桥，道台大人黄锡赐名"永嘉桥"，知州大人李卿毂赐"积善余庆"匾额予以褒奖。以上这些都是玉峦公乐善好施比较出名的事例啊。其他的善事，像修桥补路、刻版印刷劝善的书本等，一般人都觉得很难做到的事，但他觉得只要是自己力所能及的，他没有不慷慨去做的，而且岁数越大越是坚定。这样的善事好事，多得不胜枚举。知县张勉斋推举他作为"乡饮大宾"，与自己一起主持县内最为隆重的尊贤养老盛宴。玉峦公寿年八十四岁。他的儿子郭人鉴任中江县主管教育的官员、郭人镛任遂宁县主官教育的官员，他因儿子为官被朝廷封为修职郎、礼部议叙增加三级、援例授予"儒林郎"。有人赞颂他道：人情世故纷繁天命薄贱，平常人大都甘心于过自己的家居小日子，所以，绝大多数平淡无奇，这些都是他们选择安于闲适的结果。那些喜欢读书，能写些文章的人或许偶尔会产生一点愧疚之心，有时也有将自己的感受与别人类比的，想施予手足情的关爱，但时间久了就会淡薄了，越往后就越是淡薄。至于那些因为利益所在的，不巧取豪夺就是很不错的了。像玉峦公这样能找钱又肯花钱助人，既不吝啬，又不因为做了善事就表现在脸上的，哪里容易做得到啊！唉，玉峦公乐善好施的高尚德行可以作为美好风范永远流传下去了啊！

荣昌进士敖彤臣撰写

【注释】

（1）例贡：清代科举制度中贡入国子监的生员之一种。因为不由考选而由生员援例捐纳，故称例贡，不算正途。例贡的由来：科举制度下，若要取得全省乡试的资格，首先要参加府县之试，称为县试。参试者称"儒童"或"童生"，合格录取者称为"生员"，"庠生"（即俗称秀才）。在生员中再选拔一批人升读国子监，称监生，其他的称贡生。贡生又分为拔贡、恩贡、副贡、岁贡、优贡，这五贡为正途资格出身。另有一种通过纳捐取得的贡生称例贡、增贡、附贡、廪贡。

（2）巡道：巡道是清代的四品官。唐代遣使分道出巡，称分巡某某道。明代后各省按察司除按察使外，还有按察副使、按察佥事等官员，负责巡察州、府、县的政治、司法等方面的事情，称分巡道、兵巡道等。

（3）岐嶷（qí nì）：形容幼年聪慧。《诗·大雅·生民》：诞实匍匐，克岐克嶷。朱熹集传："岐嶷，峻茂之状。"汉代蔡邕《太尉桥公碑》："岐嶷而超等，总角而逸群。"

（4）裕如：形容从容不费力，应付裕如。汉扬雄《法言·五百》："仲尼神明也，小以成小，大以成大，虽山川、丘陵、单木、鸟兽，裕如也。"李轨注："学其道者，大小各随其本量而取足。"宋·罗大经《鹤林玉露》卷七："百亩之收，平岁为米五十石，上熟之岁，为米百石，二夫以之养数口之家，盖裕如矣。"

（5）小阜（fù）：小土山，喻稍稍富裕。清代蒲松龄《聊斋志异·两商》："屋后蓬颗下藏有窖金，发之，可以小阜。"

（6）素封：无官爵封邑而富比封君的人。《史记·货殖列传》："今有无秩禄之奉，爵邑之入，而乐与之比者，命曰'素封'"。张守节正义："言不仕之人自有田园收养之给，其利比于封君，故曰'素封'也。"

（7）瘳（chōu）：从广从翏（liù：远远袭来的风声）。"翏"意为鸟飞跑了、"广"表示疾病，两者合起来表示疾病飞跑了。本义：疾病消失了。

（8）增贡生：贡生是科举时代，挑选府、州、县生员（秀才）中成绩或资格优异者，升入京师的国子监读书的人。贡生意谓以人才贡献给皇帝。清朝定制为各省学政在乡试录取名单外增列的优秀落榜名单，入国子监读书肄业，称为"增贡生"或"副榜贡生"。

（9）有司：指官吏。古代设官分职，各有专司，故称有司。"有"即"有……的权利"；"司"即"主管、管理"。《史记·廉颇蔺相如列传》："召有司案图。"诸葛亮《出师表》："宜付有司论其刑赏。"

（10）如令：从令、遵令。《韩非子·饰邪》："以此观之，先令者杀，后令者斩，则古者先贵如令矣。"陈奇猷集释引王先谦曰："首以遵令为贵，故曰先贵如令。"

（11）通籍：进士初及第。新官通报名籍于朝廷。朝廷中已有他的名籍。《明史·袁洪愈传》："洪愈通籍四十余年，所居不增一椽，出入徒步。"《官场现形记》第十九回："兄弟从通籍到如今，不瞒老哥讲，顶戴换过多次，一顶帽子，却足足戴了三十多年。"

（12）弱冠：古时以男子二十岁为成人，初加冠，因体犹未壮，故称弱冠。《礼记·曲礼上》："二十曰弱，冠。"孔颖达疏："二十成人，初加冠，体犹未壮，故曰弱也。后遂称男子二十岁或二十几岁的年龄为弱冠。"

（13）谱牒：古代记述氏族世系的书籍，是伴随着家族制度而来的记录家族血缘关系的文献。《史记·太史公自序》："维三代尚矣，年纪不可考，盖取之谱牒旧闻。"

（14）锓（qǐn）：雕刻书板。明·方孝孺《蜀鉴》序："俾臣序之，将重锓而传于世。"

（15）俾（bǐ）：使、把；门人、门役（代表主人站在门口为主人接客或传话）。

（16）肄业：修习课业。古人书所学之文字于方版谓之业，师授生曰授业，生受之于师曰受业，习之曰肄业。《左传·文公四年》："卫宁武子来聘，公与之宴，为赋《湛露》及《彤弓》。不辞，又不答赋。使行人私焉。对曰：'臣以为肄业及之也。'"《儒林外史》第十九回："考过，宗师着实称赞，取在一等第一；又把他题了优行，贡入太学肄业。"

（17）大比：指科举考试的省城乡试。《周礼·地官·乡大夫》谓："乡大夫每三年则大比。"即对属民考核道德、荐举贤能、呈报周王。后因称乡试为大比。明、清三年一次，在省城大比，中者称举人。

（18）宾兴礼：盛行于清代全国各地的一种科举典礼，主要是指府州县级别的地方官举行宴会送别科举生员。

（19）指囷（qūn）：喻慷慨资助。《三国志·吴志·鲁肃传》："周瑜为居巢长，将数百人故过候肃，并求资粮。肃家有两囷米，各三千斛。肃乃指一囷与周瑜。"

（20）明府：知县。"明府君"的略称。汉人用为对太守的尊称。《汉书·龚遂传》："明府且止，愿有所白。"《后汉书·张湛传》："明府位尊德重，不宜自轻。"唐李贤注云："郡守所居曰府，府者尊重之称。唐以后多用县令和知县的别称，后世相沿不改。"

（21）昕（xīn）夕：朝暮，谓终日。宋代沈括《贺年启》："祈颂之诚，昕夕于是。"清俞樾《茶香室三钞·巫娥月妹》："故寓其旁，昕夕歌舞。"

（22）公项：财政名。清代用于各省地方公事之经费称为公项。公项来源有按制度留用之正赋（也称正项）、耗羡归公之银两以及封贮于库的银两等。公项之动用均须按照既定规章，并应于年终造册报部汇题核销。

（23）荐饥：连年灾荒；连续灾荒。荐，通洊。《北史·儒林传下·黎景熙》："或恐极阳生阴，秋多雨水，年复不登，人将无颜。如又荐饥，为虑更甚。"清陆以湉《冷庐杂识·担粥》："道光癸巳，林文忠公抚吴，冬荐饥。"

（24）腾贵：物价飞涨。明代张纲孙《苦旱行》："如何三伏无片云，米价腾贵人饥饿。"缗（mín）：古代穿铜钱用的绳子或者钓鱼绳。

（25）籴（dí）：买米，买入之意。

（26）圮（pǐ）：塌坏；坍塌。

（27）醵（jù）：大家一起凑钱买酒喝，引申为聚众捐资。

（28）道宪：对道台的尊称，又称道员，清代官名。根据清代的官阶制度：道宪（道员、道台）是省（巡抚、总督）与府（知府）之间的地方长官。明朝时，省级行政长官布政使下设左、右参政和左、右参议均为辅佐布政使的官员。《玉佛缘》第二回："道宪这样一个聪明人，怎么会相信那相面的？"

（29）乡饮大宾：乡饮礼上的正宾。乡饮酒礼的宾介（宾，贤宾；介，贤宾之次；多偏指贤宾、德高望重者）。乡饮是古代一种庆祝丰收尊老敬老的宴乐活动。一般乡饮都选德高望重长者数人为乡饮宾，与当地官吏一起主持此活动。乡饮宾制度是旧时一项尊贤养老、宴饮欢聚的隆重制度。乡饮宾又有大宾（亦称正宾）、僎宾、介宾、三宾、众宾等名号，统称乡饮宾，其中大宾（正宾）档次最高，由皇帝钦命授予。

（30）儒林郎：文散官名。清从六品授儒林郎，吏员出身者授宣德郎。

（31）恒人：常人，一般的人。《史记·田敬仲完世家》："太史敫（jiǎo）女奇法章状貌，以为非恒人。"唐刘禹锡《上杜司徒书》："烈士之所以异于恒人，以其伏节以死谊也。"

（32）庭帏：指妇女或父母居住处。唐寒山《诗》之十二："鹦鹉宅西国，虞罗捕得归。美人朝夕弄，出入在庭帏。"清代蒲松龄《聊斋志异·镜听》："庭帏之中，固非愤激之地。"

第二节　郭王氏功德坊

郭王氏功德坊在隆昌现存编号的17座牌坊中编为13号牌坊。该坊坐落于隆昌城东云峰关外约三十丈处的巴蜀古驿道上，牌坊呈西北东南两面布局，于清光绪十三年（1887）十二月落成。该坊系朝廷降旨旌表诰封中议大夫遂宁县教谕郭人镛之妻诰封淑人郭王氏而建。坊高13米，面阔8.6米，形制为四柱三门三

重檐五滴水仿木石质结构，既清秀精致，又庄重高雅，因远在云峰关外，又被驿道旁后人所建农舍相拥，损毁较少，是现存牌坊中建造最为精美的佳品之一。该坊鸱吻、整尖造型考究，盖顶熬脊呈鸱吻冲天状，煞是壮观。"五龙捧旨匾"雕刻精美，龙头龙身活灵活现。顶部刹尖为五层透空的塔亭状，尤显匠心独运。

一、牌坊东南面

（一）匾额

圣旨。

【解读】

皇帝的意旨和诏令。

（二）牌坊名（第二承重横梁—大额坊）

诰封中议大夫遂宁县教谕郭人镛之妻诰封淑人⁽¹⁾郭王氏坊。

【解读】

皇帝诰命册封中议大夫遂宁县教谕郭人镛的妻子皇帝诰命册封善人郭王氏之坊。

【注释】

（1）淑人：善人。《诗·小雅·鼓钟》："淑人君子，怀允不忘。"郑玄笺："淑，善。"

（三）正匾

1. 正上匾

乐善好施。

【解读】

郭王氏是一位喜欢做善事，乐于拿财物接济贫困者的人。

2. 正下匾

四川总督丁札开，光绪十一年五月初四日准

礼部咨议制司案呈内阁，钞出四川总督丁葆桢⁽¹⁾片⁽²⁾奏："据署隆昌县知县萧延禧详称，该县向⁽³⁾无育婴堂⁽⁴⁾，经运同衔郭光泗之母郭王氏捐银贰千两，置买田业，作为育婴之费，禀请奏奖，相应请旨，准其建坊，以示旌奖。"光绪十一年二月二十三日，军机大臣奉旨："郭王氏准其建坊，礼部知道。钦此。"钦遵到部查定例："凡士民人等养恤孤贫实于地方有裨益者，直省由该督抚具题，其捐银至千两以上者，请旨建坊，给与'乐普好施'字样"等语。又道光二十八年本部奏准："各省乐善好施者原系有力之户，均令自行建坊，毋庸给与坊银"等因在案。今运同衔郭光泗之母郭王氏捐置育婴田业，数在千两以上，核以建坊之例相符，既据该督奏请建坊，钦奉谕旨允准，相应行文，四川总督转饬该地方官，遵照例案，听该本家自行建坊可也。

光绪十三年十二月上浣

【解读】

四川总督丁札开于光绪十一年五月初四日转发准建令

礼部咨议制司（相当于今之法规制度司）将案卷呈报朝廷内阁，拿出了

前任四川总督丁葆（宝）桢曾经上奏折子的附件，据隆昌知县萧延禧详细上报，该县以前没有收养孤婴和弃婴的场所，后经运同衔职级的郭光泗的母亲郭王氏捐银两千两，购买田地产业，作为收养哺育婴儿的费用，隆昌才有了育婴堂。为此，县衙将郭王氏的功德事迹向上禀报，奏请朝廷给予奖励。礼部根据这些材料报请皇上降旨奖励，获准允许为郭王氏建立功德牌坊，以示旌奖。光绪十一年（1885）二月二十三日，军机大臣敬奉皇帝谕旨，恩准建立郭王氏功德坊。礼部已经知晓这事。这是皇帝钦命，必须严格遵照执行。到部里翻看了以往类似做法形成的通用惯例，凡是民间士族和普通老百姓捐资捐物赡养体恤和资助孤寡贫困，对地方社会和谐稳定做出了好事实事的人和事，各省总督和巡抚都可以直接向朝廷申报，捐银千两以上的，就可以请求朝廷降旨准予其修建功德牌坊，赐予"乐善好施"称谓等语句的记录。还有，道光二十八年，礼部向皇帝奏请获准，各省那些积极捐款捐物做善事的乐善好施者，本来就是家境殷实财力雄厚的大户，全部都叫他们自己出钱修建牌坊，不用朝廷和官府给他们建坊的银两，这些也都记载在案。如今四川隆昌盐运长官职衔级的郭光泗的母亲郭王氏捐出购置育婴堂田地产业的白银数量超过了千两，查核建立功德牌坊的先例，符合建坊条件，已经根据四川总督为其提请建坊的奏折，敬奉皇帝谕旨予以恩准。以此相应的文书下发，由四川总督转发给隆昌的地方官，遵照过去的先例做法，听凭郭家自行修建郭王氏功德坊就行了。

光绪十三年（1887）十二月上旬

【注释】

（1）丁宝桢（1820—1886）：字稚璜，贵州平远（今贵州省毕节市织金县）牛场镇人，晚清名臣。咸丰三年（1853），33岁的丁宝桢考中进士，此后历任翰林院庶吉士、编修、岳州知府、长沙知府，山东巡抚、四川总督。丁宝桢为官生涯中，勇于担当、清廉刚正，一生致力于报国爱民。任山东巡抚期间，两治黄河水患、创办山东首家官办工业企业山东机器制造局、成立尚志书院和山东首家官书局；任四川总督十年间，改革盐政、整饬吏治、修理都江堰水利工程、兴办洋务抵御外侮，政绩卓著、造福桑梓、深得民心。光绪十二年（1886）丁宝桢去世，享年66岁。朝廷追赠太子太保，谥号"文诚"，入祀贤良祠，并在山东、四川、贵州建祠祭祀。该牌坊上将丁宝桢写成丁葆桢，葆字应是误写。

（2）片：封建时代官吏向皇帝所呈奏章正折后面的附页。清代林则徐《钱票无甚关碍宜重禁吃烟以杜弊源片》："谨再沥忱附片密陈。"

（3）向：向来，一向。

（4）育婴堂：清代收养孤儿女婴的场所。

（四）侧匾

1. 右侧匾

（1）上匾：令子①：府学廪生郭光汾、九姓②文生郭兆璜、州同③衔郭光沅、诰封中议大夫运同衔郭光泗、部院④郎中⑤府学增生郭光瀚、即选训导廪贡生郭光瀛、中书科中书⑥郭光灏。

【注释】

①令子：对别人儿子的美称。

②九姓：唐代铁勒族分出回纥、仆固、浑拔野古、同罗、思结、契苾、阿布思和骨仑屋骨，共九个部落，史称九姓铁勒，简称九姓。

③州同：清代知州的佐官。属于直隶州的，相当于同知；属于散州的，则与州判分掌督粮、捕盗、海防、江防、水利诸事，均从六品官。

④部院：清代各中央六部和都察院的合称。

⑤郎中：属员外级，就是分掌各司事务，其职位仅次于丞相、尚书、侍郎的高级官员。郎中本是官名，即帝王侍从官的通称。其职责原为护卫、陪从，随时建议，备顾问及差遣。战国始有，秦汉治置。后世遂以侍郎、郎中、员外郎为各部要职。侍郎是汉代郎官的一种，本为宫廷的近侍。东汉以后，尚书的属官，初任称郎中，满一年称尚书郎，三年称侍郎。

⑥中书科中书：古代一种嘉奖的称号，从七品，多为基层府县级辅佐主官的官员。

（2）下匾：令孙：州判①郭祖枢，国子监典籍②郭祖森，即选教谕廪贡生郭祖模、廪生郭祖楷、郭祖棠、郭祖霖、文生郭祖樟、武生郭祖枚、郭祖械

（yù）、郭祖樾、郭祖桐、郭祖桓、郭祖櫰（huái）、郭祖极、郭祖椰、郭祖楳。

【注释】

①州判：古代文官官职名，在清朝之位阶约为从七品。州判职能通常为地方衙门辅佐主官的基层官员编制，不过也为外派直隶州知州的左右手。

②典籍：元、明、清三朝掌管官府文书图籍的机构。元朝始署于翰林院，设典籍办理所属事务，掌管官府图书，正八品。明朝设于翰林院、国子监，分别设典籍一至二人。清朝内阁设此厅，掌管出纳文移（收发），国子监等也设此厅，掌管书籍碑版等，翰林院不设。其长官均称典籍。清于内阁典籍厅设典籍六人，满洲、汉军、汉人各二员，秩正七品，掌用宝、洗宝，章奏文移，大典礼之筹备，收藏红本、图籍、表章等。

2. 左侧匾

（1）上匾：令曾孙：郭成熺、郭成炆、郭成塘、郭成煜、郭成燉、郭成熼、郭成灯（hōng）、郭成燧、郭成爐、郭成爜、郭成炯、郭成愢（ēn）、郭成熴（yún）、郭成炂（róng）、郭成燏（yuè）、郭成爔、郭成煓（tuān）、郭成燊（shēn）、郭成爅（mò）、郭成烻。

匠士：李义堂、唐兴顺。

（2）下匾：经理协举①：教职钟名世、文生范元吉、举人张士奇、职员袁继芳、职员唐鸿儒、廪生黄锡光、廪生李少庚、文生李开芳、文生程兆皋、监生陈嘉谟、文生邓忠国、监生唐学贤、举人曾树猷、职员徐仕端、廪生薛士伸、廪生范士奇、文生刘成华、文生刘天聪、监生张吉恒、监生谢邦达。

【注释】

①经理协举：协助经办和提请的相关人员。此处指修建郭王氏功德坊中协助提请和参与部分经办事务，且在隆昌具有一定名望的人员。

（五）楹联

1. 正联

敢⁽¹⁾夸惠逮⁽²⁾诸孤，喜置腹推心⁽³⁾，幼幼⁽⁴⁾以及人之幼；
犹是恩流⁽⁵⁾赤子⁽⁶⁾，俾⁽⁷⁾饮和食德⁽⁸⁾，生生⁽⁹⁾者各遂其生。

　　钦加⁽¹⁰⁾同知衔署河南罗山知县甲子科举人堂侄光澍顿首拜赠

正联　　　　　侧联

【解读】

冒昧地夸赞郭王夫人捐银置育婴堂的恩惠让众多孤儿获益，喜欢推心置腹地真诚待人，像哺育自己小孩那样哺育别人的小孩。

如此将恩惠施与众多幼婴，使他们衣食无忧地享受到和乐的恩泽，给予他们生存之需，让他们每个人都能顺利成长。

皇帝亲批加赐同知衔署河南罗山知县甲子（1864）科举人堂侄郭光澍磕头恭敬地题赠

【注释】

（1）敢：谦词，意表冒昧。

（2）逮：赶上；及；到。《世说新语·排调》："上不及尧舜，下不逮周孔，亦一时之懿士。"

（3）置腹推心：即推心置腹。意思推己之心，置于他人之腹。比喻真心待人。

（4）幼幼：意指幼某某之幼。即爱护幼儿。《孟子·梁惠王上》："幼吾幼，以及人之幼。"赵歧注："幼，犹爱也。爱我之幼，亦爱人之幼。"

（5）流：传布、扩散。《孟子·公孙丑上》："其故家贵俗，流风善政，犹有存者。"

（6）赤子：指刚生的婴儿。《书·康诰》："若保赤子，惟民其康乂。"孔颖达疏：子生赤色，故言赤子。"

292

（7）俾（bǐ）：使，把。

（8）饮和食德：给人吃喝后感觉到自在、享受和乐，享受到先人的德泽。简单说，饮要和谐，食应道德。

（9）生生：让生者得以生；爱护生灵，使其生长。

（10）钦加：皇帝亲自御批增加（给予加官进爵）。

2．侧联

保赤[1]贵诚求，泽洽[2]楼峰称众母；

流丹[3]溯遗爱[4]，旌颁枫陛[5]表贤媛[6]。

　　　　三品衔特用[7]道前[8]翰林院庶吉士姻愚侄萧世本顿首拜赠

【解读】

保护婴幼孩童，贵在诚心寻觅，这样的德泽遍及全县，被称为大众之母；

用流丹溢彩之笔追忆写下郭王氏夫人留下的仁爱事迹，朝廷颁旨建立牌坊来旌表她的贤美功德。

【注释】

（1）保赤：养育保护幼儿。语本《书·康诰》："若保赤子，惟民其康乂（yì，治理）。"孔传："爱养人如安孩儿赤子，不失其欲。"清·陈元龙《粤西旧无育婴堂创建告成有作》诗："圣治重仁育，保民如保赤。"

（2）泽洽：恩泽遍布。洽：周遍，广博。班固《西都赋》："元元本本，殚见洽闻。"

（3）流丹：流动着红色。形容色彩飞动，流丹溢彩。唐王勃《滕王阁序》："层峦耸翠，上出重霄；飞阁流丹，下临无地。"明何景明《画鹤赋》："徒流丹而暎绿，俱含意而论形。"

（4）遗爱：遗留仁爱于后世。语出《左传·昭公二十年》："及子产卒，仲尼闻之，出涕曰：'古之遗爱也。'"《汉书·叙传下》："淑人君子，时同功异。没世遗爱，民有徐思。"

（5）旌颁枫陛：旌表的诏书自皇帝处颁发。陛：宫殿的台阶。

（6）贤媛（yuán）：指有德行有才智有美貌的女子。此处代指郭王氏夫人有德有才又有貌，符合士族阶层伦理道德所褒扬的贤妻良母型楷模标准。

（7）特用：指经特用班等待后任职。特用班是清代授官之制的一种情形。清代的官职任命，由吏部或兵部按官员不同情形分班办理。其制为：凡官员除授，于除、补、转、改、升、调六班之外，凡奉旨某人以某官用而又未必为即用者，归入特用班。如奉旨指明用于何衙门或何省者，则遇缺即用。

（8）道前：道员或道台的佐官。道：作为一种行政区划，在秦朝开始出现，跟县同级别，秦汉时期专门使用于少数民族聚居的偏远地区。在后来州县增多之后逐渐成为实质性的一级行政区，由州县二级制演变为道州县三级制。

二、牌坊西北面

（一）匾额

同东南面。

（二）牌坊名

同东南面。

（三）正匾

同东南面。

（四）侧匾

同东南面。

（五）楹联

正联　　　　　　　　　　侧联

说明：该坊西北面右侧两柱部分被民房屋顶覆盖，正、侧上联难以拍全。

1. 正联

一片婆心⁽¹⁾，喜金穴⁽²⁾流慈⁽³⁾，襁抱⁽⁴⁾共沾贤母惠；

九重天语⁽⁵⁾，看纶章⁽⁶⁾表德⁽⁷⁾，徽音长播善人乡。

翰林院庶吉士道衔前安徽凤阳府知府范云鹏拜题

【解读】

怀着一片慈母爱心，乐于用自己家里富有的钱财来做善事广播慈爱，众多婴幼小孩都沾润到了贤德母亲的恩惠；

朝廷颁发皇帝诏书，看到了圣旨对太夫人仁爱德行的褒奖，美好名声将长久传播于活菩萨一样的大好人（郭王氏夫人）的家乡。

翰林院庶吉士道衔前安徽凤阳府知府范云鹏　拜题

【注释】

（1）婆心：慈悲善良的心地。清李渔《闲情偶寄·饮馔·鹅》："以生物多时之痛楚，易我片刻之甘甜，忍人弗为，况稍具婆心者乎！"

（2）金穴：意思是藏金之窟。喻豪富之家。唐·张说《虚室赋》："朱门金穴，恃满矜隆。"

（3）流慈：传播慈爱。语出《大唐三藏圣教序》："然则大教之兴。基乎西土。腾汉庭而皎梦，照东域而流慈。"

（4）襁抱：幼年。《续汉书志·第十五·五行志三》："是时帝在襁抱，邓太后专政。"

（5）天语：谓天子诏谕；皇帝所语。古称皇帝为天子，天语即为天子之语。即圣旨、诏书。

（6）纶章：纶，青丝绶带。纶章，即圣旨。

（7）表德：彰显品德。古人以字、号来彰显品德，故"表德"成为名、字、号或绰号的通称，后因以"表德"指人之表字或别号。

2. 侧联

恤⁽¹⁾百里遗孤⁽²⁾，功德应逾善男子⁽³⁾；

邀九天宠命⁽⁴⁾，起居⁽⁵⁾不愧太夫人。

钦加同知衔即补知县奏署隆昌县知县世愚侄萧延禧顿首拜赠

【解读】

因怜悯而捐银置育婴堂周济和安置全县遭遗弃的孤儿，功劳德行理应超过了那些信善和行善的男人们；

迎接到天子降旨旌表，无论居家或外出都称得上贤德仁慈的太夫人。

钦加同知衔即补知县奏署隆昌县知县世愚侄萧延禧磕头赠书

【注释】

（1）恤：周济；安置。

（2）遗孤：父母去世后遗留下的孤儿，亦多指父亲去世后留下的儿女。

（3）善男子：指以佛儒道为主体的传统文化里面的"信男"。此时的善，系对信佛、闻法、行善业者之美称，具体指男人中那些不杀生、不偷盗、不邪淫、不妄语、不两舌、不恶口、不绮语、不贪欲、不嗔恚、不邪见的人。

（4）宠命：皇帝恩宠赐以旌表的圣旨。

（5）起居：指日常生活作息活动。

三、图案简介

郭王氏功德坊图雕非常精美，保存比较完好，可能因为一是做了善事的功德牌坊，二是远在当时城郊的云峰关外，三是被民房墙壁夹持保护，故而没有在"破四旧"中被毁，值得细细品鉴。

牌坊东南面，仰视可见以镂空技艺雕刻的四方楼阁式五级定塔刹尖，塔基为虎腿须弥座，束腰及上下枭均精雕细刻，座前刻饰芙蓉、牡丹，以供奉宝塔。牡丹象征富贵，芙蓉花谐音"富荣华"，寓意"富贵荣华"。宝塔两旁饰以鸱吻吞脊，结构紧凑，尽檐高挑，直刺虚空。檐下饰菊瓣纹饰，九月菊开，而"九""久"谐音，寓意"天长地久"。顶盖栏额深浮雕《双狮图》，母狮口含绶带，幼狮紧紧相随，更饰以树木、山石、流云，双狮形态亲和，寓坊主一片婆心，惜幼怜孤的慈善胸怀。

明间上额枋深浮雕《双凤朝阳》，红日半轮悬于天际，环饰流云，二凤

凰左右飞舞，视感明快欢畅。当心间五面雕"五龙圣旨匾"，立柱内侧浅雕火焰边框，寓意圣恩浩荡，光焰无际。主柱左右浮雕敞口长颈无耳削肩长腰圈足花瓶，置于内卷平足踏座上。瓶后如意横陈，瓶肩绶带斜披，瓶口插牡丹、玫瑰，寓意"福寿双全、如意平安"。

二级楼盖与顶楼呼应，鸱吻、飞檐形态统一，布局对称，左脊中座圆雕敞口短颈鼓腹花瓶，瓶插万年青，瓶腰有卷轴展开，寓意"万代平安"。右脊座饰已毁，按惯例，应与左脊刻饰对称，瓶口则当刻饰牡丹，左右雕刻的寓意为"富贵万年"。右檐下栏额深浮雕梅花鹿和绶带鸟，均在安宁平和的状态中嬉戏，寓意"寿禄双全"。边框雕饰以卷架窗棂，藤萝穿绕，花卉点缀。三级楼盖，左楼圆雕神犀压脊，右楼压脊雕饰已毁。檐下栏额左右均深浮雕"云龙出海"。

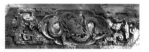

左檐下栏额深浮雕一山羊回望喜鹊，寓意"身后有喜"，喻示后人喜事连连。右檐下栏额深浮雕一背长双翅之怪兽，与寿山石上一振翅欲飞的鹏鸟相逗弄，寓意"鹏程万里"。

明间主梁深浮雕"双凤朝阳"，而与其上额坊之雕刻技法迥然不同，因此视感不觉重复，显示了匠师的高超技艺。两侧柱顶处浅雕长耳四足鼓腹方鼎，置于四足几案上，鼎后花卉横陈。右案置朝珠一串，摆放自然，寓意"一品当朝"。两端刻饰葡萄，藤叶茂盛，或藏或露，因葡萄多子，故有"子孙绵远"之寓意。

明间两侧嵌柱图雕为福禄寿禧四神像，右侧嵌柱雕福、禄两尊神仙，左侧嵌柱均雕寿、禧两尊神仙。四神仙衣纹流畅，服饰华丽，神态喜庆。煞是精美。

左侧寿、禧二神仙像 　　　　右侧福、禄二神仙像

明间上匾楷书贴金大字"乐善好施"。门楣上刻饰图案三组，均为深浮雕博古架、几案、古玩鼎器。正中刻长耳方鼎，兽头虎腿，左右刻置花瓶。鼎盖刻兽纽，内焚沉香，青烟从兽口溢出，袅袅升空。左右几案刻香炉、书籍、笔筒等。

左次间额枋深浮雕麒麟丹凤、牡丹梧桐。凤凰非梧桐不栖，再配以华贵的牡丹，就成了吉祥佳瑞、富贵安宁的象征。梁端刻饰盉盖长耳方鼎，四足为兽头虎腿，下刻内卷平足踏座，主图边框刻龙头窗棂装饰，龙口喷吐祥云瑞霭。

右次间额枋深浮雕麋鹿绶带鸟相戏图，背景雕刻为椿树、寿山石，绶带鸟。椿树、寿山石均含有长寿之意，"鹿"与"禄"谐音，此图案组合寓意"寿禄双全"。梁端刻饰长耳方鼎与左对称，鼎腹饰以花纹，唯鼎盖刻成石榴，寓意"多子多福"。顺袱串刻饰月季及寿山石，边框刻饰花朵，月季又名长春花，故此处寓意为"富贵长春"。

明间雀替深浮雕圆鼎香炉，烟雾缭绕，鼎后刻花瓶绶带，寓意"长寿平安"。

四对雕花抱鼓石大部保存完整，基座上狮、象神态生动活泼，玲珑剔透，技法纯熟。

牌坊西北面。顶盖下栏额深浮雕束腰花篮，篮腰系绶带，篮内盛牡丹、玫瑰、菊花、水仙等名贵花卉，错杂插排，寓意"富贵神仙，长居久安"。额枋浅浮雕"双凤朝阳"，技法与南面不同。

五龙匾左右立柱浅浮雕竖龙，俗称"向天龙"。

浅雕竖龙　　　　　嵌柱仙女

嵌柱左右雕仙女，一仙女手持拂尘、足踏祥云，有灵兽相随。一仙女手持方扇，与足下神鹿俱踏彩云。二仙女衣袂飘举，绣带高扬，神态俊逸，流畅美观。

额枋上高浮雕无边框纹饰的"二龙戏珠图",海水云霞,宝气珠光。两侧刻四足方鼎,炉内焚香,烟霭氤氲。左刻插花敞口双耳丰肩贴花圈足瓶,瓶下刻圆形三足踏座;右刻敞口插花双耳素身鼓腹足瓶,瓶下刻方形踏座。二级楼盖檐下栏额左刻绶带宝剑,右雕绶带环铲。

宝剑　　　　　　　　　　环铲

三级楼盖栏额深浮雕缠带乐器,俗称"八音图"。"八音"即中国古代乐器的统称,指金、石、土、革、丝、木、匏(páo,可剖开作瓢的葫芦瓜变种)、竹八类,这八类分别用不同图案表现,其中"钟"为金类,"磬"(qìng,石或玉制的打击乐器)为石类,"埙"(xūn,陶制亦有木、石或骨制的吹奏乐器)为土类,"鼓"为革类,"琴"为丝类,"祝"为木类,"笙"为匏类,"管"为竹类。"八音图"象征喜庆,寓意热闹、和乐、吉祥。

左额枋深浮雕二马过河,背景刻流水、树木、山石,寓意"马到成功",尽头处刻螃蟹水草、缠枝牡丹。螃蟹是甲壳类动物,"甲"与"加"谐音,故此处寓意"富贵有加"。右额枋深浮雕"双鹿游春",树上悬钟,"鹿"与"路"同音,两只鹿则寓意"路路顺利"或"六六大顺",尽头处刻水草双鱼,缠枝牡丹,寓意"富贵有余"。

明间门楣作三层次雕刻,底层以古玩珍宝为主,以纹饰为辅。正中雕刻博古架,中为四足长耳方鼎,四足踏座,鼎后长矛横陈,左上刻花瓶插花,

瓶侧刻书籍、砚台、朝珠。右上刻瓶插孔雀花翎、拂尘，瓶旁置佛手，两端悬流星磬灯，灯旁刻蝙蝠。

明间门下雀替深浮雕牡丹、绶带鸟，寓意"富贵长寿"，左右形态各异，技艺相同，呈不完全对称状。

整坊刻饰富丽堂皇，流丹溢彩，各种吉祥物动静相生，相辅相成，对坊主的赞颂和祝愿都用一幅幅图案展示出来，表现了能工巧匠的高深雕刻技艺。

四、史实简介

（一）郭王氏简介

郭王氏祖籍四川泸州，祖爷王方山系泸州举人，署任湖北安襄观察，父亲王双峰官授同知衔。王氏生于官宦世家，自幼读书吟诗，聪颖过人。谨遵闺范礼节，端庄大方，贤淑仁德。嫁与云顶郭氏家族的郭人墉时，郭家四世同堂，人口数十聚居，家里佣人成群。王氏为次媳，能孝事翁（郭玉峦）姑，倾力支持丈夫郭人镛努力苦学。尊敬长嫂，善待下人，事无巨细皆亲力亲为，能干果敢。家中上下人等对她从无闲言。后来，郭人镛到遂宁任教谕时，其母敖氏放心不下，很不情愿放他出去做官，但又思虑到"忠孝难两全"，且"男儿志在四方"，故又不好阻止人镛去遂宁为官。但时日不久，敖氏便日夜思念要有儿子在身边，因思虑过度而一病不起。人镛妻王氏日日煎药奉汤，洗涤衣裙，日夜伺候，常衣带不解。王氏见婆婆病重逾月也不见好转，担心其健康日亏，便操起纸笔书信一封，交由家中一佣人往遂宁递与人镛，人镛便以母病为由辞官归家。敖氏见得子归，思儿的心病也就立马好了。自此，郭人镛居家协助父亲郭玉峦料理郭氏家族经营之事，王氏也跟着丈夫勤俭持家，勤做善事。其时，郭家虽已为巨富，但家大业大，婢仆众多，事务繁忙，家中诸多事务均须王氏亲自分派，左右摒挡，独当一面，犹如王熙凤一般精明能干。王氏为人低调，自奉薄，食粗粮，着布衣，从不华丽粉饰。一心鼎力支持丈夫郭人镛多以钱作公益之事。咸丰六年（1856），隆昌大旱，王氏支持夫君郭人镛遵父郭玉峦之命，筹款到外地高价购粮，运回隆昌平粜赈灾济民，深受时任知县肃庆的敬重。不仅如此，王氏还与丈夫长期向贫困族人乡党施济米粥衣被、棺板药饵等等。同治壬申年（同治十一年，1872），时任周知县捐资在北街武庙左创置"德生公所"，即"育婴堂"。王氏捐出自己平时节用存银两千两，置买田土，作为德生公所用度之需。但凡赤贫者，公所确查验婴属实后，每月给钱五百文，婴归本母自育。郭王氏的乐善好施之行，德泽隆昌，郭氏族众为其请旨建坊。隆昌知县萧延禧将此事详细上报叙州府和四川总督府，总督丁宝桢向礼部奏请建坊。清光绪十一年（1885）二月二十三日，军机大臣奉皇帝之意降旨准建郭王氏功德坊，并钦赐"乐善好施"字样。

（二）郭玉峦功德坊与郭王氏功德坊

郭玉峦正妻敖氏共生有三子：郭人镐（过继给了胞兄郭毓峋承祖嗣）、郭人鉴、郭人镛。郭人镛之妻王氏，就是郭王氏功德坊的坊主。所以，郭玉峦与郭王氏是翁媳关系。

郭人镛（曾任遂宁县教谕）与妻王氏继承了父亲郭玉峦一生乐善好施的高贵品格，常以巨资广积功德，如咸丰十年（1860），捐银千两给肃庆知县作为军饷，有力支持县衙设立的防卫局，抵御云南昭通犯川的李永和、蓝朝鼎军。李、蓝军围隆昌城时，又捐出千余金钏资助士卒守城。1861年，又仿坚壁之法出银万余两，命儿子郭光瀚指挥修筑云顶寨墙，并与县城形成掎角之势共击李、蓝军，大获成功。同治十一年（1872），郭人镛去世后，其妻王氏响应周知县捐银的号召，将自己平时节用存下的两千两白银捐出置办德生公所，即育婴堂。后经郭王氏夫人的儿子郭光泗等提请，官府逐级上报，朝廷于光绪十一年（1885）二月二十三日降旨准允建郭王氏功德牌坊。但就在此时，郭王氏的公爹郭玉峦功德坊也在请旨中。郭玉峦遗命捐银万两置业赡养族人，完全符合建坊条件，朝廷准允只是时间问题。因为封建社会最讲辈分尊卑，强调长幼有序，郭家要在较近时间内建两座功德坊，当然不可将晚辈的建在前面，所以，郭光泗及家人便将郭王氏功德予以缓建，等其公爹郭玉峦的功德坊获准允建后再一起修建。光绪十三年（1887）正月，郭家终

于等到了朝廷降旨准允修建郭玉峦功德坊。于是，郭家人便同时开工修建郭
玉峦功德坊和郭王氏功德坊。将郭玉峦功德坊在建在距县城较近的南关春牛
坪的巴蜀古驿道上，十月落成。郭王氏功德坊却建在云峰关外的巴蜀古驿道
上，十二月建好。其中缘由，皆礼制使然也。

　　隆昌现存纳入"国保"的17座牌坊中，除了德政牌坊5座、节孝类牌坊6座、功德牌坊2座外，归属其他牌坊的共有4座。分别是，北关道观坪西侧三十余丈处原禹王宫（今隆昌二中所在地）山门坊（编号02号）、南关春牛坪舒承湜百岁坊（编号08号）、石燕桥镇青龙山东北侧半山腰斗拱式镇山坊（编号16号）、渔箭瓷牌坊村（原王家店村）嵌瓷观赏坊（编号17号）。

第一节　禹王宫山门坊

　　禹王宫山门坊在隆昌现存编号的17座牌坊中编为02号牌坊。坐落于县城北关道观坪牌坊群西侧约三十丈处的禹王宫前，呈坐北朝南方向，现在隆昌二中校园东南角围墙外面。该坊初建于清乾隆年间，现存实物为同治六年（1867）重建。禹王宫山门坊通高15米，面阔10米，形制为四柱三门三重檐

五滴水仿木石质结构，为单面雕花牌楼坊。整坊由隆昌青石营建，造型高大雄伟，顶部刹尖为火焰宝珠须弥座，火焰腾腾，鸱吻鳌尖造型考究，紧凑自然，整脊挺拔向上。五个庑殿式楼盖，飞檐高挑，尤显雄势。每一鳌尖上方站立一只像恐龙一样的神兽，远远望去，好像这些神兽都在对天拜祭，使人产生一种庄严肃穆之感。

一、牌坊南面

（一）匾额（九龙匾）

禹庙[1]。

【解读】

祭祀夏王大禹的庙宇（供奉禹王的宫殿）。

【注释】

（1）禹庙：祭祀夏王大禹的庙宇。禹，姓姒，亦称大禹，夏禹，上古治水英雄。远古时期，天地茫茫，宇宙洪荒，人民饱受海浸水淹之苦。尧帝刚开始起用禹的父亲鲧治理洪水。鲧治水采用逢洪筑坝，遇水建堤的"堙"的办法，九年而水不息。尧的助手舜发现鲧治水无功，将他诛杀在羽山。舜命鲧的儿子禹继续治水。他从冀州开始，踏遍九州进行实地考察，决定采用因势疏导洪水的办法，后大获成功。禹便成为了华夏民族的治水英雄和圣人，舜还把王位禅让给了禹。禹的儿子启承袭王位后开启了华夏历史上的第一个王朝统治——夏朝。启为禹修建了祭祀的庙宇。后来，少康王也修了禹庙。华夏民族便四处兴建禹庙，祈求禹王从天上助力，帮助人们治理水患，保佑一方水土平安。各地兴建禹庙的规模不一，有的地方为增加禹王神力，将禹庙修建成宫殿一般，作为供奉大禹神像、祭祀禹王、举行治水庆典和同乡聚会的场所。称之为叫禹庙或禹王宫。在四川，禹庙、禹王宫皆为填四川的湖广人所建，所以，又叫湖广会馆。

（二）正上匾

正上匾　　　　左侧匾　　　　右侧匾

同治六年仲春月重建^{（1）}：

灵^{（2）}承^{（3）}楚蜀。

【解读】

同治六年（1867）二月重新修建：

大禹神灵拯救楚蜀民众，永远免受浩浩洪水之灾。

【注释】

（1）同治六年仲春月重建：这是刻于禹王宫山门坊正上匾右侧顶格题刻的"上题款"，属典型且标准的"上题款"书写格式，这也决定了该正上匾"灵承楚蜀"四个大字的书写格式和顺序只能是"从右至左"的常规性写法，即，"灵承楚蜀"，而非"蜀楚承灵"。

（2）灵：即神，此处指大禹。

（3）承：通拯。出溺为承。战国·列子（列御寇）《黄帝篇》第九部分的故事说：孔子观于吕梁，悬水三十仞，流沫三十里，鼋鼍（yuán tuó，巨鳖）鱼鳖之所不能游也。见一丈夫游之。以为有苦而欲死者也，使弟子并流而承之。数百步而出……《注》：出溺为承，直作"拯"。

（三）正下匾

图案。

（四）侧匾

1. 右侧匾

（1）上匾：政修^①。

【解读】

为政者要像舜帝的大臣禹王在舜帝面前谋划政治时所说的那样：为政最重要的就是修德，主要作为在于搞好政事，而为政的中心在于养育人民。"水火金木土谷"这"六府"都要修治好，端正民之品德、丰富民之财用、改善民之生活这"三事"要互相配合。要把以上"六府三事"等九个方面的功业安排得很有秩序。只要有了秩序，民众自然就会欢欣鼓舞，歌功颂德了。

【注释】

①右匾"政修"二字与左匾"功叙"二字均出自《尚书·大禹谟》：禹曰："于！帝念哉！德惟善政，政在养民。水、火、金、木、土、谷，惟修；正德、利用、厚生、惟和。九功惟叙，九叙惟歌。戒之用休，董之用

威，劝之以九歌俾勿坏。"讲述的是大禹在舜帝面前所谈的修政事、治天下的主旨思想和政治谋略。《疏》曰："养民者使水、火、金、木、土、谷六事，惟当修治之；正身之德、利民之用、厚民之生，此三事惟当和谐之。"也就是说，"功叙"意即"叙九功"，执政者既要将"六府"修治好，还要将"三事"修治好，让它们都能够"和谐之"。只有将"六府、三事"这九项政事都修治好了，也就做到"九功惟叙"了，天下民众也就自然会歌颂君王教养的德政了。大禹倍受舜帝赞赏，故而，舜承尧德，将帝位禅让给了大禹。

又注：《尚书·大禹谟》是舜帝和大臣禹，以及益、皋陶等讨论政务的记录。"谟"，谋略。惟：副词，只能。叙：本义，使有次序。意指下文之"修治""和谐"皆惟如此。

（2）下匾：（图案）。

2. 左侧匾

（1）上匾：功叙。

【注释】

见上面的右侧匾注释。

（2）下匾：（图案）。

（五）楹联

正联　　　侧联

1. 正联

微⁽¹⁾禹，吾其鱼乎，想当年浚⁽²⁾浍⁽³⁾决⁽⁴⁾川，永赖成天平地；

夫民，神之主也，念今日服畴⁽⁵⁾食德⁽⁶⁾，应昭肇⁽⁷⁾祀⁽⁸⁾明禋⁽⁹⁾。

【解读】

如果没有大禹治水之功，我们岂不成鱼了啊！想当年大禹带着民众采用疏导的方法疏通九州江河，才让民众永远依赖着他从一片洪荒世界里开辟出来的太平天地；

民众是神的主祭者呀，我们应当永远感念今天能够在田地上耕耘，享受着大禹治水之功的恩泽，应当彰显地为禹王修建庙宇，大张旗鼓地虔诚祭祀。

【注释】

（1）微：要没有，要不是。宋代范仲淹《岳阳楼记》："微斯人，吾谁与归。"

（2）浚（jùn）：疏浚，疏通。

（3）浍（kuài）：意为田间沟渠，引申为小溪。《周礼·稻人》："以浍写水。"注："田尾去水大沟。"

（4）决：排除阻塞物，疏通水道。如：禹决江疏河。《说文解字》："决，行流也。从水、从夬。水有所破坏决裂而流泻是决之范式。"

（5）服畴：意思是服田，谓从事田地耕种的农活。服，从事。畴，田地。

（6）食德：谓享受先人的德泽。《易·讼》："六三，食旧德。"此处意指民众因为有了大禹疏河辟地之功，才能耕田种地得以生养，这些都是食禹所遗留之旧德啊。

（7）肇（zhào）：创建。

（8）祀：祠祀。指祭祀供奉的处所。《礼记·檀弓下》："吴侵陈，斩祀杀厉，师还出竟。"

（9）禋（yīn）：升烟祭天的典礼，指诚心祭祀而求福。

2. 侧联

明德⁽¹⁾远矣，便雒水支流⁽²⁾亦沾圣泽；

黎民怀之，况梓乡⁽³⁾世祀敢忘神依。

【解读】

禹王治水的光明德泽已经非常久远了啊，即便沱江小小支流上的隆昌也沾受到了他的圣德和恩泽；

天下百姓怀念禹王的恩德，何况是禹王家乡世世代代都在祭祀，哪敢忘记对禹王神灵护佑的依靠。

【注释】

（1）明德：光明之德。《逸周书·本典》："今朕不知明德所则，政教所行，字民之道，礼乐所生，非不念而知，故问伯父。"

（2）雒水支流：此处指隆昌的河流。雒（luò）：亦作洛。《汉书·地理志》里的雒水，沱江上游在广汉境内的一支。《水径注》里的洛水，指今金堂以下的沱江。但唐宋诸地理志里的雒水，与《汉书·地理志》里的雒水一样，均指金堂以上的沱江。隆昌县境内的三条干流河水都经集赖溪河入沱江，故称为雒水支流。

（3）梓乡：家乡。相传大禹籍出于蜀，蜀水汇于湖广（古时湖广主要指湖北湖南广大地区），所以禹王亦是湖广人的至尊神，所建禹庙多兼作"湖广会所"。在川内建禹王庙就是"梓乡世祀"。

二、牌坊北面

空白。

三、图案简介

当年隆昌北关道观坪西侧道观山上的禹王宫，也叫湖广会馆，是湖广填四川的士绅商贾和各路有名望者每遇重大节日都要在此聚会议事、宴饮观戏的地方，可谓信仰各殊、鱼龙混杂，良莠不齐。也因此，禹王宫山门坊雕刻图案内容极为丰富多彩，包容了儒、释、道三家文化。

禹王宫山门坊顶楼刹尖为宝珠须弥座，光焰腾腾。左右鸱吻紧凑自然，五个庑殿式楼盖，飞檐高挑尤显雄势。檐下刻成宝莲瓣状。各级楼盖栏额均为高浮雕，以神话戏曲故事为主要刻饰题材。四周以深浮雕窗棂，枝绕藤缠填补空白，增加了艺术气氛。当心间高浮雕火焰牌九龙匾，寓意禹王疏通九河之功。

　　牌匾正中从上至下楷书"禹庙"。这是隆昌石牌坊中唯一的一块"九龙匾"。"九"是自然数中最大者，代表"九五之尊""九重天""九九长"，在汉文化里是最大的"尊数"，而龙是汉文化里面的图腾标志。除了皇帝，一般是不允许用九龙图腾的。隆昌北关的禹王宫敢用"九龙匾"，充分表明汉文化也是清王朝认同并接受了的正宗文化，大禹治水疏通华夏九州九河的功绩，功盖天地，加之大禹乃华夏共同祖先，在汉儒文化里面一直享九龙之尊，不受任何朝廷等级制度限制，清王朝也不例外，故此山门坊匾额采用了"九龙匾"。

　　各级楼盖之栏额上均刻饰戏曲神仙故事，个个生动，活灵活现。

　　正中额枋上刻"王母寿"又名"群仙会"，王母高居正中，左右仙女分执朝阳掌扇，王母左侧是道教诸神之赐福天官、司禄神、南极仙翁、麻姑及铁拐李、吕洞宾、汉钟离、张果老、何仙姑、蓝采和、韩湘子、曹国舅等八洞神仙。右侧是东方持国天王手持琵琶，南方增长天王手握宝剑，西方广目天王手中缠绕一条龙，北方多闻天王手持宝伞。后随文殊、普贤、观音、地藏四大菩萨，坐骑分别是青狮、白象、金毛犼、谛听。整个画面既热闹又平和，喻示湖广会馆流派众多，高贤云集，才智卓著者众，可谓藏龙卧虎之地。

　　顶楼栏额刻《龙凤呈祥》，又名《甘露寺》《刘备招亲》《和亲记》《黄鹤楼》等。雕刻内容取材于《三国演义》，雕刻图案为吴国太于甘露寺见刘备的情景：吴国太高居中座，一边刘备带赵云躬身拜问，一边则是孙权、乔国老，孙尚香则于暗室窥视刘备。浮雕人物刻画栩栩如生，表情生动。当心间额枋刻此戏曲故事，既突出了楚蜀两地因吴蜀联姻而联系紧密的历史渊源，又点出此庙为湖广会馆的主旨。

明间正下匾刻《魁星点斗》，为巨幅浮雕，内容为诸生考试。图中主考官员正中坐定，两旁会试的生员正在作文，虚空则刻一魁星。 魁首的"魁"，即由二十八宿之"奎宿"而来、古人附会奎星为主管文运之神，奎星即改为"魁星"。由于魁星主文运，故考试殿堂上的匾额上刻有"天开文运"。因古人对"魁"字望文生义，即将魁字附会为"鬼"抢"斗"，是应试者中第一名的象征。鬼之脚右转如踢北斗，其典型形象为一赤发蓝面之鬼，立于鳌鱼头上，一脚向后翘起如大弯钩，一手捧斗，一手执笔，意为用笔点定科举中试者。此即"魁星点斗、独占鳌头"的由来。

此浮雕的魁星因立于虚空之中、未雕刻鳌头，仅取"点斗"之意。

左次间栏额共有两幅取材于戏剧的浮雕，第一幅为《吕洞宾三戏白牡丹》，即道教仙人吕洞宾化作秀才登门拜访洛阳第一名妓白牡丹的故事。

另一幅作品为《八仙过海》。蓬莱仙岛牡丹盛开，白云仙长宴请八仙及齐天、通天、搅海、翻江、移山五位大圣，观花饮酒。宴罢回程，八仙等各自拿出宝贝，大显神通，渡越东海。东海龙王之子摩揭、龙毒抢了蓝采和的玉板，并把他拉下海底。铁拐李等七仙大怒，一场狠斗，杀了摩揭，伤了龙毒。四海龙王会聚虾兵蟹将一齐参战，被七仙打败，四海龙王又求救于天、地、水三官。齐天大圣等五圣前来为八仙助阵，终大获全胜。雕刻的景象是龙王带着龟丞相出水晶宫向铁拐李投降的场面。

右次间二级楼盖下栏额雕刻的图案为《戏仪》，是原隆昌川剧团曾经时常演出的传统生旦功夫戏。儒生窦仪挑灯夜读，专心致志，邻近一金鸡精钦羡窦仪美才，遂化一绝色佳人前往，极尽挑逗，窦仪不为所动，金鸡将砖化作黄金相赠，亦被窦仪扔出室外，金鸡技穷而退。时有魁星从旁监视，见窦生如此，大为赞叹，后助窦生科举时高中。

右边楼盖下栏额雕刻图案为《水漫金山》，取自《白蛇传》（评书《义妖传》）中的一折，讲蛇仙白素贞携青儿驾舟前往金山寺寻找丈夫许仙，法海和尚执意拆散夫妇，遣神将捉拿青白二蛇，二蛇愤怒，与法海狠斗，众水族相助二蛇，水漫金山。图案场面激烈，双方各显功夫，绝技纷呈，动人心魄。

左次间下匾所刻图案为《虎牢关》，取材于《三国演义》之《虎牢关三英战吕布》。汉末十七镇诸侯响应曹操的号召，聚集力量讨伐董卓，地位卑微的刘备亦参与其役。"关云长温酒斩华雄"后，董卓义子吕布镇守虎牢关，十七镇诸侯麾下的大将纷纷落马。危急关头，关羽走马出战，张飞紧随其后，不能胜吕布；刘备手持双剑助战，走马灯儿般厮杀，金鼓齐鸣，沙尘迷目，吕布不敌而走。石刻画面为深浮雕，但只有刘备、张飞二人战吕布，并且手持青龙偃月刀的却是张飞，实属奇特。究其原因，可能如下：关羽自宋代以后，大走红运，青云直上，关庙在全国遍地开花。宋哲宗封其为"显烈王"，宋徽宗封其为"义勇武安王"，元代加封其为"显灵义勇武安英济王"；特别是元末明初出现著名长篇历史小说《三国演义》，使关羽名声大振，在民间产生了极为深远的影响。到明神宗万历年间，神宗皇帝加封关羽为"协天护国忠义帝""三界伏魔大帝、神威远震天尊关圣帝君"。清代顺治皇帝更甚，对关羽的封号竟长达二十六字："忠义神武灵佑仁勇威显护国保民精诚绥靖翊赞宣德关圣大帝"，地位远超人间帝王。故清人在牌坊上雕刻戏曲故事"虎牢关"时，认为刻关羽为大不敬，且屈居侧园则更是亵渎神圣，因而让张飞执青龙偃月刀以代关羽，而围观的众人对此精心设计的"三英战吕布"也能心领神会。此构图煞费匠心，其创意在中国石牌坊雕刻中仅有。

　　右次间下匾故事为《白璧关》，又名《红泥涧》《三鞭换两锏》，故事出自清代小说《说唐全传》第五十四回。秦王李世民与程咬金月夜探察敌情，被定阳王刘武周先锋大将尉迟恭发现，尉迟将军匹马追来，要生擒李世民。程咬金慌忙接战，不是尉迟恭的敌手，被数次打翻在地。李世民亦被追杀得丢盔弃甲，披头散发，实在狼狈不堪。眼看就要被擒，恰在此时，大将秦叔宝赶到，与尉迟恭大战一场，二人武艺相当，难分胜负。李世民喜爱尉迟恭，吩咐秦琼不得伤他。秦琼与尉迟恭决定用打赌的方式决定胜负：尉迟恭打秦叔宝三鞭，秦叔宝打尉迟恭两锏（称"三鞭换两锏"），能承受者为胜。尉迟恭被打得伏鞍吐血，而秦叔宝则强忍内伤，做出胜利姿态，尉迟恭降唐。浮雕画面清晰生动，细腻地刻画了程咬金已被打翻在地，秦叔宝及时赶到救驾的瞬间。画面一共三个人，与左侧浮雕《虎牢关》对称成趣。

　　左次间镶板雕刻图为《四望亭》，又名《满春园》。故事取材清代侠义小说《宏碧缘》，讲侠女花碧莲于四望亭捉猴时，不慎失足跌入书生骆宏勋怀中，二人遂产生情愫成就姻缘。对称的右次间图待考。

　　左次间额枋高浮雕径石奇树、麒麟、蝙蝠、麋鹿、喜鹊、寓意"福禄寿喜"，边框衬以博古架，瑞气祥云，藤萝枝蔓，穿绕其间。额枋两端均为浅雕缠枝牡丹。

顺袱串上深雕二龙戏珠，珠中显出"寿"字图案。

其下又有一额枋，卍字连环图案作底，镶板上额枋深浮雕图案三组，每组均刻几案，陈设宝鼎香炉等物。正中刻一四足几案，上置四足方形如决宝鼎，寓意"如意鼎盛"。案左为朱雀、玄武，寓意"龟鹤齐龄"，祝福坊主家族延年益寿。六朝时，压胜钱上铸有"龟鹤齐寿"四字。龟首置一大桔，尾部器物模糊，"桔""吉"谐音为"大吉"。案右首置水盂，中置方鼎，鼎盖上刻一玲珑小狮，口吐祥光，祥光氤氲中显出一宝珠。民间以"狮"谐"师"表达吉祥。案尾刻舞凤，前置茶具，后置书籍，上悬一磬。凤凰为百鸟之王，为四灵之一。传说凤凰之声如箫，不啄活虫，不折生草，不群居，不去污秽处，无罗网之难，非梧桐不栖，非竹不食，非灵泉不饮，飞则百鸟慕而从其后，寓明君威德，万众跟随。

右次间额枋与左呼应，雕刻技法统一，内容略异，充分展示出工匠们熟练的技艺与奇巧的构思。额枋上刻一麒麟，口吐毫光，光内呈现天书，寓意"麒麟献瑞"。其后，有仙鹤舞于树下，鹤是仙禽，在中国的传统文化中占有非常重要的地位，被称为一品鸟，地位仅在凤凰之下，此处寓意"松鹤长春"。左后，石上蹲一只三足金蟾，古人称其为灵物，以为得之即可致富，寓意财源兴旺。其下顺楸串雕刻双凤共舞，与左次间技法统一，中为三足圆鼎，鼎腹有"寿"字图案，与左图呼应，寓意"龙凤呈祥"。

其下之镶额与左次间技法统一，中为三足圆鼎，鼎腹有"寿"字图案，鼎盖刻一蟾蜍，口吐定珠，瑞气衬托。三足踏座托定宝鼎。鼎腰横置如意乐器，两边几案与左图略同，中刻一敞口双耳长颈鼓腹方足花瓶，瓶身满雕花卉，瓶内插玄圭、拂尘、孔雀花翎，寓意"一品当朝"。瓶左置古琴，右放佛手。案外高悬"十字"鼓状官灯。右案中置敞口长颈收腰六方撇足花瓶，瓶肩下内陷。凹面处刻一巨口饕餮，吞一蝙蝠，寓意"平安纳福"。瓶左置仙桃一枚，与右之佛手呼应，寓意"福寿平安"。右置线装书奁（lián），案右高悬盉状宫灯。整个画面显得喜气洋洋，堂皇富丽，韵味无穷。

第二节　舒承湜百岁坊

　　舒承湜百岁坊在隆昌编号的17座牌坊中编为08号牌坊。该坊坐落于隆昌城区南关春牛坪此段呈西北往东南方向的巴蜀古驿道上，牌坊呈西北东南两面布局，于清光绪六年（1880）落成。该坊系官批民建。坊高6米，面阔6.4米，形制为四柱三门两重檐三滴水仿木石质结构。牌坊为素面牌坊，端庄而古朴。无刹尖，有压脊，压脊上立着一位老寿星。

一、牌坊东南面

（一）正匾

世上难逢　太子少保^{（1）}四川总督部堂^{（2）}丁为^{（3）}。

【解读】

人世间很难逢遇到一次。

太子少保四川总督兼兵部尚书丁宝桢。

【注释】

（1）太子少保：东宫官职，均负责教习太子。太师、太傅、太保，都是东宫官职。太师教文，太傅教武，太保保护其安全。少师、少傅、少保分别是他们的副职。后来已是名存职异，只是一个荣誉称号。合称"太子三少"或"东宫三少"。

（2）部堂：各部尚书、侍郎之称。各省总督例兼兵部尚书衔者，也称部堂。《醒世姻缘传》第一回：晁秀才一来新选了官，况且又是极大的县，见部堂，接乡宦，竟无片刻工夫做到借债的事。黄肃秋校注：部堂，各部大堂的省称。此指吏部尚书。

（3）丁为：丁宝桢（1820—1886），字稚璜，贵州平远（今贵州省毕节市织金县）牛场镇人，晚清名臣。咸丰三年（1853），33岁的丁宝桢考中进士，此后历任翰林院庶吉士、编修，岳州知府、长沙知府，山东巡抚，光绪二年（1876）任四川总督直至辞世。朝廷追赠太子太保，谥号"文诚"，入祀贤良祠，并在山东、四川、贵州建祠祭祀。此匾属晚清四川总督丁宝桢留存于世的书法真迹，十分难得。

（二）牌坊名

第二承重横梁（大额坊）：百岁老人舒承湜[1]之坊。

【解读】

百岁老人舒承湜的百岁牌坊。

【注释】

（1）舒承湜：隆昌县李市镇人，百岁老人，五世同堂。光绪六年（1880）建百岁坊于隆昌南关春牛坪，四川总督丁宝桢题赠"世上难逢"字样，时任隆昌知县杨准题赠"升平人瑞"字样。据考证，舒承混老人寿年在103岁以上。

（三）侧匾

1. 右侧匾

署隆昌县事杨准备钱二十串；隆昌县右堂[1]吴厚馀备钱二串；运同衔郭光泗备钱二十串；花翎[2]道衔[3]余承柱备钱十六串；花翎二品衔黄德备备钱十串；同知衔蓝肇培备钱八串；江苏候补同知余志洲备钱八串；六品衔李时春备钱六串；选用同知余璋备钱六串；李市镇恤旅会[4]备钱六串；候选教谕郭人澍、举人拣选[5]知县范运鸿、花翎同知衔郭光洁、贡生蓝国斌、同知衔余继宗、职员文运鹏、职员蓝肇洲、职员蓝肇奎各备钱四串[6]。

【解读】

隆昌知县杨准备钱二十串；隆昌县知县佐官吴厚馀备钱二串；运同官衔郭光泗备钱二十串；具有顶戴花翎道级官衔的余承柱备钱十六串；具有顶戴花翎二品官衔的黄德备备钱十串；同知官衔蓝肇培备钱八串；江苏候补同知余志洲备钱八串；六品衔李时春备钱六串；选用同知余璋备钱六串；李市镇大众救济基金会备钱六串、候选教谕郭人澍、举人拣选知县范运鸿、花翎同知衔郭光洁、贡生蓝国斌、同知衔余继宗、职员文运鹏、职员蓝肇洲、职员蓝肇奎等，各备钱四串。

【注释】

（1）右堂：吏目。清代州官佐吏之一，佐理缉捕、刑狱及文书等官署事务。

（2）花翎：清官员、贵族冠饰。清制，武职五品以上，文职巡抚兼提督衔及派往西北两路大臣，以孔雀翎为冠饰，缀于冠后，称花翎，除因军功赏戴者外，离职即摘除，花翎有单眼、双眼、三眼（"眼"即孔雀翎毛上圆花纹）之别，除贝子、固伦额驸因其爵位戴三眼花翎。镇国公、辅国公、和硕额驸戴双眼花翎外，品官须奉特赏始得戴用，一般为单眼花翎。

（3）道衔：道一级的官衔。

（4）恤旅会：大众救济基金会。恤：同恤，怜悯；救济。旅：众。

（5）拣选：指挑拣、选择。清代谓在官员中选择任用。清初，凡举人参加会试三科不中者，准予铨补知县，一科不中者可就教职，以州学正、县教谕录用，称为拣选。后人数日多，雍正中，补一知县缺，有候至三十年以上者，至乾隆时仅成虚名，乃别有大挑之法。又各省督抚若因本省人员不敷差遣，可要求于候补人员中挑选若干人地相宜者委用，经吏部奏请后，由特派大臣负责拣选。

（6）串：古代不是很正式的钱币计量单位。一般根据个人使用方便为主要目的，常见数量多为十数或数十枚左右，相当于零钱硬币包。民间多以串代替吊、贯作为当时的计银单位，但与一贯的数量相差太大。串的数量小到数枚或数十，大可过百、近千（一整贯）都有可能。其数需看书中怎样描写而定。

2. 左侧匾

同知衔余日评、文生耿宝森、配元厂、五美厂、复生厂、地生厂、益利亨厂各备钱四串，监生邓开升备钱三串、王述儒备钱三串，廪生郭祖城、国子监典簿[1]郭祖壎、同知衔郭祖基、廪生薛士伸、文生李昌鼎、文生郭祖垣、提举[2]衔郭祖埏、千总[3]衔李成魁、监生李毓棠等，各备钱二串。

【解读】

同知衔余日评、文生耿宝森、配元厂、五美厂、复生厂、地生厂、益利亨厂各备钱四串；监生邓开升备钱三串；王述儒备钱三串；廪生郭祖城、国子监典簿郭祖壎、同知衔郭祖基、廪生薛士伸、文生李昌鼎、文生郭祖垣、提举衔郭祖埏、千总衔李成魁、监生李毓棠各备钱二串。

【注释】

（1）国子监典簿：官名。明、清国子监属官。于典簿厅设。明朝一人，从八品，掌章奏文移及本监财务出纳。清朝满、汉各一人，掌章奏文移之事。

（2）提举：古代官名，即某事或某地主管，如提举常平等。

（3）千总：明代驻守京师的京营兵分为三大营，设千总、把总等领兵官，职位低下。清代绿营兵编制，营以下为汛，以千总、把总统领之，称营千总，为正六品武官，把总为七品武官。

（四）楹联

正联　　　　　　侧联

1. 正联

百里乐鹑居⁽¹⁾，人跻⁽²⁾上寿⁽³⁾；

六朝⁽⁴⁾绵⁽⁵⁾鹤算⁽⁶⁾，帝⁽⁷⁾锡⁽⁸⁾期龄⁽⁹⁾。

道衔安徽凤阳府知府范运鹏拜题

【解读】

隆昌县内居住着一位喜欢俭朴生活的老人，登上百岁高寿之列；

一生经历了六代皇帝，像仙鹤那样长寿，是天帝赐予的百年高寿。

道级官衔安徽凤阳府知府范运鹏恭敬地题写

【注释】

（1）鹑居：比喻居处不固定或者简陋，生活简朴。宋代晏殊《巢父井》诗："安巢一枝上，岂曰鹑居陋。"

（2）跻（jī）：升、登。《易·震》："跻于九陵，勿逐。"郑玄笺："跻，升也。"

（3）上寿：三寿之上者，指最高的年寿。《左传·僖公三十二年》孔颖达疏与《太平经·解承负诀》均指一百二十岁。又《左传·昭公三年》孔颖达疏："上寿百年以上，中寿九十以上，下寿八十以上。"《庄子·盗跖》："人上寿百岁，中寿八十，下寿六十。"

（4）六朝：舒承湜一生经历了六个皇帝临朝时期。即乾隆、嘉庆、道光、咸丰、同治、光绪等"六朝"。

（5）绵：连续，延续，指久远。

（6）鹤算：以鹤龄来计算，即指像鹤一样高寿。古人称鹤可以活上千年，因而用之为祝寿辞。

（7）帝：天帝。道教或古代神话中称天上主宰万物天神。

（8）锡：通"赐"。

（9）期龄：期颐之龄，即百岁。古人以百年为人寿之期，故称百岁为期龄。汉代戴圣《礼证·曲记篇》："人生十年曰幼、学；二十曰弱冠；三十曰壮，有室；四十曰强，而仕；五十曰艾，服官政；六十曰耆，指使；七十曰老，而传；八十曰耄、九十曰耋；百年曰期、颐。"

2. 侧联

天与遐龄[1]仁者[2]寿；
家缘余庆[3]炽[4]而昌。

经理首事[5]袁继芳拜题

【解读】

上天赐给百岁高龄，仁义者得到了高寿；

家里因为有先辈遗留下来的德泽，必定会兴旺显达而昌盛。

倡导组织修建舒承浞百岁坊的负责人袁继芳 拜恭敬题写

【注释】

（1）遐龄：老年人高寿的敬语，高寿。遐，长久。《魏书·常景传》："以知命为遐龄。"宋代苏轼《坤成节功德疏》之六："臣子何知，佛老有归诚之法，敢缘净供，仰祝遐龄。"

（2）仁者：有德行、有恩情的人。《论语·子罕》："子曰：知者不惑，仁者不忧。"

（3）余庆：前辈人遗留下来的德泽。

（4）炽：火势很旺，引申为昌盛发达。《说文》："炽，盛也。"《考工记·钟氏》："三月而炽之。"

（5）经理首事：首倡其事并经管修建事务的负责人，此处指组织修建舒承浞百岁坊的牵头人。

二、牌坊西北面

（一）正匾

昇平人瑞[1]。知隆昌县事杨准拜题。

【解读】

政通人和的盛世太平，世人健康，有长寿百岁的老人。

隆昌县知县杨准恭敬题写

【注释】

（1）昇平人瑞：满清王朝始自康熙帝的赐予百岁老人建立百岁牌坊的题字和匾额名称。昇：升。"升平"寓政通人和、盛世太平之意；"人瑞"是指人健康、长寿过百岁。升平人瑞牌坊又被用作尊老优老的标志，即古代的百岁人瑞坊。中国自古以来奉行敬老尊贤的"优老"政策。康熙曾颁谕旨："百岁老民给予升平人瑞匾额，并给银建坊。"其后，雍正补充宣布："向例老人年逾百龄者，奏给坊银三十两，并'升平人瑞'匾额……著为定例。"

（二）牌坊名

第二承重横梁（大额坊）：百岁老人舒承湜⁽¹⁾之坊。

【解读】

百岁老人舒承湜的百岁牌坊。

【注释】

（1）舒承湜：隆昌县李市镇人，一百岁，五世同堂。光绪六年（1880）建百岁坊于隆昌南关春牛坪，四川总督丁宝桢题赠"世上难逢"字样，时任隆昌知县杨准题赠"升平人瑞"字样。

（三）侧匾

1. 右侧匾

监生张吉恒、文生蓝国均、廪生蓝国谦、职员蓝国庆、监生蓝国器、刘朝瑞，监生蓝光炳、监生张培玥、监生晏德贞、监生彭显和、监生陈武焜、文生唐鸿儒、职员李朝明、文生蓝观松、监生张德一、黄四隆，候选县丞李茂桄、同知衔李相椿等，各备钱二串。

【解读】

监生张吉恒、文生蓝国均、廪生蓝国谦、职员蓝国庆、监生蓝国器、刘朝瑞、监生蓝光炳、监生张培玥、监生晏德贞、监生彭显和、监生陈武煜、文生唐鸿儒、职员李朝明、文生蓝观松、监生张德一、黄四隆，候选县丞李茂枞、同知衔李相椿。各备钱二串。

2. 左侧匾

监生钟德昭、监生李万应、职员蓝光邦、李大岐、李三禹、李金生、同知衔李绍修、职员李茂棠等，各备钱一串；职员舒回生备钱八串，监生舒长顺备钱六串，舒长泰备钱四串，领袖[1]江西即补[2]知县郭人绂备钱四串，领袖候选巡检[3]袁继芳备钱六串。地主[4]监生余日亮、地主监生余日森、候选训导郭光治敬书。匠士李明经、李明魁

光绪六年仲冬月上浣吉日公建

【解读】

监生钟德昭、监生李万应、职员蓝光邦、李大岐、李三禹、李金生、同知衔李绍修、职员李茂棠各备钱一串，职员舒回生备钱八串，监生舒长顺备钱六串、舒长泰备钱四串，领袖（才能卓著者）江西即补知县郭人绂备钱四串，领袖候选巡检袁继芳备钱六串。地主（长住隆昌又有一定土地和经济实力者）监生余日亮、地主监生余日森、候选训导郭光治敬书。 匠士李明经、李明魁。

光绪六年（1880）十一月上旬吉日公建

【注释】

（1）领袖：比喻同类人或物中之突出者。南朝宋·刘义庆《世说新语·赏誉》：胡毋彦国吐佳言如屑，后进领袖。唐玄宗《〈孝经〉序》：韦昭、王肃，先儒之领袖。邢昺疏：此指言韦王所学，在先儒之中如衣之有领袖也。

（2）即补：清代铨选制度。指吏部选授官员，遇缺即用之例。凡属特用班、即用班之官员，不入月选之班，遇缺即由吏部带领引见，奉旨率先补授各缺。

（3）巡检：官署名巡检司，官名巡检使，省称巡检。始于五代后唐庄宗。宋时于京师府界东西两路，各置都同巡检二人，京城四门巡检各一人。又于沿边、沿江、沿海置巡检司。掌训练甲兵，巡逻州邑，职权颇重，后受所在县令节制。明清时，凡镇市、关隘要害处俱设巡检司巡检为主官正九品，归县令管辖。

（4）地主：此处指在某一地区居住时间比较长，对该地区比较熟悉的人。

（五）楹联

正联　　　　　侧联

1. 正联

多福、多寿、多男子⁽¹⁾；

曰耄、曰耋⁽²⁾、曰期颐⁽³⁾。

知隆昌县事杨准拜题

【解读】

多福气，多寿岁，多男丁；

满八十，满九十，满百岁。

隆昌知县杨准　恭敬地题写

【注释】

（1）多福、多寿、多男子：中国传统文化中祝寿祝福的"三多"提法。《庄子·外篇·天地》："尧观于华封，华封人祝曰：使圣人寿，使圣人福，使圣人多男子。福、寿、子，就此成为中国人传统的幸福追求。"明·李渔《慎鸾交·赠妓》："长幡绣佛祝三多。后以此三多为祝福语辞。"

（2）耄耋：古称七十至九十岁的年纪。《礼记·卷二·曲礼上》："八十、九十曰'耄'。"东汉许慎《说文》："年八十曰耋（耊）。"

（3）期颐：一般指一百岁老人。期是期待，颐是供养，意谓百岁老人饮食起居不能自理，一切需期待别人供养或照顾。

2．侧联

圣世[(1)]重期颐，九天[(2)]纶[(3)]绋辉桑梓[(4)]；

德门[(5)]欣揖[(6)]蛰[(7)]，五代儿孙茁桂兰[(8)]。

江西即补知县郭人绂拜题

【解读】

圣朝世道敬重百岁老人，九重天恩降诏书予以褒奖，光耀乡里；

仁德之家欣喜揖拜隐居的高寿老人，五代儿孙都茁壮成长。

江西即补知县郭人绂拜题

【注释】

（1）圣世：圣代。圣：旧时称所谓人格最高尚的、智慧最高超的人。也用作对皇帝的尊称。此处用作对清王朝光绪帝的尊称。

（2）九天：天的最高处，形容极高。传说古代天有九重。也作九重天、九霄。多指天之最高处，比喻至高至尊之帝王。

（3）纶：指用青丝带做的头巾，或整理丝线。多用帝王诏书的边饰。《诗·小雅·采绿》：之子于钓，言纶之绳。代指皇帝诏书。

（4）桑梓：代指家乡或乡亲父老。古人常在居处周围种桑树以养蚕；种梓树以取蜡点灯或以树枝点火。又说家乡的桑树和梓树是父母种的，要对它表示敬意。

（5）德门：代指有仁德名声的家庭。

（6）揖：双手合掌或合抱打拱于胸前朝人以为礼。

（7）蛰（zhé）：动物冬眠时隐藏于土中或洞穴中不食不动的状态。喻指人隐居不出。

（8）桂兰：桂子兰孙的简称，是对人子孙的美称。

三、图案简介

舒承湜百岁坊是一座素面牌坊，仅一二级楼盖脊上有雕塑图刻。顶层楼盖正中雕刻一脚踏祥云的老人星，也称寿星、寿仙，白须隆额，满脸红光喜气，神态自如，和顺颐养，安闲福满。左手持一柄做工精美的手杖，手杖上挂一酒仙葫芦，右手置于胸前，轻握灵芝，手臂托起三只寿桃。寓意太平盛世，福寿双全。梁脊左右各塑一半跪献寿桃的小猴，表示献礼祝福百岁长寿。

二级楼盖正脊各刻一蹲姿守望顶楼正中寿星的小猴，既表祝寿之意，又有守护寿星，祝愿其健康长寿、子孙繁茂昌盛之意。

四、史实简介

据民国二十五年（1936）编修的《隆昌县志》记载，百岁老人舒承湜系隆昌县李市镇人，因年岁高寿而子孙苗壮，一家五世同堂。邑内县宰官宦、绅耆方士及邻里亲朋均以之为福寿之星而竞沾其光，故而报官凑钱为其建百岁坊。光绪六年（1880），建舒承湜百岁坊于隆昌南关春牛坪。

舒承湜老人所处年代，人均寿命仅有四十余岁。若能活到五十岁，便可称"五十大寿"，六十便称花甲之年，七十便是"古稀"了。只要活到七十五岁以上，便可载入县志年编，留名于后世。可见，当时能活到百岁，该是件多么稀罕之事。故而前来蹭其热度、沾其喜气者，不乏达官显贵、方士高人、富商豪客。时任隆昌知县杨准，更是志满意得地将其视为自己的一大治绩。亲笔题写坊名"百岁老人舒承湜之坊"，又题赠"升平人瑞"字样的匾额，还题赠了"多福多寿多男子，曰耄曰耋曰期颐"的楹联。因为，如果某地出现百岁老人，或者古稀老人众多，就说明遇上了"圣代盛世"，这是皇上的恩德和国家之福，更是当地官吏有仁德，政绩突出的表现，所以，杨准知县除了题坊名、书匾额、赠楹联外，还积极帮衬张罗修建百岁坊，并带头捐了最大数额的20串钱作为建坊费用，可见当时，为舒承湜老人建百岁坊该是隆昌县内多么值得大家津津乐道的一件美事，就连四川总督丁宝桢也亲自题写"世上难逢"字样的匾额相赠。

第三节　斗拱式镇山坊

一、斗拱式镇山坊简介

斗拱式镇山坊在隆昌现存编号的17座牌坊中编为16号牌坊。该坊坐落于隆昌石燕桥镇大竹村一社青龙山（又叫观音寺山）上，正处于当时的观音寺前的路上，也是观音寺的第一道山门。所以，该坊兼具镇山与山门、指路等多重作用。该坊距隆昌城25华里，建于明弘治九年（1496），是隆昌现存牌坊中年代最为久远的一座。牌坊通高7.7米，面阔6.7米。建筑面积50平方米，形制为四柱三门二重檐三滴水牌楼式仿木黄砂石牌坊。

该坊楼盖呈品字形，四柱三门沉稳古朴，仿木云纹斗拱26个，斗拱与斗拱之间的镶板上雕刻荷花、卷草纹图案，体现此处为清新脱俗之地。

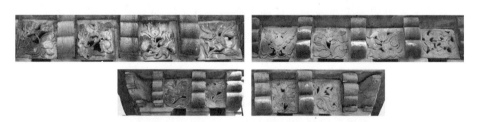

左右侧匾凿有以线条勾勒的两脚两耳鼎和两脚鼎。标示此处为人文鼎盛、香供极丰之处，是佛文化汇聚的庄严殿堂。

除此简单雕刻外全坊别无雕饰，亦无文字。完全不同于隆昌邑内其他清代牌坊中的那种匾文、颂词、楹联、图案通坊缠身，雕刻纤繁细密的建坊风格。明间与次间的额坊、正匾、门楣，以及四石柱上均无任何文字，也许这种设计理念正是为了暗藏"无言胜有言""无声胜有声""大道无道""佛法无边""四大皆空"的佛理，或许也有映射世间虚无的隐喻，也许还有财力吃紧而节约从简的考量……这些可能正是其作为观音寺前镇山坊的功能体现。此外，八块抱鼓石上亦无任何坐兽。无论如何，这也能从一个侧面反映出明代弘治年间隆昌社会经济的大体状况，以及那个时代的建坊风格。

二、镇山坊背后的观音寺简介

据县志载，斗拱式镇山坊背后的观音寺，与该坊同建于明弘治九年（1496）。观音寺共有三重殿，均依山势而建，规模宏大气派，远处望去，蔚为壮观。其实，观音菩萨本名"观世音菩萨"，只因唐时，世人为避太宗李世民之名讳，去掉"世"字，简称其为"观音菩萨"，后人便沿用至今。因为信众把观世音菩萨看作大慈大悲的菩萨，众生遇有难处之时，只要诵念其名号，"菩萨即时观其音声"而前往拯救，使之解脱。故而，观世音菩萨广受世俗信徒的崇拜、亲近和信赖。据说，青龙山观音寺里观音菩萨特别灵验，加之地处隆昌、泸县交界的青龙山上，距荣昌、富顺边界也仅十余里地，四方八面到此拜佛求子、许愿还愿的香客络绎不绝，香火十分兴旺。每逢三、六、九月的十九日这天，前来为观世音菩萨做生吃斋的信众上千，斋宴场景甚是盛大壮观，可谓川南寺院文化之重要一景。其时观音寺内僧众甚多，不少山僧均将习武护庙作为终生事业，出了不少德艺双馨的高僧，有的常受官府请去讲经布道，纵论经纬与出谋划策，有的武僧还被知县聘为训兵教练，成为实际上的时政高参。

明末清初之时，清军（一说是张献忠军）入川，沿巴蜀古驿道自渝荣西向经安富、李市入侵隆昌地界，青龙关首当其冲。彼时清军还未曾接受汉人所信佛教文化，惧怕明王朝遗下的臣民"以佛陀惑众聚力"，阻止清朝统治，故而大肆摧毁寺庙菩萨，青龙寺亦不例外，观音寺内众僧全力抗清护寺，但因人寡力薄，无力克敌，便沿山埂往东北方向且战且退。至李市镇大佛坎时，联合白云寺僧众一起抵抗，沿山路周旋，且战且退，终因人少而败，百余僧众退入一石灰岩溶洞中，被清军围堵封洞，遭困饿烟熏，致其悉数窒息而死。观音寺亦被纵火焚烧，连烧一天两夜后化为一片灰烬瓦砾，仅余山门坊存留至今。2002年修缮此坊时， 挖到地面下20厘米处便是瓦砾地基。观音寺之遗迹，沿山可见。

1993年，石燕桥镇某单位在观音寺山附近采矿时，发现一溶洞，入内探之，见洞内横七竖八倒着百余具遗骸，或俯卧于地，或仰倚于石，或身靠于壁，仍可见死之悲惨情状。疑为明末清初时观音寺僧人苦战抗敌不得而败退洞中之百余僧人，于是便将洞封存待考。

第四节　嵌瓷观赏坊

嵌瓷观赏坊在隆昌现存编号的17座牌坊中编为17号牌坊。该坊坐落于隆昌渔箭瓷牌坊村（原王家店村）十一组一廖姓农户家天井内，坐东朝西，建于清光绪十七年（1891）。牌坊通高10米，面阔7米，建筑面积60平方米。瓷

牌坊是中厅堂屋西面墙体的一部分，通身由青砖堆砌而成，再于墙表嵌以碎屑彩瓷而饰以图文，属典型的单面牌坊，既具观赏功能，又具古屋之间隔离防火功能。青瓷清秀高亮，至今都光亮如新。瓷牌坊系六柱五开间三重檐五滴水仿楼阁式结构，其建筑材料、形制、图案、建坊功能及目的等多方面均与其他牌坊不同，具有独特文化价值，是全国重点文物保护单位古建筑牌坊类中唯一一座砖砌彩塑嵌瓷观赏坊。

瓷牌坊由渔箭当时一彭姓大地主在自家院内所建。自清光绪年间到20世纪40年代，彭家历经三代斥资上万银两，修建了这座占地数十亩的豪华庄园。庄园建于船形屋基之上，坐北朝南，分三重朝门式建筑，规模宏大气派。园内有跑马场、戏楼，并建观赏坊2座（另一座已被毁），以供宴飨或休

闲时观赏添趣。瓷牌坊于第二重大堂西侧墙体上面西而建，坊前有一石缸，缸两侧置放石桌、石凳，左右配有两方鱼池盆景，周围植有名贵花木，营造出了一方清幽高雅的环境。每当月光照耀着瓷牌坊正匾上的"飞觞醉月"四个大字时，均会莹莹生辉，显得格外的清新淡雅，悠远怡心。此时若得朋聚于南亭，团桌飨美，飞觞传酒，邀月共醉，该是何等雅兴与畅快哉。

一、牌坊文字

扁额

正匾

（一）匾额

瑞[1]映[2]南亭[3]。

【解读】

祥瑞之光照耀着南部的亭子。

【注释】

（1）瑞：瑞玉；吉祥的征兆。

（2）映：本义是照，引申表示为通过照射而显出。

（3）南亭：彭家庄园里面供主人休闲、待宾、聚会、讲经的亭子。

（二）正匾

飞觞[1]醉月[2]。

【解读】

频频举杯碰盏，邀月畅饮，直到人月皆醉。

【注释】

（1）飞觞：举杯或行觞；传杯行酒令。飞：举、传。觞：古时盛酒之器，亦指敬酒。《文选·左思〈吴都赋〉》："里谯巷饮，飞觞举白。"刘良注："行觞疾如飞也。大白，杯名，有犯令者举而罚之。"唐代刘宪《夜宴安乐公主新宅》诗："层轩洞户旦新披，度曲飞觞夜不疲。"《镜花缘》第八二回："即用本字飞觞：或飞上一字，或飞下一字，悉听其便。"

（2）醉月：臆想着把月亮灌醉。在古代，一些文人雅士会在家里的厅堂、书斋、门廊等地以"醉月堂""醉月斋""醉月门"等命名。后来，"醉月"便成为追求风雅喜好的代称。

（三）侧匾

左侧匾　　　　　　　　右侧匾

1. 右侧匾

礼门[1]。

【解读】

遵循君子待人处世之道。

【注释】

（1）礼门：①君子循行的礼仪之道。语本《孟子·万章下》："夫义，路也；礼，门也。惟君子能由是路，出入是门也。"②指孝友的门族。孝友之意是事父母孝顺、对兄弟友爱。出自《诗·小雅·六月》："侯谁在矣，张仲孝友。毛传：善父母为孝，善兄弟为友。"

2. 左侧匾

义路[1]。

【解读】

坚持走人间正道。

【注释】

（1）义路：正道。《后汉书·李固传》："夫义路闭则利门开，利门开则义路闭也。"唐代黄滔《与韦舍人启》："伏惟舍人义路无疆，词源绝岸，设铸颜之炉冶，恢荐祢之笺函。"

（四）楹联

因瓷牌坊是观赏牌坊，且有六柱五开间，故而有三副对联：正联、次联和边联。

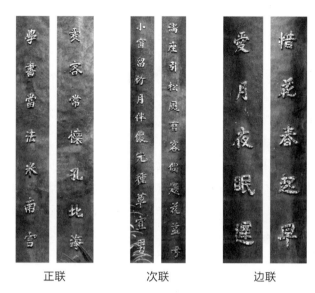

正联　　　　　　次联　　　　　　边联

1. 正联

爱客常怀孔北海[1]；

学书当法米南宫[2]。

【解读】

喜好待客，就会经常想起孔北海的待客风范。

练习书法，就应当效法米南宫的潇洒挥毫。

【注释】

（1）孔北海：即孔融，汉末文学家，建安七子之一。因其曾为北海太守（相），豪爽好客，据称有"座上客常满，樽中酒不干"，时人称之为"孔北海"。

（2）米南宫：即米芾，北宋书画家。因宋徽宗召之为书画学博士，授官礼部员外郎，其官邸位于皇宫之南，故人称"米南宫"。米芾天分极高，秉性豪放不羁，时人称之为米颠。其诗文、书画、鉴别均造诣精深。尤以行、草书用笔俊迈、纵逸豪放、潇洒出尘，若天马行空，云鹤游天而著名一时，时人评之为"风樯阵马，八面出锋"，与蔡襄、苏轼、黄庭坚合称"宋四家"。

2．次联

满座引松风⁽¹⁾，有客偶题花益母⁽²⁾；

小窗留竹月⁽³⁾，伴侬⁽⁴⁾先种草宜男⁽⁵⁾。

【解读】

宾朋满座引来阵阵松风，有客人将在院子里偶然见到的大花益母草作为吟诗作对的题材；

小窗上驻留着透过竹林泻下的月光，衬伴着我先前种下的丛丛宜男草（萱草）。

【注释】

（1）松风：松林之风，又称松涛。

（2）花益母：大花益母草。益母草又名萑、芜蔚、坤草、云母草等，为唇形科、益母草属植物，夏季开花。其干燥地上部分为常用中药，中国大部分地区均产，生用或熬膏用。一年或二年生草本植物，全国大部分地区均有分布，生于山野荒地、田埂、草地等，在夏季生长茂盛花未全开时采摘。益母草性微寒，味苦辛，功能活血、祛瘀、调经，主治月经不调，产后瘀滞腹痛等症。益母草碱对子宫有收缩作用，应用为催生药制剂可促进产后子宫复原，有益于母体，故名。

（3）竹月：竹林中的月色。此处指透过竹林洒下的月光。明代高启《林间避暑》诗：松风催暑去，竹月送凉来。

（4）侬：因不同语境代指一二三人称皆有，此处代指第一人称"我"。

（5）草宜男：即宜男草，又名萱草、忘忧草、金针、疗愁等。古代迷信，认为孕妇佩之则生男。萱草花还是中国传统上的母亲花。《毛诗》孔疏："北堂幽暗，可以种萱。"北堂在古时是母亲居住的地方，因此也称萱堂。萱草就成了母亲的代称。据说古代游子远行前必得要种些萱草，希望母亲看到萱草花就能聊解思念之情，缓解些许烦忧。例：唐代诗人孟郊《游子诗》云："萱草生堂阶，游子行天涯，慈母倚堂门，不见萱草花。"《游子吟》中的名句"谁言寸草心，报得三春晖"中的"寸草"即是"萱草"。故而，坊主在楹联中用"草宜男"对"花益母"，既有遣词上的工整，又有尊母重孕、子孙繁茂上的期许，可谓考究而精深。

3．边联

惜花春起早；

爱月夜眠迟。

【解读】

爱惜花草，在春天早早起来莳花弄草，陶情养性；

喜欢赏月，在有月亮的夜晚睡得很迟，怡悦心境。

可见，坊主应是一位隐于民间的高雅之士，其人生追求和生活情状颇具陶渊明的田园风雅之趣，无论是富而乡隐，还是攀风附雅地吟唱，或多或少地透露出了坊主选择偏爱自然的人生态度。

二、镶嵌堆塑图案

渔箭嵌瓷观赏坊是一座砖砌彩塑六柱五开间三重檐的墙体坊，各层楼盖均是下檐庑殿式，其庄重豪华非同一般。楼顶飞檐鸱吻、琉璃筒瓦、瓦当、滴水齐全。

牌坊所有的文字、图案等均以青瓷碎片镶嵌，给人以清秀肃穆之感。牌坊上布局着不少彩塑的戏曲人物故事、动物、花卉等，亦是形态逼真，栩栩如生。可见，嵌瓷观赏坊纯属大户豪绅私家展示财富和宴乐观赏的牌坊，其功用性和开间数与县内其他石牌坊完全不同。

明间顶楼吊柱悬坊，青花瓷嵌斗拱，上平梁彩塑民间游艺"罗汉戏狮"又名"沙和尚逗狮子"，造型生动，保存完好。其下塑雀替，嵌青花瓷。当心间堆塑青花瓷嵌三龙匾。匾额"瑞映南亭"，四个竖读楷书大字。表明主人对自家设计的牌坊、庄园的配置衷心满意，不由自主地宣示了自己尊礼重义、崇尚乡居雅兴的人生追求，也透露了自己攀附龙威，祈求神灵佑护的愿望。

瓷牌坊之所以用"三龙匾"而非"五龙匾"，乃因此坊为民间私造，且属观赏性质，与功德、教化牌坊不可同日而语，故仅以"三龙匾"饰之。"三龙匾"的级别远低于具有九五之尊的"五龙匾""九龙匾"，这也显示了坊主为了避嫌的特别用心，可谓既假借龙威而又不犯龙忌、不触龙怒罢了。这缘于它是私坊，在隆昌石碑坊中也是仅有的特例。

三龙匾置虎腿金刚座上。其下顺袱串上彩塑戏曲《凤求凰·荣归》一出（一出戏或一折戏的意思），叙汉武帝时司马相如与卓文君的故事，司马相如献"上林赋"后，武帝大喜，敕封平南招讨使，衣锦还乡，卓王孙夫妇远远迎接之场面。两端青花嵌瓷博古架。

正匾横读嵌青花瓷楷书"飞觞醉月"。门楣彩塑戏曲《西厢记·饯别》一出，叙张君瑞进京赴考，崔莺莺与红娘相送，正唱"碧云天，黄花地，西风紧，北雁南飞，晓来谁染霜林醉，总是离人泪"的场景。

门柱上塑嵌青花瓷云龙分饰左右，二龙穿云破雾，翻滚腾挪，动感和立体感强烈。下塑瓦形匾楹联：爱客常怀孔北海；学书当法米南宫。次间楼盖上飞檐鸱吻高挑，瓦垱、滴水与顶楼统一。

次间左右额梁均彩塑三足鼎，鼎内插宝剑、如意、玄圭、卷轴、花翎等物，寓意"一见如意""一品当朝"等内涵。

左次间上镶板塑蝙蝠含环，下吊双圈圆形图案，丝绦结为万胜绳结，寓意"福寿双全"。圆形中彩塑戏曲故事，左为"鹬蚌相争"，又名"仙鹤配""渔翁得利"。旧时，此戏多以木偶形式演出，一仙鹤与蚌相争，各不相让，吕洞宾化作渔翁，将二者擒获后点化成正果，身段舞蹈优美，展现演员功夫之小戏。右次间上镶板塑一少年下河摸鱼，戏名"渔家乐"，也多为木偶剧团常演节目，川剧舞台上则常由学徒演出之请客戏。塑图均由彩瓷镶嵌，色彩鲜艳斑斓，甚是精美。

明间下镶板塑一腾空云龙（见上，右图）。

　　门楣上彩塑戏曲故事各一出，右为"拾玉镯"，叙美艳少女孙玉姣一人在家，适逢风流书生付朋路过，惊羡孙玉姣之美貌，留下玉镯在地，玉姣欢喜拾起，恰逢刘媒婆窥见，将玉姣逗弄一番，此戏全国各大剧种都有，是一出以歌舞为主的优秀功夫戏。左为"玉壶春"，叙广陵少年李唐斌，别号玉壶生，风流俊美，游学嘉禾，清明时遇妓李素兰于郊外，各相爱慕，眷恋难舍之场景。

　　次间门柱楹联为行楷，嵌青花瓷塑：满座引松风有客偶题花益母；小窗留竹月伴侬先种草益男。

　　三级楼盖戗脊上彩塑一狮，檐下栏额塑"凤穿牡丹"，寓意富贵堂皇。单步梁上塑方鼎，门楣上方塑扇形匾，楷书"礼门""义路"。门楣上彩塑戏曲故事二出，稍间塑成半月形状。

　　门联为嵌瓷行楷："惜花春早起，爱月夜眠迟。"六柱基础均为抱鼓式金瓜形。

　　坊前置大型雕花石缸，迎面深浮雕戏曲故事三出，正中为"打金枝"，又名"满床笏（hù，古大臣上朝所拿手板，用玉、象牙或竹片制成）"，叙唐时汾阳王郭子仪七十寿辰诸子媳双双拜寿，唯七子郭暖独自一人拜寿，遭诸兄嫂哂笑，郭暖抱惭归室，将妻金枝公主痛责，并报以老拳，夫妻反目，后经皇帝皇后安抚劝和，石刻为拜寿场景。

　　右面为《玉簪记·船会》，叙书生潘必正与女冠陈妙常相恋，潘之观主姑母察觉，认为有辱清规，遂逼侄赴科，进京赶考，妙常闻讯逃出寺观，雇舟追至临安与潘生相会场景。另一出"兰桥会"，则是演裴航遇云英故事，以樊夫人诗有"兰桥便是神仙窟，何必崎岖上玉京"句，裴航果于兰桥驿侧遇云英而得名。

　　瓷牌坊故事满满，雅趣多多，足见当年彭氏庄园之富足气派与书香气息，堪称隐藏于川南民间的华夏乡居古文化群落代表作之一缩影。

第六章

新增牌坊

　　过去的牌坊研究统计中，因为种种原因，隆昌相关部门和专家未能将隆昌境内现存牌坊完全登记在内，地处界市镇原天华乡境内的卿元柱墓牌坊（内江市市级文物保护单位）与由原天华乡罗氏族人先祖罗善人所建的观音桥牌坊等两座牌坊就属这种情况。近年来，越来越多研究和爱好隆昌石牌坊文化的同仁们认为：坐落于界市镇古堰村13组卿家湾湾的卿元柱墓牌坊，无论从造型、形制、材质、功能等诸多方面来看，都是一座独立而典型的青石牌坊；观音桥牌坊立于马鞍河上的观音桥头东侧，是一座独立而典型的红砂石牌坊，也是一座由隆昌人修建的功德牌坊。如果将这两座牌坊作为隆昌石牌坊群现存牌坊对待，能够更好地体现隆昌石牌坊群的完整性，进一步丰富隆昌石牌坊的类型和历史文化内涵。故而，《隆昌石牌坊全解》一书将其纳入并予以解读，这既是对隆昌石牌坊群整体性的补充和完善，也是对隆昌石牌坊文化研讨、挖掘的延伸和进一步丰富。

第一节　卿元柱墓牌坊

　　卿元柱墓牌坊所在的原天华乡，1951年1月由四川省区划调整给隆昌以前，属荣昌辖区之地，坊上匾文亦有清楚记载。

　　卿元柱墓牌坊坐落于界市镇原天华乡

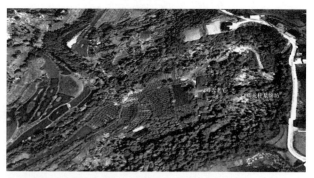

古堰村一条南北走向的大深沟东侧高崖之下，牌坊、墓地与下面约五六十米远的卿氏老宅均坐东向西，像坐在一把U形椅的靠背处，前方一百五六十米远的峡谷底部是一条由南向北穿流而过的小河。

墓牌坊立在卿元柱夫妇墓前拜台上面，坊高约6米，坊宽约4米，形制为四柱三门三重檐五滴水仿木结构青石牌坊，建于道光十年（1830），为卿元柱后人私自建造。

一、牌坊西面（正面）

（一）额匾

卿氏高茔。

【解读】

卿氏家族高大的坟墓。

（二）额匾旁联

乙山□瑞气；

辛向吐奇芳。

【解读】

□□□（乙山含）祥瑞之气；

辛向[1]涌出奇丽芬芳。

【注释】

（1）辛向：即乙山辛向，古人葬地法之一，又叫阴宅乙山辛向分金法，带有浓厚的迷信色彩。

（三）大额枋

皇清道光十年冬月二十日建。

【解读】

清王朝道光十年（1830）十一月二十日建造。

（四）正匾

虎踞[1]龙蟠[2]。

正匾　　　　　　　左侧匾　　　　　　右侧匾

【解读】

犹如猛虎蹲坐，苍龙盘曲的雄伟险要之地。

【注释】

（1）踞（jù）：蹲，坐。踞坐，占据。

（2）龙蟠：屈曲，环绕，盘伏。蟠：盘曲、盘结。

（五）明间横梁

恭赞：卿府本翁正鳌[1]佳城[2]新建，古昌毓秀[3]，元里[4]足豪；龙溪环翠，狮山凌霄。叠生伟人，于斯逍遥[5]；惟翁德隐，远脱尘嚣[6]；卿云[7]蔼蔼[8]，遣意[9]渔樵；曜[10]质清时，潜灵[11]岩峤[12]；佳城自卜[13]，窀穸[14]松乔[15]；水流为带，风竹奏箫；斯千万年，郁郁[16]高标[17]；子子孙孙，式兆[18]金貂[19]。

赐进士第[20]敕[21]勒朝议大夫[22]汉安[23]王果[24]拜题

【解读】

恭敬地颂赞：卿氏大家族元柱老先生独占鳌头佳地的大墓修建好了，古昌州地上又增添了一处孕育杰出人才的风水宝地，这在远近乡里都是最为豪华气派的了。墓前如龙的小溪锦翠盘绕，墓后像雄狮一样的大山直冲云霄。此地必定伟人辈出，在此漫步徜徉。卿元柱老太翁具有不为人知的优良德行，远离了世俗喧嚣的烦扰；喜气蒸腾于茂盛的草木之上，那是寓情于渔夫樵夫的快乐。阳光高清明朗，照耀着神灵隐居的高山更加峻伟；高大的坟墓中住着赤松子和王子乔那样的仙人，预示着好的征兆；流水像衣带那样柔顺而九曲，风儿吹过竹林就像笙箫在鸣唱；这座坟墓在千万年后，都将繁茂地矗立在这里。子子孙孙中，必将人才辈出。

　　　　进士，皇帝御准青石刻名的朝议大夫汉安（内江）县王果拜题

【注释】

（1）鳌：传说中海里的大龟或大鳖；龙的九子中的老大，相传"龙生九子，鳌占头，比喻杰出者或佼佼者。

（2）佳（cuī）城：比喻墓地。佳（cuī）通"崔"，高大。《文选·沈约诗》："谁当九原上，郁郁望佳城。"李周翰注："佳城，墓之茔域也。"

（3）毓秀：孕育着优秀的人，指山川秀美，人才辈出。晋·左思《齐都赋》："幽幽故都，萋萋荒台，掩没多少钟灵毓秀！"

（4）元里：偌大的乡里和周边地区。元：大，范围广。里：人们聚居的地方，古代以里作为基层组织的名称，乡里。

（5）逍遥：没有什么约束，自由自在。

（6）尘嚣：指人世间的烦扰、喧嚣。晋·陶潜《桃花源》诗："借问游方士，焉测尘嚣外。"

（7）卿云：指喜气。《史记·天官书》记载："若烟非烟，若云非云，郁郁纷纷，萧索轮囷，是谓卿云。"

（8）蔼蔼：形容众多的样子，或幽暗的样子，草木茂盛。左思《咏史》："峨峨高门内，蔼蔼皆王侯。"司马相如《长门赋》："望中庭之蔼蔼兮，若季秋之降霜。"

（9）遣意：指写文章、说话时的构思立意。

（10）曜（yào）：照耀，明亮；日、月、星均称曜。《释名·释天》："曜，耀也，光明照耀也。"王粲《羽猎赋》："扬晖吐火，曜野蔽泽。"

（11）潜灵：神灵隐居。谢惠连《祭古冢文》：追惟夫子，生自何代，

曜质几年，潜灵几载。

（12）岧峣（tiáo yáo）：山高峻貌。曹植《九愁赋》：践蹊隧之危阻，登岧峣之高岑。

（13）自卜：自己估量自己。卜：预料，估计，猜测。

（14）窀穸（zhūn xī）：有墓穴、埋葬、逝世、长夜之意。清·袁枚《祭妹文》："墓穴惟汝之窀穸尚未谋耳。"清代蒲松龄《聊斋志异·罗刹海市》："岁后阿姑窀穸，当往临穴，尽妇职。"

（15）松乔：中国神话传说中仙人赤松子与王子乔的并称，泛指隐士或仙人。汉代扬雄《太玄赋》："纳傿禄于江淮兮，揖松乔于华岳。"唐代杜甫《哭王彭州抡》诗："执友惊沦没，斯人已寂寥。新文生沉谢，异骨降松乔。"

（16）郁郁：繁茂、茂盛，烟气升腾。晋代陆云《为顾彦先赠妇往返》诗之三："翩翩飞蓬征，郁郁寒木荣。"

（17）高标：高耸；矗立。唐代韩愈《新竹》诗："高标陵秋严，贞色夺春媚。"

（18）式兆：兆象，征兆。式：通栻。古代占卜用具。兆：引申为卦象。《国语·晋语一》："兆有之，臣不敢蔽。"唐代韩愈《毛颖传》："以《连山》筮之，得天与人文之兆。"

（19）金貂：喻指杰出人才。

（20）赐进士第：科举殿试时录取分为三甲：一甲三名，赐"进士及第"的称号，第一名称状元（鼎元），第二名称榜眼，第三名称探花，三者合称"三鼎甲"；二甲若干名，赐"进士出身"的称号；三甲若干名，赐"同进士出身"的称号。

（21）敕：敕令。即皇帝下的命令。

（22）朝议大夫：文散官名。隋文帝始置。炀帝时罢。唐为正五品下，文官第十一阶。宋元丰改制用以代太常卿、少卿及左、右司郎中，后定为第十五阶。明从四品初授朝列大夫，升授朝议大夫。清从四品概授朝议大夫。

（23）汉安：内江县的古称。

（24）王果：内江人，进士。

（六）右侧匾及横梁文字

1. 匾

地脉[1]。

【解读】

此地居于地势脉络之上，属上乘的安葬之地。

【注释】

（1）地脉：指地的脉络；地势。讲风水的人所说的地形好坏。《史记·蒙恬列传》："起临洮，属之辽东，城堑万余里，此其中不能无绝地脉哉？此乃恬之罪也。"

2. 上横梁

男：监生方馥、方禄、方祯、方祥；孙：启环、启珧、启玲、启瑆、启珊、启瑚、启瑶、启瑛、启瑞。

3. 下横梁

水丽。

【解读】

山水秀丽。

（七）左侧匾及横梁文字

1. 匾

流芳。

【解读】

流传美名。

2. 上横梁

启环、启瑛、启瑛、启珅、启瑞、启理、启现、启玖、启琳；曾孙：上达、上选、上进、上通。

3. 下横梁

山明。

【解读】

青山明朗。

（八）楹联

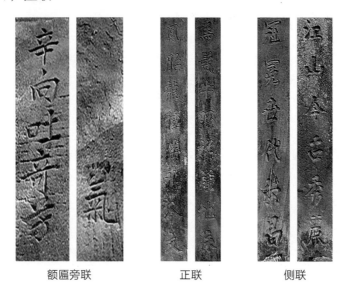

额匾旁联　　　正联　　　侧联

1. 正联

马鬣^{（1）}牛眠^{（2）}，祥钟^{（3）}地脉^{（4）}；

凤胎龙种，瑞兆^{（5）}人文^{（6）}。

汉安进士李春瑄顿首拜撰

【解读】

葬于马鬣牛眠之地，是能够带来祥钟贵族的宝地。

后人如龙似凤，预兆着会有兴旺发达的人文景象。

汉安县（今内江市两区）进士李春瑄磕头恭敬地题写

【注释】

（1）马鬣（liè）：墓封土的一种形状；亦指坟墓。

（2）牛眠：迷信者指所谓在《春秋繁露》记载做风水局后会让自己升官发财的地方。《晋书·周光传》："陶侃微时，丁艰，将葬，家中忽失牛而不知所在。遇一老夫，谓曰：'前冈见一牛眠山污中，其地若葬，位极人臣矣。'"元《丁鹤年集四·送奉祠王良佐奔讣还郾城诗》："佳城已卜牛眠地，屏立泰山带围泗。"

（3）祥钟：古时殿堂、寺庙、豪门悬挂的大钟，一人或多人用横挂木头撞击，钟声洪亮悠远。亦指祥瑞的钟声。

（4）地脉：迷信的人讲风水时描述地上山水形态脉络表现出来是好是坏

的用词。

（5）瑞兆：吉祥的征兆。

（6）人文：指人类社会的各种文化现象。

2．侧联

江山今古秀丽；

冠冕[1]世代荣昌。

【解读】

山川自古至今一样清秀壮丽。

世代为官，繁荣昌盛（或：名冠荣昌）。

【注释】

（1）冠冕：指冠帽的总称；堂皇大方；仕宦，又指高官高位。《后汉书·郭太传》：（贾淑）虽世有冠冕，而性险害，邑里患之。

二、牌坊东面（背面）

（一）额匾

启后[1]堂[2]。

【解读】

开启显耀后世的厅堂。

【注释】

（1）启后：开创以后的。明代朱国祯《曾有庵赠文》："公承前草创；启后规模；此之功德；垂之永永。"

（2）堂：用于厅堂名称，旧时也指某一家、某一房或某一家族。

特注：此匾第二字系"后"的繁体字的常有写法，不是"浚"字。

（二）额匾旁联

山辉石蕴玉；川媚水怀珠。

【解读】

高山辉耀，就像青石蕴含着碧玉之光；

河水明媚，犹如里面布满了闪闪发光的珍珠。

（三）大额枋

皇清例授封翁，卿公讳元柱老大人之墓坊。皇清例授孺人卿母罗显华老太君之墓坊。

【注解】

此处将卿元柱的夫人罗显华的姓名完整地刻了出来，这在传统皇帝王朝时代是罕见的，究其原因，一是卿元柱夫妇墓是深山沟里的私墓，建墓和立坊的人可以任由自己想法来表达；二是此墓是夫妇合葬墓，表明卿元柱与罗显华夫妇生前十分恩爱，罗显华在家族中的地位也十分崇高，备受后人尊崇，故而刻下全名。

（四）正匾

永奠佳城。

【解读】

永远祭奠这座高大坟墓。

（五）明间横梁

海棠香国[1]，昌元里中，有善士卿公讳元柱，生平好善乐施，德配罗孺人助之，年踰[2]六旬，犹两两登垴垴[3]礼佛。有子四人，各行行玉立，

国学方馥，尤其卓卓。迄今子孙蕃衍[4]，人咸艳之，上自一世，以至万世，子子孙孙，永期焉。

进士李春瑄顿首拜题

【解读】

有着海棠香国之美誉的荣昌县内，有乐做善事的卿元柱老先生，生平喜欢做善事，乐施舍，娶了罗老夫人来当贤内助，年过六十以后，他们夫妇还一起登上祭坛礼拜佛陀。他们育有四个儿子，都是各自行业领域内的佼佼者，尤其是长子卿方馥还是国子监监生，文采和品德更是优秀突出。至今，卿老先生子孙繁茂众多，人们都很羡慕他们，自他这一代开始，到后来的千代万世，都会子孙兴旺、繁荣昌盛，永远值得期待啊。

进士李春瑄叩首拜题

【注释】

（1）海棠香国：代指古昌州，引用时已是清朝道光年间，天华乡属荣昌管辖，此处指荣昌。

（2）踰：通"逾"，超过。

（3）登坛垓：登上坛场。古时会盟、祭祀、帝王即位、拜将，多设坛场，举行隆重的仪式。垓垓通"坛"。

（4）蕃衍：即繁衍。繁盛众多；滋生繁殖。

（六）右侧匾及横梁文字

1. 匾

留白。

2. 上横梁

上田、上造、上连、上遇、上遄、上述、上建、上迎、上逆（原字是逆的异体字：羊下一个走之）、上远、上遄、上迥、上运、上塽、上容。

【解读】

均为卿元柱的曾孙，同原文。

3. 下横梁

下佑。

【解读】

墓内神灵永远往下保佑（后代子孙）。

（七）左侧匾及横梁文字

1. 匾

留白。

2. 上横梁

上品、上清（二人共用一个上字，可能是双胞胎）、上遇、上逢、上遊、上迪、上送、上迨、上逮、上遗、上逡、上巡、上遵、上超，上禮、上买（二人共用一个上字，可能是双胞胎）。

【解读】

均为卿元柱的曾孙，同原文

3. 下横梁

后裔。

【解读】

后辈子孙。

注： 此处"后裔"二字，系承接右侧下横梁上的"下佑"二字书写的，连在一起，便是"下佑后裔"。意即墓内卿元柱夫妇的神灵永远保佑着下辈子子孙孙。

（八）楹联

| 额匾旁联 | 正联 | 侧联 |

1. 正联

水秀山明，宏开甲第；

龙盘虎踞，乐毓⁽¹⁾人文。

　　　　壬戌科翰林院族叔祖培题

【解读】

绿水清秀青山明朗，宏大地开启后人科考高中甲等。

龙盘虎踞之地，容易孕育着很好的人文景象。

　　　　　　壬戌（1802）科考入翰林院的同族叔叔卿祖培题写

【注释】

（1）毓：生育，孕育。《广雅》："毓，长也，稚也。"《国语》："黩则生怨，怨则毓灾。"

2. 侧联

一水回环发□

群峰叠翠钟麟⁽¹⁾

　　　　金鹅廪生张世知拜题

【解读】

一条小河曲折回流生发□；

群山层叠锦翠，孕育显贵家族。

　　　　　　　金鹅（隆昌）廪生张世知拜题

【注释】

（1）麟：喻指显贵。如，麟子凤雏：麒麟之子，凤凰之雏。古人用来比喻贵族的子孙。

三、图案简介

卿元柱墓牌坊的图案相对简单，只有牌坊正面（西面）的五个斗拱和第二重檐的两个梓框上共刻有七个图案。其雕刻多为龙凤和花草树木等代表图腾和期望的吉祥物。

第一重檐斗拱，刻的是二龙
登坛戏珠，寓喻墓葬龙蟠之地，
能得龙气相佑，期待后裔龙子龙
孙，是汉文化中最为常见的龙崇拜表现。

第二重檐的左右斗拱各刻一只凤凰相向朝着墓之"卿氏高茔"匾额，有双凤呈祥，双飞护墓，确保吉祥安宁之意。

第三重檐的左右斗拱均刻一条由龙身子和蝙蝠翅膀组合出来的吉祥图案，二者相向，寓意龙升威严，足以镇山护墓，生化出来的蝙蝠翅膀，有期许带来五福呈祥，富贵绵绵之意。

第三重檐梓框也就是吊柱上的两幅图案，右侧是山梅树上嫁接了两枝向日葵（太阳花）和一枝荷花，寓意华贵而充满希望，左侧是两束梅花，寓意清新高雅，都是对墓主人的良好评价和对其后人的良好祝愿，这也是传统文化中"趋吉"的艺术手法表现。

需要说明的是，笔者在解读卿元柱墓牌坊时，发现有不少旧文化中诸如看地、风水、墓葬等迷信的东西，这是应该摒弃的。但是，卿元柱墓牌坊作为石牌坊的一种，既是客观存在，也是古文化曾经兴盛的一种表现形式，只是需要对其中的迷信观念采取批判的眼光来看待。这里对其进行抄录解读，因为它是隆昌石牌坊文化的一部分、一个侧面，有必要让这丝丝印斑留存于世，供各地牌坊文化爱好者们研究参考。

第二节　观音桥牌坊

观音桥牌坊座落于原天华乡湖潭沟村（今界市镇王家寺村）马鞍河上的观音桥东侧，呈东西两面布局，建于观音桥落成的清乾隆五十五年（1790），系官民共建。牌坊高约6米，宽8.25米，属四柱三门两重檐三滴水仿木红砂石结构，为素面牌坊，端庄古朴。刹尖、翘角均毁于20世纪50至60年代。

　　天华观音桥及桥牌坊虽在距隆昌荣昌交界线约两百米远的荣昌一侧（两地交界线的北侧），但主持修建观音桥及桥牌坊的罗善人的住所及其几乎全部后人现今都住在隆昌天华，所以，观音桥的"产权"在隆昌，这也有理由和有必要将其纳入隆昌现存石牌坊之列，故而对其进行解读，以供研究隆昌石牌坊文化的朋友们参考。

一、牌坊西面（正面）文字

（一）第一重檐斗拱文字

慈悲[1]广济[2]。

【解读】

怀着大慈大悲的善心修建观音桥，解除广大众生涉水渡河的苦难。

【注释】

（1）慈悲：佛教用语。称给予人们安乐叫慈，拔除人们痛苦叫悲。后用慈悲泛指对人的同情和怜悯。《智度论·释初品中·大慈大悲义》：大慈与一切众生乐，大悲拔一切众生苦。

（2）济：渡过水流，得到帮助。《楚辞·屈原·涉江》："济乎江湖。"唐·李白《行路难》："直挂云帆济沧海。"

特注：斗拱正中有一竖立的方形神龛，据村民介绍，里面曾有一价值连城的玉观音塑像，在2010年荣昌相关部门拆搬该牌坊时曝光于世，紧接着就被盗走，今仅留着一方空洞小室。后来，有百姓在市上买了一尊观音像置于正匾下梁中间，以示观音神佑还在。

（二）第二重檐斗拱文字

左侧斗拱

右侧斗拱

1. 右侧斗拱文字

永歌[1]。

【解读】

修建观音桥的功德值得永远歌颂。

【注释】

（1）永歌：咏歌，歌唱。《诗·周南·关雎序》："嗟叹之不足，故永歌之；永歌之不足，不知手之舞之，足之蹈之也。"刘师培《文说》："况诗以调律，乐以播音，嗟叹永歌，引宫刻羽，用之邦国，被之管弦，审音之精，此其证矣。"

2. 左侧斗拱文字

利涉[1]。

【解读】

牢固的观音石桥能够确保往来民众永永远远地顺利过河。

【注释】

（1）利涉：顺利渡河。《易·需》："贞吉，利涉大川。"《北史·魏纪一》："冰草相结若浮桥，众军利涉。"

（三）正匾

荣邑之西有古溪焉，叠嶂壁立，层峦夹流，每逢淫雨暴涑（dōng）[1]，

砰⁽²⁾涨涨，遥加以波涛湍激⁽³⁾，厉揭⁽⁴⁾俱穷⁽⁵⁾。先年⁽⁶⁾创立小梁以便往来，两岸有大士神⁽⁷⁾祠，名曰观音桥。乾隆戊申，水急桥圮⁽⁸⁾，行人突⁽⁹⁾涉险阻，几如蚁附猱⁽¹⁰⁾攀矣，愚等心怵者久之，乃鸠⁽¹¹⁾众赀⁽¹²⁾，为更新之计，以旧桥制度⁽¹³⁾低小，又两岸地势陡峻，概从改换，经始于己酉孟秋，告成于庚戌仲夏，计桥之高，并水底二丈九尺，为洞者三，长十丈有余，宽一丈二尺，并砌两岸大路，首事六十余人，共用制钞五百一十千文，于是恳请文武官衔印信⁽¹⁴⁾，旦赠之匾语，竖石勒名，盖将藉以垂不朽焉。

特授四川重庆府荣昌县正堂加三级，朱，捐银十两；特授四川叙州府隆昌县正堂加三级，魏，捐银十两；直隶资州内江县正堂军功一等加三级，柴，捐银十两；文林郎署资州内江县事定远县正堂，袁，捐银十两；四川重庆镇镖左营分防荣昌汛司厅，刘，捐银五两；特授四川省重庆府荣昌县儒学正堂，赵，捐银五两；署四川省重庆府荣昌县右堂加三级，郑，捐银五两；直隶资州内江县儒学教谕兼训导事，朱，捐银五两；四川直隶资州内江县督捕厅加三级，沈，捐银五两；四川叙马营驻防隆昌训司厅加三级，李，捐银五两；特授四川省叙州府隆昌县儒学正堂，陈，捐银五两；特授四川省叙州府隆昌县儒学正堂，阎，捐银五两；叙州府隆昌县右堂加三级纪录四次，牛，捐银五两；四川重庆府大足县儒学正堂加三级，文，捐银五两；重庆镇镖右营专城巴县理氏汛左厅，糟，捐银五两；四川重庆镇镖右营驻防大庵汛司厅，丁，捐银五两；四川重庆府南川县儒学正堂加一级，廖，捐银五两；四川重庆府永川县儒学正堂加一级，余，捐银五两；重庆镇镖左营副部厅加一级纪录三次，罗，捐银五两；重庆镇镖中营司厅带功纪录十七次，杨，捐银五两；重庆镇镖中营副总府军功纪十六次，马，捐银五两；四川重庆镇镖右营都阃府纪录三次，李，捐银五两；重庆镇中营司厅加一级记大功一次，廖，捐银五两；直隶资州内江灵潋山圣水寺方丈念宗，捐银二两；丁酉科举人文林郎候选县正堂邓荣举，捐银五两；□□吴兰道唐氏、张氏捐银一百三十两，男：京元鹍扬、京元鸣扬、吏员绍扬，扬德、扬馨、扬鹏，扬泽、扬鼎、扬立，扬化，艮[15]十两；罗永寿，文氏，男：远德，孙：正章、正良、正杰，艮八两；陈习贤，钟氏，男：国瑶，艮二两，刘正魁，谢氏，男：闻泰艮二两，四人共化银四两；胡仰成，刘氏，男：文英、文元，艮，一两六分；李大宓耽唐氏，男：正庄正台捐艮五两，化艮十一两；罗正纶李氏、罗正緂张氏、肖玉璨、张仕伦，各艮二两，化艮一十六两六分；罗文选严氏、曹氏，艮，二两五分，化艮，七两四分；钱来玉，李氏，男：世柏、世柱艮二两，化艮七两；罗正佐，黄氏，艮八两，男：朝阳，张氏，男：世宦，董氏，艮五两；次男：朝碕范氏，艮五两，化艮十八两八分；罗运世，唐氏，男：宏杰、宏经、宏大、宏恭、宏友，艮三两，化艮八两八分；张立仁，艮，一两，张正洪，艮一两，共化艮八两六分与五两八分；邹高标，艮一两，化银八两二分；张星秀，杨氏，艮一两，化艮一十三两一分；办理缘首罗运礼（注：罗善人），同缘邹氏、太祖讳宜，姚陈氏祖讳智炀，姚石氏，父讳天材母董氏、陈氏。男：宏秀邹氏、宏建范氏、宏芳黄氏、宏旭邹氏，孙：开阳、开明，开光、开文共捐银贰百九十两，两柏，木二十根、松木二十根，化银三十二两，功圆又一百两。京元罗文进郭氏、贡生罗璘谢氏，罗正绣卿氏，王祖濯黄氏，曾存孝李氏、范氏，各艮二两。

【解读】

荣昌县西部有条古老的小河（注：即今之马鞍河），河两岸山峰重叠，陡峭绝壁，层层山峦夹着流水，每每遇到绵绵雨水，特别是下大暴雨时，河水砰砰上涨，远处涌来的洪水又推高了水位，波涛汹涌急猛，无法过河。往年曾建了小桥，以便于往来过河，因两岸有观音大士神寺庙，所以叫观音桥。乾隆戊申（1788）那年，水流太急把桥冲毁了，往来行人冒险渡河，几乎就像蚂蚁和猿猴那样攀附而过，我们都吓得心头发麻，这种恐惧持续很久了，于是就召集大家讨论凑钱集资来重修桥梁一事。因为旧桥尺度矮小，加之两岸地势险要陡峭，决定全部重建。始建于乾隆己酉年（1789）七月，落成于乾隆庚戌年（1790）五月。至水底，桥高是两丈九尺（9.67米）。桥洞有三个，总长度有十丈多（30多米），桥宽一丈两尺（4米），并在桥的两岸修建了大路。一同主持修建桥梁的人有六十多位，总共花费银钞五百一十千文（约510两白银）。于是恳请各地文武官员捐款赠言，月初就获得了一幅赠匾，我们竖石建坊，将它与捐赠钱物建桥的善人们一同刻下，希望通过这种方式流传下去，永不磨灭。（余下文字，同原文）

【注释】

（1）暴涷（dōng）：暴雨。屈原《九歌·大司命》："广开兮天门，纷吾乘兮玄云。令飘风兮先驱，使涷雨兮洒尘。"

（2）砰：形容撞击或大物落地的声音。如，砰地一声，一块陨石坠落在地。

（3）湍（tuān）激：水流猛急。唐代独孤及《慧山寺新泉记》："使瀑布下钟，甘溜湍激，若醹醴乳喷。"

（4）厉揭：涉水。连衣涉水叫厉，提起衣服涉水叫揭。语出《诗·邶风·匏有苦叶》："深则厉，浅则揭。"毛传："以衣涉水为厉，谓由带以上也。揭，褰衣也。"宋·文天祥《献州道中》诗："跻攀上崖蹬，厉揭涉潇濑。"

（5）穷：穷尽，完结。《小尔雅·广诂》："穷，竟也。"

（6）先年：往年；从前。明代张居正《请择有司蠲逋赋以安民生疏》："其先年拖欠带征者，除金花银遵诏书仍旧带征外……悉与蠲除，以甦民困。"

（7）大士神：又叫白衣大士神、观音大士神、观音白衣大士神。典出唐初佛经《法苑珠林》之白衣大士神咒。

（8）圮（pǐ）：毁；塌坏；坍塌。《说文》："圮，毁也。"《书·序》："祖乙圮于耿。"传：河水所毁曰圮。

（9）突：急速地向前或向外冲。《梁书·韦放传》："众皆失色，请放突去。"唐代白居易《琵琶行（并序）》："铁骑突出刀枪鸣。"

（10）猱（náo）：猿类动物。《古今谭概》："兽有猱，小而善缘，利爪。虎首痒，辄使猱爬搔之，久而成穴，虎殊快，不觉也。猱徐取其脑啖之，而以其余奉虎。虎谓其忠，益爱近之。久之，虎脑空，痛发，迹猱。猱则已走避高木。虎跳踉大吼，乃死。"

（11）鸠：召集。《左传·隐公八年》："君释三国之图，以鸠其民。"明代高启《书博鸡者事》："鸠宗族僮奴。"

（12）赀（zī）：通资，财货。《广雅》："赀，货也。"《苍颉篇》："赀，财也。"

（13）制度：规制形状。唐代苏鹗《杜阳杂编》卷上："遇新罗国献五彩氍毹，制度巧丽，亦冠绝一时。"

（14）印信：公私印章的总称或者政府机关的各种印章；有时借指权

力或官职。唐代元稹《酬乐天东南行诗一百韵》："敛缗偷印信，传箭作符繻。"《元典章·刑部十四·诈》："中书省捉获得王容诈雕行省并中书省印信。"旦：天亮，早晨，一日或一月之始，又指某一日。

（15）艮（gěn）：通"银"。

（四）侧匾

1. 右侧匾

张庸功、张元功、黄玉产、黄顺向、文永升、广仕琨、刘唐氏、刘国珍、刘国韬、李二鉴、周升、赖扬才、杨廷富、李正荣、张元洪、谢学武、赖扬贤、张曰祥、张开福、张清贵、罗顺毓、李文焕、向显才，各助银五分；刘华清、王尧仕、京元赖扬成、鲁学海、李绍魁、罗永祥、李宗位、罗运瑞、李元亨、罗运禄、王祖荣、彭永凤、梁余氏、宋戊生、张梦予、鲁肇连、罗智清、余显宗、罗文元、谢杨氏、付李氏、罗欧阳氏、何元秀，各助银五分；□汝超、龙德宏、卿世清、黄宏辉、方正文、董国玉、刘远文、傅奇舜、袁民志、幸朝彬、刘时旺、邹作周、温仕朝、黄碧才、李文葱、李捷器、刘陈氏、袁有竟、杨世禄、何荣华、杨世芳、黄俊荣、黄朝蔚，各助银五分；叚兆玉、钟应梁、蒋世略、吴奕沧、傅文联、范曾氏、付张氏、张立智、黄维信、吕文元、张奇腾、王荣亮、曾海江、颜德文、张贵元、杨瑞清、李英华、罗元盛、周承禄、周应相、叶天监、黄荣科、朱金富，各助艮四分。

2. 左侧匾

罗良佐、罗正伟、罗远惠、黄河渡、罗正奇、罗正荣，各艮一两五分；钟又响、李正唐、彭朝纲、彭喜生，各分乙千文；邹正儒、范基富、罗弘日、陈先儒、马本珩、范培福、范培寿、王荣祖、□兆岳、潘懋贤、任大武、陈学龙、僧法轮、陈亿万、刘元杰，各助银□两二分；马君璇、郑应桂、李正韬，各艮六分；向显松、吴朱氏、向显怀，各艮五分；刘存仁、僧清松、叶天佑、徐宏英、廖荣茂、官清升、龙昌平、刘颜氏、谢昌宁、罗天相、朱王氏、黄均祈、黄荣廷、刘绍聪、傅凤贵、李应富，各助艮四分；李大源、杨永茂、张一本、杨廷元、李宗洸、钱茂玉、张仕伷（zhòu）、邹明福、罗唐氏、刘清连、钟作云、刘□才、罗永宗、郭正文、于聘珍、冯仕成、李文秀、黄明贤、李怀远、曾日友、陈荣道、李新樑、钟成瑛，各助艮

三分；李新登、李芳仁、李芳义、杨宏万、李乾新、黄色榜、苏刘氏、何其昌、艾良相、朱朝锡、刘凤元、刘科贤、董国宪、彭公文、杨天隆、彭俊贵、付陈氏、付李氏、杨黄氏、刘善新、刘其新、刘芳廷、刘克宁，各助艮三分。

（五）次间下横梁文字

1. 右侧次间下横梁

谭辉昌、谭肖氏、谭邓氏、谭永谟，各艮二分五卜；周景鹏、廖唐氏、莫春玉、黄礼凤、周刘氏、张毓兰、李曰相、卿元桂、李曰昌、苏茂秀、李曰祥、王鹏忠、熊天富、杨显道、罗范氏、陈奕才、付奇祯、郑秀凤、谢麟癸、兰文钦、何名扬、张维林、何柏林，各助艮二分；张朝相、李正福、李大纯、潘仕玺、黄均裕、邓代成、于国书、杨天辉、陈子文、龙济元、龙济道、龙济江、陈仕爵、曾元英、方裕元、廖迪芳、刘癸坤、彭周梅、温夫元、苏光朝、钟上魁、罗运纲、罗天彩、郑昌麒、包启仁、温炳俊、刘伟先、刘清福、李曰盛、罗卿氏，各助艮二分；肖圣秀、马昌明、杨荣亮、蒋宗圣、张喜贤，各艮二分；张仕超、刘集茂、曾明朝、官文茂、吕洪茂、陈高新、陈俊新、温应禄、刘财益、张 浩、何乔宽、罗在位、赖伯富、赖伯贵、于大龙，各艮乙分；廖润兰、袁廷祥、袁维刚、曾廷梁、李德忠、刘兴华、邱文浩、戴绍红、卢毓清、陈邱氏，五分。

2. 左侧次间下横梁

乐凤彩、谢隆氏、乐凤吉、李天玮、罗智虎、罗邦玉、肖义华、阮唐氏、阮交姑、温黄氏、马杨氏、李付氏、周学成、黄业任、秦尚岑、秦尚□、秦仕遵、杨克复、戴治忠、付良贤、付正荣、徐茂峰、温成义、尹文尧，各艮一分；王林先、谭余氏、黄刘氏、黄罗氏、刘吴氏、刘李氏、邓严氏、邓谭氏、黄张氏、邓曾氏、黄高氏、胡吴氏、宋黄氏、刘 芳、刘曰兴、刘曰贵、邓继申、林圣钧、刘昌德、刘世瑛、邓荣锡、京元邓荣珧、京元邓荣廷、刁栋生、□李氏，各艮一分；周学仕、黄闻裔、刘珍华、许国榜、李癸栋、李癸祥、温应祯、赖凤华、谭庆裕、谭庆勋、罗运达，各艮一分二卜；钟金书、黄贵斌、唐李魁、杨天秀、龙国维、于国才、龙天爵、钟成响、李芳贵、杨起爵、罗运恒、罗进朋、黄国樑，各艮乙分。

（六）楹联

1. 正联

一虹凌霄人似半天往来□□□
两岸积石桥如埃地□□□□□

【解读】

像一根长虹直插云霄，往来客人好似在天空中行走……

两岸是堆积的大岩石，桥像尘埃落地……

2. 侧联

因风化脱落严重，上联仅存中间的一个"涧"字，下联仅存中间"云端纽"三字。

正联　　　　　侧联

二、牌坊东面（背面）文字

（一）第一重檐斗拱

1. 大字

普渡[1]群生[2]。

正中竖匾

【解读】

像佛陀施法超度众生那样让众人免去难以渡河的痛苦。

【注释】

（1）普渡：即普度众生。多用作佛教用语，指广施法力，超度众生。清代范阳询《重修袁家山（袁可立别业）碑记》："神仙者以金丹永保性命，以宝筏普度众生，独善兼善，亦出世之圣贤也。"

（2）群生：一切生物，多指百姓。《庄子·在宥》："今我愿合六气之精，以育群生。"《国语·周语下》："仪之于民，而度之于群生。"

2. 正中竖匾

皇帝万岁万岁万万岁。

特注：从牌坊正面（西面）正匾文看，修建观音桥虽然得到了远近众多官员捐资响应，但因倡建人罗运礼属民间人士，桥牌坊亦属民间私建的功德牌坊，为了避免因未遵朝廷建功德牌坊相关规定（如，做善事者须捐银千两以上）而被朝廷问罪，故在牌坊东面第一重檐斗拱正中镶嵌"皇帝万岁万岁万万岁"竖匾来讨好皇上，盛赞皇恩，用褒赞盛世王朝恩典来获得官民认同。当然，这也体现了建桥人的智慧。

（二）第二重檐斗拱

左侧斗拱　　　　　　　　　　右侧斗拱

1. 右侧斗拱文字

徒舆[1]。

【解读】

借此过河的众人。

【注释】

（1）徒舆（yú）：众人。宋代叶适《林正仲墓志铭》："玉虹桥在市心，坏久，计费数百巨万，徒舆缩手，正仲自与钱劝成之，至今为利。"徒：空手步行之人。舆：车马，驾车骑马而行之人。

2. 左侧斗拱文字

并济。

【解读】

都能借助新修的观音桥顺利过河。

（三）正匾

因风化脱落严重，匾之上方依然存留的部分文字难以辨识，其余绝大部分文字均已消失，但能看出是捐资修桥的人名及功德数量。

（四）侧匾

1. 右侧匾

刘异广、杨兴桂、太阳寺、廖荣宗、周景贤、官尚佐、潘裕贵、郑廷梅、雷顺清、李远仁、赖杨氏、罗刚富、罗周元、朱元芳、僧绍净、黄天富、杨时韦、罗范氏、邓仁瑞、张仕旺、杨世贵、谭辉瑞、温石氏，各助艮三分；周述龙、陈可传、范良捷、李赞章、邓荣璋、邓荣贵，各分二百文；申仕耀、张仕坤、卢廷和、甘荣富、许思伦、何启光、张弘贵、黄荣辉、罗开元、张成玉、杜作梁、杨元荣、肖子茂、肖子顺、朱良星、古弘魁、古应魁，各助艮二分；余鼎耀、张传通、张信九、刘元秀、阮文礼、黄达童、钟□兴、文□□……李万荣、董明景、□昌寿、温仕荣、周廷佳……

2. 左侧匾

卓文魁、罗黄氏、王安石、叶文兴、邓毓梅、唐宗顺、刘义文、李正道、唐宗吉、李支金、唐源祖、周天朝、华安兰、□相魁、唐光国、陈清广、余乃圣、陈顺万、李正达、方仕达、陈先兆、罗远志、胡文斌，各助银一两；京元于廷献、京元唐显、京元张定锡、京元陈生略、京元胡心广、京元彭愿刚、京元李正通、京元广勋、京元黄习冲、黄河洪、张 逵、钟瑞铨、黄河洋、张二仑、胡文焕、黄河深、钟瑞铣、黄河滢、陈天佑、邹良周、方黄氏、刘德成、李大柱，各助银一两；唐汉祖、钟复向、曾怀仁、罗正佳、张 元，助银一两；赖成氏、李张氏、王锡琬、罗存良、向显柏、罗李氏，各助银八分；张星近、邹明河、彭吉先、王荣祖、陈思癸、李秦氏、李希贤、古景华、何开贤、罗运珠、邓继高、李泰琫，各助银五分；罗李氏、唐有学、万仕玉、巫廷贵、方仕麟、张星云、何重魁、张星亮、罗礼斌、张星侯、唐叚氏、张星照、邹天锡、张星桂、邹天耀、张星宙、邹天仑、张仕端、邹家饶、邹高嗥、唐兴连、陈先缙、胡能缜，各助艮五分。

（五）次间下横梁文字

1. 右侧次间下横梁

蒋廷钦、陈登寿、华廷荣、廖东衡、田万镒、钟永盛、许思庆、邓代伟、杨天佑、□喜辉、□□贵、□□荣、蒋朝贤、巫□山、肖罗氏、王凤珍、卢德顺、曾文凤、罗远鉴、□□文…，各艮乙分五□；张瑞连、张廷盛、郑锦标、黄能辉、黄能德、申刘氏、申叚氏、钟上琳、钟上弘、肖罗氏、钟天麟、方华文、卿兴荣、黄碧璋、黄魁文、黄有章、钟亮响、李万臣、戴有贤、周代模、申佐有、刘芳连、郑子栢、余永宁、□思仁、王正纯、王罗氏，各艮一乙分二；钟文荣、钟文盛、李文能、刘裕光、张荣辉、张仕译，各乙分二；卜卿元音、张臣彦、邱兴荣、温黄氏、马云开、温廷爵、叶枟芳、梁文洲、叶桂芳、许贵扬、温光虎、黄□广、程可松、何廷琳、卢元扬、刘文相、甘云龙、曾维元、陈廷振、任万春、周明□，各艮乙分。

2. 左侧次间下横梁

黄碧亮、甘文联、杨世达、杨世茂、魏登刚、余士仁、黄高朗、艾郭氏、古其茂、谢三锡、沈嗣乐、李秀凤、周科斌、王正武、刘元振、朱荣达、刘开绪、黄东成、曾明凤、邱云茂、卿礼节、练朝珍、练心顺、张开仁、张陈氏、张永祥，各助艮二分；邬学成、刘启枢、凌君荣、朱自瑢、罗士鸿、刘昌伯、张君良、王罗氏、乐凤云、曾存一、董国忠、黄文盛、练义长、乐成贵、卓文海、李元凤、肖若□、王祖锡、陈元材、陈仕爵、陈尊寿、刘庆隆、曾存爱、黄弘光、僧净念、罗□清、董国报，各助艮乙分二分；廖世通、郭嵩芳、尹万育、张天明、曾维顺、廖端贵、巫如明、喻宗昌、喻仲约、李自华、邓永荣、钟温氏、林君栋、何永海、罗章谋、钟应兴、曹有德、罗春麟、曾仁理、吴元兴、李厚龙、李博云、马宗乾、罗正移、罗范氏、罗正茂、向罗氏，务助艮乙分。

（六）楹联

正联　　　　　　侧联　　　　　　侧联后二字

1．正联

观音桥牌坊东面（背面）正联因人为凿打和风化脱落的双重作用，损毁严重，仅余数字，无法知道原联并解读，很是遗憾。

2．侧联

巍巍荡荡[1]光□□（尧德）；

翌翌[2]绵绵[3]绍禹功[4]。

【解读】

崇高而博大啊，捐资建桥的恩泽就像远古时期尧帝重视治理滔天洪水的恩德一样光照后世；

悠远而绵绵不断啊，修桥善行继承了禹王的大德！

【注释】

（1）巍巍荡荡：语出《论语·泰伯》："大哉尧之为君也！巍巍乎！唯天为大，唯尧则之。荡荡乎，民无能名焉。"朱熹集注："巍巍，高大之貌；荡荡，广远之称也。"后以巍巍荡荡形容道德崇高，恩泽博大。

（2）翌翌（yì）：犹翼翼。恭谨貌。明代周宗建《疏稿墨迹》之二："臣以为大通之时，正当时怀渐塞之惧，弹冠展论者，正当存小心翌翌之怀。"

（3）绵绵：连续不断貌。《诗·王风·葛藟》："绵绵葛藟，在河之浒。"毛传："绵绵，长不绝之貌。"

（4）禹功：指夏禹治水的功绩。《左传·昭公元年》："美哉禹功，明德远矣。微禹，吾其鱼乎！"清代戴名世《杨维岳传》："践土而思禹功，食粟而思稷德。"

特注：此上联倒数二字，因碑体风化及损毁严重，辨识困难，但据隆昌著名书法家周汝成老师现场察勘研究，倒数第二字或为"尧"，最后一字或为"德"字。如后人能挖掘出其他有力的证据资料，再以新发现的文字（图片）记载为准。

三、桥牌坊图案

桥牌坊是一座素面牌坊，几乎没有任何图案。

究其原因，可能因为观音桥及桥牌坊是由民间发起，官民共同捐资而建，一分一厘都不容易，加之与罗善人（罗运礼）一道共同主持建桥的"首事"有六十多位，监督机制定当健全，精打细算和节约成本应当体现在各个环节之上，为了把大量资金用在修建坚固耐用的桥体上，故而节省了桥牌坊图案雕刻之费。

四、罗善人简介

今摘《荣昌县志》所载《罗善人传》于下：

《罗善人传》，举人郑国楹，隆昌人（撰）。

善人姓罗氏，荣昌界石场昌元里人，生平好施予，乐行善事。内江一丝滩，旧无桥，济以小舟，往来多不便。善人乃独捐数千金为之，规制殊伟，行人利焉。此善人之名所由起也。自后建修大小桥凡八处，皆独任其事，不募一人。城西思济桥系巴蜀通衢。嘉庆癸酉，溪水大涨，桥坍塌几半。善人请于邑令，愿独任修补事。令且喜且疑，姑许之，而未信也。善人遂鸠工庀（pǐ）材，一切所需物用，竹木畚捐（běn jú）及工匠薪米盐蔬之类，皆咄嗟立办，自其家赍，送之计费三千金。五阅月（经过了5个月）而蒇（chǎn：完成，解决）事，白之令，令乃大喜过望。亲制联以奖之。由是声称籍籍（声势大之意），善人之名益噪。虽远方羁旅，莫不颂其功于勿衰，独是善人，仅一中人家产耳？通计历年所施不下数万金，而好事者乃生异论矣，曰：向有异丐乞食其家，见其诚心，好事予以瓦器置之室中，每晨起，满器皆白金，用以赈济，则取之不竭，他用则否，是殆以丐为神仙也。嗟呼，此子虚之语，胡为乎来哉。吾闻善人不妄费，不奢华，不另置田宅，独罄其岁之所入，一于为善，是其所为，固有大过乎人者而不知者，乃以妄诞之事疑之，则将阻人以为善人之路，而善人之心几没矣。余与善人家相去不远，知之最悉，因为传以解人之惑焉。

【解读】

善人姓罗，是荣昌界石场昌元里人，生平喜欢行善施舍，乐做善事。内江、隆昌、荣昌交界的一丝滩，过去没有桥，行人用小船过河，往来很不方便。罗善人一人独自捐了数两百银修了桥，桥修得又高又大，行人往来很方便了。这就是人们给他取善人这个名的来源。此后，罗善人又建修了八处大小桥梁，都是独自负责修建的，没有向任何人募捐。荣昌城西的思济桥是巴蜀交通要道。嘉庆癸酉（1813）年，濑溪河涨大水，思济桥坍塌了将近一半。罗善人向知县主动请缨愿独自担当修补桥梁的事，知县且喜且疑，就暂且同意让他去修，但并没有完全相信他能把这么重大的工程干好。罗善人于就召集工人，准备建材，一切所需要的竹筏木杠等挑抬工具，工人薪水、柴米油盐、肉食蔬菜等，都迅速办理好了，从自家家里拿来的东西累计三千金以上。经过了5个月就修建完成了，将此事禀告白知县时，知县大喜过望，亲自题写楹联给予褒奖。于是大家都要传罗善人做善事的事情，罗善人的名气更大了。那些从远方来这个路过的客人，都称颂罗善人的功德，经久不衰。单单的是罗善人一个人的家产，历年来共计所施济不下数万两银子。于是就有喜欢多事的人发出了奇谈怪论了，说，曾经有奇异的讨口子到罗善人家里去乞讨，看见罗善人诚心，就起了好心将一个瓦器放置在罗善人家中，罗善人每天早晨起来，看见瓦器里面都装满了白银，用来救济和做善事，就取之不尽，用来做其他的事，就不行，可能这个乞丐就是神仙。唉，这种子虚乌有的话，纯粹是胡说八道啊。我听说罗善人不任意地乱花钱，不奢华，也没有到处买房买地，将其每年所有的收入都用于做善事，这就是他所做的，固远远大过人们所做的却不被人知，所以才用一些怪诞的说法来怀疑他，这么做就会阻止人们去做善事，勇做善人的想法也就会没有了啊。我与罗善人的家相去不远，知道他的最多，所以写下这些以便解答后人的疑惑啊！

五、观音桥牌坊归属问题

据史料记载，1950年以前，天华乡大部分地方均属重庆荣昌管辖。1951年1月，四川省对荣、隆二昌两县的区划进行了局部调整，将分属荣、隆二昌各管一半的荣隆场（今荣昌区荣隆场镇）属隆昌管辖的西部场镇及相关村落全部划归荣昌管辖，相应地将属荣昌之地的天华乡划归隆昌管辖。荣、隆二昌北部边界线就划在观音桥南侧约两百米的地方，观音桥划在了荣昌境内，但是，当年（1789-1790）主持修建观音桥的罗善人（罗运礼）住地（碾子坪罗家老宅）划在了隆昌境内，罗善人的绝大部分后裔也划归隆昌，由此造成了如下一段公案：观音桥及桥牌坊的产权归隆昌界市镇王家寺村（原天华乡湖潭沟村，已于2019年10月合并入界市镇王家寺村）的罗善人后裔罗氏族人，但其管辖权却归荣昌区盘龙镇龙王村。故而，学术界既有人认为观音桥及桥牌坊是隆昌之文物，也有人认为是荣昌之文物。两种观点各有其理。

2010年10月，荣昌区有关部门欲将观音桥牌坊整体搬迁，遇到了隆昌境内天华的两三百罗氏族人的强力抵制，又不得不将已拆下的桥牌坊第一重檐恢复了原样，确保其犹存至今。

六、观音桥简介

（一）建桥历史

天华观音桥原是坐落于天华乡马鞍河上的一座古老的小石桥，因桥头两岸有大士神（观音菩萨的别称）祠，故而得名"观音桥"。观音桥是古时候连接天华乡场镇与隆昌界市、荣昌盘龙的重要桥梁。桥西侧是一串覆满苔藓的上坡石阶，拾级而上翻过山坳，只七八里路就是天华场镇，再往西北，不远处便是内江地界了。可见，观音桥是隆昌、荣昌和内江三地交界的重要枢纽。桥的东侧是一片相对开阔的河滩地，古老的隆昌界市到荣昌盘龙的石板大路就从东桥头的桥牌坊基石前面（牌坊西侧）通过。

1788年，古老而矮小的老观音桥被大洪水冲毁，往来客商民众过河十分艰难。1789年7月，在附近大户罗运礼（即罗善人）的倡议和主导下，众筹集资新建观音桥的工程开工，1790年5月，高大、结实、耐用的新观音桥全面落成。

观音桥建成后，历经两百多年的洪水考验，它都稳稳当当地横跨于马鞍河上，水流泥沙畅通无阻地穿三个桥孔而过。但是，数十年前，自从盘龙镇龙王村在观音桥下游不远处建了拦水坝后，桥下水流变缓，抑制了泥沙冲往下游，致使河床滩涂淤泥越积越多，河道变窄了许多。如今，观音桥东侧孔成了主水孔，原早在河正中的中孔成了边孔，西侧孔几乎全被泥沙掩埋了，老百姓还在西侧沙滩上种上了成片的蔬菜和竹林。

（二）观音桥特点

观音桥是一座三孔两墩石拱桥，桥面至水底，高为两丈九尺（9.67米）。桥洞有三个，总长度十丈有余（30多米），桥宽一丈两尺（4米）。东侧滩涂地的引桥部分长约20米，直接从桥头延伸到桥牌坊基座根部，桥基与桥牌坊连为一体。原桥头下面连着一条沿着河沟滩涂铺设的南往界市、北去盘龙的青石板路，前些年，政府在桥牌坊东侧建了名叫"界盘（界市-盘龙）路"的水泥公路，从桥牌坊背面（即东侧）经过，桥牌坊下面的石板路便被老百姓挖成菜地了，如今已是痕迹全无。

观音桥特色突出：一是桥宽、高而工整。1790年，罗善人等能在隆昌、荣昌、内江三县交界处的天华乡十分偏僻的深山沟里修建起一座工整牢固，且宽达丈余、高近三丈的石拱桥，很不容易。二是桥中孔的券（xuàn，门窗或桥梁的拱）心石上有题刻，曾经还挂着铜铃。遗憾的是，20世纪60年代，铜铃被人为损毁。三是桥孔侧面顶部面向上水（南面）的券心石都长而突出，突出桥孔的部分是一块悬空的长约40厘米、宽约30厘米的镇津兽底座，上面各坐着一个镇津图腾石雕。中孔的坐兽是石龙，左右两孔的坐兽是石狮。坐兽头部大部分都早已被人为损坏。四是桥孔侧面弧形石箍顶部均有石雕图案，两边呈弧形对称雕刻着八个大字。

桥梁南侧三孔，从右至左，第一孔（东孔）上的八个大字是：舆梁永济、□月长虹。意为：愿这座慈善桥梁像天上的彩虹一样，能够永远渡人过河。第二孔（中孔）八个大字是：籍仙鲸狮、永保矼桥。意为：坐于此桥拱上掌管籍属登记的鲸狮仙，永远保佑着这座石桥。第三孔（西孔）上的八个大字是：津梁巩固、桥寿无疆。意为：马鞍河渡口上的这座桥十分牢固，它的寿命没有边际。

桥北三孔的拱顶石则没有突出石座的兽雕，但券弧石上也各有八个大字。右侧（西边）孔有的字已被淤泥盖满，挖开辨认为：津梁巩固，通津利达。意为：渡口桥梁十分坚固，确保往来民众客商顺利渡河，顺利到达想去的地方。中孔八个大字是：天津彩虹、善济慈航。意为：罗善人主持修建的这座观音桥，就像天上银河渡口的彩虹桥一样，能使众生犹如脱离

苦海般轻松渡过马鞍河，快乐地通往目的地。左侧（东边）孔八个大字是：□外彩虹、永垂不朽。意为：这座像彩虹一样的石桥不会腐烂，将永远流传下去。

中孔券心北侧石面以方章式样镌刻着建桥日期：乾隆五十五年庚戌四月二十日立。

中孔河心部位券心石上刻有兵书、符字和建桥时间。以南面上水为上方，依次刻有：兵书宝剑、兵书、立斩魔邪。北面一块石头刻有"乾隆五十五年（1790）岁次庚戌孟夏月初三日吉，且众缘首修桥，永远不朽，福禄无疆。匠：王祖珩"。这段文字简单交代了观音桥的修建时间，也表明当初建桥人崇尚着用迷信的方式镇水护桥。

显然，桥头牌坊是观音桥的组成部分之一，为配套建设的"镇津坊"。桥头村民说，1966年以前，桥牌坊下面还供了有坛神、土地等三位大神，在1966年10月"破四旧"中与牌坊上的楹联等一起被破坏了。后来，生产队在牌坊下堆满了草皮灰、猪牛粪、稻草和秸秆等，酸碱杂物的不断侵蚀，使牌坊柱子下面的抱鼓石、基座等损毁十分严重，许多痕迹都早已不复存在。

参考书目

[1] （清）朱云骏纂修：《（乾隆）隆昌志二卷》，清乾隆四十年刻本。

[2] 中国地方志集成编委会编：《咸丰隆昌县志 民国南溪县志》，成都：巴蜀书社，1992年8月。

[3] 《琼稀四川地方志丛刊（第四册）》，成都：巴蜀书社，2009年9月。

[4] 四川省隆昌县志编纂委员会编纂：《隆昌县志》，成都：巴蜀书社1995年12月。

[5] 四川省隆昌市地方志编纂委员会编：《隆昌县志（1986——2002）》，成都：四川大学出版社，2018年12月。

[6] 隆昌县档案局、馆编：《隆昌县档案资料选编（全国重点文物保护单位隆昌石牌坊群专辑）》，2002年12月。

[7] 政协隆昌县委员会文史资料委员会：《隆昌云顶寨庄园民宅初考》，2002年12月。

[8] 政协隆昌县委员会文史资料委员会编：《隆昌石牌坊文史资料专辑》，2003年12月。

[9] 郑论主编：《隆昌石牌坊》，重庆出版社，2006年9月。

[10] 《隆昌石牌坊解说辞》，重庆出版社，2006年9月。

[11] 吴晓英主编，隆昌档案局（馆）编：《隆昌县档案资料选编——隆昌石牌坊文化初探》，2006年10月。

[12] 四川隆昌云顶郭氏族谱续修委员会：《四川隆昌云顶郭氏族谱》，2007年冬。

[13] 《云顶寨轶梦（上集）》，北京：中国科学文化出版社，2012年1月。

[14] 连振波、苏建军校注：《牛氏家言校注》，兰州：甘肃人民出版社，2014年6月。

[15] 成应帅主编：《隆昌清官廉吏故事集》，武汉大学出版社，2017年11月第1版。

[16] 隆昌市文化广电体育新闻出版局、隆昌县石牌坊文化研究室：《隆昌石牌坊楹联解录》，准印证号：隆文广体新出内[2017] 07号。

[17] 隆昌市文化广电体育新闻出版局、隆昌县石牌坊文化研究室：《图说牌坊》，准印证号：隆昌市文体广新出内[2019]05号。

后记

2017年以来，笔者在编撰《隆昌石牌坊全解》过程中，参阅了大量史志资料，走访了不少小巷村野老者，也对牌坊文字图案进行拍照勘核，纠正了相关资料上许多错认误读，并深挖了隐藏在历史帷幕后面的史实，花了大量时间。笔者遇到的疑难问题如石牌坊上被风化和损毁出来的坑坑洼洼，有时会成片地摆在眼前，无法绕开，好在笔者敢于较真，勇啃硬骨头，在闭门研究的同时，经常找专家共同研讨，得到了不少单位、专家和同仁们的大力支持和帮助，受益匪浅，使得收集到的相关资料和信息比较齐全，并对已有资料对牌坊文字错认和误读误解的问题进行了全面勘误和校正，反复征求了市内牌坊文化研究专家的意见，主动请求其帮助修改，在尽可能尊重史实和原意的基础上，最终编撰出了这本资料翔实、内容全面、解读较精准的《隆昌石牌坊全解》，相信能够给海内外喜欢和研究石牌坊文化特别是隆昌石牌坊文化的专家学者和书友们，提供了一个不可多得的参考版本。

本书的出版，得到内江师范学院政治与公共管理学院、范长江新闻学院专项资金支持。范长江新闻学院陈丹教授、魏伟副教授、刘佳博士参与了全书审读和校订工作。在此，谨向对本书出版予以特别支持的内江师范学院老师们表示衷心感谢！谨向给我鼓励、肯定和为本书作序的中国电视艺术家协会会员、中国高教学会影视教育专业委员会会员、四川省电视艺术家协会纪录片专业委员会副秘书长、成都文理学院传媒学院教授、原四川广播电视台高级编辑、《聚焦廉政》栏目制片人王永刚老师表示衷心的感谢！向帮我辨识和校正了不少疑点难点问题的中国书协会员、隆昌石牌坊文化研究专家周汝成老师表示感谢！同时，我还要向提供了帮助的隆昌石牌坊文化研究院的钟心雯老师、隆昌市地方志办的原主任林烜及现主任兰祥梅等表示感谢！

2023年6月8日

黄文记

历史学博士，内江师范学院教授，现任巴蜀方志文化研究中心主任。为四川省传承中华优秀传统文化专家库青年专家、四川省地方志人才库专家，四川省地方志学会理事，内江市甜文化研究会理事。致力于地方历史文化研究，主持国家社科基金项目1项、省部级项目6项、市厅级项目15项。发表CSSCI等权威期刊论文20余篇，主编著作5部，参编著作近20部。荣获市厅级社会科学优秀成果奖4项，资政报告获省市领导批示采纳2项。

成应帅

1966年10月生于四川隆昌渔箭，1986年高中毕业考入第二炮兵工程学院（现火箭军工程大学），1990年毕业即承担部分文字工作任务；1992年考入西安政治学院，毕业后从事文字与教学工作至今。1999年回地方后，一直感兴趣于地方文史地理，并开展相关研究工作。2017年底出版《隆昌清官廉吏故事集》，对隆昌牌坊、驿道、青石、土陶、沱灌、土特产等文化均有研究。